普通高校军事课教学改革的研究与实践

——来自湖南农业大学的十年探索

陆海燕 著

北京理工大学出版社
BEIJING INSTITUTE OF TECHNOLOGY PRESS

内容简介

本书从主要依据、军事理论课教学、军事技能训练、精品课程建设、成果展示等方面对近十年来湖南农业大学军事课教学的改革与实践进行全面梳理，旨在进一步提高普通高校军事课教学质量，促进普通高校军事课从制度化、规范化的课程建设逐步向学科化方向迈进，以期增强大学生国防观念和提高大学生综合素质、充分发挥军事课的"国防"和"育人"双重效益；同时也希望能起抛砖引玉的作用，为其他普通高校更好地开展军事课教学提供力所能及的经验借鉴。

版权专有　侵权必究

图书在版编目（CIP）数据

普通高校军事课教学改革的研究与实践：来自湖南农业大学的十年探索 / 陆海燕著. —北京：北京理工大学出版社，2018.9

ISBN 978-7-5682-6316-0

Ⅰ. ①普… Ⅱ. ①陆… Ⅲ. ①军事理论-教学改革-研究-高等学校　Ⅳ. ①E0

中国版本图书馆 CIP 数据核字（2018）第 209711 号

出版发行 / 北京理工大学出版社有限责任公司	
社　　址 / 北京市海淀区中关村南大街 5 号	
邮　　编 / 100081	
电　　话 /（010）68914775（总编室）	
（010）82562903（教材售后服务热线）	
（010）68948351（其他图书服务热线）	
网　　址 / http://www.bitpress.com.cn	
经　　销 / 全国各地新华书店	
印　　刷 / 北京富达印务有限公司	
开　　本 / 787 毫米 × 1092 毫米　1/16	
印　　张 / 12.25	责任编辑 / 高　芳
字　　数 / 208 千字	文案编辑 / 赵　轩
版　　次 / 2018 年 9 月第 1 版　2018 年 9 月第 1 次印刷	责任校对 / 黄拾三
定　　价 / 56.00 元	责任印制 / 李志强

图书出现印装质量问题，请拨打售后服务热线，本社负责调换

目 录

绪 论 ……………………………………………………………………（1）
第一章 普通高校军事课教学改革的主要依据 …………………………（6）
 第一节 军事课教学改革的教育学依据 ………………………………（6）
  一、国防教育：大学生思想政治教育的有效载体 …………………（6）
  二、高校国防教育的思想政治教育功能 ……………………………（7）
  三、综合理论探讨 ……………………………………………………（9）
 第二节 军事课教学改革的法律法规依据 ……………………………（33）
  一、《国防法》对国防教育的规定 …………………………………（33）
  二、《兵役法》对高等院校学生军事训练的规定 …………………（34）
  三、《国防教育法》对学校国防教育的规定 ………………………（35）
 第三节 军事课教学改革的政策文件依据 ……………………………（36）
  一、国办发〔2001〕48 号文件对学生军训工作的规定 …………（36）
  二、《普通高等学校军事课教学大纲》（教体艺〔2007〕1 号）
    对军事课教学的规定 ……………………………………………（37）
  三、教体艺〔2013〕1 号文件对全面提高学生军训质量的规定 …（38）
第二章 湖南农业大学军事理论课教学改革的研究与实践 ……………（41）
 第一节 军事理论课教学改革研究问题提出 …………………………（41）
 第二节 军事理论课教学改革研究现状述评 …………………………（42）
 第三节 军事理论课教学师资保障研究 ………………………………（50）
 第四节 军事理论课教学新型方法探讨 ………………………………（55）
第三章 湖南农业大学军事技能训练改革的研究与实践 ………………（87）
 第一节 军事技能训练改革项目研究的意义 …………………………（87）
 第二节 军事技能训练改革研究现状分析 ……………………………（88）
 第三节 湖南农业大学"以老带新"自训模式实践 …………………（90）

一、健全机构，齐抓共管……………………………………（91）
　　二、选好配强，形成合力……………………………………（92）
　　三、创新模式，彰显特色……………………………………（94）
　　四、"五室一库"，设施完备…………………………………（96）
　第四节　"以老带新"自训模式综合理论探讨……………………（97）
第四章　湖南农业大学军事课精品课程建设实践……………………（113）
　第一节　军事课精品课程建设背景………………………………（113）
　第二节　湖南农业大学军事课精品课程建设概况………………（115）
　　一、课程体系与教学内容改革情况…………………………（115）
　　二、教学方法和教学手段改革情况…………………………（117）
　　三、实践教学改革情况………………………………………（120）
　　四、师资队伍建设情况………………………………………（121）
　　五、考核体系改革情况………………………………………（122）
　第三节　湖南农业大学军事课程建设的经验和成效……………（124）
　　一、课程建设积累的经验……………………………………（124）
　　二、课程建设取得的成效……………………………………（129）
　　三、今后继续努力的方向……………………………………（133）
　第四节　部分教学课例……………………………………………（135）
第五章　湖南农业大学军事课教学改革成果展示……………………（172）
　第一节　教学改革课题……………………………………………（172）
　第二节　教学科研获奖……………………………………………（177）
　　一、教学竞赛获奖……………………………………………（177）
　　二、科研论文获奖……………………………………………（178）
　　三、个人荣誉称号……………………………………………（180）
　第三节　上级授予奖牌……………………………………………（181）
　　一、国防教育…………………………………………………（181）
　　二、军事课教学………………………………………………（181）
　　三、学生军训工作……………………………………………（182）
　　四、其　他……………………………………………………（183）
参考文献…………………………………………………………………（184）
后　　记…………………………………………………………………（190）

绪 论

湖南农业大学军事课教学改革纪实

"国无防不立,民无兵不安",这是千年的古训,也是对现代的警示。国防教育是一个国家和民族的基础教育,高校国防教育是国防教育的重要阵地,也是学校实施素质教育的重要内容和加强大学生思想政治教育的有效途径,具有无可替代的德育教育功能。对大学生开展国防教育,是党中央、国务院和中央军委始终高度重视的战略性工作,也是加强和改进新形势下高校思想政治工作的有力手段,更是为中国人民解放军训练后备兵员和培养预备役军官以实现中国梦、强军梦的内在要求。为此,《中华人民共和国国防法》(以下简称《国防法》)、《中华人民共和国兵役法》(以下简称《兵役法》)、《中华人民共和国国防教育法》(以下简称《国防教育法》)从法律的高度对学校国防教育、高等院校学生军事训练等做了明确规定。

2002年6月,教育部、原总参谋部、原总政治部根据《国防法》、《兵役法》、《国防教育法》和国办发〔2001〕48号等有关文件精神,结合我国高等教育和普通高等学校的实际情况,制订并下发了《普通高等学校军事课教学大纲》(以下简称《大纲》,2006年重新修订),作为普通高等学校实施学生军事训练和军事理论课教学的基本依据。《大纲》规定:军事课(含军事理论教学和军事技能训练)列入普通高等学校的教学计划,考试成绩记入学生档案;军事理论教学时数为36学时,军事技能训练时间为2~3周,实际训练时间不得少于14天;学校应当按照本《大纲》组织实施军事课教学,注意理论联系实际,掌握好深度和广度,不断改进教学方法和手段,确保教学质量。2007年3月,教育部、原总参谋部、原总政治部又制订印发了《学生军事训练工作规定》（以下简称《规定》），作为各级教育行政部门、普通高等学校、高中阶段学校和承训部队组织实施学生军事训练工作的基本依据。《规定》中明确指出：普通高等学校军事技能训练和军事理论课教学是在校学生的必修课程，学校应当统一规划、实施和管理；普通高等学校应当加强军事理论课程建设，提高军事理论课教师的教学水平和科研能力，实施规范化课程管理；教育行政部门应当将普通高等学校军事技能训练和军事理论课教学作为学校办学水平评估的重要内容。显然，这些文件都明确了学生军事训练为学校国防教育的重要内容，军事理论课作为必修课成为培养学生全面发展的重要途径。

从2007年开始，随着湖南农业大学军事教研室的设立和专职军事教师的配备，在分管学生工作的副校长和人武部部长的领导下，我校以创新教学模式为载体，以改革课堂教学形式为突破口，以建设省级精品课程为目标，开启了军事课（含军事理论教学和军事技能训练）教学改革的研究与实践，以进一步提高军事课教学质量，增强大学生国防观念和提高大学生综合素质，发挥军事课"国防"和"育人"的双重效益。

十年春秋，十年探索，十年实践，军事课全体教师勠力前行，切实推动军事理论课和军事技能训练教学改革，努力建设军事课省级精品课程，取得了一系列教学成果，基本实现了军事课教学改革的预期和初衷。现从军事理论课教学、军事技能训练、精品课程建设三个方面对军事课教学改革进行简要回顾。

一、军事理论课教学改革研究与实践（2007年至今）

2007年9月，重新修订的《大纲》在全国普通高等学校施行。以此为契机，我校开始了新一轮军事课教学改革的研究与实践。笔者作为主持人申报了湖南农业大学教学改革一般项目——"普通高校军事理论课教学方法与途径研究"（2007~2009），课题组结合我校军事理论课教学实际，针对国防教育课程的特点和青年学生求新求变的心理特质，努力创新军事理论课的方式、方法和手段，构建新的军事理论课教学模式，重点实践和推广了案例教学方法、开放式教学方法、"五备"教学方法在军事理论课中的应用。一改以往"你教我学"、"你讲我听"的单一式、说教式、灌输式等"重教轻学"的"单边"教学模式，提高了军事理论课教学质量，拓宽了军事理论课教学途径，增强了学校国防教育的实效性。但由于是初次进行教学改革，研究与实践都不够大胆和深入，如何真正把军事理论课教学搞好、搞活成为困扰军事课全体教师的一个症结。为此，2011笔者又申报了湖南省教育科学"十二五"规划一般项目——"普通高校军事理论课程教学方法的改革与创新研究"（2011~2016），课题组在广泛查阅文献资料和深入调查当前普通高校军事理论课教学现状的基础上，对军事理论课教学方法进行创新，对战例教学法、体验式教学法、研讨式教学法、信息化教学法、导问式教学法等新型教学方法进行探索和实践，努力解决军事理论课"怎样教"这一难题，在提高学校国防教育的教学质量和育人效果、培养高素质国防人才方面收到了良好的教学效果，得到了学校教学督导团的高度评价和上课学生的普遍认可，学生网上评教每学期均在 95 分以上，军事理论课成为学校最受学生欢迎的公共课之一。十年来，课题组在开展课堂改革实践的同时，还取得了一定的理论研究成果，先后发表了《普通高校军事理论课运用开放式教学方法的探讨》《军事理论课案例教学方法的实践与思考》《"军事理论课"运用研讨式教学需注意的问题探微》等 8 篇教学改革论文。

二、军事技能训练改革研究与实践（2008 年至今）

我校一直以来非常重视对学生的军事技能训练，1973 年即成立了人民武装部（先后与保卫处、学工部合署办公），专门负责新生军训、国防教育、征兵入伍、民兵预备役建设等工作。2008 年以前，我校探索过校内复转军人施训、部队和校内复转军人共同施训、部队承训等多种校内集中军训形式，部队帮训教官主要来自国防科技大学。2008 年，针对军队体制精简整编、高等教育加速发展、部队帮训官兵难于满足普通高校学生军训需要等客观实际，我校首次开展军训自训试点工作，从学生纠察队及学习成绩好、军事素质高、组织纪律强且热爱国防教育事业的优秀高年级学生中选拔"会讲解、会示范、会纠正、会做思想工作"的"四会"教官 44 人，参与部分新生军训工作，成效显著，得到了全校师生的一致认同。2009 年，恰逢"甲流"肆虐，部队临时决定不外派帮训教官，学生纠察队临危受命，调集 110 名作风优良、成绩优秀、军事技能过硬的队员担任新生军训教官，高质量完成了 5 500 名新生的军训任务，保障了新生军训工作的有序运行。2010 年，我们在总结 2008、2009 年自训试点经验的基础上，全部实行自训，一直持续至今。通过十年的自训模式实践，我校在教官选拔、军训内容、军训方法、成果巩固等方面进行科学改革，取得了较好成绩，构建出"立足本校，建强队伍，以老训新，规范组织"的军训自训模式，得到了全校广大师生的一致认可。此外，我们还大力开展国防体育活动，如组织学生参加全省、全国大学生军用枪射击锦标赛、军事训练营、全省高校国旗班风采展等，使军事技能训练得以延伸，巩固了军训成果。2009 年 12 月 1 日，学校为表彰学生纠察队在新生军训工作中的突出贡献，授予学生纠察队"先进集体"的荣誉称号，并给予人民币 30 000 元的嘉奖（湘农大〔2009〕119 号文件），这是我校历史上对学生组织给予的最高褒奖。

我们在开展军训自训实践的同时,也非常注重经验的总结和理论的提升。2010年成功申报了湖南农业大学教学改革重点项目——"普通高校学生军训自训模式的研究与实践"(2010~2013),就如何在普通高校现有办学条件的基础上,增加少量的人力和装备,由优秀的高年级学生经过培养后施训的"以老带新"自训模式展开研究,并就高校军训时间不足、军训内容简单陈旧、军训教学方式单一、军训效果不好的现状,从适当增加和调整军训时间、丰富和规范军训内容、改进和提高军训方法等方面进行大胆而科学的改革,公开发表了《普通高校学生军训"以老带新"自训模式研究》《普通高校"老生训新生"军训模式中学生教官培养的探讨》等4篇论文。2014年我校被评为全省"国防教育工作先进单位",多次被评为全省"高等学校学生军训工作先进单位",2017年我校被评为全国首批"国防教育特色学校"。

三、军事课精品课程建设实践（2013年至今）

湖南农业大学定位于教学研究型大学,以培养应用型、复合应用型高级专门人才为培养目标,学校始终把作为素质教育重要课程之一的军事课建设作为学校的一项基本工作,站在人才培养、后备力量建设和国防建设的高度来抓。2007年,我校根据国办发〔2001〕48号文件精神和《大纲》要求,将军事课(含军事理论教学和军事技能训练)确定为各专业的公共必修课,纳入学校人才培养方案、各专业教学计划和学籍管理,并明确规定军事理论和军事技能各2个学分。2012年,学校出台了一系列文件促进普通课程向精品课程提升,并把课程改革与精品课程建设作为学校教改项目的重点,鼓励教师积极参与精品课程建设,在此基础上,2013年又成功申报了省级精品课程。课程组结合军事课自身特点和军民融合大背景,以建设"五个一流"为标准,从课程体系的改革与优化、教学内容的整合与创新、教学方法和教学手段的改进与探索、教材建设、双师型教员队伍建设、实践教学、考核方法、资源共享和互通等方面组织与实施军事课精品课程建设。经过几年的不懈努力和创新发展,在教师队伍的建设、教学理念的更新、教学方法的改革和教学手段的现代化等方面都取得了长足的进展,走在了湖南省普通高校的前列,具体表现在：军事课由原来"重军训轻教学""重技能轻理论"的单一模式向"军训与教学并重""技能与理论并举""必修课与选修课齐备"的多元化课程体系转变,现已形成了以军事技能训练和军事理论课教学两门公共必修课为主干,孙子兵法、经典战例分析等选修课为拓展,国防教育日、国防教育系列讲座、国防教育主题演讲、国防知识竞赛、国防体育运动等第二课堂为补充的三位一体教学模式；课程内容丰富,注重理论联系实际,课内课外结合,并及时把军事学科最新发展成果和教研教改成果引入教学,融知识传授、能力培养、素质教育于一体，教育成效显著；教学方法创新，注重在军事课堂教学过程中的探究性学习、研究性学习、合作性学习，体现以学生为主体、以教师为主导的教育理念；教学团队优秀，建设了一支政治强、业务精、素质高的军事教员队伍，尤其我校6名军事教员的"高配"，实乃湖南省普通高校之最多，无论从教员职称结构、学历层次，还是专业结构、年龄梯队上，均满足了我校全日制大一新生军事课教学的需要；教改成果丰硕，近年来，我校军事教员主持各级各类课题8项，公开发表学术论文20多篇，出版规划教材1部，获得全国普通高校国防教育科研论文一等奖1项，多次获得湖南省普通高校军事理论教学论文一等奖，学校也多次被评为"湖南省高校军事理论教学论文先进单位"。总之，自2013年省级精品课程立项以来，我校坚持以军事课精品课程建设为契机，不断深化教学改革，形成了自己的课程特色，提高了军事课教学质量和效果，专职教师教学水平明显提升，军事课程建设呈现出良好的发展态势，现正从制度化、规范化的课程建设逐步向学科化建设方向迈进。

2017年，正值湖南农业大学军事课教学改革十周年，为了更好地促进课程建设并向学科化迈进，我们从主要依据、军事理论课教学、军事技能训练、精品课程建设、成果展示等方面对近年来的改革与实践进行系统梳理、总结提升、修撰出版，遂成本书。本书紧紧围绕军事课教学改革和课程建设展开研究，共有五章，主要内容如下：

第一章从教育学（思想政治教育）、法律法规、政策文件三方面阐释和实证普通高校开展军事课教学改革研究与实践的依据和必要性。

第二章系统梳理湖南农业大学军事理论课教学改革的研究与实践，主要包括研究问题提出、研究现状述评、师资保障研究和教学方法探讨。

第三章系统梳理湖南农业大学军事技能训练改革的研究与实践，主要包括项目研究意义、研究现状分析、自训模式创新、综合理论探讨。

第四章系统梳理湖南农业大学军事课精品课程建设实践，主要包括课程建设背景、课程建设概况、取得经验成效、部分课例展示。

第五章从教学改革课题、教学科研获奖、上级授予奖牌三方面全面展示湖南农业大学十年来军事课教学改革和课程建设所取得的丰硕成果。

本书文末还包括主要参考文献和后记等内容。

第一章　普通高校军事课教学改革的主要依据

第一节　军事课教学改革的教育学依据

一、国防教育：大学生思想政治教育的有效载体

国防教育作为高等学校教育体系的重要组成部分，不仅具有增强大学生国防观念、国防意识和国防精神的功能，而且具有很强的思想政治教育功能，对高校深入进行以理想信念为核心的科学世界观、人生观、价值观教育，以爱国主义为重点的民族精神教育，以基本道德规范为基础的公民道德教育，以全面发展为目标的素质教育具有重要意义，是新时代进一步加强大学生思想政治教育的有效载体和重要途径。

（一）国防教育和大学生思想政治教育在教育目标上具有一致性

高校国防教育是国家国防教育的重要阵地，主要通过军事课的形式开展。在新时代，高校国防教育的根本目的是通过军事理论课教学、军事技能训练、日常国防教育、征兵宣传等国防教育形式，对大学生进行国家安全观念、集体主义观念、现代国防观念的培养，增强大学生的国防观念和国家安全意识，强化爱国主义、集体主义、革命英雄主义精神，加强组织纪律性，旨在促进大学生综合素质的提高，为中国人民解放军训练后备兵员和培养预备役军官打下坚实基础。高校思想政治教育主要是指对在校大学生进行"思想教育、道德教育、政治教育等"[①]，

---

① 张耀灿，郑永廷，吴潜涛等. 现代思想政治教育学［M］. 北京：人民出版社，2006：50.

目的是适应社会主义现代化的需要，把大学生培养成有理想、有道德、有文化、有纪律的"四有"新人，使其最终成为合格的社会主义事业的建设者、接班人。中共中央、国务院印发的《关于加强和改进新形势下高校思想政治工作的意见》（以下简称《意见》）中也强调，要培养又红又专、德才兼备、全面发展的中国特色社会主义合格建设者和可靠接班人。

（二）国防教育和大学生思想政治教育在教育内容上具有交叉性

高校国防教育，主要包括国防理论教育、国防技能教育、国防思想教育、国防精神教育、国防历史教育等。其中，国防精神教育是核心内容，包括爱国主义精神教育、尚武精神教育和革命英雄主义教育等。《意见》指出，要弘扬爱国主义精神，增强全民国防观念。高校思想政治教育，主要包括马克思主义基本原理教育，党情国情世情教育，爱国主义精神教育，世界观、人生观和价值观教育，全面素质教育，公民道德教育，国家安全形势教育等教育内容，其中，爱国主义教育、民族精神教育、理想信念教育是高校思想政治教育的重要内容，而这正是高校国防教育的重点。可见，高校国防教育内容中包含有思想政治教育的内容，思想政治教育内容中也包含有国防教育的内容，二者在内容上有很多交叉部分，而注重从意识形态的高度对学生进行爱国主义教育，正是国防教育与大学生思想政治教育的契合点。

（三）国防教育和大学生思想政治教育在教育功能上具有互补性

高校国防教育有助于促进大学生思想政治教育。高校国防教育主要通过军事课（含军事理论教学和军事技能训练）的形式开展，是理论课和实践课的有机结合。军事理论课作为一门军事与政治、人文与理工、时事与历史高度交叉融合的综合课，不仅能帮助大学生增长国防和军事理论知识、了解最新的军事技术、分析明辨国内国外形势、增强民族危机感和个人责任感意识，还能引领大学生树立正确的世界观、人生观、价值观。军训是重要的实践课，军事技能训练不仅能帮助大学生锻炼体魄、增强体质，还能培养大学生的团结互助、勇敢顽强、令行禁止、吃苦耐劳的优良品质。这些都为思想政治教育提供生动的素材，有利促进思想政治教育的展开。而高校的思想政治教育又始终贯穿国防教育，其内容能为国防教育的开展提供科学的世界观和方法论指导，可谓国防教育的"催化剂"，能全面提升国防教育的成效。二者的融合，体现了教育功能上的互补性。

二、高校国防教育的思想政治教育功能

学校国防教育是学校素质教育的重要组成部分，也是学校有针对性地加强学生思想政治教育的一个行之有效的途径，具有其他学科和教育方式无法替代的素

质培养和德育教育功能。

（一）高校国防教育有助于增强当代大学生的思想政治素质

在高校国防教育中，包含着很深的思想政治教育内容。一方面，军事课教学内容大量涉及体现国家政治意志的内容。如学习毛泽东、邓小平、江泽民、胡锦涛、习近平等几代领导集体的军事思想，中国共产党领导全国人民和人民军队在各个历史阶段建立的功勋，以及帮助大学生了解我军的性质、宗旨以及我军的优良传统等，使学生深入了解中国革命发展的客观规律和中国选择社会主义道路的必然性，认识祖国发展到今天是来之不易的，是中国共产党带领全国人民浴血奋战、不断探索与实践的结果，从而进一步激发当代大学生爱党、爱国、爱社会主义的深厚情感，增强民族自尊心和自豪感，坚定走中国特色社会主义道路，自觉拥护党的领导和党的基本路线，树立起报效祖国、服务人民的远大理想和崇高信念。另一方面，高校国防教育在帮助大学生树立科学的世界观、人生观、价值观方面发挥着独特的作用。比如在军事理论课教学中，秉承辩证唯物主义与历史唯物主义哲学观点，始终贯彻马克思主义的基本原理，不断培养学生在看问题和处理问题过程中，学会运用马克思主义的立场和观点分析问题、解决问题，坚持一切从实际出发，实事求是，从而树立起科学的世界观。在军训中普遍开展的解放军优良传统教育和革命英雄主义教育，以及部队教官身上所体现出来的优良军人作风和过硬军事本领，部队教官的身体力行、以身作则的榜样魅力，可以使受训的大学生学习到解放军同志全心全意为人民服务的无私奉献精神，培养他们忠于党、忠于人民、忠于国家、为建设中国特色社会主义事业而献身的革命英雄主义气概，培养他们自觉顾全大局、个人利益服从国家和集体利益的集体主义精神，从而树立起勇于奉献、敢于牺牲的人生观、价值观。

（二）高校国防教育有助于培养当代大学生的优良道德品质

高校国防教育是大学生道德教育的主要渠道之一，我们必须在高校国防教育中始终贯穿着道德教育。一方面，高校的军事理论课，在大学生中结合我国国情开展国防教育，特别是党史、国史、军史的学习，让学生了解到革命先烈、民族英雄和志士仁人英勇顽强、不怕牺牲、坚贞不屈、无私奉献的高尚品格和光辉事迹，从而激发他们从思想上继承革命先辈优良传统的情感，培养其艰苦奋斗、顽强拼搏的精神和服从大局、大公无私、严于律己、言行一致的高尚品德。另一方面，高校的军事技能训练，与平时高校的学生日常生活相比，具有更加严明的纪律、严格的制度和严密的组织，内务卫生评比、队列评比、集会纪律评比、歌咏比赛、军训汇操表演等活动均以集体的形式进行，这就要求学生严格遵守军训纪律，服从命令，听从指挥，因而大大增强了学生的组织纪律性。同时，这种特定的更加严格的紧张而有序的军训生活，对建立一种团结友爱、互帮互助的关系、培养大学生的团结协作意识和集体主义精神具有其他教育方式无可比拟的超强功能。此外，闪耀在当代军人身上的艰苦朴素、勤俭节约的优良传统，谦虚谨慎、批评与自我批评的优良作风，爱岗敬业、忠于职守的精神品质，都是我们中华民族的优秀文化和道德传统，具有其他课堂教育方式所不能替代的功能。

（三）高校国防教育有助于培养当代大学生的个性心理品质

当代大学生基本都是95后甚至00后，他们大多数从小生活在良好的生活环境中，生活水平的改善，父母的呵护，使他们普遍缺乏吃苦耐劳、艰苦奋斗精神以及对艰难困苦和重大挫折的心理承受能力，主要表现在：适应能力较差，生活自理能力有待提高；抗挫折能力较弱，遇到挫折或困难常常不知所措；自控能力较差，不善于控制自己的行为和情绪；以及学习较为懒散，临时抱佛脚现象比较突出等。而以军事技能训练和军事理论教育为主要内容的国防教育，对于高校学生非智力因素的培养，帮助他们养成行为自律的良好习惯，培养他们自信、自爱、自尊、自律、自强、自立精神等，具有其他学科所无法比拟的作用。大学生进入大学的第一课就是军训，通过严格的军事训练，有利于高校学生在艰苦的环境下磨炼自己的意志，树立正确的苦乐观；可以锻炼大学生的心理承受能力、心理抗压能力、与人和谐相处的能力，以及自律自强、顽强拼搏等心理品质，从而达到有效地培养大学生百折不挠的意志、坚韧不拔的毅力和不畏艰苦的精神的目的。

三、综合理论探讨

高校国防教育的德育功能研究述评[①]

国防教育作为高等教育的重要组成部分，不仅具有"增强全民国防观念，提高全民国防意识"的"国防功能"，而且具有很强的综合"育人功能"，对加强和改善学校的德育工作、优化育人环境、促进大学生素质的全面提高、培养具有创新精神和实践能力的高素质人才具有十分重要的意义。在这样的背景下，学界围绕如何有效开展高校国防教育的研究日渐深入，产生了一批较为突出的理论与实践成果。本文在对这些研究成果进行整体梳理的基础上，着重回顾和分析高校国防教育的德育功能研究。

---

① 作者：陆海燕、周先进，原文载于《思想政治教育研究》2009，4.

一、关于高校国防教育的德育功能研究的论著

高校国防教育的德育功能研究没有真正意义上的专著。笔者查阅了国内主要德育著作,如《德育原理》(胡守棻主编.北京师范大学出版社,1989)、《德育论》(储培君等著.福建教育出版社,1994)、《现代德育论》(班华主编.安徽人民出版社,2003)、《学校道德教育原理》(檀传宝著.教育科学出版社,2000)等,都未曾对此有所论述。

另据在 CNKI 中以"高校国防教育"为文献检索标题跨库初级检索 1979—2009 年间的文献,共检索有 259 篇文献(检索时间为 2009 年 6 月 16 日),其中期刊全文数据库 217 篇,优秀硕士学位论文库 31 篇,重要报纸全文库 10 篇,重要会议论文全文库 1 篇。(见表 1-1):

表 1-1 历年来"高校国防教育"研究文献的基本年份数量统计表

年份 库别	2009	2008	2007	2006	2005	2004	2003	2002	2001	2000	1979—1999
期刊库	14	62	44	32	11	6	7	3	11	6	21
硕士论文	3	6	19	0	1	1	1	0	0	0	0
重要报纸	0	1	1	0	1	0	1	3	3	0	0
会议论文	0	0	0	0	0	1	0	0	0	0	0
博士论文	0	0	0	0	0	0	0	0	0	0	0
累计总数	17	69	64	33	12	8	9	6	14	6	21

注:以上数据为 2009 年 6 月 16 日统计。

不难看出,"高校国防教育"研究基本上都集中在 2007 年和 2008 年,成果数量分别占到了总篇数的 24.71% 和 26.64%。再以"国防教育+德育"为检索词模糊检索全选范围内的篇名以及与本问题相关的文献链接,主题涉及"高校国防教育的(育人)功能"内容的相关文献有 60 篇左右,研究时段主要还是集中在 2007 年至 2008 年。这表明之前高校国防教育并未引起应有的重视,到了 2006 年教育部、总参谋部、总政治部对《大纲》进行了重新修订,明确规定"军事课程是普通高等学校本、专科学生的必修课,将军事课(含军事理论教学和军事技能训练)列入普通高等学校的教学计划,考试成绩记入学生档案,高校国防教育才受到高度重视和得到重大发展,有关研究成果也才大量涌现。而随着进一步加强和改进大学生思想政治教育这一重大而紧迫的战略任务的提出,国防教育成为高校德育和思想政治教育学界的一个理论关注点。

二、高校国防教育德育功能研究中的主要观点

（一）关于国防教育在高校中的地位

1. 国防教育是我国法律赋予学校的重要教育内容

该分析主要从我国近年颁布的几部法律和相关文件来考察。纵观近年公布施行的几部国防法规，从1995年的《中华人民共和国教育法》（以下简称《教育法》）到1997年的《国防法》再到2001年的《国防教育法》，都有相应条款对学校国防教育做了具体规定。2006年重新修订的《大纲》更是明确规定军事课必须列入教学计划，是普通高等学校本、专科学生的必修课。这些条款和规定，从法律的高度明确了国防教育在学校教育内容中的地位与作用，"更为高等学校开展以学生军训和开设军事理论课为主要形式的学校国防教育，奠定了坚实的法律基础和理论基础，使学校国防教育具备了强大的推动力和促进力"①。

2. 国防教育是青年学生素质教育的重要组成部分

学界对国防教育与素质教育之间的内在逻辑联系，主要从两者内容的一致性和国防教育对学生素质培养的作用上展开，主要观点有："国防教育与素质教育是相互联系，相互促进的。国防教育是素质教育的一个内容，同时又对素质教育起促进作用，它为全面提高大学生的综合素质奠定了基础"②。"国防教育在高校素质教育过程中发挥着重要作用，它能够有效弥补目前我国中学阶段过分偏重智育教育的不足，使德育、智育、体育等在教育教学过程中得以体现，并成为大学生素质教育的重要组成部分"③。

3. 国防教育是高校德育的重要组成部分

对此分析基于1995年国家教育部颁布实施的《中国普通高等学校德育大纲》（以下简称《高校德育大纲》），把国防教育列为德育教育的重要内容。相关论述有："高校大学生的国防教育既是德育大纲的重要部分，又是推动德育工作的重要环节"④。"凝聚着丰富的爱国主义教育内容的国防教育在内容、目标、原则、对象上与思想政治教育保持高度的一致，两者有着内在的互补性，已经成为高校德育的重要组成部分，是最生动、最实际、最有效的思想政治教育"⑤。"国防教育在高校思想道德建设中占有重要地位，既是思想道德建设的重要内容，又是加

---

① 吴温暖：《高校国防教育是大学生素质教育的重要组成部分》《有色金属高教研究》2000，2.
② 王亚洲：《国防教育在大学生素质教育中的地位和作用》《黑龙江科技信息》2009，3.
③ 黄妍、金久仁：《普通高等学校国防教育与素质教育关系研究》《文教资料》2009，3.
④ 张戈：《高校国防教育与高校德育工作的关系》《经济师》2004，10.
⑤ 张晓兵：《试论国防教育与德育的整合》《江苏高教》2000，2.

强思想道德建设的有效途径"① 等。

(二) 关于高校国防教育与高校德育工作的关系

高校国防教育与高校德育关系的厘清是高校国防教育德育功能研究的逻辑起点。目前学界对二者关系的具体界定存在三种主张:

"体现说":张戈认为高校国防教育的指导思想与目的体现德育大纲精神。"根据《高校德育大纲》中将国防教育、学生军政训练纳入高校德育大系统中的理论,《高校学生军训大纲》就是《高校德育大纲》大体系中的子系统,那么其子系统《高校学生军训大纲》的指导思想和目的充分体现高校大体系即《高校德育大纲》的精神和要求是顺理成章、无可非议的。"

"一致说":刘乾等学者认为国防教育与德育教育的内容相一致。"高校的德育教育,主要进行马克思基本理论与无产阶级世界观,爱国主义和国际主义,革命理论与革命传统,共产主义道德与法制,艰苦奋斗和文明健康的生活方式等教育。高校对学生的国防教育——军训,除了对学生进行基本的军事知识和技能训练外,更重要的是学习军事思想,接受马列主义战争观的教育,树立对祖国安危的国防观,为国家、民族生存与发展的责任感和使命感;学习人民军队全心全意为人民服务的宗旨;以及通过严格的军人生活的体验,军人不怕艰难困苦,不怕流血牺牲的献身精神的灌输,使他们在思想、品质、意志等得到全面锻炼。由此可见,军训的内容与高校德育的内容不仅相一致,而且是德育的重要组成部分,是德育内容的具体化"②。

"载体(途径)说":张成斌认为,国防教育是大学生思想政治教育的新载体。"以国防教育为载体,通过组织大学生参加军政训练,对于增强大学生的国防观念,树立科学的世界观、人生观、价值观,激发他们的爱国报国热情,全面提高素质,促进校风校纪建设,具有十分重要的意义,是新时期进一步加强和改进大学生思想政治教育的有效途径"③。杜维彦也认为学校国防教育不仅是加强我国国防后备力量建设、提高全民国防意识的重要途径,而且也是加强高校思想政治工作的有效措施,其作用是其他教育形式所无法取代的。④

(三) 关于高校国防教育的德育功能

学校国防教育以其特有的教育内涵,在全方位落实德育作用、发挥德育功

---

① 周永卫:《谈高校国防教育中的德育创新》《中国校外教育(下旬刊)》2008,1.
② 刘乾、古添雄、樊筑生、冯鉴强:《高校国防教育在大学生素质教育中的地位与作用》《广东科技报》,2001-9-29.
③ 张成斌:《国防教育:大学生思想政治教育的新载体》《思想政治教育研究》2006,4.
④ 杜维彦:《论国防教育在高校思想政治工作中的地位和作用》《教育与职业》2005,10.

能、开发非智力因素、培养学生创新能力方面具有不可替代的作用。学界对此论述多从大德育的范畴进行，归纳起来，主要表现在以下方面：

1. 从政治教育角度论证高校国防教育的德育功能

政治教育包括坚持党的基本路线教育、社会主义教育、近现代史和国情教育、党的建设教育、形势与政策教育等。"高校国防教育正是围绕政治教育的中心对大学生进行军事理论思想的教育、军事技能的训练和军事行为的培养，坚定大学生的政治立场，引导他们树立报效国家，巩固社会主义的理想。""通过报告、讲座、参观等形式，帮助学生了解身处的国际形势、我国的基本国情、社会主义革命和建设的曲折发展道路，认识到今天国家发展、经济增长的来之不易，认识到西方资本主义与中国社会主义的真正不同道路，从而在政治教育上达到新的突破"①。可见，高校国防教育的推进对高校政治教育的意义非常重大，是政治教育的有效途径。

2. 从思想教育角度论证高校国防教育的德育功能

思想教育即世界观、人生观和价值观教育。国防教育以其特有的方式，在对大学生进行以理想信念为核心的科学世界观、人生观、价值观教育中发挥着独特的作用。"开展国防教育，学习中华民族的光辉历史，弘扬爱国主义精神，激发学生对保卫祖国、建设祖国的责任感和使命感；学习解放军的战斗历程，帮助学生树立艰苦朴素和吃苦耐劳的精神，以及为人民服务的思想；学习解放军条令、条例，增强学生的高度组织纪律性；学习军事理论，强化学生国防知识、国防意识。这些学习和教育，归根到底其核心就是提高学生的思想素质，解决爱国主义这个核心问题"②。

3. 从道德教育角度论证高校国防教育的德育功能

"道德教育包括优秀的伦理道德传统教育，社会主义的人道主义和公德教育，社会主义的善与恶、美与丑、是与非的教育，遵纪守法和克己奉公教育，以及社会主义的职业道德和共产主义道德教育"③。高校开展国防教育，是道德教育的有效渠道，是发扬传统道德的有力举措，对大学生的道德品质和行为规范能起到潜移默化的影响、润物无声的作用。"通过学习军队的优良作风和品质，能使大学生懂得做人先立德后立身的道理；只有吃苦，才能立志；只有勤奋，才能立世的深刻道理。对学生自觉养成诚实、守信、勤劳、敬业、谦虚谨慎、乐于助人、

---

① 施一满：《素质教育视角下我国高校国防教育研究》，中南大学 2006 年硕士毕业论文。
② 刘乾、古添雄、樊筑生、冯鉴强：《高校国防教育在大学生素质教育中的地位与作用》，《广东科技报》，2001 – 9 – 29.
③ 施一满：《素质教育视角下我国高校国防教育研究》，中南大学 2006 年硕士毕业论文。

见义勇为、尊敬师长、礼貌待人、朴素大方、廉洁奉公、爱护公物的优良道德品质将产生积极的影响"①。

4. 从个性心理品质角度论证高校国防教育的德育功能

张成斌认为在大学的第一课让学生接受国防教育的熏陶,对大学生的心理承受能力、抗压能力、受挫折能力等心理品质的培养非常重要。"通过严厉、紧张而艰苦的军训,可以帮助学生克服上述不良习惯,培养吃苦耐劳、不怕困难的精神,锤炼锲而不舍、坚韧不拔的意志品质,形成雷厉风行、果断坚决的作风,养成勤俭节约、艰苦朴素的行为习惯;通过严厉、紧张而艰苦的军训,他们将真正领悟'吃得苦中苦,方为人上人''不经历风雨,怎么见彩虹'的深刻内涵;通过严厉、紧张而艰苦的军训,尤其是队列训练,他们的精神面貌将焕然一新,塑造出一种军人昂首挺胸,富有信心的气质和形象"②。

当然,国防教育是一种全面的综合性教育,对大学生德智体各方面的发展都具有一定作用,学者们在论述国防教育的育人功能时都会提及。霍永刚认为学生学习军事科学,不仅有利于开阔眼界,扩大知识面,而且有利于学生打破专业学习的思维定势,拓展思维空间,进一步提高学生的创造力和综合思维能力,促进智育的发展。③ 施一满认为集中军训不仅使学生掌握了基本的军事技能,而且有利于学生锻炼体魄,增强体质,促进身体的发展。同时,他还认为当代军人的军容军姿、言谈举止、气质风度等外在美和军人的理想、道德、兴趣和牺牲精神的心灵美共同促进大学生审美意识的形成和升华。④

(四) 关于国防教育德育功能的实现途径

学者们对此论述不多,仅有杨建平和周永卫先后在《高校国防教育的德育功能及实现途径》《谈高校国防教育中的德育创新》两文中从实践层面对这一问题做过探讨,主要观点有:

1. 更新国防教育理念

"高校国防教育新理念就是在高校国防教育的全过程,应做到与学校素质教育、道德建设、思想政治教育特别是爱国主义教育相结合;在大学生军训工作方面,应做到地方院校与当地驻军相结合;在军事理论教学及国防知识讲座等方面,应做到校际结合,即地方院校与军事院校相结合",其强调坚持"三个协调"原则,即"集中教育(新生军训)与经常教育(军事理论课教学及国防知

---

① 邓浩:《浅谈高校国防教育的德育功能》《今日科苑》2008, 2.
② 张成斌:《国防教育:大学生思想政治教育的新载体》《思想政治教育研究》2006, 4.
③ 霍永刚:《论江泽民的国防教育思想》《太原市委党校学报》2000, 3.
④ 施一满:《素质教育视角下我国高校国防教育研究》,中南大学2006年硕士毕业论文.

识讲座）相协调的原则；重点教育（国防生）与普及教育（非国防生）相协调的原则；理论教育与军事实践密切协调的原则"①，从而不断拓展国防教育的有效途径，不断增强高校国防教育的针对性和实效性，实现国防教育的德育功能。此外，周永卫认为创新德育理念，建立以理想信念教育为根本，以中华民族优秀传统文化教育为重点，以时代精神教育为支撑的国防道德教育体系是高校国防教育的重点。②

2. 突出铸魂教育目的

民族精神和爱国主义是国防教育永恒的主题，是高校德育的核心或灵魂。"新时期高校国防教育意义下的铸魂，就是要培养大学生以爱国主义为核心的民族精神，旨在增强大学生的国防意识、民族忧患意识、道德责任感，提高民族自信心和凝聚力"③。因此，在国防教育过程中，"除了要增强大学生的国防观念和提高他们的基本军事技能外，最根本的目的就是用马克思主义的基本原理和中华民族悠久历史传统文化，进行基本国情教育，培养他们深厚的爱国主义热情和高度的国家认同感、义务感，培养他们爱祖国，爱社会主义，爱人民，敢于为祖国献身的精神"④。

3. 丰富国防教育形式

国防教育内容的丰富性和大学生知识面广、学历层次高、思想活跃等特点，要求国防教育的形式必须灵活多样。周永卫主张在发挥军训、军事理论课的主体教育作用的基础上，应开展丰富多彩的大学生自我教育活动，以树立大学生的国防意识和国防观念：一是以"八一""十一"等历史纪念日为契机，通过展览宣传教育片、参观历史文化纪念胜地等形式进行；二是把国防教育同大学生的道德行为规范教育有机结合起来；三是利用征兵、军训等时机进行公民义务、国防法制和国防知识教育；四是开展"双拥共建"活动，让大学生在社会实践中接受自我教育，达到自我提高。此外，学校还应支持和引导学生社团组织的有关国防教育主题的团队活动，使他们的活动有组织领导，有计划安排，内容丰富、形式多样、深入人心、效果显著。⑤

4. 创新国防教育方法

杨建平提出要根据高校学生年龄特征、知识水平和道德认知等的不同，选择

---

① 邓浩：《浅谈高校国防教育的德育功能》，《今日科苑》2008，2.
② 周永卫：《谈高校国防教育中的德育创新》，《中国校外教育（下旬刊）》2008，1.
③ 周永卫：《谈高校国防教育中的德育创新》，《中国校外教育（下旬刊）》2008，1.
④ 杨建平：《高校国防教育的德育功能及实现途径》，中南大学2006年硕士毕业论文.
⑤ 周永卫：《谈高校国防教育中的德育创新》《中国校外教育（下旬刊）》2008，1.

不同的德育内容和德育方法,区分层次,做到因材施教。譬如,大一新生应突出抓好入校后的集中军事训练和军事理论课教学。在此基础上,依托国防教育基地,采取"请进来、走出去"的方式,组织大一、大二学生认真开展社会实践活动。对于高年级学生而言,要突出自我养成教育,讲求教育效果。在实际教学中,主张要将理论讲授与直观教学相结合,既要注重启发,用通俗易懂、趣味性强的语言讲解内容,增强授课的感染力和吸引力,又要借助投影、录像、挂图、模型和多媒体等辅助措施,提高视听效果,调动学生的学习积极性,争取获得良好的教学效果。①

5. 充分利用网络手段

国防教育要充分利用网络等高科技手段推动国防教育"国防"和"育人"双重效益的最优化。"利用互联网开展大学生国防教育,可以进一步扩大国防教育的信息量,使大学生从丰富的国防教育资源中,了解更多的国防信息、知识和技能"。因此,"高校要充分利用网络资源,采取正面引导和教育,潜移默化地开展国防教育。首先,高校要建立健康的国防教育网站,突出覆盖面、信息量。其次,要充分利用网络传播速度快和交互式的特点,拓宽国防教育的空间和领域,将国防理论、军事装备、国防法规、国际安全局势等内容载到网上,提高国防教育的效果。最后,必须加强网络安全管理,对相关信息进行及时的监控,强化'守土有责'的阵地意识,把正确的国防知识传递给大学生,以达到良好的教育效果"②。

三、对高校国防教育德育功能研究的总体评析

随着一系列有关国防教育的法律和文件出台,学界立足我国高校国防教育的发展现状,对高校国防教育的德育功能进行了审视与探索,取得了比较丰硕的研究成果。但是,目前学界对这一问题的研究缺乏系统性,暴露出显而易见的局限性,有待继续深化。

(一)要将高校国防教育切实置于高校德育与大学生思想政治教育的话语体系中

《高校德育大纲》明确将国防教育、学生军政训练纳入高校德育大系统,中央16号文件也要求认真组织大学生参加军政训练,这是新形势下拓展大学生思想政治教育的有效途径。不可否认,这些文件的相继出台,确使学界对高校国防教育的研究和探讨不断增加,但是,从笔者所掌握的文献来看,表现在国防教育

---

① 杨建平:《高校国防教育的德育功能及实现途径》,中南大学2006年硕士毕业论文。
② 杨建平:《高校国防教育的德育功能及实现途径》,中南大学2006年硕士毕业论文。

第一章 普通高校军事课教学改革的主要依据

基础理论、师资队伍建设、课程教学改革、与素质教育关系等方面的研究颇多，理论也日渐丰富，但从高校德育和大学生思想政治教育的视角切入研究高校国防教育的论文并不多见，可见，关于高校国防教育与高校德育、大学生思想政治教育的关系问题，并没有引起足够的重视，有待深入挖掘和研究。要给高校国防教育以德育和思想政治教育的解读，用马克思主义的德育原理和思想政治教育原理为高校国防教育研究提供充足的理论根据。

（二）当前实施、开展的高校国防教育德育功能研究不够系统深入

主要表现在：其一，理论层面研究很多，实践层面研究较少。学界对高校国防教育与德育、大学生思想政治教育以及素质教育的关系做过较多的探讨，即从"是什么""为什么"的理论层面研究较多，而从如何有效实现国防教育德育功能的实践层面研究很少，仅有杨建平和周永卫先后对此做过专门论述。其二，已有的实践层面研究，论证浅显，亟待深化。当前高校国防教育尚处于起步发展阶段，部分地区、部分高校尚未真正开展起来，固然很多理论和实践还很片面，提出的解决办法多是对策性、阶段性的，比较零散，缺乏深入、科学、系统的分析。国防教育要充分发挥"国防"和"育人"双重效益，真正成为一门科学，必须具备三个基本条件：第一应具有系统性，全面反映该领域多种现象的本质和运动规律；第二应具有概括性，高度抽象出该领域特有的概念、范畴、定律等；第三应具有创造性，以发展态势推进该领域理论发展。纵观当前高校国防教育研究成果，可感知当前研究不足以体现以上三个条件。因此，今后高校国防教育的研究应从符合上述三个基本条件上去努力。其三，研究成果重复严重，创新较少。高校国防教育德育功能研究课题的重要价值引起众多学者在短时期内参与研究，但由于没有创新思维、创新内容的出现导致众多研究思路一致、内容相仿，有些文章内容甚至相近或相同。一项成果被多人使用、借用乃至盗用，以致不能查究原创及原作者，这种相互转抄挪用且不做注释的行为既是对原创作者的不尊重，浪费了学术资源，也会导致该领域研究停滞不前，缺乏创新，不利于该课题的研究。

（三）研究长期缺乏理论自觉，只有当相关法律和文件推动才逐步深入

我国高校的国防教育起源很早，但由于历史和客观的原因，发展缓慢。1984年通过的第二部《兵役法》中明确规定"高等学校的学生在就学期间必须接受基本的军事训练"，这是我国第一次将高校国防教育纳入法律，并且从1985年开始在部分地方高校试行。此后，《国防法》（1997年）、《国防教育法》（2001年）、《关于在普通高等学校和高级中学开展学生军事训练工作的意见》（国办发〔2001〕48号）、《大纲》（2006年修订）等法律和文件的相继出台，使我国普通

· 17 ·

高校的国防教育进一步规范化、系统化和科学化,形式多样、丰富多彩的国防教育活动在各高校逐渐展开,也是直到此时,才引发学界对高校国防教育理论的研究高潮(此特点在前面图表也得到了体现,成果大多集中在 2006~2008 三年间)。这种长期在"外力"推动下的课题研究,不是处于内心的主观愿望,恐怕缺乏长期的、持久的内在动力。

(四) 研究缺乏充分的实证性的调查数据支撑

高校国防教育的德育功能研究既有赖于纯粹的理论推演,更需要科学的调查研究与实证分析作支撑。当前高校国防教育到底开展得怎样,在高校德育和大学生思想政治教育中发挥多大作用,这需要在实证层面铺开兼具科学性、普及性、权威性的调查研究,以便切实把握我国高校国防教育现状,明确目标,探索出一条能充分实现国防教育"双重功能"的路径模式,构建起完善的高校国防道德教育体系。

大学新生军训中的思想政治工作刍议①

高等学校是大学生成长的摇篮,对大学新生实施必要的军事训练,旨在促使学生掌握一些军事理论和军事技能,增强学生的国防意识和集体主义观念,全面提高综合素质。配合大学生军训来开展思想政治教育工作,是进一步加强和改进大学生思想政治教育的重要途径与有效方式。它从根本上有助于引导广大学生热爱祖国、热爱社会主义,树立正确的人生观、世界观、价值观和道德观。为此,本文结合多年来实际工作中的一些体会,就如何加强大学新生军训过程中的思想政治工作这一问题谈谈自己的看法。

一、从思想政治工作与军训的关系维度认识大学新生军训的重要性

大学生新生军训中的思想政治工作,就是要用马克思主义、毛泽东思想、邓小平理论和"三个代表"重要思想以及我军优良传统和作风,教育、武装大学生的头脑,引导他们树立科学的世界观,坚定共产主义信念,继承和发扬我军光荣传统,做一名合格的接班人。

(一) 军训是大学生思想政治教育工作的重要载体

思想政治教育工作是以人的思想为基点,以良好行为为归宿的。思想与行为的关系范畴一方面表明了思想决定行为的规律,另一方面也表明了行为反映与影响思想的规律。而军训就是一种以行为体验而促成思想升华的积极方式,因此也是一种十分有效的载体形式。以军训为载体来开展思想政治教育工作,能够避免

---

① 作者:陆海燕、欧阳长安,原文载于《职业时空》2009,9.

思想政治工作"一条腿走路",即简单说教,就思想政治工作抓思想政治工作;能够改变思想政治工作形式主义化的"空"感觉。

(二) 军训是大学生思想政治教育工作的组成部分

国防意识与爱国主义是思想政治教育不可缺少的内容,不重视国防教育的国家是危险的,没有国防意识的民族是没有希望的。而军训就是提高学生的国防意识和国防观念的一项重要措施。世界上一切主权国家都十分重视,并采取各种手段不断强化人民的国防意识。大学生作为国家的未来和希望,通过军训这一课,增强热爱祖国、保卫祖国、建设祖国的责任感,是思想政治教育的重要组成部分。正如毛泽东同志说的:"应该使受教育者在德育、智育、体育几方面都得到发展,成为有社会主义觉悟的有文化的劳动者。"①

(三) 军训是大学生思想政治教育工作的有效形式

随着社会交往空间扩张的虚拟化、多元价值观念的复杂化以及全球性人类生活方式的同质化,加之我国社会经济、政治、教育体制等一轮又一轮的改革,思想政治教育工作面临着极大的挑战。其中之一就是在这新的时代背景下增强大学生思想政治教育实效性问题。显然,今后的思想政治教育已不能龟缩于单一、僵化、无效率的灌输式、宣讲式的传统模式了,必须走向实践性、体验性的模式,军训无疑是一种非常具有体验性的思想政治教育形式。军训一方面通过解放军光荣传统来影响和激励同学们养成良好的思想道德风尚;一方面通过直接学习、体验严格的军队式生活模式,以切身的体会来达到强化思想认识、外化积极行为的目的。

二、从学校实际出发充分做好军训中思想政治工作的各项准备工作

结合学校的有关实际,做好大学生军训过程中思想政治工作需要的各项准备工作,是提升军训中思想政治工作实效性的有力保证。从我们学校所开展的情况来看,笔者认为以下四个环节是比较重要的。

(一) 要选配合适的教官

教官的素质在军训过程中是一个不容忽视的条件。教官思想觉悟高、技术过硬、作风优良、纪律严明,不仅会给学生树立仿效的样板,也会增强教师和学生的责任感。因此,要与部队首长研究选派合适的教官,要求教官必须发扬我军的优良传统,模范地执行命令,遵守纪律,严格落实条令、条例和规章制度,认真负责,积极工作,时时处处做榜样,当标杆,取得学生的信任,配合学校做好学生思想政治工作。

---

① 《毛泽东选集(第五卷)》,人民出版社1991年版,第385页。

(二) 要选配高素质辅导员

教师是学校工作的主体，特别是辅导员老师由于对学生的日常管理工作负责，其角色扮演的效果如何直接影响着自己所开展思想教育工作的效果。在军训中，多接触学生、了解学生、关心学生，时时把握学生的思想变化情况，是做好学生思想政治工作的重要条件。为此，学校应当选配热爱学生工作、有责任心、有心理洞察力的人员作为学生辅导员。

(三) 要进行广泛的思想动员

由于当代大学生普遍都没有经历过艰苦年代，加之父母的溺爱，从小都过着衣食无忧的生活。吃苦耐劳的心理品质和精神通常要差一些，不少同学具有性格孤傲、自我意识强、生活能力差等弱点，在军训之前，表现出不愿意、恐惧、退却、逆反等心理。为此，在正式动员之前就应当进行广泛的思想动员，讲清楚军训的目标和任务，尽力消除大家心中的担忧和疑惑。

(四) 要健全有关保障制度

在学生中开展军训不仅仅是形式上的严格要求，重要的是提高学生的素质。学校党委和领导首先要把抓学生军训工作提高到育人的高度来认识，要有布置、有要求，调动方方面面的积极性，完成这项工作任务。因此，需要建立和完善严格的规章制度来配合军训活动，如学生行为准则、日常生活管理规定、作息时间制度、请销假制度、会操讲评制度、总结表彰制度、军政训练和内务卫生先进连队评比制度等，使军训工作有章可循。还需要制定详细的军训日程计划，提前做好各项安排准备。

可以说，军训过程是学校正常教学活动中一个临时性、短暂性的安排，越是非常规性安排，越需要方方面面细致入微，做好充分准备。只有具备严密的组织过程才能有有序的行为过程，具备有序的行为过程才能促成对象的思想觉悟升华。

三、根据从大学生军训中思想动态的差异实施不同的思想政治工作方法

从学生到"军人"的转变是一个渐进的过程，训练程序和内容由易到难，训练标准逐步提高，各方面的要求也逐渐变严，学生的思想也会随之发生几次转变。思想政治工作要适应这些特点，力求达到教育与实践的统一。多年的军训实践证明，应做好"训前、训中、训后"三个阶段的思想政治工作。

(一) 军训前——着力于军队知识的学习性教育

军训前，学生普遍感到疑惑和好奇，此时思想政治工作主要以集体学习、宣讲、讨论、汇报等形式为主。从内容上看，训前教育着重进行形势任务、革命传统、《毛泽东选集》和邓小平理论、做合格社会主义大学生等军训目的、意义的

教育,同时进行《宪法》《兵役法》《国防法》等有关法律的学习,形式可采用校、院(系)、班级多层次动员会、讨论会、座谈会、报告会、誓师会、参观等。使参训学生充分认识到,军训作为一种国防教育,绝不是单纯的军事教育,也不是简单的"打打靶,走走步,整整内务,参观参观",而是学习贯彻毛泽东军事思想和邓小平新时期建军理论的一种具体体现,是一种综合的国防意识、国防常识、国防法制、国防体育教育,从而激发他们发扬集体主义精神,增强其组织性、纪律性、使之自觉投入到军训中去。前期动员阶段,思想政治工作做到位,就会取得明显的效果,学生的思想觉悟将会提高很快。通过训前教育,克服畏难情绪,从而在较艰苦条件下,把困难变成动力,积极地投入到军训中去。

(二) 军训中——着力于身体力行的体验性教育

训中教育是集中军训的关键性教育,它既是对训前教育的检验,同时也是训前教育的继续。训中教育直接关系到训练计划的落实和训练目标的实现,同时也关系到参训学生能否按《大纲》要求达标。这一阶段的教育搞不好,将会使训前教育失去现实意义,使军训后教育落空。

这一时期,有些学生尽管在训练前做了"吃苦"、过紧张生活的思想准备,但正规、严格、紧张的训练是他们想象不到的。艰苦的军训生活打破了学生们对军训诗情画意的想象,很多学生开始不适应,出现厌倦、逃避。为此,这一时期的工作重点是:一方面,加强艰苦奋斗、吃苦耐劳、组织性纪律性的教育,加强"流血流汗不流泪,掉皮掉肉不掉队"的革命英雄主义教育,将细致思想工作贯穿于紧张的训练之中;另一方面,通过会操、检查评比、示范表演、阶段讲评,让学生看到不足之处,从思想深处挖掘出自己的薄弱意识,确立起更高的标准。通过训练实践,磨炼自己的意志,牢固树立科学的世界观。

思想政治工作是一项复杂的工作,贯彻教育与管理相结合的原则,需要运用综合管理的方法才能取得最佳效果。而学生军训正是处在行政管理、教学管理等综合管理的最佳环境中,部队有一套完整的条令、规章制度和与之相适应的管理手段,在组织学生军训中可以很好地借鉴。管理保证教育的落实,教育促进管理目标的实现,这就可促使学生通过自我认识、自我激励和自我控制去实现目标。部队强有力的思想政治工作和管理工作,能为学生的思想转化起到积极的促进作用,为思想政治工作的开展奠定了基础。学生们亲眼看见、亲身体验的事实是最深刻的教育。训练中出现的思想波动,随着部队教官和带队教师的工作不断深入而趋于平稳,特别是军人的标准素质对学生的思想转变,会产生潜移默化的影响。

(三) 军训后——着力于总结感悟的体会性教育

训后教育是集中军训的重要环节,它直接关系训练中期所取得的成绩能否巩固和发展,整个训练能否善始善终。军训后期,由于学生对所学的内容基本掌握,对周围的人和环境也已熟悉,易出现松散和松劲情绪,导致自我管理标准降低,自由涣散现象,违章现象也随之出现,若训后教育工作不及时,容易虎头蛇尾,影响军训的效果。

在这一时期,能否一如既往地发挥思想工作的优势,保证军训顺利完成,已成为当务之急。为充分调动广大参训学生的积极性,要根据训练进程,进一步提出鼓动口号,开展"评先创优"活动。这一阶段的思想工作重点是:注重信息反馈,加深体会,加强集体主义教育,针对学生集体观念淡薄,有针对性地开展"人人为我,我为人人"的讨论,使其明确集体离不开具体的个人,个人同样也离不开所生活的集体,形成努力为集体争光的良好氛围。

一方面,在方法上应通过总结表彰、组织阅兵式和分列式表演等评先创优活动,使参训学生充分体会个人的人生价值,激发学生的训练热情,激励学生提高自我修养的自觉性,进而实现思想的真正升华。针对新出现的问题,可以制定相应的规章制度和预防、处理措施。同时,有关管理人员应以身作则,深入寝室、学生中间抓落实,本着"劲可鼓,不可懈"的原则把思想政治工作做得更深一步,使思想工作既表现在面向全体学生的普遍指导,又存在于对个别事件和个别学生的具体指导之中。另一方面,应提倡军训中"机会教育",即结合学生在训练中所反映出的思想,抓住教育的有利时机,有针对性地进行及时教育。例如,学生就餐出现浪费现象,可及时召开现场会,让学生面对现实接受教育;当学生中出现不尊重班长的言行时,可及时发通报,组织学生讨论,共同提高认识与不良倾向作斗争;当训练中出现畏难情绪时,可及时引导学生思考军训锻炼对人才成长的作用,鼓励学生勇敢面对困难,经受考验;当有的学生违反纪律时,管理人员可及时进行说服教育,动之以情,晓之以理,鼓励他们用自己的实际行动改正自己的错误。

思想政治工作的开展,既要发挥部队人员的管理作用,又要调动学校机关各有关部处、带队教师和学生军训骨干的积极性,特别是要发挥学生骨干的作用,形成齐抓共管之态势,力求综合治理之效果,只有这样才能保证军训目标的实现。充分宣传军训中的典型事例,利用军训中的典型事例教育大家,思想政治工作就是通过宣传典型事例把蕴藏在同学们中间的优秀品德体现出来,使大家"学有榜样,赶有方向"。

总之,思想政治工作是使集中军训顺利进行的重要保证,思想政治工作必须贯穿集中军训的全过程。实践证明,由于大学生思想变化快、可塑性强,在军训这个特殊环境里,通过全方位的科学管理,利用严格的训练可以大大提高学生的综合素质,显著提高学生的思想觉悟。

高校国防教育培育大学生民族精神路径探析①

忧劳可以兴国,逸豫可以亡身。高校国防教育以国家的生存与安全为主要教学内容,教学中应充分发挥其培育大学生民族精神的重要作用,认真贯彻中央"必须把弘扬和培育民族精神作为文化建设极为重要的任务,纳入国民教育全过程,纳入精神文明建设全过程"的号召,确实将培育大学生民族精神作为一项重要的教育任务,加以研讨,探索规律,以期充分发挥国防教育与民族精神培育的育人合力。

一、高校国防教育培育大学生民族精神的可行性分析

(一) 二者的教育目标一致

高校国防教育关系到民族、国家的生死存亡。新的时期,虽然和平与发展已经成为世界的主题,但天下仍不太平,霸权主义和强权政治仍然存在,中华民族仍然面临着巨大的前进阻力,在国防教育中培育民族精神仍是重中之重。在高校国防教育中加强民族精神培育,就是要在大学生中进行爱国主义和革命英雄主义教育、民族精神和民族气节教育,增强民族凝聚力和向心力,培养学生强烈的国防意识、国防观念及国家防卫的责任感和使命感。两者有着共同的根本指导思想,那就是培育社会主义合格的建设者和保卫者,造就有理想、有道德、有文化、有纪律的社会主义新人,增进学生为争取和维护祖国独立、富强和荣誉而奉献一切的高尚道德和献身精神。

(二) 二者的教育内容相近

在我国四千多年的国防历史中,无数中华儿女、民族英烈、仁人志士在爱国主义旗帜的感召下,不屈不挠、前仆后继、临危不惧、舍生取义,形成了具有中华民族特色的国防精神。国防精神体现了一个国家公民防备和抵抗侵略,制止武装颠覆,捍卫祖国的主权统一,领土完整和安全,维护国家尊严和独立的强烈意识。强化和振奋大学生的国防精神是高校国防教育的主要任务。作为中华民族精神的重要内容和主要组成部分,国防精神与在中国共产党领导下形成的井冈山精神、长征精神、延安精神、西柏坡精神,以及狼牙山五壮士、八女投江、红岩和雷锋精神、抗美援朝和两弹一星精神等,一道成为民族精神教育的丰富教学素材。

(三) 二者的教育载体互补

高校国防教育是弘扬和培育大学生民族精神的有效载体。军事理论课和"思

---

① 作者:陆海燕,原文载于《文教资料》2012,5.

想政治教育理论课"教学要与时俱进，充分发挥国防教育与民族精神培育的主渠道作用，把大学生民族精神的塑造放在培养合格人才的战略高度予以重视。同时，可根据大学生的个性特征，组织一些既生动又有一定深度的国防教育活动，如利用博物馆、纪念馆、烈士陵园、伟人故居等，进行战争史教育，使学生更深刻地感受在数千年的发展历程中铸就的伟大民族精神。此外，国防文化和校园文化也是进行大学生民族精神构建的最好教材。可以利用文化节、读书会、文化沙龙、影视评论等大学生喜闻乐见的方式开展国防教育和民族精神培育，以增强学生的自尊心、自信心、自豪感；充分利用网络、电影、电视等现代传媒，强化民族精神的引导功能和国防文化的渗透功能，将抽象的民族精神鲜活地外化在大学生的日常学习、娱乐、生活环境之中，为大学生深刻体会和真正实践民族精神创造良好的氛围。

二、培育大学生民族精神是当前高校国防教育的重要任务

（一）历史证明：越是在和平时期，越要重视培育大学生民族精神

和平年代，大学生国防意识和民族精神逐渐淡化，因此要更加注重国防意识和民族精神的培养。在二战前的相对和平的一段时间里，法国等欧洲国家因迷醉于一时的"繁荣"与"和平"，结果使欧洲在短时间内就沦陷于法西斯的铁蹄之下。当代中国大学生是"90后""00后"群体，他们当中的一些人对待高校军事理论课淡漠，主要表现为："两耳不闻天下事，一心只读圣贤书"，对世界局势的复杂性认识不足；"讨厌打打杀杀，只要有爱就可以避免战争"，对国防意识的重要性认识不深。大学生作为国防建设的后备人才，是祖国的未来、民族的希望，必须具有正确的国防观念和忧患意识。因此，加强大学生民族精神培育，不仅关系到大学生的成长和成才，还关系到民族、国家的前途和命运。

（二）现实表明：错综复杂的国际形势客观要求强化大学生民族精神培育

重视国防则国存国安，轻视国防则国危国亡，这既是历史的结论，也是现实的呼声。当今世界，尽管和平与发展的趋势不可逆转，但这两个问题都没得到根本解决，霸权主义、强权政治依旧存在。西方敌对势力"西化"、分化中国的图谋并未改变，企图用西方意识形态和价值观来改造中国，不时释放"中国威胁论"损害中国形象和限制中国发展。国际形势的错综复杂和我国安全形势呈现的新情况新特点，客观上要求强化全民国防意识，尤其是增强大学生国防意识，培育大学生民族精神，使大学生树立有备无患、居安思危的思想和以国家兴亡为己任的历史责任感，这将对国家的安全、国防的强大、经济的发展和社会的稳定具有直接的现实意义。

(三) 法律规定：高校国防教育是培育大学生民族精神的重要途径

《国防法》第四十条规定："国家通过开展国防教育，使公民增强国防观念、掌握国防知识、发扬爱国主义精神，自觉履行国防义务。"《国防教育法》也明确指出："国防教育是建设和巩固国防的基础，是增强民族凝聚力、提高全民素质的重要途径。"高校国防教育是全民国防教育的基础，它自始至终围绕国家的安危、国力的盛衰、民族的荣辱。通过军事斗争、国防建设的古今对比和中外对照，最大限度地激发学生的民族自尊心和爱国激情。而高校其他各课程虽然都可进行民族精神教育，但由于各自目标指向和课程特点不同，所实施的民族精神教育总是有限的。国防教育课具有培育大学生民族精神的独特优势，理应成为高等学校弘扬和培育民族精神的重要途径。

三、高校国防教育培育大学生民族精神的路径选择

在大学生中开展民族精神培育，是新时期、新阶段的一项重大而又紧迫的任务。民族精神教育是贯穿于国防教育的教学、日常生活、校园文化、社会实践等各个方面的一项系统工程。以下从军事技能训练、军事理论教学、日常国防教育活动三方面探讨高校国防教育培育大学生民族精神的方法和途径。

（一）军事技能训练

1. 巩固学生军训成果，深化军训后期效应

军训作为当代大学生的入门必修课，有助于培养大学生的国防观念、国家安全意识，增强大学生的爱国主义、集体主义观念，磨炼大学生的意志品质、增强抗压承挫能力。但军训一般都在新生入学之初进行，只有十几天时间，稍纵即逝很容易变成"走过场"。如何深化军训效应，让它沉淀下来，发扬光大民族精神培育作用，这就要求我们认真总结军训，反思军训经验教训，弘扬军训中的优良传统和成果，将之落实到学生工作中去。只有用科学育人的眼光去审视和分析，总结出符合学校发展状况和办学实际的特色，结合高等教育的育人规律开展国防教育、组织军训，才会得到事半功倍的效果。

2. 完善学生管理制度，加强学生日常管理

军训不是一种简单的生活经历和体验，而是对大学生强化爱国主义、集体主义教育的有力途径。要发挥军训培育大学生民族精神的育人功能，要求我们对现有的学生管理制度进行完善，加强学生的日常管理。我们可以结合军训中的集体主义教育，制定完善优秀集体和个人评优表彰制度，以调动学生争优创先积极性，强化大学生的团队精神，培养大学生的竞争协作意识，激发大学生的集体荣誉感；结合军训中的组织纪律教育和身体素质教育，制定完善在校大学生早操早读制度，这对大学生练就强健的体魄、培养吃苦耐劳百折不挠的意志品质、学会

雷厉风行的办事风格、养成良好的生活习惯和学习习惯终身有益。总之，我们要使军训与日常管理结合起来，发挥军训的最大育人效应。

3. 找准德育结合之处，突出军训育人为本

发挥军训培育大学生民族精神的育人功能，要求我们在德育工作中要找到结合点，把军训和其他各项德育工作紧密联系起来，相关部门齐抓共管，形成有机整体。例如，通过军训，大学生接受国防教育，树立"国家兴亡、匹夫有责""国无防不立"的国防观念，增强国家安全意识和掌握先进科学文化知识的紧迫感；通过军训，大学生能学习解放军的优良传统，树立全心合意为人民服务的宗旨，牢记为人民服务的誓言，消除追求个人享乐的功利主义，树立正确的世界观、人生观和价值观；通过军训，大学生真正领悟"军令如山倒"，学会雷厉风行的办事风格，培养百折不挠的品质，有助于大学生强化组织纪律性意识，服从上级的领导和指挥。总之，要全力以赴夯实军训培育大学生民族精神的育人功能，并使之巩固持久。

(二) 军事理论教学

1. 认真贯彻国防法规和教学大纲，使军事理论课程真正进校园

《国防法》规定："学校的国防教育是全民国防教育的基础。各级各类学校应当设置适当的国防教育课程，或者在有关课程中增加国防教育的内容。"《国防教育法》第十五、十六条明确规定："高等学校应当设置适当的国防教育课程""学校应当将国防教育列入学校的工作和教学计划，采取有效措施，保证国防教育的质量和效果。"《大纲》（2006年修订）也明确规定："军事课程是普通高等学校本、专科学生的一门必修课。""军事课（含军事理论教学和军事技能训练）列入学校的教学计划，成绩记入学生档案。"

自1985年教育部在部分普通高校进行大学生军事训练试点以来，大部分高校将军事理论教学和军事技能训练（统称军事课）相结合的国防教育，作为必修课纳入教学计划，其在普通高校中的教学地位也越来越重要。目前，大部分高校军事课已经走上了法制化轨道，但也有部分地区的部分高校有令不行，尚未真正开设军事理论课，即使已开设军事理论课，大部分是采取在训练场、大会堂、体育馆等能容纳几百上千人的地点进行讲座式授课，至于课时，没有按《大纲》规定开足36学时，教学效果也就可想而知，更遑论其对培育大学生民族精神的重大现实意义和深远历史意义。因此，我们务必认真贯彻国防法规和《大纲》，使军事理论课真正进校园，切实提高军事理论课教学地位，充分发挥高校国防教育的"国防"和"育人"双重效益。

2. 深刻把握民族精神的基本理论，使其真正进入军事理论课的教材

党的几代领导人都高度重视以爱国主义为核心的民族精神培育，特别是江泽民同志在党的十六大上对培育民族精神的系统论述，为中华民族精神的培育奠定了理论基石。主要包括：民族精神的特有价值、中华民族精神的基本内涵和特征、中国共产党是中华民族精神的继承者和发展者、弘扬和培育民族精神应纳入国民教育和精神文明建设全过程。既然高校国防教育是培育大学生民族精神的重要途径，肩负着重大而深远的历史使命，就必须深刻把握民族精神的基本理论，使其作为课程的主要内容和重要章节编选进教材。现使用的军事教材中虽有与国防精神相关内容，但对国防精神与民族精神的关系、特别是培育大学生民族精神的基本理论却没有阐述，理应予以完善。

3. 准确理解民族精神的基本内涵，使其真正进入军事理论课的课堂

高校国防教育要完成培育大学生民族精神这个重要的战略任务，使其进教材只是前提，如何准确理解民族精神的基本内涵，使其进课堂则是核心。首先，教员掌握军事课教材要达到"懂、透、化"。"懂"即对教材的框架、思路和内容要一清二楚；"透"即对教材有细致而深入的理解，梳理好章与章、节与节之间的逻辑关系；"化"是将教材的指导思想融入并转化为教员的课堂教学行为。其次，教员要根据学生的知识基础、理解能力、生活经验，科学地进行课堂设计，选择最佳教学方法和教学途径，用艺术的语言讲解，让学生真懂、真学、真信、真做，从而达到弘扬和培育大学生民族精神的目的。

(三) 国防教育活动

国防教育活动是培育大学生民族精神的重要活动载体。大学生通过参加国防教育实践活动，可以增加对我国国防建设的了解，达到民族精神教育的目的。

1. 充分发挥国防教育基地的潜移默化作用

在传统佳节期间，如清明节、建党节、建军节、国庆节期间，组织大学生参观、访问革命遗址、烈士陵园和其他具有国防教育功能的纪念馆、博物馆、文化宫、科技馆等场所。以形象直观的实物、感人至深的人物形象、真实逼人的历史回放，增强大学生对国防军队的理解认识，培养其民族精神，充分发挥国防教育基地的潜移默化作用。

2. 充分发挥军营、军人的"现身说法"作用

让学生分批次到军营体验军事生活，接触英雄历史和英雄人物，以军营文化、军人的高尚风范和品格吸引、教育和影响大学生。有条件的学校还可以定期组织大学生进军校、军事基地开展"军营一日"活动，全景式地了解军人一天从早上出操到整理内务、军事训练、就餐，直至就寝休息的一日生活制度，从中感受军人的纪律观念和意志品质，进而内化为自身的素质；大力开展拥军优属、军民共建活动，给大学生提供一些接触军人、了解军人的机会，提高军人"现身说法"的力度,进而提高大学生爱军拥军的自觉性,增强大学生履行国防义务的自觉性和支持国防建设的责任感。通过这种内容丰富、形式新颖、与当代军人零距离接触的国防教育活动,增强大学生的国防意识,培养其民族精神。

3. 充分利用重大节日、纪念日活动

《国防教育法》第十二条明确指出"国家设立全民国防教育日",并提出将国防教育与重大节日、纪念日活动结合起来进行国防教育。高校可通过校园公共舆论阵地,如校报、校园广播、横幅、板报、警示牌等加强宣传教育;有计划地举办各种国防教育专题讲座,举行学习历史心得交流会、读书报告会,请老八路、老红军作革命传统报告;开展以爱国主义为核心的演讲会、朗诵会、国防知识竞赛、军事读书活动、优秀军事题材影片播放等活动,丰富大学生的国防和军事知识,培养他们的爱国主义精神、革命英雄主义精神和革命乐观主义精神。

高校国防教育与思想政治教育的整合路径探析[①]
——以湖南农业大学为例

高校国防教育是实施高等教育的重要内容,也是实施大学生素质教育的重要途径,其主要目标是通过学习,培养学生的爱国热情,增强大学生国防观念和国家安全意识,强化爱国主义、集体主义、革命英雄主义观念,树立正确的世界观、人生观和价值观,促进综合素质的提高。大学生思想政治教育是一个复杂的系统工程,侧重于对大学生的理想、信念、纪律、品格、精神等主观因素的培养,其主要目标是为适应社会主义现代化的需要,培养有理想、有道德、有文化、有纪律的中国特色社会主义现代化建设合格人才。可见,高校国防教育与大学生思想政治教育在内容、目的、作用上有着众多的共性,必须纳入思想教育总体系,列入学校思想政治教育的议事日程。以下结合湖南农业大学实际,从学生集中军训、军事理论教学、日常国防教育、促成国防教育与其他哲学社会科学渗透结合四个方面就如何实现二者的有效融合做一粗浅探讨。

一、学生集中军训——思想政治教育的特殊实践形式

军训作为大学生入校的第一堂必修课,是高校国防教育的最高形式,也是大学生思想政治教育最活跃、最有成效的实践形式。我们应针对军训期间学生心理变化的特点,分阶段、有重点地及时开展思想政治教育。

军训前期:着力学习性教育。军训前,学生充满向往和好奇,而对军训真正的目的和意义并不清楚。针对这一思想实际,我校不失时机地做好开训时的政治

---

① 作者:陆海燕,原文载于《学理论》2013,1.

第一章 普通高校军事课教学改革的主要依据

动员、思想发动和氛围营造工作。在形式上采用校、院（系）、班级多层次动员会、座谈会、讨论会、誓师会、报告会、参观等为主。在内容上，着重进行安全形势、革命传统、校规校纪、军事理论、做合格社会主义大学生等军训目的、意义的教育，同时进行《国防法》《兵役法》《国防教育法》等有关国防法规的学习。例如，我校在新生入学报到后正式开训前，由校学工部统一组织、各学院具体实施入学教育，内容包括"何为大学""怎样做一名优秀大学生"等引导性专题讲座、校史馆参观、学科专业介绍等校本知识熟悉，军训纪律、内务要求、行为规则等校纪校规教育。训前教育，使参训学生充分认识到，军训作为一种国防教育，绝不是简单的"走走步子、喊喊号子、打打靶"，而是学习贯彻新时期建军理论的一种具体体现，是一种综合的国防观念培养、国防知识传授、爱国主义教育活动，从而激发他们发扬集体主义精神，磨炼艰苦奋斗的意志，增强其组织性、纪律性，使之自觉积极地投入到军训中去。

军训中期： 着力体验性教育。训中教育是学生军训的关键性教育，关系到训练计划的落实和训练目标的实现，也关系到参训学生能否按"大纲"要求达标。这一阶段，随着艰苦军训生活的开展，很多学生开始不适应，出现厌倦、逃避。针对这一心理变化和思想动态，我校深入细致地开展了行之有效的思想政治教育。一是加强艰苦奋斗、不畏艰难、吃苦耐劳的光荣传统教育，加强"流血流汗不流泪，掉皮掉肉不掉队"的革命英雄主义教育，将细致思想工作贯穿于紧张的训练之中；二是通过检查评比、队列会操、阶段讲评、示范表演，让学生看到自身不足之处，从思想深处挖掘出自己的薄弱意识，确立起更高的标准；三是根据新形势，创新军训形式，在原有的军训内容上特别增设军体拳、擒敌拳、消防演习、野外拉练、抗震防灾、反恐防暴、班战术等学生感兴趣的科目，增强学生面对火灾、地震、洪水、劫持等灾难的救生和自救能力，并力求把学生最关注的国际国内军事、安全、形势、战略等问题纳入到思想政治教育工作中来，使军训教学内容充满生机与活力。通过训练实践，最大限度地减少或消除了因艰苦军训而导致的疲惫厌倦现象，磨炼了学生意志，激发了学生不怕困难、勇于吃苦、严格要求、严格训练的思想和作风。

军训后期： 着力感悟性教育。训后教育是学生军训的重要环节，关系到训中教育取得的成绩能否巩固和发展，整个训练能否善始善终。军训后期，由于学生对所学的内容基本掌握，对周围的人和环境也已熟悉，易出现懒散和懈怠情绪，若工作不及时，容易导致虎头蛇尾而影响军训效果。为此，我校根据训练进程，进一步提出鼓动口号，开展"评先创优"活动。一方面，组织内务评比、纪律评比、歌咏比赛、阅兵分列式表演等评先创优活动，使参训学生充分认识到"团结就是力量"、集体的荣誉在于每个人的共同努力,进而激发学生严于律己,认真参训,提高自我约束、自我修养的自觉性,最终实现思想品德的真正升华。期间若出现个别特殊问题,辅导员、班主任老师应以身作则,深入公寓和训练场地,本着"一个也不能少""将问题扼杀在摇篮中"的原则把思想政治工作做深做细,使思想工作既表现在对全体学生的普遍指导,又表现在对个别案例的特殊对待之中。另一方面,提倡军训中"机会教育",即结合学生在训练中所反映出的思想,抓住教育的有利时机,有针对性地进行及时教育。例如,训练中出现松散、懈怠情绪,可本着"劲可鼓,不可懈"的原则鼓舞激励学生坚韧顽强,不畏艰难,经受考验;学生中出现不尊重教官、不尊敬老师的言行,可及时召开"怎样做人"的主题班会,组织全班学生展开讨论,提高学生对尊师重教、尊师重友、团结友爱为人处事道理的认识;学生就餐出现浪费粮食现象,可及时给予指出并进行引导,让学生树立"谁知盘中餐,粒粒皆辛苦"、爱惜粮食、勤俭节约的优良品德;有学生违反校纪校规,可及时进行说理教育,动之以情、晓之以理,鼓励他们用自己的实际行动改正自己的错误。

二、军事理论教学——思想政治教育的重要课堂形式

军事理论课作为高校国防教育的基本形式之一,是大学生思想政治教育的重要课堂形式。我们应充分利用军事理论课这一国防教育课堂形式,发挥其在加强大学生以爱国主义为核心的思想政治教育上的独特优势。

根据《大纲》规定,军事理论课包括中国国防、军事思想、战略环境、军事高技术、信息化战争五个部分的教学内容,在提高学生的思想政治素质,增强国防观念和国家安全意识,培养艰苦奋斗、吃苦耐劳的作风,磨炼坚韧顽强、不怕困苦的意志品质,弘扬爱国主义、集体主义和革命英雄主义精神等方面都有其独特作用。例如,在国防历史教育中,通过古代国防的兴盛和近代国防的屈辱的前后对比,用铁的事实诠释了"落后挨打""不进则退"的道理。在讲授《孙子兵法》关于孙武的战略战术指导思想时,让学生在"重战、慎战、备战"的战争观、"视卒如婴儿"的精神中了解"仁爱明礼、诚信友善"的道德风范。在介绍我国周边安全环境时,将我国地缘安全环境特点、周边呈现出的热点问题、当前面临的主要安全威胁等军事理论知识融入课堂教学,最能激发学生保家卫国的爱国热忱,从而立志发奋学习、报效祖国、卫我中华的雄心壮志。在军事高技术学习中,当今世界的军事高科技最能吸引青年学生的注意力,结合他们的专业特点选取尖端武器装备、军事高技术等内容精讲,很能激发学生树立"科学技术是第一生产力"的观点,进而努力学习、刻苦钻研先进科技知识,为科教兴国、科技强国做出自己应有的贡献。总之,通过军事理论课教学,激发学生的爱国情

怀，培养学生的个人进取心、社会责任心，使他们认识到爱国就要从小事做起，从身边事做起，从完成好学业做起，个人成才就是爱国，为国争光就是人生价值的最大实现，从而使自己成为胸怀社会、胸怀祖国、胸怀人民的有用人才。

三、日常国防教育——思想政治教育的生活化形式

日常国防教育是高校国防教育的一个重要组成部分，是高校国防教育内容的具体化和形式的日常化。抓好日常国防教育，对进一步巩固军训成果、提高国防认识、磨炼意志品质、强化团队意识、激发爱国热情、促成良好行为习惯养成具有重要作用。

目前的高校国防教育分为集中国防教育和日常国防教育，集中国防教育主要指的是新生入学时的军训、军事理论课教学；而日常国防教育指的是除了新生军训及军事理论课之外的贯穿大学生培养全过程的其他国防教育形式，主要包括与军事有关的爱国主义教育活动、军事实践活动等方面。近年来，我校根据学校和学生实际，开展了一系列丰富多彩的日常国防教育活动，取得了显著成效。一是开辟国防教育第二课堂。鼓励学生在课外根据兴趣爱好成立形式多样、内容丰富的国防教育社团，如"国防教育协会""军事爱好者协会"，社团成员可以说都是关心国防热爱军事的，他们的存在往往可以带动周围同学加入进来，形成高校学生热爱军事关心国防的良好氛围，做到国防教育与思想教育两者兼得。二是参观爱国主义教育基地。利用遍布全国各地特别是革命老区的烈士陵园、革命遗址、伟人故居等爱国主义教育基地与中国革命斗争遗留的各种纪念物加强大学生国防教育，是大学生学习历史、增长知识、陶冶情操、提高修养的过程，也是新形势下加强和改进大学生思想政治教育，促进大学生健康成长的特色形式与有效途径。我校结合湖湘文化特色，利用毛泽东、刘少奇等伟人故居、长沙烈士公园、湖南省博物馆等红色资源，将国防教育与大学生思想政治教育相结合，促进大学生增进思想感情、升华思想道德境界。三是开展国防体育运动。为丰富军训内容，我校根据学校、学生的具体实际，特别增设军体拳、擒敌拳、消防演习、野外拉练、班战术等学生感兴趣的科目，组织学生积极参加湖南省大学生军用枪射击比赛，取得了团体第一名的优异成绩，并代表湖南省参加全国大学生军用枪射击赛，取得团体第三名。四是加强校园媒体宣传。我校注重通过日常养成教育巩固军训成果，在《学生行为规则》《考试规则》《教室管理规定》《学生宿舍管理规定》等制度中融入学生军训中的有关要求，利用校园广播、墙报、校刊、国防教育宣传橱窗等校园媒体宣传学习国防知识，并通过建立"国防教育网"，开设"国防教育专栏"，组织开展国防知识抢答赛、国防征文比赛、革命歌曲比赛、"五四"爱国主义升旗仪式等活动，进一步加强学生的国防意识，提高学

的军事素养，逐步建立起从行为规范、内务整理、组织纪律、校园文化建设等方面保障军训效果的长效机制。

四、促成国防教育与其他哲学社会科学渗透结合——思想政治教育的有效形式

国防教育与其他哲学社会科学渗透结合，不仅是培养大学生国防意识和爱国主义精神的重要途径，而且也是加强大学生思想政治工作的有效举措。突出国防教育在大学生思想政治教育中的特殊地位和作用，实现二者的融合统一，可以充分发挥国防教育"国防"和"育人"的综合效益，也使大学生思想政治教育具有更鲜活的生命力和更持久的影响力。

近年来，我校根据学校实际，多方面、多层次促成国防教育与其他哲学社会科学渗透结合，取得了显著成效。一是将国防教育与高校思想政治课相结合。2005年高校思想政治课实行新方案，课程科目由原来的7门减少为4门，即"马克思主义基本原理概论""中国近现代史纲要""毛泽东思想、邓小平理论和'三个代表'重要思想概论""思想道德修养与法律基础"，其中"毛泽东思想、邓小平理论和'三个代表'重要思想概论"涉及中国共产党领导的中国革命战争、反侵略战争、军队和国防建设实践，在课堂教学中增设中国古代《孙子兵法》的思想精华、中国近代资产阶级军事理论、中国社会主义革命时期的军事知识，通过知识拓展将国防教育与思想政治课相结合。二是将国防教育与形势政策课相结合。每学期开设的形势政策课也是开展国防教育的重要载体。在介绍我国周边形势时，可以将我国周边的热点问题、当前面临的主要威胁等国际国内形势热点融入课堂教学，在充实教学内容的同时提高了学生国防观念和国防意识。三是将国防教育与就业指导课相结合。在"大学生职业发展与就业指导课程"教学活动中有针对性地渗透国防知识，可以帮助学生正确认识自己，转变就业观念，提高就业能力。在当前就业形势十分严峻的情况下，适时引导大学生响应祖国号召、踊跃报名参军，树立"入伍就是深造，当兵同样成才"的职业生涯规划理念，对暂时缓解就业压力、培养国防和军队现代化建设后备人才、增强我国国防实力等方面具有重要作用。四是将国防教育与心理健康教育课相结合。集中军训是一种辛苦的实践活动，这对那些从小在家娇生惯养、缺乏艰苦生活锻炼的90后独生子女们是一个巨大考验。集训中如果不及时给予心理调适，就有可能出现个别学生遇到困难挫折逃避、抱怨的态度，甚至还可能出现轻生的念头。因此，将国防教育与心理健康教育课相结合，可以磨炼学生的坚韧心、锻造学生的自信心，提高他们面对挫折和应对坎坷的能力，有利于鞭策激励他们为祖国、为人民刻苦学习、奋发进取、勇往直前。

总之，新时期加强以爱国主义为核心的高校国防教育，是加强我国国防后备力量建设、提高全民国防意识的重要途径，也是加强大学生思想政治工作的有效措施。实现国防教育与大学生思想政治教育的融合统一，可以充分发挥国防教育"国防"和"育人"的综合效益。因此，整合国防教育与大学生思想政治教育两类资源，探索国防教育与大学生思想政治教育的有效整合路径，对提高全民族的爱国主义精神，培养国防和军队现代化建设后备人才，建设强大的中国国防，最终实现中华民族的伟大复兴具有深远的战略意义。

第二节 军事课教学改革的法律法规依据

我国是实行依法治国的社会主义国家，依法治国是党和人民治理国家的基本方略。从微观层面来讲，教育的发展也必须遵循相应的法律法规。军事课作为高校国防教育的主要开展形式，不仅是加强和改进大学生思想政治教育的有效载体，也是大学生思想政治教育的重要内容，把军事课上升到学校公共必修课的高度并对其进行教学方法的改革与创新，有着其内在的法律法规依据。

《教育法》作为教育领域的"根本大法"，第五条明确规定："教育必须为社会主义现代化建设服务、为人民服务，必须与生产劳动和社会实践相结合，培养德、智、体、美等方面全面发展的社会主义建设者和接班人。"《中华人民共和国高等教育法》（以下简称《高等教育法》）对我国高等教育应该培养什么样的社会主义人才也做了明确规定。第一章总则第四条规定："高等教育必须贯彻国家的教育方针，为社会主义现代化建设服务，与生产劳动相结合，使受教育者成为德、智、体等方面全面发展的社会主义事业的建设者和接班人。"可见，高等教育的人才培养目标就是为国家、为社会培养和输送有理想、有道德、有文化、有纪律的"四有"合格社会主义事业的建设者和接班人，法律条文在这里强调的"思想教育""道德教育""政治教育"等，是高等教育不可忽视的重要内容。学校国防教育，作为学校素质教育的重要组成部分，要充分发挥其在提高学生思想道德方面特有的综合素质培养和德育教育功能。为此，《国防法》、《兵役法》、《国防教育法》等国防法规为国防教育在我国高校中的教学地位、教学模式创新、教学方法改革等方面做了明确规定，为我国高校国防教育的开展和军事课程建设提供了重要法律依据。

一、《国防法》对国防教育的规定

我国的国防法规体系完备，内容丰富，按调整领域可以划分为十六个门类。

《国防法》属于国防基本法类，是我国国防建设和武装力量建设的基本依据，共十二章，七十条，主要规定了国防活动的基本原则，国家机构的国防职权，武装力量，边防、海防和空防，国防科研生产，国防经费，国防教育，国防动员和战争状态，公民、组织的国防义务和权利，军人的义务和权益，对外军事关系等等。其中，第七章的"国防教育"对开展国防教育的目的、国防教育应贯彻的方针原则、国防教育的开展形式、学校国防教育以及学校国防教育与全民国防教育的关系等方面都做了具体规定，为高校开展国防教育并根据自身实际设置适当国防教育课程提供了法律依据。相关法律条文摘录如下：

第四十条　国家通过开展国防教育，使公民增强国防观念、掌握国防知识、发扬爱国主义精神，自觉履行国防义务。

普及和加强国防教育是全社会的共同责任。

第四十一条　国防教育贯彻全民参与、长期坚持、讲求实效的方针，实行经常教育与集中教育相结合、普及教育与重点教育相结合、理论教育与行为教育相结合的原则。

第四十二条　国务院、中央军事委员会和省、自治区、直辖市人民政府以及有关军事机关，应当采取措施，加强国防教育工作。

一切国家机关和武装力量、各政党和各社会团体、各企业事业单位都应当组织本地区、本部门、本单位开展国防教育。

学校的国防教育是全民国防教育的基础。各级各类学校应当设置适当的国防教育课程，或者在有关课程中增加国防教育的内容。军事机关应当协助学校开展国防教育。

教育、文化、新闻、出版、广播、电影、电视等部门和单位应当密切配合，采取多种形式开展国防教育。

第四十三条　各级人民政府应当将国防教育纳入国民经济和社会发展计划，保障国防教育所需的经费。

二、《兵役法》对高等院校学生军事训练的规定

《兵役法》是我国开展兵役工作、确保公民服兵役、确保常备军和后备兵员补充的基本法律依据。现行《兵役法》共十二章，六十八条，主要规定了国家的基本兵役制度，平时征集，士兵的现役和预备役，军官的现役和预备役，民兵、预备役人员的军事训练，学生的军事训练，战时兵员动员，惩处等等。其中，第八章的"高等院校和高级中学学生的军事训练"明确规定，"高等院校的学生在就学期间，必须接受基本军事训练"，以及在学校军事训练机构的设置、军事教员的配备等方面也做了具体规定，为高等院校加强国防教育、开展军事技

能训练提供了法律依据。相关法律条文摘录如下：

第四十三条 高等院校的学生在就学期间，必须接受基本军事训练。

根据国防建设的需要，对适合担任军官职务的学生，再进行短期集中训练，考核合格的，经军事机关批准，服军官预备役。

第四十四条 高等院校设军事训练机构，配备军事教员，组织实施学生的军事训练。

第四十三条第二款规定的培养预备役军官的短期集中训练，由军事部门派出现役军官与高等院校军事训练机构共同组织实施。

第四十五条 高级中学和相当于高级中学的学校，配备军事教员，对学生实施军事训练。

第四十六条 高等院校和高级中学学生的军事训练，由教育部、国防部负责。教育部门和军事部门设学生军事训练的工作机构或者配备专人，承办学生军事训练工作。

三、《国防教育法》对学校国防教育的规定

《国防教育法》是我国第一部全面调整和规范国防教育的重要法律，也是普及和加强学校国防教育和社会国防教育的一部专门法律，共六章，三十八条，主要规定了普及和加强国防教育的重要性，学校国防教育，社会国防教育，国防教育的保障，拒不开展国防教育行为的法律责任等，其中，第二章的"学校国防教育"明确规定，"学校的国防教育是全民国防教育的基础，是实施素质教育的重要内容""高等学校应当设置适当的国防教育课程""学校应当将国防教育列入学校的工作和教学计划，采取有效措施，保证国防教育的质量和效果"，进一步为高等学校普及和加强国防教育、并将国防教育列入学校的工作和教学计划提供了可靠的法律保障，也标志着我国国防教育已发展到一个新的历史时期，正式走向了法制化、系统化、成熟化建设轨道。相关法律条文摘录如下：

第十三条 学校的国防教育是全民国防教育的基础，是实施素质教育的重要内容。

教育行政部门应当将国防教育列入工作计划，加强对学校国防教育的组织、指导和监督，并对学校国防教育工作定期进行考核。

第十四条 小学和初级中学应当将国防教育的内容纳入有关课程，将课堂教学与课外活动相结合，对学生进行国防教育。有条件的小学和初级中学可以组织学生开展以国防教育为主题的少年军校活动。教育行政部门、共产主义青年团组织和其他有关部门应当加强对少年军校活动的指导和管理。小学和初级中学可以根据需要聘请校外辅导员，协助学校开展多种形式的国防教育活动。

第十五条　高等学校、高级中学和相当于高级中学的学校应当将课堂教学与军事训练相结合，对学生进行国防教育。高等学校应当设置适当的国防教育课程，高级中学和相当于高级中学的学校应当在有关课程中安排专门的国防教育内容，并可以在学生中开展形式多样的国防教育活动。高等学校、高级中学和相当于高级中学的学校学生的军事训练，由学校负责军事训练的机构或者军事教员按照国家有关规定组织实施。军事机关应当协助学校组织学生的军事训练。

第十六条　学校应当将国防教育列入学校的工作和教学计划，采取有效措施，保证国防教育的质量和效果。学校组织军事训练活动，应当采取措施，加强安全保障。

第十七条　负责培训国家工作人员的各类教育机构，应当将国防教育纳入培训计划，设置适当的国防教育课程。国家根据需要选送地方和部门的负责人到有关军事院校接受培训，学习和掌握履行领导职责所必需的国防知识。

第三节　军事课教学改革的政策文件依据

依据《教育法》《高等教育法》《国防法》《兵役法》《国防教育法》以及国务院、中央军委有关文件精神，结合我国高等教育和普通高等学校的实际，教育部、原总参谋部、原总政治部在学校国防教育方面制定了一系列文件，典型的有国办发〔2001〕48号、教体艺〔2007〕1号、教体艺〔2011〕6号、教体艺〔2013〕1号、国办发〔2017〕76号等，为普通高校军事课的课程建设和教学改革等方面提供了政策文件依据。

一、国办发〔2001〕48号文件对学生军训工作的规定

我国自1985年开始，在部分普通高等学校和高级中学中有组织、有计划、有步骤地开展了学生军训工作试点。在长期的实践探索过程中，以学生军训为主要抓手的普通高校国防教育工作，在高等教育改革前行中不断加强建设和自我完善，成为高等院校高素质人才培养的一道独特风景线。2001年6月，试点了十六年的高校学生军训工作面临着新的转型，普及成为大势所趋，国务院办公厅、中央军委办公厅转发了教育部、原总参谋部、原总政治部《关于在普通高等学校和高级中学开展学生军事训练工作意见》的通知（国办发〔2001〕48号，以下简称《意见》），提出普通高等学校军事训练工作是全面贯彻党的教育方针，推进素质教育，培养有理想、有道德、有文化、有纪律的社会主义新人的客观要求，

是为国防和军队建设培养造就大批高素质后备兵员的重要措施。《意见》在对十六年学生军训试点工作进行总结的基础上,进一步明确了学生军训工作的指导思想和目的、规划和要求、工作机构、师资配备、保障等五个方面内容,并提出各级政府和军事机关要加强对学生军训工作的领导。《意见》在第二点"对学生军训工作的规划和要求"方面,明确规定:"从2001年起,各地要将未开展学生军训工作的普通高等学校和高级中学列入学生军训规划,统筹安排,逐步开展学生军训工作。学生军训是普通高等学校本、专科学生的必修课,学校要纳入教学计划。学生军训内容包括军事理论教学和军事技能训练两个部分。军事理论采取课堂教学的形式进行,军事技能训练主要采取在校内集中组织实施或在训练基地分批轮训的形式进行。普通高等学位本、专科的军事理论课教学时间为36学时,军事技能课训练时间为2~3周。学生军训的具体内容按照重新修订的《普通高等学校学生军事训练大纲》执行。暂不具备军事技能训练条件的普通高等学校,要先开设军事理论课程,并积极创造条件在2005年前按要求开展学生军训。"同时,《意见》在第六点"加强对学生军训工作的组织领导"方面规定:"普通高等学校和高级中学要把学生军训工作列入议事日程,统筹安排。要按照学生军训大纲的规定,保证军训内容和课时的落实;要加强军事教师队伍和军事教育学科的建设,积极开展教学研究,定期组织培训,努力提高军事课程教学质量等。"显然,《意见》成为第一个明确规定"学生军训是普通高等学校本、专科学生的必修课,学校要纳入教学计划"的政策文件,标志着长达十六年的学生军训试点工作正式结束,为今后学生军训工作的进一步深入开创了新的局面,高校国防教育工作从此进入了一个新的历史发展时期。

二、《普通高等学校军事课教学大纲》(教体艺〔2007〕1号)对军事课教学的规定

根据国办发〔2001〕48号文件的精神要求,2002年6月,教育部、原总参谋部、原总政治部联合印发了《普通高等学校军事课教学大纲》(教体艺〔2002〕7号,以下简称《大纲》),这是进入二十一世纪之后普通高校加强国防教育课程建设的第一个政策性文件,是对国办发〔2001〕48号文件相关精神的细化与落实。随着国际战略格局和国际战略形势的发展变化、我国国家安全政策和军事斗争准备的调整,普通高校国防教育课程中必须及时融入现代军事高技术和军事理论发展的最新成果,为此,2006年对《大纲》进行了修订,2007年1月,教育部、原总参谋部、原总政治部再次联合颁发了《关于印发新修订的〈普通高等学校军事课教学大纲〉的通知》(教体艺〔2007〕1号),作为各高校组织实施军事课课程教学和进行军事课教材建设、开展课程评价的基本依据。在新修订的《大纲》里，对军事课课程性质、课程目标、课程要求、课程内容、课程建设、课程评价等方面都做了明确规定，尤其是"课程要求"中的第四条规定："军事理论教学时数为36学时。学校在完成规定的学时外，应积极开设与军事课相关的选修课和举办讲座。在军事课教学中，要注意理论联系实际，掌握好深度和广度，不断改进教学方法和手段，确保教学质量"，这为我们普通高校加强军事课教学改革的研究与实践直接提供了重要依据，成为普通高校开展国防教育课程建设的行动指南。部分条款摘录如下：

第一条　军事课程是普通高等学校本、专科学生的必修课。军事课程以马列主义、毛泽东思想、邓小平理论和"三个代表"重要思想为指导，贯彻和落实科学发展观，按照教育要面向现代化、面向世界、面向未来的要求，适应我国人才培养战略目标和加强国防后备力量建设的需要，为培养高素质的社会主义事业的建设者和保卫者服务。

第二条　军事课程以国防教育为主线，以军事理论教学为重点，通过军事教学，使学生掌握基本军事理论与军事技能，增强国防观念和国家安全意识，强化爱国主义、集体主义观念，加强组织纪律性，促进综合素质的提高，为中国人民解放军训练储备合格后备兵员和培养预备役军官打下坚实基础。

第三条　军事课（含军事理论教学和军事技能训练）列入普通高等学校的教学计划，考试成绩记入学生档案，学校应当按照本《大纲》组织实施军事课教学，严格考勤考核制度。

第四条　军事理论教学时数为36学时。学校在完成规定的学时外，应积极开设与军事课相关的选修课和举办讲座。在军事课教学中，要注意理论联系实际，掌握好深度和广度，不断改进教学方法和手段，确保教学质量。

第五条　军事技能训练时间为2～3周，实际训练时间不得少于14天，在组织军事技能训练时，要以中国人民解放军的条令条例为依据，严格训练，严格要求，培养学生良好的军事素质。

……

显然，从内容上看，《大纲》在沿袭了以往大纲内容的基础上有所创新，更加符合和贴切当前全国普通高校军事课教学工作的实际。

三、教体艺〔2013〕1号文件对全面提高学生军训质量的规定

为了认真贯彻习近平总书记关于加强和改进兵役工作的重要指示，落实国办发〔2001〕48号文件、《大纲》要求，推进学生军事训练工作创新发展，为中国人民解放军训练储备合格兵员和培养预备役军官打下基础，切实发挥军事训练在

第一章　普通高校军事课教学改革的主要依据

加强学生思想政治工作、提高学生国防意识、增强学生身体素质、磨炼学生意志品质等方面的育人功能，教育部、原总参谋部、原总政治部就全面提高学生军事训练质量问题发布通知，在提高学生军训质量的重要意义、执行学生军训教学大纲规定要求、推进学生军训创新发展以及加强学生军训保障等方面提出了明确要求。例如，文件在第二点"严格执行学生军事训练教学大纲规定要求"方面，明确规定：各级教育行政部门和高等学校，要严格执行《大纲》规定，高等学校按照公共必修课的要求，切实将学生军事训练纳入学校教学计划和人才培养方案，严格落实大纲规定的教学学时和学分。高等学校要严格执行规定的军事理论教学和军事知识讲座内容，确保军事理论教学时间、内容、效果落实。要遵循教学规律，严格控制教学班学生数量，高等学校不得以讲座代替军事理论教学。要严格按照公共必修课的教学要求，加强教学管理，严肃军事理论教学考试。学校和承训部队要高度重视军事技能训练，严格执行《大纲》规定的军事技能训练内容，不得偏训漏训，坚决杜绝单纯追求汇报演示效果，只重视队列等科目训练而偏废其他科目训练的形式主义倾向，以及消极保安全取消实弹射击训练等做法。要用科学的态度和方法组织、实施和管理训练，确保军事技能训练内容和效果落实。同时，文件在第三点"大力推进学生军事训练创新发展"方面规定：各地要从实际出发，积极创新军事理论教学方法和手段，不断优化军事理论教学内容，增强军事理论教学的针对性、时效性，把军事课打造成为深受学生欢迎、对学生人生发展产生重要影响的课程之一。各地要结合实际情况，积极探索军事课教学与素质教育相融合的改革试点。通过组织军事训练营、野营拉练、中国梦强军梦教育梦主题征文演讲等活动，开展军用枪射击、单兵战术、障碍跨越、捕俘拳、定向越野、野外生存、无线电测向、规避灾害、放空逃生、自救互救等课目训练，改革创新学生军事训练的路径。注重运用网络、手机、微博等学生喜闻乐见的新媒体信息平台和比武竞赛等形式，传播军事知识，提高训练质量。以及各地要根据经济社会发展和建设巩固国防的需求，积极探索学生军事技能训练内容改革创新，拓展平战结合的实用性训练内容，等等。可见，教体艺〔2013〕1号文件再一次为积极创新军事理论课教学方法和手段、探索学生军训内容和路径的改革创新提供了重要文件依据。

此外，为切实解决学生军训工作面临的问题和困难，更好地服务教育现代化发展和国防现代化建设，2017年8月26日，党中央、国务院和中央军委颁发了《国务院办公厅、中央军委办公厅关于深化学生军事训练改革的意见》（国办发〔2017〕76号），对第二部分"深化教育改革，提升学生军训工作水平"从加强军事课程建设、改进军事理论教学、强化军事技能训练、加强教师队伍建设、建

· 39 ·

强派遣军官队伍、加强组训力量正规化建设、开展协同创新研究等七方面作出战略部署，提出明确要求。目前各省教育行政部门正会同省军区业务部门根据本《意见》，结合实际制订具体实施办法。相信各级政府和军事机关会不断健全政策制度，完善工作机制，落实相关保障，学校国防教育和学生军训工作蓬勃开展，取得良好的政治、国防和社会效益。

第二章 湖南农业大学军事理论课教学改革的研究与实践

第一节 军事理论课教学改革研究问题提出

　　学校国防教育是全民国防教育的基础，也是学校素质教育的重要组成部分，具有其他学科和教育方式无法替代的综合素质培养和德育教育功能。在高等学校开设军事理论课，是一项具有战略意义的正确决策，它不仅可以弘扬和培育民族精神，增强大学生的爱国热情和国防观念，而且有力地促进了大学生素质的全面提高，是为国防建设培养人才、为军队培养预备役军官和储备高素质后备兵员的重要战略举措。

　　根据《大纲》规定，"军事课程是普通高等学校本、专科学生的必修课"，"军事课（含军事理论教学和军事技能训练）列入普通高等学校的教学计划"，"军事理论教学时数为36学时"。为了搞好军事理论课教学，进一步激发学生对军事理论课的学习兴趣，不少高校根据自身学校实际，对军事理论课教学内容做了适当调整，同时军事教员也不遗余力地在教学方法和手段方面做了有益探索。然而，由于部分高校重视不够，军事理论课的必修课程地位没有真正得到保证，加之军事教员自身水平有限，教学方法手段不尽合理等多方面的综合因素，军事理论课并没有得到应有的课程地位，教学效果也就可想而知了。如何运用有效方法提高军事理论课教学质量？如何拓展军事理论课教学途径，真正把军事理论课教学搞好、搞活？这成为摆在我们面前的一项十分重要而紧迫的任务。笔者认为，普通高校必须紧紧围绕《大纲》的课程目标，科学合理地安排教学过程，精选教学内容，不断研究、探讨、改革教学方法，以达到教学大纲所提出的基本要求，确保军事理论课的教学效果。为此，普通高校适时开展军事理论课教学方法和途径的改革研究，对切实落实教学《大纲》、不断提高军事课教学质量、大力增强大学生国防观念和提高大学生综合素质、发挥军事课"国防"和"育人"双重效益就显得格外重要，我校就是在这样一个环境背景下为适应学校国防教育自身发展需求而开展军事理论课教学改革研究的。

第二节　军事理论课教学改革研究现状述评

国外对国防教育的研究已经比较深入，在美国，1958年通过了专门的《国防教育法》，根据这个法律，美国联邦政府对高校课程和教学法进行了改革，寓国防教育于各科教学之中。相关的研究论文散见于各种学术刊物，例如李军的《美军人才队伍建设及其启示》，陈海宏的《美国军事传统及未来走向》，林琳的《美国平民军事教育体制的确立》等。此外，杨继环的《外国国防教育特点及其对我们的启示》，陈晴的《日本国防教育的方法和路径分析》等论文也对国外国防教育方法进行了一定的论述，但总体来说都比较简略。

我国是从1985年开始，按照《兵役法》的有关规定，在全国部分普通高校和高级中学开展学生军训试点工作的。经过三十多年的实践与探索，我国的学生军训工作已经取得了较大成绩，但是国防教育作为一门新的学科与其他学科相比，还存在很大差距。尤其是当前部分高等学校对军事理论课教学不够重视，"重军事技能训练、轻军事理论教学"的现象依然突出。目前全国还有不少普通高校仍未开设军事理论课，没有成立军事教研室，即使已开设军事理论课的学校，也并未按《大纲》要求开齐开足，要么军训期间请专家或部队人士做一两次形势报告，要么军训后几百人集中大阶梯教室搞3~4次专题讲座，军事理论课没有进课堂，也没有上小课，课程设置不规范，缺乏现代化的教学方法和手段等。笔者2014年撰写了《高校军事理论课教学改革研究综述》（发表在《理论观察》2014年第8期）一文，当时在CNKI数据库里检索，发现从教学方法改革的视角切入研究军事理论课教学的学术论文并不多。从所掌握的资料中只有4篇论文比较贴近这个主题，分别是张湖北的《刍议优化高校军事理论课教学方法》，宋俊的《高校军事理论课教学方法的探讨》，程大全的《军事理论课教学改革刍议》，尚玉海的《对普通高校军事理论课程教学改革的思考》。这些文章有的是从军事理论课教学的目标、内容、方法等宏观方面进行泛泛论述，有的只

第二章 湖南农业大学军事理论课教学改革的研究与实践

停留在改革考试形式、严格课堂管理、加强课程建设等粗浅层次,至于怎样创新教学方法和拓展教学途径等方面没有展开系统全面深入的论述,甚至有些文章还只是停留在"要进行军事理论课教学方法改革"的呼吁层次。

综观国内外已有的研究成果,虽然国内外学术界对国防教育教学方法问题有了些许关注,但已有的研究成果明显存在以下不足:一是研究视角不够开阔,学者们主要集中在国防教育基础理论的探讨,不利于军事理论课程体系的整体建设和军事课教学质量的全面提高,急待进一步拓宽和深化;二是已有研究多囿于国防教育传统教学方法的重复和再现,很少从实践层面去大胆探索和创新符合当今青年学生特点和信息化战争需要的国防教育教学新方法;三是部分学者虽在新教学方法上有所思考和实践,但提出的方法操作性和普及性不强,缺乏长远性、系统性、根本性的思考。而这些不足正是我们开展军事理论课教学改革的研究与实践希望予以探究的主题。

高校军事理论课教学改革研究综述①

普通高校军事理论课教学是全民国防教育的基础,也是高校国防教育的重要内容,对弘扬大学生爱国主义精神、增强大学生国防观念和国家安全意识、促进大学生综合素质的全面提高、培养造就大批高素质后备兵员具有战略意义。自国办发〔2001〕48号文件和《普通高等学校军事课教学大纲》(2006年修订)颁布以来,明确规定军事课(含军事理论教学和军事技能训练)是普通高等学校本、专科学生的必修课,纳入学校教学计划,军事理论教学时数为36学时,学界对军事理论课教学领域的研究就不断增多,主要体现在对教学质量、教学方法、教学改革等方面的研究,无论是理论层面还是实践层面,涌现出了一批学术成果。本文通过对近年来高校军事理论课教学改革研究的梳理与回顾,从而把握当前研究的总体现状和存在的问题,以期推动后续研究。

一、高校军事理论课教学改革研究溯源

我国1984年颁布的《兵役法》规定:"高等院校的学生在就学期间,必须接受基本军事训练"。1985年起全国许多高校开展了军训,于是以集中军训为主要内容的国防教育开始为广大高校和社会认可,但此时的军事理论课尚未进入高校视野。2001年,国办发〔2001〕48号文件颁布,规定从2002年起,各地要将学生军训列入普通高校本、专科学生的必修课,纳入教学计划,列为考查科目。普通高等学校本、专科的军事理论课教育时间为36学时,军事技能课训练时间

---

① 作者:陆海燕,原文载于《理论观察》2014,8.

· 43 ·

为3周。此时的军事理论课虽已被提上高校议事日程，但没有像军事技能课那样列入高校学生的必修课，因此还不被广大师生重视和认可，在教学中也存在诸多问题。2002年6月19日，教育部、总参谋部、总政治部联合印发了《大纲》，并把其作为普通高校实施学生军事训练和军事理论课教学的基本依据。《大纲》明确规定"军事课是城市普通高等学校本、专科学生的一门必修课，列入教学计划"。至此，军事理论课正式列入高校的教学计划，成为一门必修课。2006年修订的《大纲》中又强调指出：军事理论教学时数为36学时，学校在完成规定的学时外，应积极开设选修课和举办讲座。从此，军事理论课教学领域的研究才逐渐增多。

在CNKI总库中，以"军事理论课教学方法""军事理论课教学改革""军事理论课教学质量"等为题名跨库初级检索1985年～2013年间的文献，共检索有58篇文献（检索时间为2013年12月2日），其中期刊全文数据库56篇，优秀硕士学位论文库2篇（见表2-1）。

表2-1 军事理论课教学领域研究文献的年度数量（1985年～2013年）

项目	1985—2001	2002	2003	2004	2005	2006
篇数	5	1	0	0	1	9
项目	2007	2008	2009	2010	2011	2012	2013
篇数	5	5	12	4	2	10	4

注：以上数据的统计时间为2013年12月2日。

不难看出，学界对军事理论课教学领域的关注是从2006年逐渐增多的，2006年至今的成果数量占到了总篇数的87.93%，而1985年至2005年20年间的成果数量才7篇，仅占总篇数的12.07%。这表明之前军事理论课教学并未作为高校国防教育的主阵地引起应有的重视，到了2006年教育部、总参谋部、总政治部对《大纲》进行了重新修订，明确规定"军事课（含军事理论教学和军事技能训练）是普通高等学校本、专科学生的必修课""军事课列入普通高等学校的教学计划，考试成绩记入学生档案"，高校军事理论课教学才受到重视和得到相应发展，有关研究成果也才不断涌现。从所检索文献来看，军事理论课教学领域的研究主要集中在"军事理论课教学改革""军事理论课教学质量""军事理论课教学方法""军事理论课教学模式"等方向（见表2-2）。可见，如何上一堂大学生爱听的军事理论课、提高军事理论课的教学质量、确保军事理论课的教学效果已成为授课教师和学界同仁共同关注的话题。

第二章 湖南农业大学军事理论课教学改革的研究与实践

表 2-2 军事理论课教学领域的研究方向分布（1985 年~2013 年）

序号	研究方向	数量	比例
1	军事理论课教学改革	16	27.59%
2	军事理论课教学质量	26	44.80%
3	军事理论课教学方法	11	18.99%
4	其他有关方向研究	5	8.62%

注：以上数据的统计时间为 2013 年 12 月 2 日。

二、高校军事理论课教学改革研究的主要涉域

近年来，学界对普通高校军事理论课教学改革进行了多方面、多角度研究，已经取得了初步的成果，主要表现在如下几个方面：

（一）关于提高军事理论课教学质量的研究

军事理论课教学质量高低，直接影响到大学生对军事理论课的兴趣，以及能否有效发挥高校国防教育的"国防"和"育人"双重效益。学界对此论述多从课程定位、教学重点、教材建设、师资力量培养等方面展开，主要观点有：邓秀金、郭大为认为，要提高军事理论课教学质量，确立学科地位是前提，建立规范的教学运作机制是保证，重视教师队伍培养是关键，加强教材建设是基础，加快设施建设是物质条件①。陈世利指出，要提高高校军事理论课教学质量，必须加强军事理论课师资队伍的建设；改革军事理论课教学的内容体系，更新、充实军事理论课教学内容；改进军事理论课教学的方式方法，使军事理论课变得更加生动活泼；改进军事理论课考试的内容及形式，通过考试促进军事理论课教学质量的提高②。彭易纪、彭欢强调，只有瞄准课程定位，突出教学重点，保证内容鲜活，开展课外活动，改进教学方法，才能在教学质量上求突破③。

（二）关于优化军事理论课教学方法的研究

军事理论课"怎样教"，直接影响着军事理论课的教学质量。如何优化教学方法，对提高军事理论课的教学质量有着重要的理论和实践意义。学界在这一领域做了诸多探讨，主要有：张湖北从目前普通高校军事理论课教学现状出发，着重分析了影响军事理论课教学方法优化的主客观因素，创造性地提出合格的思政素质、先进的科技素质、博厚的军事素质、教师的人格特征等是影响军事理论课

---

① 邓秀金、郭大为：《努力提高军事理论课教学质量》《国防》2006，10。
② 陈世利：《关于提高普通高校军事理论课教学质量的思考》《湖南医科大学学报（社会科学版）》2008，11。
③ 彭易纪、彭欢：《略论提高普通高校军事理论课教学质量的途径》《湘南学院学报》2012，8。

教学方法优化的主观因素，并提出了教学方法优化的原则①。李国杨认为，要改进军事理论课教学方法，提高教学质量，授课教师精心设计、认真备课是基础，准确把握当代大学生的特点、因材施教是核心，重视现代化教学手段的运用是保障②。强军锋等则从普通高校军事理论课的教学内容、教学目标、教学对象等方面入手，探讨了如何不断改进和完善教学方法，从而达到提高军事理论课的教学质量、实现预期的教学效果③。

(三) 关于推进军事理论课教学改革的研究

自国办发〔2001〕48号文件和《大纲》颁布，明确规定军事课（含军事理论教学和军事技能训练）是普通高等学校本、专科学生的必修课以来，学界致力于军事课教学改革的研究就不断增多。代表性的有：邹晓芝以三明学院为例，认为课程设置规范化、课程教材体系化、教学目标科学化、教学内容特色化、教学方法多样化、教学交流制度化等军事理论课教学模式，可为地方性高校更好地开展军事理论课教学提供有益的借鉴④。胡勇胜、贺幸平提出，高校军事理论课实行模块化教学将会极大地改变现有的军事理论课教学困境，并探讨了实行模块化的教学理念设计、模块化的教学目标定位、模块化的课程内容构成、模块化的师生角色互动、模块化的教学策略实施、模块化的教学评价组织是构建军事理论课模块化教学模式的有效途径⑤。唐高峰认为，军事理论课在知识技能教育和德育上对高职院校培养符合社会需求的具有较高道德修养的复合型技术人才起到了重要的特殊作用，因而研究了基于德育创新的高职院校军事理论课教学改革⑥。

(四) 关于构建军事理论课教学模式的研究

学界关于构建军事理论课教学模式的研究不多，从检索的文献来看，只有3篇直接论述这个主题，其他只是部分涉及。徐敏从精简和优化教学内容、探索多媒体和网络教学模式、采用启发式教学、改革课程考试环节四方面提出对现有的教学模式进行改革，以确保军事理论课教学质量⑦。张曦从大学生学习的主体性出发，分析了我国高职院校学生学习军事理论课程的特点，并提出积极认同教学法、高科技信息教学法、榜样教学法、集体价值观教学法等课堂教学方法，以探

---

① 张湖北：《刍议优化高校军事理论课教学方法》《文论博采》2010，10.
② 李国杨：《普通高等学校军事理论课教学方法研究》《科教文化》2012，2.
③ 强军锋、王国新、赵佩燕：《对高校军事理论课教学方法的探索》《科教论丛》2008，1.
④ 邹晓芝：《地方性高校军事理论教学改革的经验和成效》《福建论坛》2008，2.
⑤ 胡勇胜、贺幸平：《基于模块化的高校军事理论课教学改革》《当代教育论坛》2013，4.
⑥ 唐高峰：《基于德育创新的高职院校军事理论课教学改革》《职业教育》2013，2.
⑦ 徐敏：《关于高职院校军事理论课教学模式改革的思考》《职教论坛》2009，6.

第二章 湖南农业大学军事理论课教学改革的研究与实践

索基于学生主体性的军事理论课教学模式①。易文安、苏红磊则汲取地方高校开展混合教学的成功做法，结合军队院校的实际，积极探索了信息化条件下军事理论课混合教学模式的构建与实践②。

三、高校军事理论课教学改革研究存在的问题

通过对已有研究文献的分析可以发现，学界对于高校军事理论课教学改革问题的研究仍有诸多不足之处，主要表现在以下几个方面：

（一）大多研究是在相关法律和文件"外力"推动下展开

我国学校国防教育起源很早，但由于历史和客观的原因，发展缓慢。从检索的文献可以看出，1985年~2005年长达二十年间有关高校军事理论课教学改革的研究成果只有7篇，此后才逐渐增多。显然，只有当《国防法》（1997年）、《国防教育法》（2001年）、《关于在普通高等学校和高级中学开展学生军事训练工作的意见》（国办发〔2001〕48）、《大纲》（2006年修订）、《中共中央国务院中央军委关于加强新形势下国防教育工作的意见》（中发〔2011〕8号）、《教育部关于加强新形势下学校国防教育工作的意见》（教体艺〔2011〕6号）等法律和文件的相继出台，形式多样、丰富多彩的国防教育活动在各高校才逐渐展开，也是直到此时，才引发学界同仁对高校国防教育理论的研究高潮（此特点在表2-1中已得到充分体现，研究成果大多集中在2006年以后）。这种长期在相关法律和文件"外力"推动下的课题研究，不是出于内心的主观愿望，恐怕缺乏长期的、持久的内在动力。

（二）已有研究成果不够系统深入

从目前检索到的文献可以发现，除刘浩波撰写的硕士学位论文"高校国防教育教学方法改革研究"从问题的提出、国内外研究现状、教学方法改革的理论基础、新教学方法及其应用的角度对高校国防教育教学方法改革做了比较系统的研究外，再无其他学者把这一课题作为硕博学位论文来做深入系统研究，绝大部分学者在CNKI上发表的学术期刊论文都是从某一个方面来研究高校军事理论课教学的，从而导致对高校军事理论课教学的整体研究不足。目前已有研究成果虽涉及军事理论课教学改革、军事理论课教学质量、军事理论课教学方法、军事理论课教学模式等领域，但大多是停留在对"重要性""紧迫性""意义""现状"等内容的研究，涉及"对策""思考""实践"等深层次内容的研究较少，从部分期刊论文使用"初探""刍议""试论"等措词也可见其论证的内容深度。

---

① 张曦：《基于学生主体性的军事理论课教学模式的构建》《中国－东盟博览》2013，8。
② 易文安、苏红磊：《信息化条件下军事理论课混合教学模式构建》《中国信息界》2012，6。

(三) 研究成果重复严重，创新不够

国办发〔2001〕48 号文件和《大纲》的颁布，引起了众多学者纷纷参与高校军事理论课教学改革课题的研究，取得了一些研究成果，但由于创新精神不够，创新观点不多，尤其在如何开展高校军事理论课教学改革可操作的实践层面研究不多，导致众多研究思路一致、研究内容相仿甚至雷同，论文标题也只是在他人基础上增加或删减或替换其中个别用词。再有极少数学者一篇论文或一个观点翻来覆去地变换表述形式，投到不同刊物上多次发表，过于追求提高自己的学术产量。试想一项研究成果如果不做注释地被多人转抄挪用，以致不能查清其原创及原作者，这既是对原创作者的极为不尊重，浪费了学术资源，也会导致该领域研究停滞不前，缺乏创新，不利于该课题的深入研究。

(四) 理论层面研究很多，实践层面研究较少

高校军事理论课教学改革研究既有赖于纯粹的理论推演，更需要科学的调查研究与实证分析作支撑。已有研究成果基本上是从文本到文本，即从"是什么""为什么"的理论层面研究较多，而从"怎么样"的实践层面研究较少，缺乏充分的实证性的调查数据支撑。邹晓芰在实践层面虽做了一些研究，他结合三明学院，通过对三明学院军事理论课教学经验和成效的介绍，为地方性高校更好地开展军事理论课教学提供有益的借鉴，但这样的研究实在太少。其他学者要不就是纯粹从理论到理论，根本未涉及实践层面研究，要不就是虽有部分涉及，但论证浅显，比较零散，提出的解决办法多是对策性、阶段性的，缺乏深入、科学、系统的分析，亟待进一步深化。

四、推动高校军事理论课教学改革研究的几点建议

(一) 将高校军事理论课教学切实置于法制化建设的话语体系中

高校军事理论课教学是全民国防教育的基础，也是学校实施素质教育的重要内容，目的是使大学生增强国防观念，掌握国防知识，发扬爱国主义精神，自觉履行国防义务。为加强学校国防教育，国家在先后颁布的《兵役法》《国防法》《国防教育法》的条款里都有涉及学校国防教育的有关规定，如《国防法》第四十二条规定："各级各类学校应当设置适当的国防教育课程，或者在有关课程中增加国防教育的内容。"《国防教育法》第十六条规定："学校应当将国防教育列入学校的工作和教学计划，采取有效措施，保证国防教育的质量和效果。"为进一步贯彻落实这些国防法规精神，又先后出台了国办发〔2001〕48 号、《大纲》、中发〔2011〕8 号、教体艺〔2011〕6 号等文件。不可否认，这些法律和文件的相继出台，推动了全国各高校陆续开设军事理论课，学界对高校军事理论课的研究和探讨也不断增加，但是，从笔者所掌握的情况来看，各地学校国防教育发展

第二章 湖南农业大学军事理论课教学改革的研究与实践

很不平衡：明显中东部地区发展趋势较好，西部地区尚在起步阶段；本科高校虽大部分已开设军事理论课，但高职高专院校很少开设；即使已开设军事理论课的学校，基本未按照《大纲》要求开足36课时，不是偷工减料就是随便应付。可见，关于高校军事理论课教学问题，并没有引起足够的重视，有待于各部门、各学校认真贯彻落实国家相关法律规定，规范高校军事理论课程建设，学界全体同仁也需要长期不懈地艰苦努力，深入挖掘和研究这一课题。我们要将高校军事理论课教学切实置于法制化建设的话语体系中，严格依法办事，加强监督管理，用国防教育法规和相关文件为高校军事理论课教学研究提供充足的法律支持。

（二）加强学科建设是推动高校军事理论课教学可持续发展的保障

学科建设是课程建设的母体和重要依托，不仅为课程建设提供学科教学理论支撑、方法论引导，也为教师队伍的专业化培养建立可靠的学科依托，还从外部建制层面为课程建设提供必要的政策合法性依据，有助于保持课程建设持续发展的后劲和活力。高校军事理论课教学要走规范化可持续发展之路，客观上必然要求创建国防教育学科，以学科的引领和支撑促进高校军事理论课程建设质量和水平的全面提升。然而，当前缺乏学科理论支撑正是制约高校军事理论课教学规范化可持续发展的一个重要瓶颈。高校军事理论课要突破这一瓶颈，走上可持续发展之路，必须解决课程建设的三个核心问题：一是系统理论知识体系问题，即传授什么；二是学科教学理论问题，即怎么传授；三是学科专业人才培养问题，即谁来传授。这三个问题解决的关键就是加强学科建设。因此，一方面，我们必须按照国家相关法律和文件规定在全国范围内抓好军事理论课程建设，将之真正落到实处；另一方面，要适时推进部分条件成熟的高校搞好国防教育学科建设，坚持课程建设和学科建设的协调发展，以促进高校军事理论课教学深入持久地发展下去。

（三）理论与实践相结合是高校军事理论课教学改革研究的关键

高校军事理论课是一门集历史与时事、人文与理工、军事与政治于一身的综合性课程，教学内容丰富，知识涉及面广，这不仅对军事教师的综合知识素养提出了很高的要求，更对军事教师的教学方法、教学技能提出了很高的要求。军事理论课"怎样教"，直接影响着军事理论课教学质量。如何真正把军事理论课教学搞好、搞活？新时期军事理论课教学方法应该如何改革？笔者认为，学界不能再囿于以往的纯文本到文本、纯理论到理论的纸上谈兵式探讨，而要更多强化实证研究，坚持理论研究与实践研究相结合。一方面，必须紧紧围绕《大纲》的课程目标，精选教学内容，科学合理地安排教学过程，大胆突破当前传统讲授式教学，不断研究、探讨符合青年学生知识结构和身心特点、适应新军事变革需要的新型教学方法,如战例教学法、体验式教学法、研讨式教学法、信息化教学法、导问式教学法等,不仅要从概念、特点、理论依据、一般模式上展开纯理论研究,更要在教学实践上具体实施这些方法,以达到教学大纲所提出的基本要求,确保军事理论课教学质量。另一方面,还可结合各校实际情况,创造性地开展各种形式的国防教育活动,开辟一条国防实践教育途径。如在革命传统纪念日,组织大学生参观访问烈士陵园;针对当前国际国内形势热点,组织大学生深入社会开展调查研究;组织大学生进军校、军事基地开展"军营一日"活动等。可见,当前高校军事理论课教学到底开展得怎样,需要在实证层面铺开兼具科学性、普及性、权威性的实践研究,以便切实提高军事课教学质量、发挥军事课"国防"和"育人"的双重效益。

(四)满足社会人才培养需要是高校军事理论课教学改革的目的

和平与发展是当今时代的主题,但旧的冲突根源远未根除,局部动荡时有发生,热点问题此起彼伏,天下并不太平。同时,新的不稳定因素不断出现,恐怖主义、大规模杀伤性武器扩散、跨国犯罪、传染性疾病等非传统安全威胁日益上升,国际安全领域的不稳定、不可测因素明显增加。实现人类和平与发展的崇高目标既面临难得的历史性机遇,也受到空前的挑战。要维护我们国家的安全,除了加强自身各方面的建设外,还必须加强学校国防教育,普通高校在培养预备役军官和专业技术人才方面,具备诸多的有利条件,是培养高素质国防后备力量的重要基地。因此,各级领导、各个部门要高度重视,特别是直接担任这一光荣任务的高等院校和军事教员,紧紧围绕满足社会人才培养需要的目的,切实把高校军事理论课教学这一利国、利民、利军、利校、利学生的工作做好。

第三节 军事理论课教学师资保障研究

高水平的教师队伍是办好大学的重要条件。办好学校,一是要有好的校长,二是要有好的老师。拥有一支高水平的教师队伍对高校来说至关重要。普通高校要加强军事理论课教学工作,提高军事理论课授课质量,必须解决好军事教员即师资队伍建设问题。2007年,笔者撰写了《普通高校军事理论教师队伍建设的思考》(发表在《湖南第一师范学校学报》2007年第3期)一文,针对当前军事理论教师队伍存在的主要问题,从稳定现有队伍、拓宽选配渠道、加强在岗培训等方面对如何加强高校军事理论教师队伍建设做了一定的探讨。

第二章　湖南农业大学军事理论课教学改革的研究与实践

普通高校军事理论教师队伍建设的思考①

普通高校加强军事理论教学工作，一个重要的问题就是要解决学科专业队伍即师资问题。没有强劲的专业教师队伍，是开不好军事理论课的，也达不到国防教育应有的教学效果和目的。因此，建设一支具有良好政治、军事和文化素质的军事理论教师队伍，对加强国防教育、加大军事理论教学改革的力度和深度、增强大学生的国家安全观念和民族忧患意识具有重要的意义。本文就目前普通高校如何建设一支高素质的军事理论教师队伍作一初浅探讨。

一、当前军事理论教师队伍存在的主要问题

（一）教师流动性大，队伍不稳定

目前，普通高校军事理论教师主要由专职、兼职和派遣军官三部分组成。专职教师中从部队退伍或转业人员稳定在军事理论教学岗位的情况还不错，但通过其他途径充实到军事理论教学岗位的专职教师，特别是年轻教师，有的是为了圆那份"军人梦"、有的是"另有他图"才选择从事军事理论教学的，并未从思想上有长久致力于国防教育事业的打算，也就不可能将军事理论教学作为自己的终身职业，所以工作几年后就转到其他岗位去了。兼职教师更是流动性很大，因为他们选择兼职，有的是因为学校国防教育工作的需要不得已而做，有的是为了本人晋升需要工作量而兼一部分教学任务，当任务完成或目的达到就以各种理由推托，不再从事军事理论教学。派遣军官一般都是从当地的军事院校聘请过来，与军事院校相比较，地方高校的低薪水往往使得这部分教师不是很愿意到普通高校长时间从事教学。再加上地域和学校之间的差异，同一学校部门和院系之间的差异、专业和专业之间的差异，导致高校教师的待遇不平衡，使得一部分军事理论教师思想不稳定、心理不平衡、工作不安心，消极应付教学、无心钻研业务，严重影响到普通高校军事理论教学改革的质量，给建设合理的年龄梯队和学术梯队增加了困难。

（二）教师学历偏低，年龄、职称结构欠合理

目前，普通高校军事理论教师队伍的学历水平整体偏低。据了解，在全国正式开展国防教育的 102 所院校中，专职军事理论教师队伍的学历结构：大学本科占 30.2%、大学专科占 40.3%、普通中专占 11.1%、高中毕业占 5.9%、无学历占 12.5%②。不难看出，本科教本科、大专教大专、甚至大（中）专教本科的现

---

① 作者：陆海燕、欧阳长安、雷志敏，原文载于《湖南第一师范学校学报》2007，3。
② 刘大维、汪强：《对普通高校国防教育现状分析与对策研究》《湖南科技学院学报》2006，4。

象依然存在，这与培养新时期合格人才的要求极不适应，严重影响到国防教育的实效和培养人才的质量。同时，从现有军事理论教师队伍的年龄和职称结构来看，也存在诸多不合理的因素。以我省为例，我省参与调查的34名专职和兼职军事理论教师中，30岁以下的有3人，占8.8%，30岁至40岁的有8人，占23.5%，40至50岁的有16人，占47.1%，50岁以上的有7人，占20.6%。很明显，40岁以上的教师占到了67.7%，而30岁以下的教师却很少，整体年龄结构偏大。而这些参与调查的军事理论教师中，初级职称1人，占2.9%，中级职称22人，占64.7%，高级职称5人，占14.8%，没有职称6人，占17.6%①。评定职称的教师，在军事学科系列评聘的几乎没有，都是挂靠在其他系中列评的。这样的教师队伍结构在学校其他专业、学科都不可想象，也十分罕见。

（三）教师知识老化，队伍整体素质不高

科学技术的飞速发展对普通高校军事理论教师的知识结构和能力结构提出了新的更高要求。然而从现有军事理论教师的情况来看，1990年前毕业的占85.2%，而1990年以后毕业的只有14.8%，知识老化现象严重，还有部分教师甚至没有经过军事教育的专业培训。吃老本过日子的"知识陈旧类"、教案内容长期不变的"治教懒惰类"、轻视学术信息的"孤陋寡闻类"等现象，在普通高校军事理论教学领域里司空见惯。队伍整体素质不高还表现在军事理论教师科研水平不高，创新意识和创新能力不够强。从我省参与调查的22名专职军事理论教师近3年公开发表的论文和出版教材、专著的情况来看，发表2篇论文以上的有3人，占13.6%，发表1篇论文的有2人，占9.1%，参与编写教材的有6人，占27.3%，出版专著的有1人，占4.5%，三年来从未进行过科学研究的有16人，占72.7%，这必然难以推动新军事理论课程的改革和推进军事理论教学向更高层次发展。

二、影响军事理论教师队伍的原因分析

（一）军事理论课在高校的教学地位低下，教师不愿扎根军事理论教学

当前，尽管军事课开展得比较好的学校已将军事理论课列入了学校的教学计划，统一由教务处实施教学管理，但这种高校毕竟是少数。据了解，我省还有36所高校完全没有开设军事理论课（占学校总数的44.4%），即便开设了军事理论课的高校，没有一所学校按《大纲》规定开足36课时，大多只是应付式的，一个学期或者一年中组织一、两次军事知识讲座，受教育者的面相当有限。在一些高校领导看来，军事教学是军事院校应开设的课程，目的是培养军事人才，而

---

① 邹志成：《湖南省高校军事课教师队伍现状及对策研究》《长沙航空职业技术学院学报》2005，4.

普通高校是为地方培养人才，军事教育可有可无，高校只要组织新生开展军训就可以了，上不上军事理论课无关紧要。正是由于相关职能部门和学生不够重视，现职军事理论教师找不到自我价值，体会不到当老师的成就感，无心长时间扎根军事理论教学，千方百计调动岗位也就成了必然。

（二）历史现实的综合因素使得军事理论教师的学历、年龄、职称欠合理

历史方面，一部分从部队退伍或转业的军事理论教师，由于入伍早，学业被迫中断，学历相对偏低，而且转业时年龄大多在40岁以上。现实方面，军事理论课列为高校必修课时间不长，加之受各高校机构改革和编制的限制，出现了军事理论教师缺编和少编的情况，有的高校为了完成教学任务，在调配或招聘过程中难免降低要求和标准，使一部分本不符合高校教师任职资格条件的人也进入了这个行列，造成军事理论教师的学历水平整体偏低。学历上不去，在职称评审方面，自然也就成了难题，一些教师因学历太低，根本无法进入教师系列，更谈不上评定教师职称了。

（三）高校内部相关制度改革滞后，挫伤了军事理论教师的工作积极性

相对于其他方面的体制改革而言，多数高校的军事理论课管理体制尚不健全，改革较为滞后。从教学规划来看，军事理论教学尚未真正纳入学校的整体教学计划中，因而由教务处统一排课、统一组织考试、统一进行教学检查和评估也就成了一纸空文；从分配制度来看，高校内部的"平均主义""大锅饭"弊端并未根本扭转，干好干坏一个样，干多干少一个样，因而大大挫伤了军事理论教师的工作积极性；从人事管理制度来看，"论资排辈"思想观念根深蒂固，重点学科和一般学科的教师、专业学科和公共学科的教师，在职称评审中无形中就形成了"差距"，再则因为职称系列中没有军事这个学科，军事理论教师难以评职称，要评也只能挂靠其他系列评审，所以出现了政工系列、心理系列、管理系列、体育系列等五花八门的不同职称评定情况。以上因素影响到军事理论教师的工作积极性，不利于教员队伍的稳定。

三、加强军事理论教师队伍建设的主要措施探讨

（一）进一步完善管理机制和激励机制，稳定现有的军事理论教师队伍

首先，提高军事理论课在高校的教学地位。高校应严格按照《大纲》的要求开课，将军事理论课作为公共必修课列入学校的整体教学计划，开足36课时，并规定学分，条件具备的高校还可针对全校学生开设军事理论选修课，统一由教务处实施教学管理，与其他课程一样进行正常教学检查和评估，并列为学生升留级总成绩之中，从而取得与其他普通专业课同等的教学地位。

其次，建立竞争、激励和自我约束机制。学校应像对待其他学科一样，按照

各类教员专业技术岗位的职务要求,每学年考核教学科研工作的"数量"和"质量",综合评价教员的业务水平和教学科研能力,并将考评结果与个人职务晋升、职级调整等挂起钩来,坚持"优胜劣汰"、"奖勤罚懒",对那些安心本职工作、兢兢业业、成绩出色的教员要大力表扬、物质重奖,德才兼备的还要提拔到重要岗位上。同时,加大思想教育力度,激励教员合理竞争,奋发进取,帮助少数人摒弃那种从事军事教学难有作为的保守观念以及沾沾自喜的自满情绪,从而使广大教员认识到在平凡的教学岗位上同样能干出不平凡的事业,树立起爱岗敬业的事业心和教书育人的荣誉感。

再次,做好技术职务评审工作。高校应从有利于稳定教师队伍、加强长远建设、提高教学质量的全局着眼,制定军事教师职称评审的实施办法。如果因本系统缺乏正高职以上专家教授,不能成立评审委员会而难以实施,可否作为临时措施,从军队院校聘请一些具有正高职以上的专家教授担任评委,以解燃眉之急,并逐渐向本系统独立的评审组织过渡。同时,上级领导部门可否考虑在职称系列中加进军事这个学科,改变当前军事教师职称都是挂靠其他系列评审的怪现象。在评审过程中,应坚持"教学与科研并举"的原则,对那些教学、科研成绩突出的中青年教员要大胆使用,破格提拔,克服论资排辈的思想,真正做到任人唯贤,优胜劣汰。

(二) 拓宽专职军事教师的选配渠道,从数量上保证足够军事理论教师

从目前军事理论教师的人数配备来看,远未达到国家规定的军事理论教师(指军事教研室专职教师)与在校学生1∶300的比例,其差额主要以聘请兼职教师来补足。这在一定程度上缓解了当前高校扩招与军事课教师短缺之间的矛盾,但聘请兼职教师毕竟不是长久之计,且兼职教师过多不利于教师队伍的相对稳定。因此,要加大专职军事理论教师建设,不断拓宽选配渠道。在目前情况下,可从以下途径加以尝试:一是从军事院校任教或在部队从事教学工作即将退役的军官中挑选;二是从本校或外校中平时热爱军事、政治思想表现突出、学习成绩优良、工作责任心强、而且适合任军事理论教师的毕业生中选拔;三是在高校开设国防教育专业,在高中毕业生中选拔,进行定向培养;四是在学校内部调配与军事理论教学相近的老师,进行培训后作为专职教师使用;五是向社会公开招聘军事理论教师。在此特别值得推荐的就是,向社会公开招聘军事理论教师。因为公开招聘,便于更广范围、更大自由地选择德才兼备、综合素质高的人从事军事理论教学,还可以避免学术上"近亲繁殖"和梯队结构上"四世同堂"现象的泛滥,不仅拓宽了军事理论教师的来源渠道,而且保证了军事理论教师的质量,优化了军事教师的队伍结构。

（三）加强在岗教师的培养工作，确保现职军事理论教师的质量

常言道："懂得森林，方能讲清树木"，"教师要给学生一碗水，自己必须有一桶水"。因此，普通高校必须加强在岗教师的培养工作，重视军事理论教师的学历后继续教育，提高军事理论教师的学历水平。第一，对来自部队退伍或转业的那部分教师，学校可送他们进修专、本科或研究生学历，使其了解军事学科的新发展，更新和拓宽知识面，掌握新的教学手段。第二，对那些刚毕业选留的大学生和从其他相近专业调配过来的教师，学校可事先送他们到当地军事院校进行培训，使其掌握基本的军事知识、军事技能和教学手段。第三，对具有一定学历层次的部分骨干教师或学科带头人进行专题进修，不断提高其学术水平和科研能力。第四，建立切实可行的青年教师日常培训计划，鼓励那些有志于长期从事军事教育事业的青年教师报考军队院校研究生，普通高校可与附近的军队院校联合培养，导师由军地两校共同担任。第五，充分发挥老教师的传、帮、带作用和专职教师的骨干带头作用，帮助青年教师尽快掌握教育教学的基本技能和方法，以适应大学的教学科研工作。总之，学校应对师资培养进行全面规划，采取在职培训与离岗培养、长期培训与短期培训、走出去与请进来相结合的方式和办法，加快军事理论教师的质量建设，逐渐组建一支职称、学历结构合理的教师队伍。

普通高校军事理论教师队伍的建设问题，是一项庞大的系统工程，并非一朝一夕或某一方面努力就可以做好的，它需要社会特别是政府有关部门给予关注和支持，更需要学校、相关职能部门和军事理论教师各方面共同努力，提高认识、实事办事才能适应当前新军事课程改革和国防教育的需要。

第四节　军事理论课教学新型方法探讨

从 2007 年开始，我校军事教研室就在广泛查阅文献资料和深入调查当前普通高校军事理论课教学现状的基础上，大胆对军事理论课教学方法进行改革与创新，试图突破军事理论课"满堂灌""填鸭式"的单向传授式教学。我们根据军事理论课自身特点，结合我校农林院校实际，大胆探索和实践既符合青年学生知识结构和身心特点、又适应新军事变革需要的新型教学方法，如战例教学、体验式教学、研讨式教学、信息化教学、导问式教学等，充分发挥了学生的主体精神，实现了从传统教学中"以教师讲授为主"向"以学生为中心"的转变，收到了良好的教学效果，得到了学校领导和师生的广泛好评。十年的探索、十年的实践,取得了一定的理论研究成果,公开发表了《战例教学在普通高校军事理论课中的运用》《体验式教学在军事理论课中的应用探析》《"军事理论课"运用研讨式教学需注意的问题探微》《军事理论课案例教学方法的实践与思考》等一系列教改论文,努力解决军事理论课"怎样教"这一难题,以期提高高校国防教育的教学质量和育人效益,培养出符合新军事变革和信息化战争需要的高素质国防人才。

论新世纪军事理论公开课的"五备"教学法①

上军事理论公开课(或竞赛课)是许多教员从教生涯中不可避免的一种经历,也是非常重要的一项工作。青年教员可凭一节成功的公开课显示自己的教学功底,奠定自己在同行心目中的地位,为今后工作的顺利开展铺平道路。老年教员可通过公开课展示自己成功的教学理念或模式,供同行学习取经。本人有幸参加首届全国普通高等学校军事理论教学授课竞赛,授出《我国周边安全环境——当前中日主要矛盾及其对策分析》一课,从中悟出了几点粗浅体会,在此梳理总结一下,以期对今后的教学有所帮助。

一、备教材

(一)精选教学内容

《大纲》规定,军事理论课教学内容主要包括中国国防、军事思想、国际战略环境、军事高技术和信息化战争等②。有经验的教员都知道,并不是所有的内容都适合上公开课,这就要求参赛老师能根据自己的专业特长、兴趣爱好、熟悉程度对教学内容进行筛选,选择适合作为公开课授出的内容,这是公开课(或竞赛课)能否成功的重要前提。因为公开课(或竞赛课)不同于一般的课堂教学,带有一定的表演性,恰当的教学内容适合采用形式多样的教学方法,听众也感兴趣,必能收到事半功倍的教学效果。例如,我在接到首届全国普通高等学校军事理论教学授课竞赛通知时,首先把教材通盘浏览了一遍,再对比自己的专业、兴趣、擅长,发现"军事思想"这一章理论性太强,需要浓厚的理论功底和知识积淀,对于才在军事理论教学岗位工作一年的我来说不太合适;"军事高技术"和"信息化战争"又具有较强的军事专业性,未受过军事方面专业教育的人恐怕难以讲深讲透,最后只剩下"中国国防"和"国际战略环境"两章了,在再三权衡比较,并在资深老师建议下,最终锁定"国际战略环境"中的"我国周

---

① 作者:陆海燕、欧阳长安、雷志敏,原文载于《时代经贸》2008,5.
② 教育部、总参谋部、总政治部:《普通高等学校军事课教学大纲(2006年修订)》.

边安全环境之中日关系",这既与自己所学思想政治教育专业中的"形势与政策"挂钩,又符合新《大纲》的要求,为后面的成功授课打下了良好的基础。

(二)弄清重点难点

教学内容确定了,接下来教员就应了解该课的教学目的及重点、难点,做到心中有数,因为教学目标是教学的方向,决定着教什么,教到什么程度。尽管教学参考已经给了教学目标,但是一定要自己根据课程标准的学段目标和教材、学生的实际,确定自己的教学目标。我在处理教材时,结合新《大纲》要求,确定"如何正确处理中日关系"为"我国周边安全环境——当前中日主要矛盾及其对策分析"一课的教学重点,正确理解"中日两国之间只有友好相处、合作双赢,才是符合两国人民根本利益的唯一正确选择"是教学难点,通过教学,以期达到"培养学生正确分析中日关系和国际形势的能力、增强他们的忧患意识和国家安全意识"这一教学目的。在此,特别值得注意的是,理解教材绝不仅仅只是读读教参、查查资料、简单地拼凑素材,关键是自己要读进去,要能准确理解和深刻体验该课的中心(主题)、结构顺序、内容的重点和学生理解的难点等。没有自己和教学内容的深入对话,倾听教材的心语,就不能根据课标、根据学生的实际确定好教学的重点和难点,上起课来就有些心虚。

二、备教法

一节课的教法设计是由它的教学内容决定的。教员可根据自己的特长或偏好,选择自己驾轻就熟的课型,这样备课和上起课来都得心应手,把自己最好的一面展示给听众。公开课(或竞赛课)作为一种观摩课,其教学设计是否构思新颖、实用高效,对能否成功授出、给听众和评委留下深刻印象至关重要。笔者在参加首届全国普通高等学校军事理论教学授课竞赛中,深刻感受到要上出一堂高质量的竞赛课,教员应注重以下几方面的创新。

(一)导入要引人入胜

俗话说,"良好的开端是成功的一半"。教学的导入,就好比提琴家上弦、歌唱家定调,第一个音定准了,就为整个演奏或歌唱奠定了基础。为此,在"我国周边安全环境——当前中日主要矛盾及其对策分析"一课中,我首先播放一小段安倍访华和温总理访日的视频,从视听上先入为主地抓住学生的心,并在简单介绍目前中日关系整体趋好、发展顺利后,立即话锋一转,指出横亘在两国间的不少矛盾和摩擦,那么,怎样化解这些矛盾、促进中日关系持续健康稳定地向前发展呢?这节课我们就一起来了解"我国周边安全环境——当前中日主要矛盾及其对策分析",水到渠成导入新课,为后面的成功授课开了个好头。

（二）善用启发式教学

启发式教学强调教学是老师与学生的双边活动。公开课中，教员若能巧用心智，精心设计每一个环节，每一次提问，充分激发起学生的求知欲望，调动学生学习的积极性和主动性，必能收到良好的教学效果。例如，在分析"对待历史问题上日本应该持什么样的正确态度"时，若采取平铺直叙的讲述，只会剥夺学生在通过思考后获得知识的成功感，使学生失去参与的热情，课堂变得沉闷，于是先在屏幕上播放"1970年联邦德国总理勃兰特在波兰首都华沙犹太殉难者纪念碑前下跪"和"2005年德国总理施罗德在东部城市魏玛集中营遇难者纪念碑前敬献鲜花"两幅图片，就此连续设计了4个提问：①这两幅图的具体内容是什么；②德国正确对待历史得到了什么回报；③对比德国，日本又是怎样对待历史问题的；④日本要想赢得国际社会的尊重，应该怎样做。这四个问题，由浅入深，层层诱引，环环相扣，通过提问不断地引起学生的注意，让学生积极参与教学活动，并对问题进行分析，最后让答案或结论从学生自己的口中得出。这样既牢牢地吸引住了学生的注意力，把"一言堂"变成了人人参与的讨论或交流活动，活跃了课堂气氛，也增强了学生透过现象发掘本质的能力，收到了好的教学效果。

（三）注重师生间互动

公开课最忌满堂"注入""灌输"，因此教员在教学过程中还应注意与学生间的交流，思想的交流、语言的交流、眼神的交流等，各方面都不能忽视。尤其对学生感兴趣的话题或事物，可适当组织一些课堂讨论、小组辩论等形式调动其积极性。例如，在最后讲"作为个人，在表达爱国情感方面又该怎样做"问题时，笔者是这样设计教学过程的：首先图文并茂介绍"2005年许多消费者、商家、大学生对网上公布赞助日本右翼教科书的日本企业和团体名单很愤怒，纷纷走上街头游行示威，甚至在网上签名，集体抵制日货"一事，然后让全班学生就此现象自由讨论2分钟；准备就绪后，再让同学们单独发言。集体讨论时，同学们前后左右凑在一起，讨论地热火朝天；个别发言时，同学们不受拘束、各抒己见、畅所欲言，而且个别观点新颖、尖锐。在此情形下，笔者并没有武断地肯定或否定某某观点正确、某某观点错误，而是民主地参与同学们的发言，也谈了自己对这件事情的看法，其实就是得出个人在表达爱国情感方面所应持有的正确态度，悄无声息、不露痕迹，既达到了教学效果，又没有激起学生被动接受的反感，师生配合默契，共同把整个课堂气氛推向了高潮。

（四）教学环节过渡自然

一节完整的课堂教学一般由组织教学、新课导入、主题探究、强化巩固、总结拓展五个环节构成，讲解某个知识点也要经过几个步骤。因此，教员在备课时还应在知识点的过渡自然、整堂课的顺畅流动方面下苦功，力求做到这些环节或步骤间的过渡连贯、衔接自然，不露痕迹。这样，一节课的思路才会显得非常清晰，学生的思维也不会因某个教学环节的突然中断或突兀转折而打断，听众或评委也会感到整节课犹如水天一色、浑然一体。

三、备听众

公开课（或竞赛课）的听众有两类：一是学生；二是评委或专家。有些公开课（或竞赛课）是直接面对学生的授课，而有些公开课（或竞赛课）没有学生直接参与，只有评委或专家参与评课。听众、对象不同，上课风格肯定不一样，教员在上课前应事先弄清楚听课的对象是谁、有哪些人，并做好相应的准备工作。

（一）备学生

学生是课堂活动的直接参与者，他们的状态如何直接影响到教学活动的效果。因此，无论公开课（或竞赛课）还是平时的一般上课，教员在备课时都应考虑到学生的特点、兴趣及爱好，尽量联系他们的生活实际，走近他们的生活，经常用他们感兴趣的事物或话题来吸引他们的注意力，调动他们的积极性。例如，对理科学生讲授军事高技术、信息化战争等方面，就可紧密联系他们的专业知识，激发他们立足于本职、发奋学习，为我国科技强国做出应有的贡献；而对文史类学生，在国防历史、军事思想、周边安全环境等方面则宜做思想性较强的讲解，激发他们学习钻研军事理论的兴趣，培养战略思维能力等。总之，要充分体现出因材施教、因人施教。

（二）备评委或专家

公开课（或竞赛课）作为有着较强示范性及表演性的观摩课，不仅要求教员在上课过程中要考虑学生的学习效果，还要考虑评委或专家的感受和评价，要把他们也融入自己的课堂中来，尤其那种没有学生直接参与听课的公开课（或竞赛课），更应把评委或专家设想就是自己的学生，能否牢牢抓住他们的心、对上他们的"胃口"是参赛课能否取得成功的一个重要因素。例如，在本次授课竞赛中，一位来自哈尔滨工程大学的老师结合本校专业特长、世界军事需要和评委专家喜好，选择"精确制导技术"作为参赛内容，并辅助以优美而富动感设计的多媒体课件、典型精炼的战争案例、生动形象的动作演示，直观地把要讲授的内容、重点及思路跃然"幕"上，使评委专家及其他参赛选手一目了然、心领神会，因而取得了最高分。他在"投评委专家所好"方面堪称一绝，值得我们借鉴学习。

四、备语言

语言是一门艺术。生动的口头语言,让人"如临其境,如见其人";优美的形体语言,使人心旷神怡,实属一种美的享受①。教员要想公开课(参赛课)在成功上加重砝码,"备语言"不可忽视。

(一) 注重口头语言

公开课(或竞赛课)上,教员的语言若能准确精炼、清晰流畅、抑扬顿挫、快慢适度,听众就会"如临其境,如见其人",感觉心旷神怡,也有助于评委专家打高分。本次全国普通高等学校军事理论教学授课竞赛,来自河海大学的一位女老师,用标准的普通话、带有磁性的女中音、高低起伏、快慢适度,给在座的每一位听众心灵的洗礼,犹如"大珠小珠落玉盘",为赢得比赛加重了砝码。因此,备课过程中教员必须重视课堂的语言艺术,精心锤炼、反复推敲每一句话、每一个过渡,切忌啰唆冗长、夸夸其谈、平铺直叙。

(二) 注重形体语言

教员的教姿和学生的情感息息相通。军事理论课教学本身就是强化学生组织纪律观念的场所,教员在课堂上的一颦一足、一举一动,对学生都会产生积极或消极的影响。因此,教员在课堂上应该衣冠严整、教姿不凡,力求做到端庄亲切、严肃和蔼、稳重大方、自然得体、气度不凡、情绪乐观、充满信心。切忌在课堂上表现出衣冠不整、轻挑浮华、装腔作势,甚至把课外不良情绪带进课堂,这样不仅学生会反感,评委专家也会产生抵触情绪。

五、备突发事件

公开课(或竞赛课)是一堂对外公开的观摩课,教员在备课过程中要考虑得特别周密详尽,尽量把那些偶发事件的发生率控制为零,或事先作好思想准备。例如,上课前先把多媒体课件等资料拷贝到参赛电脑上,并检查要使用的电教设备是否已经安装并调试好,以免上课时出差错;上课要用的图片、教棍等教具准备就绪,并统一放好;如果完成了教学任务却仍未到下课时间,应临时增加哪些内容;如果下课了还未完成准备好的教学内容,该删掉哪些环节。这些细节是正式赛课前必须予以考虑的,充分的准备才能保证公开课(或竞赛课)有条不紊地顺利进行,收到预期的效果。笔者还有一个切身体会,正式比赛前一定要多次试教,并请同行老师或其他有经验的老师帮忙听课,一方面有助于改进、调整教学,另一方面也有利于自己熟悉驾驭上课流程,不至于正式比赛时因思维中

---

① 朱智、刘杭军:《浅谈军事理论课的授课艺术》《东南大学学报(哲学社会科学版)》2006,12.

断给比赛带来不利影响。

总之，公开课（或竞赛课）的准备是一个漫长的过程，也是"磨人"的过程，其能否取得成功，更是多方因素作用和综合评价的结果。如果教员课前充分做好了以上准备，上课铃声一响，教员便可精神抖擞、信心百倍地迈上讲台，去收获赞美的掌声。

军事理论课案例教学方法的实践与思考①

军事理论课作为一门军事与政治、人文与理工、时事与历史高度交叉融合的综合课，不仅对军事教师的综合知识素养提出了很高的要求，更对军事教师的教学方法、教学技能提出了很高的要求。新时期军事理论课教学方法应该如何改革？笔者认为，以案例为基本信息载体、以教师主导——学生主体式学教并举为主要教学结构理念、以提高学生分析和解决实际问题的综合能力为目的的案例教学②，是一种比较理想的符合军事理论课程特点和大学生认知规律、心理需求的新型教学尝试。大量实践证明，在军事理论课中恰当运用案例教学法，对增强大学生国防观念和安全意识、培养大学生强烈的民族精神和爱国热情、提高普通高校国防教育的针对性、实效性、感染力和吸引力具有事半功倍的教学效果。本文是在自身工作实践的基础上所作的一些思考和探求，在此与各位同行交流。

一、军事理论课引入案例教学的必要性

（一）案例教学是适应军事课程特点、增强授课效果的重要方法

军事课作为大学国防教育主要形式之一，具有明显的政治特色。不论课题怎样设置、讲授哪些内容，都必须紧紧围绕如何提高国防素质这个目标，贯穿教书育人这条红线，以达到增强大学生国防观念，激发保卫祖国、建设祖国的责任感，培养高度的爱国主义精神、民族自强精神和革命英雄主义精神等目的。因此，如果采取思想政治理论课那种刻板的说教、一味的灌输，只会引发学生的逆反和抵触心理，也就无法达到军事课的教学目的。而案例教学法恰好契合了军事课的这一基本属性，使学生能够通过自己的独立思考以及小组和全班学生之间的沟通和交流来获得知识和提高认识。知识的内化是伴随着案例的分析和讨论过程中不知不觉发生的，可以使军事课收到意想不到的教学效果。

同时，军事课还具有理论性、技术性强等特点。对于军事课中比较抽象的概

---

① 作者：陆海燕、欧阳长安、唐建林，原文载于《全国普通高等学校第四届国防教育学术研讨会论文集》，高等教育出版社2009年版，第3~7页。本文荣获全国普通高等学校第四届国防教育学术研讨会一等奖。

② 杨慧民：《高校思想政治理论课案例教学法研究》，高等教育出版社2007年版，第76页。

念、术语，应该用形象逼真的事例或手段加以解释，让学生好记易懂；对于过于微观且又复杂的军事技术知识，教师应该坚持深入浅出的授课原则，力求通俗化。案例教学以案例为出发点，全部教学活动由对案例的分析和讨论展开，抽象的理论融于具体的案例情境之中，能够使军事课教学内容抽象问题形象化、技术问题通俗化，提高教学对象对所授知识的可接受性。

（二）案例教学是推动师生交流互动、提高教学质量的重要媒介

案例教学能够增进教学互动的突出优势在于，它能够克服以往传统教学中的"教师→学生"单向信息传递的缺陷，综合传统教学中讲授讲解、集体讨论、自主学习等多方面功能，一改传统教学中教师居高临下的"权威者"角色，而成为学生学习的合作者、引导者和参与者。在案例教学中，一方面，教师要设疑质疑，通过问题引发学生大胆设想、畅所欲言，培养学生大胆质疑、善于思考的能力。必要时，教师还要创设情景，让学生自己去发现问题、提出问题，让学生"动"起来，以便取得更好的教学效果。另一方面，在小组讨论中，组员可以根据自己的能力和特长进行分工，并与其他组员平等对话，共同交流、探讨和学习，营造出人人动脑、共同参与、活泼热烈、轻松和谐的学习氛围，从而使学生之间的互动性也大大加强。实践表明，案例教学在推动师生之间、学生之间交流互动、提高军事课教学质量方面具有独特的优势。

（三）案例教学是提升普通高校国防教育现实针对性的重要载体

目前，普通高校军事课在教学内容上过于偏重理论知识的传授，现实针对性不强，集中表现为教师"以教材为本"，而较为缺乏与当前国际国内军事热点、战略格局、形势政策、部队的实际联系，或者尽管理论联系了实际，但用以联系实际的素材更新不够。实施案例教学，可以改变教师"一言堂""满堂灌"的做法，实现讲授与实践、课本理论与社会现实并重的目的。我们知道，案例是部队现实问题和国际国内形势的缩影，能把部队大课堂中的真实工作、生活和当前最新的时局热点引进小课堂，通过展现一些典型问题，让学生进入案例情景，设身处地地做出反应，为他们提供一种不用真正深入实践、却能接触到大量实际问题的机会，缩短了理论与实际间的距离。例如，通过提供高度仿真性的模拟情景和背景资料，通过对典型战役、军事热点、部队管理、政治工作等案例的剖析，可以把枯燥的理论教学变得形象、生动、易于接受，使学生得到实际训练并获得实战技能，较好地满足国防教育和社会现实的需要，实现社会对教育提出的新要求以及新时期的教育对人才素质提出的新要求，也提升了普通高校国防教育教学内容的现实针对性。

二、军事理论课案例教学的组织与实施

(一) 教学案例的甄选原则

案例的选择是案例教学的首要任务。案例的质量直接决定了案例教学的效果。精当的教学案例,是成功实施案例教学的先决条件,精当的教学案例有助于提高军事课教学的针对性和实效性,案例选择不当则可能使军事课误入歧途。甄选案例必须遵循以下原则:

1. 案例要具有针对性

教学案例要有针对性,一是指在选择教学案例时,必须考虑它与课堂教学所涉及的相关主题或理论观点的内在联系,即所选用的案例必须与本节课知识点相一致,符合教学目标的要求①,不能脱离教材另搞一套。二是指应根据不同的教育对象,选择不同类型的案例。例如,对于理工科学生,在讲授"军事高技术""信息化战争"内容时可紧密联系他们的专业知识选取尖端武器、典型战役等案例精讲,激发他们发奋学习科技知识、为实现科技强国做出应有的贡献;而对于文史类学生,由于其文化底蕴、知识积淀比理工科要强,就可在"国防历史""军事思想""战略环境"等方面多运用案例教学法,激发他们学习钻研军事理论的兴趣,培养战略思维能力等。三是指所选案例还要真实、生动,最大限度符合部队客观实际。案例所陈述的内容应该是在一定真实背景下发生的事实,基本情节不能虚构,有关数据间的比例关系不能改变。只有选择直接来源于部队实际或从部队实际生活中筛选、提炼出来的案例,不胡编乱造,才能体现军事课的特有"军味"和实现学校国防教育的目标。

2. 案例要具有典型性

教学案例的典型性即代表性,是指选择与教学内容密切相关的具有典型意义的案例。倘若随意选择案例,或不加选择地大量罗列案例,其意义和教育价值就有局限性。因此,教师在提供教学案例时,必须考虑案例的代表性,使学生能够通过具有代表性的典型案例的学习,建立起一套适合自己的完整而又严密的逻辑思维方法和思考问题的方式,以提高学生分析问题、解决问题的能力,进而加深对知识的理解和自身素质的提高。例如,在分析"毛泽东军事思想"中有关"人民战争"的内容时,就可以三大战略决战尤其是"淮海战役"为典型战例;在分析信息化战争的特征时,就可以"2003年伊拉克战争"为典型战例;在分析快速国防动员时,就可以"第四次中东战争"或者"英阿马岛海战"为典型战例等。

---

① 李晓玉:《案例教学法在〈比较政治制度〉课程中的应用》《考试周刊》2007,6.

3. 案例要具有时效性

所谓时效性，是指所选案例应紧扣时代的主题，体现时代的新鲜内容，触及社会发展中的前沿问题，贴近当代大学生的思想实际。军事理论课作为既是军事课、又是政治课、还是一门人文与理工高度交叉融合的综合课，其自身固有的特点客观上要求教师必须广泛关注当前国际国内军事热点、形势政策、战略动态等"鲜活"的东西，摒弃那种脱离部队现实生活、缺少时代特色的过时案例。同时，当代青年大学生的创新、求异特点也要求教师使用符合社会需要和时代发展的最新案例。因此，教师要加强对案例的研究，积极开展调研，搜集部队和国际国内最新、最具有现实特点和意义的事件加工成教学案例，这样才容易引起学生的兴趣和关注。

4. 案例要具有趣味性

案例是引发学生进行逻辑思维的载体，在选择案例过程中，教师应注意何种案例更易引发学生的思维活动。实践表明，新颖并有趣味性的教学案例能够充分调动起学生学习的主动性、积极性，激发起学生的学习兴趣，并使学生在"兴趣"这个最好的老师引导下真正投入到案例的分析和讨论中去，进而实现寓教于乐、寓教于趣的目的。

(二) 案例教学的组织实施

案例教学作为一种开放的教学组织和实施形式，给教师和学生都留有较大的余地，但这并不意味着教师可以随意安排和操纵，必须遵循案例教学自身的特质和内在规律，方能达到理想的教学效果。

1. 展示案例

教学案例的展示是开展案例教学的第一步，也是案例教学的基础性环节。这一环节搞不好，后面的各个环节都会受到影响，甚至会使整个教学过程流于形式。所以应特别重视这一环节。教师可以采取多种形式提供案例：给每个学生印发一份书面案例材料、运用投影仪将案例投射到黑板上、口头介绍案例、利用多媒体播放案例、利用环境再现或表演的形式呈现案例等。无论采用哪种方法，目的都是要使学生弄清案例中真实的经过、情节和背景，尤其是对关系到案件的性质和问题处理的细节，要充分了解和深刻认识，才能为分析案例打下良好的基础。

2. 小组讨论

安排好学生熟悉案例内容后，教师接下来就是组织小组对案例进行讨论。小组讨论可以在课堂上进行，但最好在课下进行，这样就不会增加军事课课时不够的负担。组织小组讨论，首先涉及分组和确定组长的问题。教师应尽量把来自一个班级或一个寝室或相同院系、相同专业的学生分在一组，这样组员之间比较熟悉，可能会有更多的默契和更少的发言顾虑。当然也可以打破班级、寝室、院系、专业的界限，进行随机分组，但这种方式对于课下小组成员间进行集中讨论是比较不便的。组长的确定可由老师指定，也可由小组成员推选，其职责主要是负责组织本组的讨论、整理本组的发言提纲、代表小组在全班交流发言。在此，小组人数的确定也很关键。考虑到军事理论课基本采取大班上课，人数在 150 左右，小组人数以 15 人为宜，因为人数太少，不易形成热烈的讨论气氛，不利于集思广益；人数太多，又会减少每个组员的发言机会，不利于充分交流思想。

3. 全班交流

全班交流是整个案例教学的关键和中心环节，其开展的情况将直接影响到案例教学的效果。在前面小组讨论的基础上，每小组推选组长或者 1~2 名小组代表发言，本小组其他成员可对发言的遗漏和不完善做补充。而其他小组成员可就发言者陈述的观点进行提问或质疑，发言者必须予以答疑，这样一来一往，热烈的课堂讨论气氛不难营造。在此需要强调的是，整个讨论过程中，教师只是掌控全局的"导演""教练"，学生才是讨论的中心和主体。不过，教师的作用也不可忽视，不仅要做好案例讨论的开局和维持好案例讨论的秩序，还要千方百计地激发学生自主思考，调动他们参与讨论的积极性，避免案例讨论中出现冷场和僵局。尤其当出现与中心议题关系不大的话题或偏激思想倾向时，教师切不可急于批评，而是要善于抓住时机，因势利导地启发学生进一步思考，从而把讨论引导到正确方向和正确认识的轨道上来。例如，在进行"台海形势"案例讨论时，有学生流露出马上武力统一台湾的过激思想，教师要引导学生从台湾问题的根源、症结、实质等方面让学生切实理解我国"不承诺放弃使用武力和只要有一线希望，就会尽最大努力以和平方式实现祖国统一"原则的真正内涵。

4. 总结归纳

在激烈的全班讨论之后，教师必须对案例进行总结归纳。画龙点睛、切中要害的总结分析，不仅能使讨论中暴露出来的问题得到及时修正，而且能够提升理论认识，帮助学生深刻理解和掌握基本原理、正确方法，否则，只能使案例教学流于形式，达不到预期的教学效果。教师可从以下方面进行总结：归纳出有代表性的学生发言的基本观点，让学生对讨论情况有一个整体印象；指出学生在分析、讨论教学案例中的成绩和不足，进行弥补性、提高性讲解；可以启发学生在教师指引下自己进行归纳、总结，得出案例的正确答案；提出一些发人深省的问题，促使学生开阔视野、调整视角，进行深入而广泛的思考。总之，教师对整个案例分析过程的总结要全面、具体、深刻。

三、对军事理论课案例教学方法的思考

(一) 军事理论课教师要提高自身的专业化水平

相对于传统教学方式,案例教学对教师的技能素质提出了更高的要求。军事理论作为军事课与政治课并举、人文与理工高度交叉融合的综合课,对军事教师的自身素养要求更高——既要有精深的军事专业知识,又要有广博的文理综合知识;既要能打破专业壁垒,又要能吸收各学科之精华;既要懂得教育学、心理学知识,又要有一定的生活常识、自然科学、社会科学等知识;既要具备丰富的教学与实践经验,又要懂得将教材理论与社会现实、形势政策、军事热点融会贯通。军事教师如果不具备较好的知识综合运用能力,是无法提炼出案例主旨,完成引导学生学习的教学任务的;如果不具备扎实的专业理论知识,就会在面对学生偏离既定方向的夸夸其谈面前显得无能为力,从而使案例教学的效果大打折扣。可见,要充分发挥案例教学在军事理论课中的作用,军事教师必须利用身边一切有益的媒体充实自己,不断接受新知识、新理念,提高自身的综合素养。

(二) 要正确处理案例教学中教师与学生的关系

在传统的以课堂讲授为主的教学活动中,教师主要扮演着讲演者、解惑者和裁判者的角色。在学生的心目中,教师似乎是真理的化身和知识的源泉,学生高度依赖教师。而案例教学是一种特殊的教学活动方式,其特殊的教学情境要求教师和学生必须进行角色转换和重新定位。教师必须从一个讲演者、解惑者和裁判者的角色转化为一个组织者和协助者的角色,即"主角"变"配角"。一个出色的教师在案例教学中经常不是亲自讲解、分析和下定论,而是引导学生自己分析和讨论,给学生表现自我的机会。正如一个好的电视节目主持人,不是把采访对象丢在一边,忙于自我表现,而是要用精炼的语言引导被采访对象充分表达出自己想表达的内容。而学生主要是学会独立思考,积极参与和配合案例讨论,扮演好"主角""运动员""合作伙伴""专家"的角色,变传统的"教师讲、学生听"这一单向沟通方式为学生和教师在同一时间内进行交流的互动方式,使自己在课堂讨论中真正成为案例学习的主体。总之,只有对教师与学生的角色进行正确定位,才能凸显出案例教学的自主学习和合作学习的实质,真正实现"教是为了不教"。

(三) 消除军事理论课案例教学中的错误认识

实践表明,在军事课教学中恰当地运用案例教学,有利于避免把军事课上成纯粹的"政治课""历史课""电影课",有利于学生对书本知识更加深层、更加透彻的理解,培养了学生的创新思维和实践能力,是一种行之有效的教学方法。但是主张军事课进行案例教学,并不等于完全排斥和完全否定传授式教学方式,

第二章 湖南农业大学军事理论课教学改革的研究与实践

也不意味着只运用案例教学一种模式。案例教学法只是现代教学方法中的一种，其与许多传统教学方法比较起来也有一定局限性，如师生花费时间、精力较多，课堂上的气氛、节奏较难控制等。因此，在教学中不能简单地以一种教法替代另一种教法，而应该是综合运用多种教学方法。每个教师都应根据教学目标、教学内容、学生情况的不同，选择性地采用不同的教学方法，这样才能优化课堂教学，才能真正达到课堂教学效果，提高教学质量。

普通高校军事理论课运用开放式教学方法的探讨①

开放式教学作为一种与封闭式教学相对立的教学模式，是指以知识教学为载体，以学习者为本位，通过创造一个有利于学生生动活泼、主动发展的教学环境，提供学生充分发展的空间，从而促进学生在积极主动探索过程中各方面素质得到全面发展的学习方式。它不仅是一种教学方法、教学模式，还是一种教学理念。随着素质教育的全面推行，作为既是军事课又是政治课的高校军事理论课，探索适应青年学生知识结构和身心特点的开放式教学方法，改革"教师主讲、学生主听"或"教师主问、学生主答""空对空说教"的传统课堂教学模式，对充分调动大学生的积极性、激发大学生的爱国热忱、提高军事理论课教学质量、达到国防教育"国防效益"和"育人效益"并举的目的具有重要的现实指导意义。本文针对军事理论课程的特点，结合笔者平时的教学实践，对几种开放式教学方法做一些粗浅探讨。

一、"讨论式"教学——开放教学课型

开放教学课型，就是提倡讨论式授课，让学生在教师的启发下，以师生共同关心的问题为核心，通过讨论、辩论、质疑、交流获取正确的认识。其特点：师生之间平等、民主、互动，能最大限度地吸引学生参与，充分调动学生的学习积极性。在军事理论课教学中，针对同学们感兴趣的知识点和较关心的军事热点，采用"课堂讨论"式授课，能取得意想不到的教学效果。例如，笔者在讲"中国周边面临的威胁与挑战"这一节时，就采用了这种方法，具体教学过程是这样的：首先，确定讨论主题。提前一周告知学生课堂讨论的主题，并要求他们事先查阅相关资料，写好发言提纲，做好讨论前的充分准备，这是主题讨论式教学的重要前提。其次，展开自由讨论。课堂讨论过程中，由同学们自己推选的主持人主持课堂讨论，同学们畅所欲言、各抒己见，甚至引发激烈的争论，这是主题讨论式教学的关键环节。最后，撰写讨论小结。要求学生针对讨论意见修改提纲，

---

① 作者：陆海燕，原文载于《湖南医科大学学报（社会科学版）》2009，6.

写成课程小论文,作为平时作业提交,好的论文推荐去公开发表,这是主题讨论式教学的落脚点。课前的查阅资料、搜集信息,能使学生对新讲授的教学内容有充分的了解和准备,正式上课时因有基础而时时处在主动探求中;而课中的自由热烈讨论,又有效地锻炼了同学们的演讲、辩论、逻辑思维等综合能力;课后的讨论小结,则打破一贯把所有问题都解决在课堂的传统教学法,真正实现了把课内问题带出课外、带向社会。

可见,在"课堂讨论"这种互动式、开放式教学过程中,教师做到导向、导思、导练,把思维的空间留给学生,把展示的舞台留给学生,把思想的交流留给学生,而学生得以愿学、会学、乐学,主动求知、主动发展、主动锤炼,真正实现了教学相长。不过,在此需要注意的是,采用"课堂讨论"式教学,讨论的问题不仅要能反映教学的重点、难点,而且应该是学生思想上的模糊点、知识掌握上的疑难点。此外,讨论的问题还要难易适度,太难,容易使学生心生畏惧、望而却步;太易,学生又不愿动脑思考,引不起学生的足够重视。只有各方面都考虑周全,才会收到事半功倍的教学效果。

二、"影视图片"教学——开放教学形式

在教学过程中,内容决定形式,形式要为内容服务。好的形式可以使教学收到事半功倍的效果,否则不然。"影视图片"教学,国外又称之为"视听教学手段",是服务于教学内容的一种有效形式,尤其在电化教学普遍使用的今天显得更为突出。它是指在教学过程中使用电影、电视、录音、录像、计算机等电器设备和手段完成教学任务的方法。相对于仅依靠"一支粉笔、一张嘴巴、一块黑板、一本教材"的传统课堂教学,"影视图片"教学法由于利用了影视、图片等多媒体手段,能把在教学中无法具体体现出来的抽象事物和现象,简单直观、形象生动地呈现在学生面前,因而大大提高了学生们的学习兴趣和课堂注意力,教学效果也随之明显增强。

军事理论课教学中,教员根据教学内容的需要适当运用影视图片,能收到其他教学方法所不能收到的效果。例如,在纪念日、重大节日时,放映一些爱国主义、革命英雄主义等军事题材的电影、录像、纪录片;紧跟形势与政策,播放有关时政热点的军事视频;根据教学内容的需要,制作集声音、文字、图像、影像等信息为一体的指导型多媒体教学课件等。我在讲"台海军事形势及发展"这一节时,在课堂播放凤凰卫视台的"军情——台湾军力报告"和"2008台湾局势大揭秘"两档"军情观察室"节目,让学生首先从视听上对目前台湾军力和台海局势有个初步了解,在此基础上再做分析和讲解,比单纯灌输"台湾问题是事关我国核心利益问题"的观点效果要好得多。又如,"军事高技术"这一章理

第二章 湖南农业大学军事理论课教学改革的研究与实践

论性和技术性较强,如果采取传统的课堂讲授,学生也许听得云里雾里不知所云。但运用视频动画技术、插播影像资料、制作多媒体教学课件,对教学内容进行图解化、形象化,使教学过程生动直观、形象逼真,课后学生普遍反映课堂信息量大,内容通俗易懂,教学效果良好。另外,在教学任务不是很紧的情况下,可以在纪念日、重大节日等时期上一两次影评课,例如,每年12月13日是"南京大屠杀"纪念日,可以播放《南京大屠杀》《东京审判》等再现当时历史事实的影片,并要求学生看后写观后感。从学生的字里行间可以看出,影视教学能增强大学生的国防观念和安全意识,培育民族精神。有研究表明,人们从语言方式获得知识能够记忆15%,从视觉获得知识能够记忆25%,而同时运用视觉、听觉则可接受知识65%,可见,"影视图片"教学对军事理论这门人文与理工高度交叉融合的综合课程来说,是一种不可多得的教学方法。

三、"请进来"教学——开放教学内容

所谓"三分得益于课内,七分得益于课外"。我们讲的开放教学内容,一方面要充分利用本校已有的教学条件和师资力量,学好所有教科书上的内容,完成大纲所规定的要求;另一方面还要从校外大量引进知识、引进资源,丰富充实本校教学内容,提高本校教学水平。目前,部分普通高校自配军事理论教员的知识结构层次偏低,军事专业性不强,教学经验欠缺,理论联系实际能力较差,仅靠自身内部的师资力量,远不能满足军事理论课教学的需要,也达不到高校国防教育应有的教学目的。因此,在教学过程中开渠引流、"请进人才""请进知识",以弥补自身教学力量和教学水平的不足,是开放和丰富教学内容的一种有效形式。例如,聘请国防教育基地的专家进校担任国防教师,定期开展讲学和授课活动;采取军地联合方式,邀请有关军事专家、学者或有经验的同行适时搞专题讲座、参加相关论坛的讨论;诚邀部队或军事院校的模范做英雄事迹报告会;对入伍大学生进行跟踪培养和报道宣传,把他们的先进事迹和亲身体会带给在校大学生,充分发挥他们的榜样和示范作用等。我校与国防科技大学有着传统的合作关系,每年军训期间,都会邀请资深军事专家或教授来我校讲学,给新生做"我国国防""中国周边安全环境"、"军事思想"等方面的专题讲座;非军训期间,也定期或不定期地邀请相关专家、学者来校讲学和进行教学方面的指导。实践表明,"请进来"教学,比那种"关起门来搞教学"效果好得多,专家、"英模"们激情洋溢地即兴演讲,深入浅出地讲解理论,推心置腹地介绍学习方法,智慧回答各种提问,给同学们留下了难忘的印象;同时,他们把军营文化引入大学校园,以军人的高尚风范和品格,吸引、教育和影响大学生对国防、军队的认识和深刻理解。总之,通过"请进来",内容丰富了,课堂开放了,气氛活跃了,水

平提高了，学有方法，学有收获，有效的"请进来"教学方式对提高高校国防教育水平具有重要作用。

四、"走出去"教学——开放教学时空

时空是学生学习的基本条件，生活的一切时间和空间都是他们学习的课堂。开放教学时空就是不能局限于室内课堂，而要突破教室的围墙和考试的樊篱，走向课外，走向社会。军事理论课教学在"请进来"的同时，应坚持"走出去"，只有这样，才不至于使国防知识成为"无源之水""无本之木"，才不至于使国防观念成为"空中楼阁"。高校应当结合本校实际情况，创造性地开展各种形式的国防教育活动，开辟一条具有本校特色的国防实践教育途径。切实可行的办法有：在革命传统佳节期间，如清明节、建党节、建军节、国庆节期间，组织大学生参观、访问烈士陵园、革命遗址和其他具有国防教育功能的博物馆、纪念馆、科技馆、文化宫等，充分发挥国防教育基地的潜移默化作用；针对世人关注的一些国际国内热点问题，组织大学生深入社会开展调查研究活动，提高大学生的社会实践能力；有条件的学校可以定期组织大学生进军校、军事基地开展"军营一日"活动，全景式地了解军人一天从早上出操到整理内务、军事训练、就餐，直至就寝休息的一日生活制度，从中感受军人的纪律观念和意志品质，进而内化为自身的素质；大力开展拥军优属、军民共建活动，给大学生提供一些接触军人、了解军人的机会，提高军人"现身说法"的力度，进而提高大学生爱军拥军的自觉性，增强大学生履行国防义务的自觉性和支持国防建设的责任感。总之，通过"走出去"，开阔了学生们的视野，丰富了学生们的知识，增强了高校国防教育的针对性和实效性，是对国防教育内容的一种有力补充，更是对国防教育方法和途径的一种创新和拓展。

五、"网络化"教学——开放教学手段

随着现代信息技术的发展，国防教育亟需网络化。军事理论课教学要充分利用网络这一工具，将传统的封闭式课堂教学向课堂外延伸，以增加课堂教学的容量，增强教育的吸引力和感染力，提高军事课授课质量，这既是国防教育教学手段的创新，也是教育科学技术推进高校国防教育现代化的一个重要方式。现阶段的网络化国防教育形式主要有：

（一）建设国防教育网站

以国防教育网站为依托，根据青年大学生的身心特点，以他们喜闻乐见的形式，开展丰富多彩的网上活动，例如，组织网上国防知识竞赛、国防教育征文、国防问卷调查，邀请军事专家和知名国防教育学者在网上和学生进行直接对话和

第二章 湖南农业大学军事理论课教学改革的研究与实践

交流；增加网站的多媒体功效，提供军事图片、视频录像等内容下载，实现网络的多重搜索和链接功能；设立武器装备、军事思想、军事百科、战略战术等专题栏目，宣传国防理论，传播国防知识，努力营造浓厚的国防教育氛围。

（二）开辟国防教育 BBS 论坛

通过电子公告栏上涉及国防教育的相关言论，了解学生的需求动态，做到及时辅导、及时解答，提高国防教育的时效性；重视电子公告栏上的舆论引导，防范网上随意的、不负责任的言论泛滥，努力营造正确、健康、积极向上的网上舆论氛围；把学生关心的国际国内形势热点，以问卷或讨论题目形式在 BBS 论坛上和学生进行平等交流，共同探讨。

（三）网络游戏

游戏中使用大量现代武器如坦克，可以增加学生对军事知识的了解；游戏场景包括城市、丘陵、街垒、边疆等，又渗透着国土安全知识；敌我交战，激励着大无畏的爱国主义牺牲精神；战略战术的运用，培养着战争观、全局观等。当然，网络游戏是一把"双刃剑"，我们主张将网络游戏融进国防教育，并不是简单地将那些流行的网络游戏直接给学习者玩，一定的筛选和改造是必要的。

（四）QQ（群）和 E-mail

在建党节、建军节、国庆日、解放日、国防日之时，以 QQ（群）或 E-mail 群发的形式向学生发布国防知识，覆盖面广，影响力大，且 QQ（群）还具备语音、视频、面对面聊天的特点，国防教育效果明显。

总之，军事理论课作为集人文、理工、技术于一体的综合性课程，目前正面临内容多、难度大而课时又少的教学难题，普通高校若能一改以往传统的封闭式课堂教学模式，立足于教材外、课堂外、校园外，探索一套行之有效的具有开放性、综合性和选择性等特点、体现学习主体的个性化的开放式教学模式，对提高军事理论课教学质量、增强学校国防教育实效性具有重要的理论和实践意义。

军事理论课运用研讨式教学需注意的问题探微[①]

军事理论课作为普通高校本专科学生的一门公共必修课，对增强学生的国防观念和国家安全意识，强化爱国主义、集体主义观念，加强组织纪律性，促进综合素质的提高具有非常重要的作用。针对该课程的特点和大一新生实际，选择部分内容开展研讨式教学很有必要。研讨式教学作为一种现代教学方法，不仅符合现代教育教学规律，而且符合大学生主动获取知识、注重掌握方法和提高综合能

---

① 作者：陆海燕，原文载于《教书育人（高教论坛）》2016，4。

力的心理倾向，具有很强的科学性和实践性。但在实际教学中，又容易陷入两种误区：一是将教师的启发式讲授和引导学生回答问题当作研讨式，这实际上还是教师唱独角戏，忽视了学生的主体作用；二是将课堂完全交给学生，让学生唱独角戏，又忽视了教师的主导作用，这两种做法都是不可取的。只有精心选择研讨主题，坚持教师主导性，凸显学生主体性，找到既发挥教师主导作用又体现学生主体作用的最佳结合点，才能实现教师"搭台"、学生"唱戏"，在"军事理论课"教学中体现研讨式教学的价值。

一、精选研讨主题是前提

研讨主题的选择直接关系到后续环节的成功与否。任课教师应根据教学目标、重点难点、时政热点、难易程度等精心选择恰当的研讨主题。

(一) 紧扣教学目标选择研讨主题

"军事理论课"作为普通高校本专科学生的一门公共必修课，涵盖中国国防、军事思想、战略环境、军事高技术、信息化战争五章内容，每章又包含许多小节，内容丰富，容量庞大，覆盖面广，而《大纲》规定教学时数为36学时，实际上各普通高校未开齐开足。如何利用有限的教学时数达到良好的教学效果？这就要求任课教师要紧扣课程中的教学重点或难点确定研讨主题，把研讨时间和机会用在"刀刃"上。一旦脱离教学内容进行任意选题，有可能课堂上热热闹闹，学生踊跃参加，实则难以达到本门课的教学目的。例如，第二章"军事思想"内容繁多，包括古代、近代、现代军事思想，而现代军事思想又包括毛泽东、邓小平、江泽民、胡锦涛、习近平五代领导集体的军事思想。笔者抓住毛泽东军事思想这一教学重点，充分准备、精心设计了"为什么说毛泽东人民战争思想是我军克敌制胜的法宝""信息化条件下毛泽东人民战争思想有没有过时"等研讨主题，学生通过查阅资料、认真思考、深入研究、讨论交流，对毛泽东军事思想尤其是人民战争思想这一核心内容有一个全面、深刻的理解和把握。

(二) 结合时政热点选择研讨主题

军事理论课是一门军事与政治、时事与历史、人文与理工高度交叉融合的综合课，教学中必须结合当前国际国内时政新闻、形势政策、军事热点等内容进行，因此任课教师必须具备捕捉国际国内政治、军事新动态、新趋势的高度敏感性。如第三章"战略环境"，就不能纯粹按教材编排教学，因为教材内容具有一定的滞后性，而战略环境、国际战略格局处于一个动态的变化之中。我国周边安全环境纷繁复杂，在教学中，我选取"钓鱼岛争端""南海问题"等时政热点作为研讨主题，同学们非常感兴趣，认真、积极查阅资料，讨论交流热烈、踊跃，通过研讨，对钓鱼岛、南海的历史渊源、争议现状了如指掌，从而树立起捍卫我国主权、保卫领土完整的坚强决心和坚定信心，这比在课堂上干巴巴地讲授"钓鱼岛、南海自古以来就是我国领土"的教学效果要好得多。

(三) 选择难易适中的研讨主题

军事理论课的授课对象是大一新生，由于入校时各地区高中教育水平存在差距以及文理分科，同学们的文化底蕴、知识基础、能力水平不尽相同，同一班级的学生对军事知识的掌握程度、分析问题的能力也就不尽相同。任课教师应根据班级学生的不同学科、不同专业、不同兴趣等丰富个性选择研讨主题。过于简单、过于知识性或经验性、过于深奥的问题，都不适合展开讨论。太简单的主题，学生觉得没有研讨的必要，提不起探讨的兴趣；太难的主题，无疑剥夺了绝大多数学生的发言权，使得课堂成为少数学生唱"独角戏"的舞台。真正的课堂应当是绝大多数学生都能够发挥自己的主观能动性。所以，选择的研讨主题难易要适中，既能调动绝大多数人的参与兴趣，又具有启发性和可探讨性，给学生的思维留出一定的空间，调动他们进行探究的强烈愿望。

二、坚持教师主导是关键

实行研讨式教学方法，教师的主导作用是关键。只有切实转变陈旧教学理念，准确把握研讨时机，灵活驾驭课堂讨论，才能充分发挥教师的主导作用。

(一) 转变陈旧教学理念

转变教育观念，是教师改变教学方法的前提。虽然绝大多数教师已认识到教学过程是由教师的"教"和学生的"学"两方面构成的双向互动过程，但在实际教学中，"教师讲，学生记""教师说，学生听"的传统教学方法在部分教师的头脑中已形成固定模式。不少教师认为军事理论课内容丰富、容量庞大、覆盖面广，教学时数又有限，必须由教师讲授才能顺利完成教学任务，所以仍采取"填鸭式""满堂灌"的教学模式，教师习惯于将知识点讲得清清楚楚、明明白白，生怕哪里没有讲到，学生成了被动接受知识的容器。可见，我们要真正实施研讨式教学，教师首先要学习先进的教学理念，改变头脑中固有的满堂灌教学方法，以学生为本、尊重学生、信任学生，积极创设平等和谐的教学环境，使学生认识到自己才是学习的主人，教师只是学生学习的促进者，真正把课堂的主动权交给学生，进而在互动探讨的教学实践中实现教学相长。

(二) 准确把握研讨时机

准确把握研讨时机是研讨式教学能否取得成功的前提，因为研讨式教学活动必须建立在学生对研讨的基本内容有一个充分的掌握基础之上。所以，在研讨式教学之前，教师必须对研讨所涉及的基本内容进行有效讲解，在学生掌握基本内容的基础上，指导学生查找相关索引，阅读相关资料，或者指导学生在网上获取相关信息，有条件的还可以把相关资料发到学生手中。那么，学生查阅资料、学习研究的情况怎样，熟悉相关资料信息的程度怎样，是否可以开展研讨式教学，教师必须全程跟踪，密切关注，并根据学生对研讨资料掌握的实际情况，做出研讨时机是否成熟的正确判断，选择恰当时机开展研讨式教学。如果学生没有充分准备，没有对基本资料的准确掌握，教师草率决定、匆忙进行研讨是难以成功的。

（三）灵活驾驭课堂讨论

教师是课堂的灵魂，一定会影响课程的进行。传统教学中，主要是教师讲、学生听，课堂一般也不会有意料之外的情况出现。而在研讨式教学中，教师转变为主导，学生则作为主角，会出现很多种情况，需要教师适度参与，教师的身份类似于导演或者节目主持人。例如，在研讨方向出现偏差时，教师需要及时而又不生硬地将方向引导回来；在研讨内容多而不精时，教师需要对内容进行提炼；在个别学生的发言时间过长、频率过高时，教师需要在不打击个别学生发言积极性的前提下给予恰当提醒和适度限制……可见，研讨式教学中，虽然主要的"表演机会"在学生，但是教师的地位绝对不可或缺，教师应当具有很好的大局掌控能力。

三、凸显学生主体是目的

军事理论课实行研讨式教学，在坚持教师主导性的同时，应当尊重学生的主体地位，发挥他们的主体作用，才能激发和调动学生学习的兴趣与积极性，丰富活跃课堂，锻炼、提高学生的学习研究能力。

（一）激发和调动了学生学习的兴趣与积极性

研讨式教学中，不仅教师，学生也要转变陈旧的教学理念。学生在课堂上不再只是倾听者，不能将教师的每一句话视为金科玉律，不加分析地全盘接收，而是要将自己视为学习的主人，亲自去查阅相关资料，开动脑筋思考问题，踊跃参与交流讨论。教师也应大胆地放手让学生去研讨探索，能让学生互相间讨论解决的，尽量让学生讨论解决，实在解决不了的教师再讲，尽量把学生推到台前，让学生真正成为发言、讨论、辩论的主体和主人，激发和调动学生学习和思考的兴趣与积极性，使学习不再被动，实现由过去的"要我学"到现在的"我要学"的实质性转变。

（二）锻炼、提高了学生学习研究能力

研讨式教学中，教师的任务不在于传授学生多少知识，而在于如何使学生把所学知识转化成能力，即"授人以鱼，不如授人以渔"。整个教学过程以问题的提出与解决为中心，以探讨、交流与对话为形式，来激发学生强烈的求知欲和高

第二章　湖南农业大学军事理论课教学改革的研究与实践

涨的学习热情，学生积极参与教学过程各个环节，加强与老师、同学的交流与探讨，实现自我探索、自我教育，在实践中培养多方面的能力，提高自身的综合素质。这是实行研讨式教学的最突出、最根本的特点。例如，通过到图书馆或上网查阅相关文献资料，有助于培养学生查阅文献资料、调查收集信息的能力；通过在课堂上与其他同学和老师进行讨论和辩论，有助于提高学生思维能力和语言表达能力等。可见，在研讨式教学中，学生通过实实在在的学习、思考、研究、讨论与交流，锻炼、提高了分析思考问题、语言文字表达、人际交流沟通等诸多方面的学习研究能力，使其真正"学会学习"，从而使综合素质得以提高。

试论信息技术促进军事理论教学的跨越式发展①

一、信息技术与教育信息化的概念

信息技术是指在计算机和通信技术支持下用以获取、加工、存储、变换、显示和传输文字、数值、图像以及声音信息，包括提供设备和提供信息服务两大方面的方法与设备的总称。

教育信息化，是教育领域信息化的简称。关于这一概念，有的学者认为其本质是要创设"一种充满信息，而且方便教育者和学习者获取信息的环境。"也有人说：教育信息化的主要特点是在教学过程中，比较全面地运用以计算机和网络通信为基础的现代化信息技术，促进教学过程的全面革新，使学校能够适应信息化对教育的新要求。笔者认为，教育信息化应包括以下四方面内容：

一是教育思想"信息化"。教师的思想不能停留在工业化时代，而要与时俱进，充分利用信息技术和网络技术实现教学内容的实时更新和教学方法的创新。

二是教材的"信息化"。要紧跟时代脉搏，实现教材的内容与时代同步，不断更新教材内容。

三是教学手段的"信息化"。计算机和软件技术的广泛使用，使教学变得更简单、更生动、更有活力。

四是教学模式的"信息化"。传统的"填鸭式"教学模式已不适应时代要求，信息技术使探讨式、案例式教学更加简便，学生参与和互动更加积极，课程氛围更加轻松愉快。

二、利用信息技术推进高校军事理论教学跨越式发展的措施

信息技术已经快步走进我们的生活，而且深刻改变着我们生活的方方面面。

---

① 作者：邓治慧、陆海燕，原文载于《课程教育研究（新教师教学）》2016，8。

作为高校的教育工作者，必须清醒地认识到这一变化。如何利用信息技术提高我们的教学水平和教学效果，是当前摆在所有高校教师面前的一道难题。军事理论课是高校的公共必修课，也是学生接受国防教育的重要平台。笔者认为，要利用信息技术实现军事理论课教学跨越式发展应从以下几方面着手：

（一）军事理论教师要转变教育思想

高校教师要充分认识到信息技术对教学的革命性影响，并不断地调整和改变教学思想、教学方法和教学模式，否则就会被时代淘汰。有部分教师错误地认为信息化教学就是运用投影、幻灯、录音、录像、广播、电视、计算机等教育技术的教学，这是非常肤浅的认识。信息技术和网络技术的发展使学生获取信息和知识更加便捷，教师授课如果还停留在"填鸭式"的"灌输"模式，显然不合时代要求了，因为学生已经通过网络获取了自己所需知识。因此，军事理论教师必须转变教学思路，从过去"填鸭式"向"启发式"引导转变。

（二）加大对军事理论教师的技能培训

由于教学和科研任务重，很多教师即使认识到信息技术的重要作用，也没有时间去认真系统地学习利用信息技术教学。所以，学校相关部门应主动为教师参加相关培训提供各方面的便利条件，如适当减少教学和科研量，分批次进行系统轮训。技能培训应包括新设备新软件使用、PPT制作、如何利用设备让学生进行主动式与互动式学习等。

（三）加大信息技术基础设施的投入力度

信息技术的使用和推广需要大量的财力支持，因此政府相关部门要加大对信息技术的基础设施投入力度，包括软件和硬件的投入。信息化在不断加快，对硬件软件的升级改造也迫在眉睫，这就需要大量的资金投入。政府应在信息技术基础设施投入方面扮演主要角色，积极增加专项财政预算。

（四）加大地方院校与军事院校的信息化平台建设，实现教学资源共享

军事院校在军事理论教学方面具有地方院校无法比拟的先天优势，主要表现在教学的专业性、针对性和权威性，而地方院校的军事理论教师大部分没有军事专业背景，且人员流动性大，这在一定程度上影响了教学的质量和效果。为了加强学生的国防教育，应建设地方院校与军事院校信息技术平台，实现教学资源共享，这样不仅可以弥补地方院校军事理论教学的短板，而且大大增强了教学效果。

三、军事理论教学信息化的重大意义

信息技术的使用将对军事理论教学带来颠覆性的影响，促使军事理论教学水平实现跨越式发展。

第二章 湖南农业大学军事理论课教学改革的研究与实践

（一）信息技术将带来军事理论教学手段和方法的变革

教师可以利用信息网络和信息平台不断更新教学内容，改进教学方法和手段。由于信息平台上的军事理论课件实现了同步实时共享，所有教师都可以在平台上查到和获取优秀的教案，同时可以查看最新的军事研究报告和相关新闻。教师获取优质教学资源的效率大大提高了，也进一步提高了教师的信心和教学水平。同时，教师还可以不局限于自己讲课，利用信息平台采取视频授课，制作权威、专业的优秀视频课件供学生学习。

（二）信息技术将进一步提高学生学习军事理论的热情和兴趣

学生可使用移动电脑和手机连接信息平台，随时查看自己感兴趣的军事热点和话题，促进学生自主学习军事理论并提高其对军事的兴趣，这种全新的学习方式为部分军事迷向军事理论家和科学家转变提供了条件。

（三）信息技术将在军事理论教学中产生意想不到的教学效果

目前的军事理论教学无论是授课水平、方式方法还是教学思想跟学生的期盼还有相当大差距，信息技术的使用将会迅速弥补这一差距。学生可自主地学习自己感兴趣的军事理论和热点，教师也可自由便捷地获取教学资源，信息的互动共享使上课变得更加轻松自由，也更有活力，同时还可为超级军事迷的学生提供分享和发表观点的平台。

综上所述，信息技术影响军事理论教学的方方面面，并贯穿于军事理论教学的始终。可以肯定的是，信息技术的充分使用，将会促进军事理论教学跨越式发展。

战例教学在普通高校军事理论课中的运用[①]

军事理论课是普通高校本专科学生的一门公共必修课，包含中国国防、军事思想、战略环境、军事高技术、信息化战争等章节，内容丰富，容量庞大，覆盖面广，而《大纲》规定教学时数仅为36学时（实际上各高校未按《大纲》开齐开足）。如何在较少的课时内达到最大的教学效果，这不仅对军事教师的综合素养提出了很高的要求，更对军事教师的教学方法、教学技能提出了很高的要求。笔者认为，战例教学具有独特的优势。战例教学是为了实现一定的教学目的，根据不同的教学内容，运用典型战争、战役、战斗实例，研究军事活动规律的一种教学方法。它可以通过具体、生动、形象的多媒体、音像视频等方式展示战例，进而把枯燥乏味、晦涩难懂的概念、原理、观点变得充满趣味，不仅可以激发学

---

① 作者：陆海燕，原文载于《教育教学论坛》2016，33.

生的学习兴趣，还可以培养学生分析解决问题的能力，大大提高了军事理论课的趣味性、吸引力和实效性。

一、军事理论课运用战例教学的必要性

（一）符合军事课"军味"特点

军事课作为学校国防教育的主要形式，属于学校思想政治教育的范畴，因而具有明显的"军味"和思想政治教育特色。不论我们讲什么内容，用什么方法，都必须始终围绕一个目标展开，那就是增强大学生的国防观念和国家安全意识，激发他们保卫祖国、建设祖国的使命感和责任感，培养高度的爱国主义、集体主义和革命英雄主义精神。因此，如果采取"一言堂"和"填鸭式"教学，只会引发学生的逆反和抵触心理。而战例教学恰好契合了军事课的这一基本属性，教师不再采取传统的理论灌输方式，而是通过典型战争、战役、战斗实例的分析和讨论，使学生了解作战指挥背后的思路、方法，从而培养学生洞察战争本质、捕捉战争特点和规律、分析和解决军事问题的能力。

（二）符合当代大学生实际

"90后""00后"大学生成长在我国高速发展与社会转型的特殊时期，思维活跃、视野开阔，他们对当今国际国内军事热点、形势政策或关系国家、民族荣誉的事情反应强烈、高度关注。同时，他们个性张扬，不轻信、不盲从，具有强烈的独立思考和批判精神，不喜欢教师的"满堂灌"，不满足现象的罗列和陈旧乏味的教学方法，渴望能在课堂上拥有发言权。那么如何营造生动活泼的课堂氛围，充分发挥和尊重"90后""00后"大学生的创造性、积极性和个性，就成了军事理论课的题中应有之义，而战例教学通过文字、图形、声音、影像等多媒体方式将战例生动形象地展现给学生，既调动了学生学习的积极性，又将枯燥文本的学习转为生动有趣的体验，有效地解决了这一问题。

（三）有助于理论联系实际

军事理论课的教学内容宽广而繁杂，教材中含有大量的名词解释、概念原理和理论观点，尤以"军事思想"和"军事高技术"两章最为典型。教师若总是局限于解析概念、阐述原理和说教理论，脱离鲜活的战斗实例，学生很容易产生厌倦烦躁的情绪甚至逃课。战例教学一改高高在上的说教方式，让学生在教师的引导下身临其境，成为"战争行为"的主体。例如，通过扮演战争指挥官的角色，激发学生立志成为无敌将军的强烈渴盼；通过设置诸如"如何行动""怎样决策""结果如何"之类思考题，培养起学生的问题探究意识。这种师生间的互动，一则营造了非常愉快轻松的课堂氛围，二则又充分发挥了学生的主动性、积极性和创造性，让他们真真实实感觉到学习军事理论并不是"假、大、空"，而

第二章 湖南农业大学军事理论课教学改革的研究与实践

是牢牢植根于战争实践中。

二、战例教学在军事理论课中的实践运用

（一）精心甄选战例——战例教学的前提

甄选战例是实施战例教学的第一步，这一步非常关键。克劳塞维茨曾说："详尽地叙述一个事件要比简单地提示十个事件更为有用"。因此，教师精心选择具有显著代表性，并且极富启迪价值的战例，对其作深刻的剖析、细致的研磨，将胜过对十个乃至数十个普通战例的泛泛而谈产生的教学效果。例如，在讲授毛泽东人民战争的战略战术思想时，为更好地阐述毛泽东用兵如神的高超战争指导艺术，更好地剖析"你打你的，我打我的，打得赢就打，打不赢就走"的基本精神，我选择了"四渡赤水"这一典型战例；在讲授精确制导技术的应用时，我挑选了越南战争期间美国使用灵巧炸弹炸毁越南清化大桥的战例。这些战例不仅紧扣教学大纲，而且符合当代大学生实际，具有典型性、针对性，收到了良好的教学效果。

（二）呈现战例和讨论交流——战例教学的中心环节

呈现战例的方式灵活多样、不拘一格，教师可结合实际条件的具备与否和教学内容的现实需要加以选择。例如，可将战例的背景、进程、影响等资料打印出来，事先发放给学生，并指导学生正确阅读；可使用生动形象的语言口头描述战例；也可运用音像视频播放战例；还可让学生直接扮演战例中的角色来呈现战例等，各种方式可兼而有之。在讲授毛泽东人民战争的战略战术思想时，我是这样展示"四渡赤水"战例的：以战役的发展进程为主线，运用多媒体在地图上动画演示红军一渡、二渡、三渡、四渡赤水的进军路线以及国民党围追堵截的作战路线，同时配合播放集文字、声音、图像于一体的"四渡赤水"教学视频，学生们普遍反映形式新颖，效果良好。

学生"进入"战例情境之后，教师可设置一些思考题，以启发和引导他们进一步剖析战例。当然，设置的思考题应当难易适度，太难不易引起共鸣，讨论也就无法开展，太易又不需要开动脑筋，也就不能达到训练思维的目的。讨论的人数以8~10人一组为宜。小组内讨论时，组长应努力确保组员人人到会，人人发言；讨论后由各组组长或推选代表向全班同学汇报所在小组的讨论情况。整个实施过程中，教师仅仅是组织者、引导者和启发者，真正的主角是学生。若讨论出现离题跑题或错误结论，教师应因势利导，及时调整讨论的方向和重点。若讨论出现冷场和僵局，教师可以提一些带有启发性的问题，引导学生的思维发展下去。总之，教师应该像导演那样时时处处对学生探究的进程、课堂纪律等进行恰如其分的"微观调控"，切忌喧宾夺主和干预过多。

（三）对战例进行总结和评价——战例教学的关键

总结评价是实施战例教学的最后一步。教师应根据学生的资料查询、课堂讨论、各自探究的实际情况，灵活机动地确定总结评价的内容和具体操作方式。例如，教师可对战例自身所蕴含的作战道理、指导艺术、战争启示等内容进行归纳总结，以梳理、完善学生的军事理论知识结构，提高他们以后分析解决类似问题的能力；当然，教师也可对课堂讨论的整体情况进行归纳性点评，简要总结大家讨论的基本观点，肯定好的分析和独到的见解，同时指出讨论中还存在的不足，评价应以正面激励为主。教师的总结切忌"就事论事"，切忌拘泥于对学生散乱的发言作简单的重复和陈述，否则会让学生产生"战例还是战例""理论还是理论"的感觉，无法达到战例教学应有的教学效果。

三、军事理论课实施战例教学应注意的问题

（一）战例教学不等同于"举例教学"

战例教学是运用典型战争、战役、战斗实例，研究军事活动规律的一种教学方法，不等同于单纯的"举例教学""例证教学"。"举例教学""例证教学"属于传统教学方法，是指教师在讲授某个知识点或理论时，为了让学生更好地理解、消化而举出的一个或几个具体事例，其目的是形象生动、具体直观地把概念或理论讲清楚说明白；而战例教学则注重培养学生的动脑和思考能力，提高学生对整个知识体系的掌控和驾驭能力。"举例教学"中教师是主体，重点是让学生学习知识，而"战例教学"中学生是主体，重点是培养学生获取和运用知识的能力。

（二）战例收集要广开渠道、精挑细选

当前，教师主要从军事教材、军事名著、军事报刊杂志、历史典籍等理论书本中收集战例。其实，我们也可以从军事电视节目、军事网站中收集，如CCTV-7军事农业频道的《军事报道》、凤凰卫视的《军情观察室》、东方卫视的《沙场》、北京卫视的《军情解码》等。战例的选择虽无定法，但战例的内容应与课堂教学内容同步，具有针对性、典型性，即所选战例对教材内容要有较强的说服力，一般是古今中外历史上或当今国际国内现实生活中比较典型、知名度比较高的战例，且有一定的深度和广度。此外，选择战例还必须兼顾当代大学生的心理、年龄、兴趣爱好、文化底蕴等，不能单从教师的兴趣爱好出发，也不能单纯为了活跃课堂气氛，应该集科学性和趣味性、思想性和实用性于一体。

（三）战例教学应综合其他教学方法一并使用

虽然战例教学有诸多优点，但也存在一些自身的缺点和不足。例如，学生从战例中获取的信息大多呈零碎化、快餐化，不够整体、系统，加之不同教师在具

第二章 湖南农业大学军事理论课教学改革的研究与实践

体操作层面因对概念的理解不同而产生偏差。有的教师始终把传统灌输法作为主体,战例教学仅为补充;有的教师把战例教学等同于给学生例举新奇的例子,甚至整节课讲故事;有的教师只给学生口述战例,不对学生进行引导和启发等,导致战例教学在军事理论课中没有发挥应有的教学效果。因此,在军事理论课的教学实践中,其他教学方法的综合使用非常重要。教师应灵活运用启发式、研讨式、情景式和体验式等教学方法,这对完成军事理论课的教学任务、提高军事理论课的教学效果非常重要。

体验式教学在军事理论课中的应用探析[①]

2006年修订的《大纲》第四条不仅规定军事理论教学时数为36学时,而且还规定在军事课教学中,要注意理论联系实际,掌握好深度和广度,不断改进教学方法和手段,确保教学质量。自此,深化军事理论课的教学方法和手段改革逐步提上日程。随着高校军事理论课改革的深化推进,军事理论课教学迫切需要教师在教学中走出"自我中心",改变单向传授的"满堂灌""填鸭式"教学现状,关注学生在学习过程中积极的投入、理念的认同、情感的共鸣、知识的领悟,倡导学生主动参与、乐于探究、积极体验、勤于动手,以增强大学生"国无防不立,民无兵不安""有国才有家""国富民强"的国防观念和国家安全意识。几年来,我们尝试采用了战例分析、课堂讨论、主题演讲、实地参观、亲身实践等不同的体验教学方式,收到了一定的教学效果。

一、体验式教学的理论依据

所谓体验,"就是以身'体'之,以心'验'之,即身体力行,亲身实践"[②]。体验式教学,是指"在教学过程中,根据学生的认知特点和规律,通过创造实际的或重复经历的情境和机会,呈现或再现、还原教学内容,使学生在亲历的过程中理解并建构知识、发展能力、产生情感、生成意义的教学观和教学形式"[③]。很显然,体验和体验式教学的关键词都强调体验、实践。

(一) 认识论基础

辩证唯物主义认识论认为,实践是认识的基础、认识的来源、认识发展的动力、认识的目的和检验认识真理性的唯一标准。人的认识是经过"实践 – 认识 – 再实践 – 再认识",循环往复以至无尽的过程。正如毛泽东所说:"你要知道梨

[①] 作者:陆海燕,原文载于《学理论》2016,11.
[②] 王一川:《审美体验论》,百花文艺出版社1992年版,第124~125页。
[③] 肖海平:《体验式教学——素质教育的理想选择》《教育理论研究》2004,1.

子的滋味，你就得变革梨子，亲口吃一吃。"① 陶行知也曾说："没有生活做中心的教育是死教育。没有生活做中心的学校是死学校。没有生活做中心的书本是死书本。"这种生活教育理论也是对体验式教学源于生活又高于生活的实践观的另一种阐释。可见，只有通过实践的过程，已经被社会公认的观念和认识才能变成每个个体的观念和认识，而体验的过程就是实践的过程，通过体验的过程，这种观念和认识才能内化和强化为大学生的观念和认识。

(二) 学习理论基础

"体验"一词的起源出自《淮南子·氾论训》："故圣人以身体之。"《现代汉语词典》中对"体验"的解释是"通过实践来认识周围的事物；亲身经历"。体验式教学最早是由美国凯斯西储大学组织行为学教授 David Kolb 在 20 世纪 70 年代提出的。他认为，"学习是通过经验转化为知识的过程。知识源于掌握经验和转化经验的结合体"②。每个人在学习过程中都会遵循具体经历（感觉）、思考观察（观察）、抽象概念（思考）、主动试验（做）四个阶段，如此反复，构成学习循环。根据主题的不同，所有这些可能发生在瞬间、几天、几周或几个月。学习者可以通过任何一个点进入学习循环，如果所有四个阶段都经历了，那么学习者将会很好地完成对新任务的学习。Kolb 模型之所以称为体验学习，是因为模型中体验是学习和发展的源泉，其独到之处在于，它不仅提供了理解个人学习模式的途径，同时也揭示了能够应用于所有学习者的体验学习的循环。

(三) 心理学基础

人本主义心理学家马斯洛认为，人类需求像阶梯一样从低到高分为五种：生理需求、安全需求、社交需求、尊重需求和自我实现需求。在他看来，人的需求是从外部得来的满足逐渐向内在得到的满足转化。这就启示我们在教学过程中，教师必须针对学生的心理需求，采用战例分析、课堂讨论、主题演讲、实地参观、亲身实践等这些喜闻乐见、通俗易懂、便于参与的体验教学方式教学，充分调动学生相应的情绪情感，激发他们深层次的学习动机，引导学生对教学情境的体验，使他们的各种需求在体验过程中得到满足，引起学生身心和活动的变化，从而达到通过体验获得相应的认识和情感的教学目的。

二、体验式教学在军事理论课中的具体应用

军事理论课开展体验式教学，必须充分利用好课堂、校园、社会三个体验平

---

① 《毛泽东著作选读（甲种本）》，人民出版社 1965 年版，第 45 页。
② Kolb D. Experiential Learning: Experience as the Source of Learning and Development [M]. Englewood Cliffs, New Jersey: Prentice Hall, 1984: 41.

第二章 湖南农业大学军事理论课教学改革的研究与实践

台。近年来,我校通过搭建课堂、校园、社会三个体验平台,开展了丰富多彩的体验式教学,有效发挥了大学生的主体作用,取得了良好的教学效果。

(一)课堂——体验式教学的主阵地

课堂是军事理论课教学的主阵地。大家通常认为,课堂就是用来进行理论教学的,其实不然,课堂也可作为体验式教学的场所。在课堂上,我们可以开展诸如战例分析、课堂讨论、主题演讲等丰富多彩的体验式教学,使学生在快乐活动中体验、在体验中分享、在分享中学习,充分发挥大学生的主体作用。比如战例教学,它是运用典型战争、战役、战斗实例,研究军事活动规律的一种教学方法。教师通过具体、生动、形象的多媒体、音像视频等方式展示战例,进而把枯燥乏味、晦涩难懂的概念、原理、观点变得充满趣味,学生通过对典型战争、战役、战斗实例的分析和讨论,了解作战指挥背后的思路、方法,从而培养自身洞察战争本质、捕捉战争特点和规律、分析和解决军事问题的能力。这种体验式教学不仅可以激发学生的学习兴趣,还可以培养学生分析解决问题的能力,大大提高了军事理论课的趣味性、吸引力和实效性。我在讲授"信息化战争的基本特征"时,就是采用了战例教学法。为更好地帮助同学们了解信息化战争除拥有机械化战争原有的一些作战样式之外,还增添了诸如精确战、网络战、电子战、情报站和心理战等与传统作战不相同的新的作战样式,我精心挑选了"科索沃战争"这一典型战例,对网络战、电子战、心理战、精确打击等新的作战样式进行了视频展示,同学们通过观看视频、讨论分析,逐渐"进入"战例情境,此时我再趁机设置一些思考题,以启发和引导他们进一步剖析战例。整个课堂师生互动的气氛非常愉快轻松。可见,战例教学通过文字、图形、声音、影像等多媒体方式将战例生动形象地展现给学生,既调动了学生学习的主动性、积极性和创造性,又将枯燥文本的学习转为生动有趣的体验,教学效果反映良好。

(二)校园——体验式教学的主载体

校园是学生学习、生活的主要场所,也是军事理论课教学的主要载体。军事理论课要充分利用校园这个平台,开展校园体验教学。笔者认为,可以从以下三方面来实施校园体验教学。一是开展国防教育活动。例如,利用全民国防教育日(9月的第三个星期六)组织观看《百年潮·中国梦》、纪念抗战胜利大阅兵等题材的影视片,对大学生进行爱国主义、集体主义和革命英雄主义教育;利用"九·一八"事变纪念日、"五·四"青年节开展大型升旗、国旗下的讲话活动,激发学生的爱国热情,培养学生的爱国情操;利用建党节、建军节、国庆节等特殊节日开展"中国梦·强军梦·我的梦""国防在我心""我为国防献青春"为主题的班会活动或主题演讲活动,增加学生的国防意识,激发学生热爱祖国的崇高敬意。二是拓展国防教育平台阵地。除充分利用原有的国防教育宣传橱窗、图书专架、展室、横幅、标语等传统媒介之外，还应积极拓展国防教育平台阵地，运用新兴媒体开展国防教育宣传。例如，我校校级主流媒介包括校园网、广播站、校报、校园APP、微信公众号、园区LED电子屏等，学校运用校报国教专栏、学工在线网、湘农国教网、滨湖之家网等平台开展国防教育宣传，并开通湘农学生公众微博微信平台，利用电子屏等载体播放国防教育公益广告，不断提高国防教育宣传的质量和效果，浓厚关心支持国防建设的校园氛围。三是加强课外军事爱好者社团建设。把那些爱好军事、崇拜军人、向往军旅生活、喜欢新式武器装备的同学组织起来，成立军事爱好者协会，并定期开展"国防杯"军事知识竞赛、"讲武堂"军事知识讲座、"纸上谈兵"时事研讨会、军事微电影拍摄、户外拓展训练（NERF软弹枪射击、骑行、无线电测向）、野外拉练等，让学生在具体的军事活动中，学习军事知识，体验军事生活，这样既可以锻炼和提高学生的军事素养和综合素质，又可以提高学校国防教育的整体教学效果。

（三）社会——体验式教学的大舞台

社会是学校的延伸，也是体验式教学的大舞台。参加社会实践、在实践中接受锻炼是青年大学生成人成才的必由之路。因此，军事理论课不能局限于室内课堂，而要突破教室的围墙和考试的藩篱，走向课外、走向社会，利用社会这个大舞台，开展好社会实践教学。笔者认为，可以从以下四方面来组织：一是参观访问活动。利用清明节、建党节、建军节、国庆节等革命传统佳节，组织学生祭扫烈士陵园，瞻仰英雄故居，参观博物馆、纪念馆、科技馆、文化宫等爱国主义和国防教育基地，缅怀革命先烈，激发学生爱国热情，培养学生爱国情操。二是调查研究活动。针对民众比较关注的一些国际国内热点问题，组织大学生利用寒暑假深入街道或农村开展调查研究活动，开展诸如军民联谊篮球赛、爱国主义电影联映、民兵训练开放日等"国防教育进社区""国防教育进农村"活动，推广"小学生讲故事、大学生讲体会、老干部讲传统"的国防教育模式，提高大学生的社会实践能力。三是"军营一日"活动。有条件的学校可以定期组织大学生进军校、军事基地开展"军营一日"活动，全景式地了解军人一天从早上出操到整理内务、军事训练、就餐，直至就寝休息的一日生活制度，从中感受军人的纪律观念和意志品质，进而内化为自身的素质；四是拥军优属、军民共建活动。利用"八·一"建军节、春节慰问给大学生提供一些接触军人、了解军人的机会，提高军人"现身说法"的力度，进而提高大学生爱军拥军的自觉性，增强大学生履行国防义务的自觉性和支持国防建设的责任感。

三、应用体验式教学需注意的问题

(一) 要树立师生双向自主性的教学观

"以人为本"的核心在教学中就是以学生为中心，以学生的发展为本，强调学生的全面发展和个性差异相统一。因此，我们在教学中常常把自主性的主体定格为学生。只强调学生的自主性，这是一种单面的自主性。在体验式教学中，要求教师尊重学生的天性，把学习的权利还给学生，让每个学生充分发挥自身的智力优势，选择适合自己风格的方式进行学习，这是无疑应该要做的，但自由具有共享性，教学中同时也应该给予教师一定的自由和选择的空间，如教师可依据教材、教学内容自由的选择教学情境、教学方式、教学组织形式等，为学生的全面发展提供条件，创设机会。当然，教师的这种自主性并不意味着完全脱离教材，需要以教材为蓝本而不是随心所欲的设计教学，也就是说，这种自主不是绝对的，而是理性的，包含着责任、理性对自由的控制。教师在设计教学中，一般应考虑三个方面：是否与教学内容紧密相连、是否适应学生知识水平和心理特点、是否来源于社会生活实际。可见，这种师生双向能动的自主性，不仅使学生能够轻松的习得知识、情感、态度、价值观等，还能让教师在教学中寓教于乐。

(二) 体验式教学对教师提出的要求

在体验式教学中，教师不仅承担着知识的传授者、团体的领导者、纪律的执行者等多种传统教师承担的角色，而且承担着学生学习的参与者和合作者、学生学习和体验的促进者、教学过程的组织者和管理者等其它教学方法中所没有的多个新角色，这就对教师的自身素质、知识水平、学识修养、胜任力等提出了特殊的要求。在体验式教学中，教师不仅要有某一方面的专业知识，而且应具备广博的非专业知识，只有这样，教师才能更好地围绕教学目标创设情景，理解体验过程中学生产生的非预设性观点和思想，引导学生将体验内化。同时，在体验式教学中，教师要引起学生的兴趣，激发其解决问题的动机，洞察其想法，促进学生去体验，还需要有敏锐的觉察力和良好的促进力来保障实现。此外，较强的组织管理能力、良好的团体协作能力，对体验式教学的有序、顺利开展也是不可或缺的特征。

(三) 体验式教学并不排斥其他教学形式

随着高校课程改革的逐步推行及进一步深化，各学科都在积极倡导学生主动参与、乐于探究、积极体验、勤于动手的体验式教学方式。在此需要指出的是，并非所有的学科都适合开展体验式教学，一般实践性、应用性较强的学科比较适合于体验式教学，而那些侧重于理论阐释、推演、释义的基础性学科不太适合开展体验式教学。同时，每一种教学形态，都有它自身的适用范围。体验式教学并

普通高校军事课教学改革的研究与实践

不排斥其他的教学形式。我们在应用体验式教学时，应该正确处理体验式教学与其他教学形式之间的关系——它们之间并不是你死我活的关系，体验式教学不需要排斥异己，可以与其他的教学形式求同存异，发挥各自的长处和优势。只有这样，才能博采诸多教学方式之长，不断提高教学的实效性。

第三章　湖南农业大学军事技能训练改革的研究与实践

第一节　军事技能训练改革项目研究的意义

　　大学生军训工作是高等学校对大学生教育的一种特殊形式。《国防法》《兵役法》《国防教育法》《中国教育发展纲要》《爱国主义教育纲要》和《振兴教育行动实施纲要》等法律法规都明确规定：接受军事训练是每个大学生的必修课，也是每个大学生应尽的义务和责任。目前，我国高校军训模式多种多样，研究普通高校学生自训模式对缓解部队的承训压力、培养高质量的国防后备人才不仅具有重要的理论意义，还有着广泛的应用价值，这主要体现在以下四个方面。

　　一、有利于高校贯彻《国防教育法》，普及并长期坚持国防教育。目前，大学生的军训工作离不开部队的大力支持，这是军训质量的基本保证。然而，全国所有高校都由部队参与施训，这无疑给部队增加了巨大压力。普通高校采取自训模式，坚持由优秀的高年级学生经过培养后承担学生军训的施教任务，这不仅可以有效地减轻部队的压力，也可以保证学生军训的质量，有利于贯彻《国防教育法》，使学生军训工作得以普及和长期坚持。

　　二、有利于巩固军训成果，深化拓展素质。普通高校自训模式，有组织、有计划、有纪律、有指导地让优秀的高年级学生经过培养后承担军训的施教任务，不仅为军训培养了师资骨干力量，也为巩固军训成果在组织上做了充分的准备。学生教官在完成军训任务后，继续保持与学工部、人武部的联系，积极参与院、系学生会的管理，为学校各项工作的开展担任义务管理员和学生工作骨干，有利于军训成果的长效巩固，使军训育人真正落到实处。

三、有利于培养一批高质量的国防建设后备力量。对普通高校自训模式来说，选派学生担任军训教官，大大减轻了部队派遣教官的负担，同时，由于学生教官接受了系统正规的军事培训，又经过实际带兵的锻炼，其军事素质有了本质的提高。对符合军官预备役的学生教官可进行严格考核，由上级军事部门批准，颁发《预备役军官登记证》，为国家在普通高校大学生中建立军官预备役制度、储备国防后备兵员和预备役军官探索了一条新路。

四、对军训模式创新的研究符合实际，具有广泛的应用价值。普通高校自训模式是针对高校扩招后对部队承训教官需求量大和所有高校都要开展学生军训但尚未形成规范的军训模式的实际问题而设计的。它不仅符合实际情况，对于减轻军训对主训部队的压力具有很强的针对性；而且又可在部队承训官兵的指导下让优秀的高年级学生施训，保证和提高军训效果，具有良好的实用意义和推广价值。

第二节　军事技能训练改革研究现状分析

世界各国都非常重视在青年学生中开展军事训练。200 年前，自拿破仑在巴黎理工学校开创军事训练以来，许多国家都相继在高校开展了以军事科目教育为主要内容的军事训练。目前，突出的国家有美、英、俄、法、德、印度、越南、波兰、叙利亚、以色列等国。这些国家军事训练基本的教育模式是由军队负责平时课程教学加集训的专门"军事团体"，但由于高校学生军训受各自国家政策、目标要求、经济实力等因素的影响，其在具体实施上仍有一定的区别。例如，美国采用的是由军队军事学部负责的贯穿一至四年级的校内两时段教学加基地集训的"军官训练团"模式；英国采用的是分陆、海、空三军在高校中组建专门的"预备军官训练团"模式；俄国采用的是国防部负责的分散训练加野营集训的"合同制"模式；印度采用的是军种对口施教的每周六节课教学加两次野营的"学兵团"的教育模式。也有个别国家，如以色列、叙利亚等国，采用由国防部协同教育行政部门共同领导、学校实施的国防教育模式。由此可见，国外军训历史悠久，模式统一，值得我们借鉴。

我国的大学生军训试点是从 1985 年开始的。30 余年来，经军、地各有关部门和学校的共同努力，学生军训取得了显著成绩，积累了许多宝贵的经验，摸索出了一套符合我国国情的学生军训路子。目前，我国普通高校军训主要有以下四

第三章 湖南农业大学军事技能训练改革的研究与实践

种模式。一是设立学生军训基地，由部队承训。这种模式下，学生能真正体验到部队生活，"军味"浓。二是部队到地方高校进行军训，属部队承训。这是目前全国大多数高校所采取的形式，利用高校资源，在部队教官帮助下，对学生进行军训。三是高校自训，就是利用经过训练的高年级学生或学校复转军人组成学生军事教官队伍。这种模式下，经济上较为节约，学生自主性强，少数招有国防生的高校或曾是军事院校现转轨为地方普通高校的学校采取这种形式。四是在高校内进行军学共训，这是一种以部队优秀教官为主、学生教员为辅的军训形式。这种模式下，主要由经过军训、品学兼优的高年级学生在暑假期间由部队教官在校内进行集中培训，经考核合格后，作为新生军训教员。可见，我国高校军训模式多样，并不统一。现以部队承训军训模式居多，但自训模式也在各高校悄然兴起。

我校自2008年开始自训模式试点，2010年着手于自训模式相关的理论研究。在正式研究前，笔者从 CNKI 上搜集整理了有关军训方面的研究资料，发现已有研究多集中在对军训工作现状、存在问题及解决途径、军事训练体系、军训工作方法、军训成果巩固等方面的探讨，对军训模式的创新与改革方面进行的研究较少。据已有资料统计，当时只有7篇论文涉及军训模式内容，分别是任宏权、雷金火的《高校军训"2+1+1"模式的研究》（安徽工业大学学报（社会科学版）），胡杰的《创新高校军训模式研究》（南昌工程学院学报），任宏权的《高校学生军训模式的探索与研究》（安徽工业大学学报（社会科学版）），鲍晓慧的《普通高校学生军训模式研究》（当代经济），高延龙的《创新军训模式，提升大学生思想政治教育水平》（中国高等教育），靳丽萍、解文元的《新时期高校军训模式的重构及德育观照——以延安大学为例》（文教资料），蔡国华的《普通高校国防教育中老生训新生模式研究》（当代经济）。这些论文虽然都从不同角度、不同层次探讨了军训模式的创新与改革，但都有泛泛论述之嫌，只停留在军训的教学方法、管理方法、巩固成果的方法等方面的粗浅论述，个别论文虽有一定的研究深度，但不具备普遍意义和推广价值。因此，在当前高校招生人数逐年增加、部队又无力完全承担帮训重担的情况下，探索符合我校校情的自训模式也就成了必然，这对缓解部队承训官兵压力、培养一批高质量的国防建设后备力量、保证军训工作顺利开展具有重要意义。

第三节 湖南农业大学"以老带新"自训模式实践

湖南农业大学是一所由省部共建、以农科为特色、多学科综合发展的省属重点教学研究型大学。近年来,学校党委、行政深入贯彻习近平主席"四个坚持扭住"抓基层的重要指示精神,紧紧围绕"质量立校,学术兴校,人才强校"和"以学生为中心,以教师为主导"的办学理念,坚持把学生军训作为提高学生综合素质、提升人才培养质量的一项重要工作来抓,先后制定了《湖南农业大学学生军训建设与规划》(2005~2010)、《湖南农业大学学生军训建设与规划》(2010~2020)等指导性文件。从 2008 年开始,我校针对军队体制精简整编、高等教育加速发展、部队帮训官兵难于满足普通高校学生军训需要的客观实际,首次开展军训自训试点工作,从学生纠察队或其他学习成绩好、军事素质高、组织纪律强且热爱国防教育事业的优秀高年级学生中选拔出"会讲解、会示范、会纠正、会做思想工作"的"四会"教官 44 人,参与部分新生军训工作,成效显著,得到了全校师生的一致认同。2009 年,"甲流"肆虐,部队临时决定不外派帮训教官,学生纠察队临危受命,迅速调集 110 名作风优良、成绩优秀、军事技能过硬的队员担任新生军训教官,他们严格要求,刻苦训练,高质量地完成了 5 500 名新生的军训任务,保障了新生军训工作的有序运行。2009 年 12 月 1 日,学校为表彰学生纠察队在新生军训工作中所作出的突出贡献,决定授予学生纠察队"先进集体"的荣誉称号,并给予人民币 30 000 元的嘉奖(湘农大〔2009〕119 号文件)。这是我校历史上对学生组织给予的最高褒奖和最大力度的一次奖励,充分体现了学校党委、行政对学生纠察队的关心和信任。2010 年,我校在总结提升 2008、2009 年自训试点经验的基础上,继续实行军训自训,一直持续至今,现已构建出"立足本校,建强队伍,以老训新,规范组织"的富有农大特色的军训自训模式,得到了全校广大师生的一致认可。

通过十年的军训自训模式实践,我校在教官选拔、军训内容、军训方法、成果巩固等方面进行大胆而科学的改革,积累了一定经验,取得了较大成绩,形成了一套独具特色的做法,可简要概括为"123456"工程:"1"是学生军训始终围绕坚持立德树人教育,以培养国防后备人才为目标;"2"是学生军训牢固树立"以人为本,按纲施训"和"军政并重,注重实效"两种理念;"3"是学生

第三章 湖南农业大学军事技能训练改革的研究与实践

军训紧紧依靠军训教官、军训辅导员、学生助理及班主任三支队伍;"4"是学生军训突出抓好教官的选拔、教官的培训、教官的任用、军训成果的巩固四道环节;"5"是学生军训严格落实学院领导的重视程度与目标管理考核挂钩、军训老师的履职能力与个人评奖评优挂钩、带训教官的业务素质与拓展学分认定挂钩、参训学生的考核结果与学分成绩认定挂钩、军训教育的成果与提升大学生行为养成挂钩;"6"是学生军训坚持做好六点结合,即教官日常训练与民兵整组训练相结合、保留骨干队伍与培育新生力量相结合、选派骨干参加军区培训与校内集训相结合、军训行为养成与立德树人教育相结合、军训安全管理与科学规范施训相结合、教官培养理念与学生"三自"教育相结合。"123456 工程"的具体做法可概括为以下四方面。

一、健全机构,齐抓共管

健全的组织机构是开展军事课程建设的基本条件。近年来,我校严格按照教育部、原总参谋部、原总政治部联合颁发的《大纲》、《规定》要求,健全了组织机构,配备了合适人选,形成了各级组织完整、分工明确、团结协作、运作有序的军训工作机制。

我校 1973 年即成立了人民武装部,先后与保卫处、学工部合署办公,专门负责国防教育、新生军训、征兵入伍、民兵预备役建设、基层武装抓建等工作。目前,我校武装部配备部长 1 人(兼任学工部副部长),专职武装干事及军事训练科长各 1 人,且现任部长、专职干事、训练科长均为部队转业军人,业务技能娴熟,热爱国防事业,并能胜任武装工作。我校于 2003 年成立了军事教研室,隶属于武装部,主要从事军事理论课教学和研究工作,现配备专职军事教师 3 人,其中 1 人为副教授,2 人为讲师;1 人为博士,2 人为硕士。这样无论从学历层次、学科门类,还是职称结构、年龄梯队上,均满足了我校国防教育的需要。

在军事技能训练方面,我校成立了校、院两级国防教育领导小组,统一领导学生军训期间的各项工作。

(一)学生军训领导小组

学校成立军训领导小组,全面领导军训工作,由分管学生工作的副校长任组长,分管教学和后勤工作的副校长任副组长,成员包括教务处、保卫处、资产处、学工部、团委等相关职能处室负责人以及各二级学院负责学生工作的院领导等。

军训领导小组每年至少召开两次专题会议,负责研究学生军训工作方案及训练成果的巩固,下发有关学生军训工作的通知、计划及有关规定等各类文件,部署和落实学生军训工作。各职能部门、各学院要密切配合，按照教学计划认真做好人员安排、训练场地、经费物资、饮食医疗等各方面的保障工作，切实将军训工作放在重要位置，抓紧抓实，做到有部署、有检查、有考核、有保障。军训领导小组经常深入一线检查指导，全面掌握训练情况，及时解决存在的问题，确保军训工作的有效落实，真正做到"上下一盘棋、全校一颗心"。

（二）学生军训办公室

军训领导小组下设军训办公室，武装部长任办公室主任，成员由武装部、宣传部、学工部、教务处、后勤处等机关人员组成，负责协调、组织、实施、检查和总结工作。军训办公室成立行管组、政宣组、保障组、医疗组，负责学生军训期间的各项工作。

1. 行管组是军训团的行政管理部门，负责军训团的行政管理和安全事故防范工作；检查、落实军训团一日生活制度；负责参训学生的考勤和考核，核对并录入训练成绩。

2. 政宣组是军训团政治、宣传部门，负责学生军训中的教育和宣传工作；丰富学生的文体生活，开展各种竞赛、评比，提高学生的团队意识和集体主义观念；负责策划、筹备和组织军训动员、宣传简报、总结汇报、实施奖励等各项工作。

3. 保障组是军训团的后勤保障部门，负责伙食、医疗、车辆等相关工作；检查各营（连）帐篷、饮水和药品的到位情况。

4. 医疗组负责卫生防疫工作，保证全体参训师生的健康；监督并指导各营（连）制定疾控预案，发现问题并及时处理和汇报。

二、选好配强，形成合力

我校军训按照团、营、连的基本建制进行编组。学校设 1 个军训团，武装部长担任团长，学工部长担任政委。军训团下设 20 个军训营，各学院（营）负责学生工作的副书记担任教导员，由带训经验丰富的老教官担任营长，各学院（营）根据招生人数设置若干个军训连。为更好地调动相关人员履行职责，我校重点抓好以下四支队伍。

（一）军训教官

近年来，学校一直把自训教官的培养工作放在突出位置，不仅选好配强、确保数量，同时多渠道、多形式提高教官的业务技能，确保质量。十年来，我校共计培养教官 1 400 余人，参训新生 60 000 余人，带训比例为 1∶45。军训教官的具体培养步骤如下：

第三章 湖南农业大学军事技能训练改革的研究与实践

1. 教官选拔优中选优

每年军训结束后，武装部即着手在新生中选拔下一年度教官人选。经过两个月的初期培训，培训对象要初步掌握队列要领，实现"会做""会讲"两项要求，然后再通过面试审核、体格检查、心理测试、谈心谈话等方式深入掌握其身体状况、性格特征、学习情况和应变能力。最后按照从严考核、层层淘汰、优中选优的模式，遴选200人进入下一阶段培训。

2. 教官培训循序渐进

教官培训分两个阶段进行。第一阶段培训涵盖单兵队列、班排队列、射击常识、战术拳术、军营歌曲等方面，旨在提升培训对象的队列素养和指挥管理能力，重点突出教学方法，达到"会讲解、会示范、会纠错"。第二阶段在巩固前期训练成果的基础上，增加军事地形学、实弹射击、行军与宿营、教学演示等内容，同时落实连队一日生活制度、集中食宿、分班训练、阶段考核，旨在把练思想、练服从、练作风与练指挥、练动作、练仪容有机结合起来，以使每名参训者都能充当指挥员。

3. 教官管理多措并举

为帮助学生教官尽快实现从受训者到施训者的角色转换，我校采取编印《教官带训技巧手册》、开展施训讲座、召开全体教官或教官骨干会议等多种举措，帮助教官妥善解决施训过程中遇到的困惑和难题。

通过培养，我校自训教官各方面都表现优秀。据统计，近十年来，我校自训教官在校期间担任校级、院级、班级干部人数多达862人，先后有528人被评为优秀团干、优秀学生干部、学习标兵等，314人被吸收为中共党员，565人考取硕士研究生、选调生，147人参军入伍；在校期间获得国家奖学金、国家励志奖学金、关工委奖学金、金岸奖学金、北美奖学金等有327人，获优秀学习标兵、三好学生等有409人。

（二）军训辅导员

我校按照1∶150的比例配备军训辅导员。开训前，辅导员要与新生进行一对一的谈心谈话；军训期间，辅导员必须坚守训练场地，学院不得安排其他工作。军训团每天上午9点组织例会，辅导员要汇报训练进展及后勤保障情况；每天傍晚，辅导员必须向军训团书面报告本学院（营）当日综合情况。

（三）助理班主任

各学院在选聘助理班主任（简称助班）时必须严格标准，选聘责任心强、服从意识好的高年级学生担任。我校从2009年开始，各连按照1∶25的比例选配助班（一男一女）。武装部在开训前统一进行专题讲座，内容涵盖安全急救知识和防偷防盗常识等。助班在军训期间负责财物保管、后勤补给、协助训练等工作。

（四）医疗保障员

新生报到前，校医院医生为学工书记、辅导员、教官讲授并演示安全急救知识；新生到校后，对全校新生逐个进行体格检查，排查因身体原因不宜参训的人员。军训期间在每个集中训练场地设立医疗保障点，安排2~4名医务人员对突发状况进行医疗急救。医生有权对参训学生做出停训决定，营（连）长及时将停训原因上报团部备案。

近年来，通过上述四支队伍的密切协同，我校在军训期间没有发生一起与军训有关的人身伤害事件和财物被盗案件。

三、创新模式，彰显特色

十年来，我校积极创新"以老带新"的军训自训模式，在教官选拔、军训内容、军训方法、成果巩固等方面进行大胆而科学的改革，形成并制定了详细的《学生教官选聘与管理规定》《教官带训技巧手册》等内部资料，建立和完善了学生教官的激励机制，形成了自己独具特色的方法。

（一）培养学生教官

"老生训新生"的自训模式能否成功，关键在于军训教官的来源和培养。1986年，我校在全国首创了一支由在校大学生组成、实行半军事化管理的服务同学的校级组织，即湖南农业大学学生纠察队。这支队伍除平时担任升国旗、大型活动执勤保卫、协助学生宿舍管理、校区内巡逻、学生失物招领等工作，还利用课余时间进行正常的军事化训练和学习掌握处理应急突发事件，这就使他们具备了参与新生军训的身体和技能基础。武装部通过自愿报名、体格检查、心理测试、技能培训、综合考核、聘用上岗6个环节，从报名学生中挑选学习成绩好、军政素质高、组织纪律强且热爱国防教育事业的学生担任施训任务。通过几年的自训实践，现已形成并制定了详细的《学生教官选聘与管理规定》，对学生教官的条件、选拔、培训、聘任、管理等做出详细的规定。此外，我校为了充分调动学生教官的主动性和积极性，还制定了教官待遇规定和严格的奖惩制度，例如，集中军训期间，给予学生教官每人每天一定的伙食补助；同等条件下学生教官在评奖、评优、入党、保研等方面予以优先；学生教官在聘用期内工作不主动、学习成绩有一门不及格或有严重违纪行为者，取消教官资格及各种待遇；在各种评估中，营、连一级学生教官按院系级学生干部对待等。2008年以来，我校从学

第三章 湖南农业大学军事技能训练改革的研究与实践

生纠察队中累计选拔1 400余名队员担任教官，圆满完成60 000余名新生的军训施训任务。学校连续多年被评为"全省高等学校学生军训工作先进单位"。

（二）创新军训内容和军训方法

我校学生教官采取分散训练与集中训练相结合的训练方式，训练过程采取全程淘汰制。分散训练，即每周的常规训练，一般利用周末休息时间进行，以巩固学生的基本队列动作，为暑期的集中训练打好基础；集中训练，即每年利用暑假集中训练15至20天。针对当前军训内容简单陈旧、训练方法单一呆板、军训效果不好的现状，我校根据学校、学生的具体实际，丰富和规范了军训内容，改进和提高了军训方法，采取了"走出去"或"请进来"的办法，聘请军事素质高的现役军人或退伍官兵对学生进行理论培训和军事技能强化训练。其中，理论培训的内容包括军事理论、带兵方法等，军事技能强化训练的内容除《大纲》规定的单个军人的队列动作、班排连的队列动作、轻武器射击、行军与战术、军事地形学、综合训练等科目外，还特别增设了军体拳、擒敌拳、消防演习、野外拉练、班战术、教学演示、指挥口令、内务检查、军营歌曲等学生感兴趣的科目。几年实践表明，这些科目广为学生喜好，有助于增强学生体质，提高其自身防护能力。

此外，暑期集训这一阶段非常关键，它不同于每周的常规训练，主要围绕会讲解、会示范、会纠正错误动作、会做思想工作的"四会"教员的要求入手，旨在将"技能型"队员向"指挥型"教官过渡，因此在培训模式上不再是简单的走走队列、拉拉体能，而是让每名参训者都轮流充当指挥员，按照"理论提示、讲解示范、组织练习、小节讲评"的四步教学流程模拟带训过程。通过分散训练、集中训练、综合考核阶段后，所有队员必须达到"四会"（即会讲、会做、会纠正、会做思想工作）要求，真正成为一名合格的军训基层指挥员。

（三）建立巩固军训成果的长效机制

培养学生教官的最大优势在于他们既是学生又是教官的双重身份，为学校各项工作的开展提供了一大批全方位的义务管理员和学生工作骨干，有利于巩固军训成果，促进校风校纪建设。我校充分利用这一资源优势，要求纠察队员即使退队，仍要继续坚持用军训意识协助老师参与各院系学生的日常管理，配合各学院做好相关的学生管理及宿舍园区精神文明建设工作。例如，为了推进宿舍精神文明建设，学生纠察队先后成功举办了五届宿舍文化节和七届女生文化艺术节，开展了如"构建和谐校区，争做文明大学生"演讲赛、寝室设计大赛等一系列活动。此外，学生纠察队还开通了"国防教育网"，在宿舍宣传栏开设了"国防教育专栏",组织国防知识抢答赛、国防征文比赛、军用枪射击比赛、"五四"爱国主义升旗仪式等。这些活动不仅丰富了学生的课余生活,培养了学生的优良道德品质,对巩固军训成果、促进校风校纪建设发挥着巨大作用。同时,我校还非常注重在日常养成教育中巩固军训成果,湖南农业大学《学生行为规则》《考试规则》《教室管理规定》《学生宿舍管理规定》等都融入了学生军训中的有关要求,逐步建立起从行为规范、内务整理、组织纪律、校园文化建设等方面保障军训效果的长效机制。

四、"五室一库",设施完备

设施完备先进是有效开展军训工作和落实国防教育的物质基础。近年来,我校每年投入武装建设和国防教育经费约 40 万元,对优抚慰问、征兵宣传另设专项经费支持。近 5 年,学校和上级军事机关累计投入 120 余万元用以加强武装部硬件设施建设,完善配套了武装部"五室一库",即办公室、国防教育展室、军事教研室、资料室、民兵分队值班室和武器库。

目前,我校拥有面积达 170 平方米的军兵种知识展览室,有军兵种宣传图片 1 000 余幅、中外武器模型 500 余件;拥有面积达 60 平方米的军事图书资料室,包括藏书 2 200 册和 20 余种军事报刊杂志;拥有面积达 230 平方米的国防教育教学专修教室,室内多媒体教学设备先进,满足军事课教学需要;办公及教研用房面积达 60 多平方米,全部配备必要的办公设备,便于教师备课、试讲和学术交流;拥有面积达 42 平方米的武器库,有学生训练用枪 400 支,武器库设有铁门和铁制枪柜,安装有红外线和视频监控两套安防设备,实行专人 24 小时值班制度,"人防"和"技防"均符合上级要求。

在"五室一库"建设的基础上,我校另建有 30 平方米的国防教育宣传橱窗和 40 平方米的征兵专用户外展板,并将五教学楼南侧一块面积达 500 平方米的草地进行硬化处理,改造为民兵分队应急集结场地。

总之,经过十年的探索、十年的实践,我校不断发扬优点和长处,克服不足和困难,学生军训工作取得了跨越性发展,"以老带新"自训制度更加完善、管理更加规范、梯队更加优化、内涵更加丰富,现已构建出"立足本校,建强队伍,以老训新,规范组织"富有农大特色的军训自训模式。我校军训自训模式成果显著,在 2006 年、2011 年的全省高等学校军事课程教学工作评估中两次被评为"优秀学校";2014 年我校获评全省"国防教育工作先进单位";多次获评全省"高等学校学生军训工作先进单位";2017 年我校被评为全国首批"国防教育特色学校"。

第三章 湖南农业大学军事技能训练改革的研究与实践

第四节 "以老带新"自训模式综合理论探讨

我校在开展"以老带新"自训模式实践的同时,不断总结自训经验,提升凝练形成相关理论研究,公开发表了《普通高校学生军训"以老带新"自训模式研究》《普通高校"老生训新生"军训模式中学生教官培养的探析——以湖南农业大学为例》《对大学军训"自训"模式的调查与思考》《普通高校培育学生军训教官的实践探析——以湖南农业大学为例》等学术论文,做到实践产生理论、理论指导实践、理论与实践并驾齐驱,共同促进我校"以老带新"自训模式不断成熟完善和健康稳步运行。

普通高校学生军训"以老带新"自训模式研究[①]

高校的国防教育是全民国防教育的重要组成部分,而开展军训又是大学生国防教育的一种特殊形式。我国普通高校从1985年恢复学生军训试点以来,出台了一系列的法规文件来规范此项工作。目前,大学生接受军事技能训练已经是每一名普通本、专科学生的必修课,同时也是青年学生应尽的义务和责任。二十多年的实践证明,开展学生军训不仅增强了大学生的国防观念,而且为提高学生的思想政治觉悟和综合素质、增强作风纪律、促进成才等诸多方面都起到其他教育形式不可替代的作用。

由于各地驻军分布以及高校和地域发展因素不平衡的影响,各地高校对军训工作的落实情况不尽相同,学生军训模式也不一致。在不同的学生军训模式中,较为普遍的是聘请当地部队官兵到学校施训;有条件的地区则是建立了专门的学生军训基地,如北京、辽宁等地;也有在校内以老带新开展自训的,如湖南、陕西等省的部分高校。本文将以湖南农业大学近年来依托老生带新生自训的实践经验为例,围绕"以老带新"的现实背景、利弊分析和具体实施等方面进行归纳总结。

---

① 作者:雷志敏、欧阳长安,原文载于《中国科教创新导刊》2011,16。

一、普通高校学生军训工作"以老带新"模式的现实背景

（一）军队建设精兵高效

从20世纪80年代开始，党和国家结合国际国内形势的深刻变化和我国经济建设的实际，提出"和平与发展"是时代主题的观点。1985年7月，中共中央、国务院、中央军委颁布《军队体制改革精简整编方案》，提出人民军队要走有中国特色的精兵、合成、高效之路。时任中央军委主席的邓小平在军委扩大会议上轻轻伸出的一根指头震惊了世界——中国人民解放军将裁减员额100万。在1997年党的十五大会议上，江泽民同志也宣布在今后的三年时间里军队将裁减员额50万。因现代战争形态正在由机械化战争向信息化战争转变的客观要求，2003年9月，江泽民同志在出席国防科技大学50周年庆典时宣告2年内又再次裁军20万。至此，人民军队已由建国初期的550万减至230万。裁减军队员额致使大学生军训工作出现了承训教官少而参训学生多的突出矛盾。

（二）高等教育快速发展

改革开放以来，我国的教育事业得到了蓬勃发展，培养造就社会主义合格人才成为高校义不容辞的责任和义务。特别是近十年来高校的大众化教育和人口高峰期的到来，使高校招生规模逐年增加。从1977年恢复高考到1996年的20年间，高校招生人数从22万增长到97万，从1998年开始，招生人数迅速增长，从108万增至2009年的629万。若以2009年的数据为计算基数，按照教育部、总参谋部、总政治部下发的《学生军事训练工作规定》要求，带训教官与参训学生人数比例不得大于1:50，仅全国普通高校新生军训就需部队派遣教官近13万人，再加上高级中学也有相当数量的新生要进行军训，两者相加，则合计需要26万现役军人参与学生军训，这几乎占到了中国人民解放军总编制的12%。

因此，各高校军训工作中出现的承训官兵少而参训学生多的突出问题，迫使部分普通高校，尤其是有国防生的高校选择依靠自身力量为完成军训任务的模式。

二、普通高校学生军训工作"以老带新"模式的利弊分析

因为我国国情及驻军分布、校情差异等因素，在一定时期内多种军训模式并存的现象仍将持续下去。任何一种军训模式都有其优点和不足之处，"以老带新"模式亦不例外，其优点和不足表现如下。

（一）发挥了学校的自身优势

不论是派遣军官到校施训还是实行基地化集训的模式，在制订训练方案和组织管理等重大问题上，学校必然处于从属地位和协助角色，但若是采用"以老带

新"的自训模式,学校则能够完全掌握训练的主动权。主要优势可以概括为以下三个方面。

(1) 学校武装部可以根据自身实际,科学制订训练方案、安排训练时段、划分训练场地等,同时,学校相关职能部门将军训作为一门课程纳入到教学轨道,而不再视为一项行政工作。

(2) 外请教官来校带训只是单纯的走队列、唱军歌、整内务,而采用"以老带新"的自训模式后,教官是学校的老生,他们对学校的内涵底蕴有深刻了解,能在训练中潜移默化地影响新生;同时学生教官与新生更有共同语言,更容易了解和掌握他们的思想动态,从而做好军训期间的管理工作。

(3) 采用"以老带新"的自训模式,最大优势是老生人数众多,可选范围广,学校武装部可以根据当年的招生计划数,测算所需教官人数,提前组织对报名担任教官的老生进行体格检查、心理测试,集中组织培训考核,采取全程淘汰制,层层筛选、优中选优,从而保证了每名带训教官的质量。

(二) 培养了学生的综合素质

当代大学生知识水平虽然高,但平时与人沟通交流较少,而担任学生教官却能获得一个极为难得的交流与能力锻炼的机会。从教官培训开始,他们就要严格按照相关《条令条例》的要求来提高自身的军政素质。首先,每一名学生教官都需要在队伍前面进行指挥讲解和纠正他人的错误动作,可以让他们在浓厚的军营氛围中接受熏陶,亲身实践"连长"角色,从"技能型"向"指挥型"教官过渡。其次,练胆魄、强素质、长才干,弥补了学生交际能力的不足。第三,作为一名合格的教官,不但要军事技能扎实,还要掌握一定的管理学和心理学的知识,通过对训练过程中受训学生的言行作出及时判定以及正确应对,可以有效提高自身的管理和沟通能力,达到"四会教练员"的标准。

(三) 有效地巩固了军训成果

采用"以老带新"的自训模式,学校可以培养一大批学生骨干,巩固军训成果,促进学校校风校纪建设。能够成为教官选拔对象的首要条件是学习成绩优良和品行端正。这些学生在大学已经有一到两年的学习经历,专业知识和语言表达能力较强,容易和新生沟通交流。尤其是军训结束后,自训教官将和新生生活在同一个校园,作为教官,他们在日常的学习生活中会继续约束自己的言行举止,设身处地地为新生排忧解难。笔者对我校近三年担任过自训教官的286名学生进行了统计,其中,在班内担任了干部职务的有264人;在校(院)学生会和校学生纠察队任骨干的有127人;获得校级"优秀学生干部"或"三好学生"称号的有229人;获得校级以上奖学金(助学金)的有231人。

（四）培育了一批国防后备力量

2001年，总政治部等五部委联合下发了《关于进一步做好从全日制高等学校在校学生中征集新兵工作的通知》，高等学校就读的全日制学生根据本人自愿可以报名参军。特别是近几年，从普通高校学生中直招士官和预征应届毕业生入伍工作的启动，一大批高素质的青年学生投身军营。虽然"以老带新"的自训教官离合格军人还有一些差距，但经过了严格体检、强化训练和实践锻炼的学生教官相比一般青年更有基础和激情。在近两年的士官选拔和预征入伍人员中，我校担任过自训教官的学生脱颖而出，成为基层连队的骨干，促进了国防和军队的现代化建设。

当然，除了诸多优势之外，"以老带新"的自训模式也存在一些弊端和不足。首先，担任自训教官的老生在军训的半个月时间里不能正常上课，必然会影响到专业课程的学习。其次，经过短期强化训练的自训教官虽然整体上掌握了单兵（班排）队列和轻武器射击等技能，也达到了"四会教练员"的要求，但有少数教员在教学过程中会出现带训方法较为单一、缺乏军人的阳刚之气等问题，不利于激发新生的参训热情。

三、普通高校学生军训工作"以老带新"的具体实施

那么要如何组织实施"以老带新"，如何既能够扎实有效地完成军训任务，又能实现人才的双向培养。结合我校近三年的实践经验，笔者认为主要需做到两点：一是完善机构，二是健全机制。

（一）建立完善的学生军训领导机构

高校开展军训工作一般都设有学生军训领导小组，由主管学生工作的校领导任组长，学工、团委、教务、计财、宣传、后勤等职能部门负责人及各学院学工副书记为成员。学生军训领导小组是实施学生军训的具体决策机构，涉及人员编制、教官配备、场地安排、训练方案、奖惩表彰等一系列重大问题的处理，同时还有督促指导各学院工作落实情况的权力。受训学生编成军训团、营、连、排、班，形成各级组织完善、分工明确、团结协作、运作有序的整体。此外，为切实做好军训期间的安全和事故预防工作，军训领导小组还可设学院军训联络办，同时要求军训期间各学院按照参训人数不大于1:150的比例配备专职辅导员老师现场陪同，且每个军训连还可以配备2名由高年级学生担任的助理班主任，协助做好后勤保障和事故预防等各项工作。

（二）做好学生教官的选拔、培训、使用机制

教官是新生到校后的第一任老师，教官队伍质量的高低直接决定了军训效果的好坏，因此加强学生教官的使用和管理尤为重要。

第三章 湖南农业大学军事技能训练改革的研究与实践

第一，选拔。经过三年的探索，我校的教官选拔机制已形成规范，从学校学生纠察队及退伍复学的大学生中挑选。学生纠察队是我校的一支半军事化组织，其成员已经具备了一定的军事技能，因此可以在每年6月上旬直接进行报名申请、组织体格检查、安排心理测试等。

第二，培训。我校从教官的政治思想、组织指挥、管理能力、语言表达和应急处变能力上下功夫。在他们原有的基础上进行强化训练，重点突出教学方法和应变能力的培养，同时参照《条令条例》有关规定，实行集中食宿、分班训练、阶段考核。"从严要求、从严管控"，把练思想、练纪律、练作风、练服从与练动作、练指挥、练口令、练仪容有机结合起来，切实将他们从"技能型"教官向"指挥型"教官引导。另外，阶段考核制、全程淘汰制使所有参训的教官心里时刻绷紧一根弦，让他们牢记自己肩负的责任和荣耀。

第三，使用。经过假期强化训练，选拔出来的教官都能达到"四会教练员"的标准，从队列动作到应变能力都有较大的提升。开始新生军训后，武装部不是将学生教官分配到位后便放任不管，而是时刻加强监控和指导。因为学生教官不仅需要由一名受训者到施训者的角色转换，还要面对各种个性特征的新生，甚至还有比自己年龄大的学生。对此，武装部必须注意及时疏导。

当然，作为学生教官，放弃暑假的休息时间和带训期间的专业课程学习来参与军训，作出了较大的牺牲，我们要从精神和物质上给予充分的肯定。比如我校团委就认定担任了军训教官的学生视同参加了暑期社会实践活动，加2个素质拓展学分。武装部会在暑期集训和新生带训两个时期给予教官一定的伙食补助。学校在军训结束时还会评选一定数量的"优秀教官"予以奖励。结束军训后，所在学院也会在担任了教官的学生中优先挑选他们担任学生骨干。

普通高校学生军训工作"以老带新"模式只有在完善机构、健全机制的前提下规范化运作，同时想教官之所想、解教官之所难，让他们全身心地投入进来，才能够使"以老带新"自训这项双向育人的工作持续运转。

普通高校"老生训新生"军训模式中学生教官培养的探讨[①]
——以湖南农业大学为例

军训作为大学生接受国防教育最直接、最基本的形式，在学生素质教育中具有不可替代的作用与地位。湖南农业大学历来高度重视军训工作，将其作为高校培养中国特色社会主义事业的建设者和接班人的重要途径。近年来，随着高校招

---

① 作者：雷志敏、陆海燕、欧阳长安，原文载于《理论观察》2012，3。

生规模的扩大、部队编制体制调整的深入以及部队训练任务的加重,军训教官供需矛盾日渐突出,给高校新生的军训工作带来了新的问题和挑战。面对新形势,湖南农业大学从2008年开始,以校学生组织——"学生纠察队"为依托,积极探索让部分军政素质高、学习成绩好、组织纪律强且热爱国防教育事业的纠察队员参与新生军训的"老生训新生"军训模式。通过四年的摸索和实践,现已初步构建出符合我校校情的"立足校内,军政并重,训管结合,教养一致"的校内自训模式,取得了良好的效果。

一、普通高校探索"老生训新生"军训模式的必要性分析

（一）军队体制精简整编,使部队帮训官兵难以满足普通高校学生军训的需要

党和国家结合国际形势的重大变化和经济建设的工作重心这一实际,从20世纪80年代初开始,由中央军委发出《军队体制改革精简整编方案》的通知,走有中国特色的精兵之路,逐步裁减军队员额。邓小平同志在1985年的军委扩大会议上宣告中国裁减军队员额100万;江泽民同志在党的十五大会议上宣布军队裁减员额50万;2003年江泽民同志又宣布裁减军队员额20万。至此,中国人民解放军历经十次大裁军后,员额由建国初的550万减至现在的230万,裁员幅度近60%。显然,裁减军队员额越多,从部队抽调官兵进行学生军训的难度就会越大,部队帮训官兵越来越难以满足普通高校学生军训的需要。特别是对当地驻军少或无驻军的普通高校而言,依靠军队搞军训具有更大的难度。

（二）高等教育加速发展,使部队无力全面承担普通高校的学生军训任务

培养、造就合格人才,是学校义不容辞的责任和义务。随着人口高峰期的到来,我国高校招生人数逐年增加。1977年,高校招生人数是22万,到1997年,招生人数一直控制在百万之内,自1998年招生人数突破百万后,2009年增加到629万人,首次突破600万。2011年全国普通高等学校招生规模更是达到了675万人,比2010年实际招生人数662万人增加了13万人,增幅约2%。以2011年招生人数为例,如果将学生编成30人的学兵排,每排需一名现役军人担任排长,仅高等院校就需近23万官兵直接参与军训。此外,高级中学还有数百万的高一学生需要军训,即使是每50人编为一排,也得20万官兵,两者相加需43万现役军人参与学生军训（不包括后勤保障人员）,这无论如何也是部队无力完全承担的。因此,多种形式的军训模式并存也就成了必然,特别是内地驻军少地区的普通高校,依靠自身力量完成学生军训任务就成了首要考虑。

二、学生教官的选拔和培训

学生教官既是军训的组织者和实施者,也是军训后期管理的得力助手,其素

质如何将直接影响到军训工作的成败。为此,我校以实行半军事化管理的校学生组织——"学生纠察队"为依托,从学生纠察队中挑选学习成绩好、军事素质高、组织纪律强且热爱国防教育事业的学生担任施训任务,通过军训实践形成并制定了详细的《学生教官选聘与管理规定》,明确规定了学生教官的条件、选拔、培养、管理等。学生教官的选拔和培训的具体环节如下。

(一) 学生教官的选拔

1. 发布通知。每年4~5月份,由校武装部发布招聘"新生军训教官"的公告,公告规定报名的对象、条件、程序、时间、名额等。

2. 自愿报名。凡自愿担任新生军训教官的现届纠察队员,通过填写《新生军训教官报名表》,交到学生纠察队值班室。我校实行"新老队员结合、以新队员为主"的报名原则,每年主要从现届纠察队员中选拔,但也欢迎往届担任过学生教官的纠察队员继续担任新生教官。在我校的实践中,纠察队员们对选拔学生教官的反响十分强烈,报名参选的人数是所需教官人数的3~4倍。

3. 体格检查。强健的体魄是当好学生教官的前提条件。初次申请担任新生军训教官的纠察队员,必须带1寸免冠照片到纠察队值班室领取《体检表》,前往校医院进行体检。校医院检查不合格者,原则上不能参加随后的军训教官培训,不能担任学生教官,但经个人自愿到湘雅医院或中医学院等三级甲等医院复检合格者,方可参加军训教官培训。

4. 心理测试。健康的心理同样是当好学生教官的必备条件。凡申报新生军训教官的纠察队员都需进行心理健康普查,普查结果一律采取保密原则,不予公开,个别问题学生由心理学老师私下进行疏导。心理测试不合格者,同样不能担任学生教官。

(二) 学生教官的培训

体格检查和心理测试均合格的纠察队员,即可参加随后的军事技能培训。我校采取分散训练与集中训练相结合、全程进行淘汰的培训方式,最后通过综合考核,选聘录用所需数量的新生军训教官。

1. 分散训练。考虑到学生周一至周五要上课,不能抽出时间进行集训,我校在人武部和军事教研室的组织下,在各院系和各职能部门的配合下,采取利用周末分散训练的办法,以巩固受训学生的基本队列动作,为暑期的集中训练打好基础。

2. 集中训练。我校每年利用暑假集中训练15至20天时间,根据培训需要,采取"走出去"或"请进来"的办法,聘请军事素质高的现役军人或退伍官兵对学生进行理论培训和军事技能强化训练。理论培训的内容包括军事理论、带兵方法等，军事技能强化训练的内容主要以单个军人队列动作、班排队列动作、轻武器射击、行军与战术、综合训练为主，还涉及教学演练、指挥口令、内务检查、拳术、军营歌曲等内容。集中训练阶段是非常关键的，受训学生通过此阶段的培训后，必须达到"四会"（即会讲解、会示范、会纠正错误动作、会做思想政治工作）要求，真正成为一名合格的军训基层指挥员。

3. 综合考核。集中训练结束后，由部队教官和校人武部共同对受训学生进行综合考核，考核科目以单兵队列、班排队列、擒敌拳、自动步枪射击学原理、阅兵分列式指挥为主，结合口令、指挥、演示、纪律、内务等进行综合评分。考核等级分为"良好""合格""不合格"三个等级，每项考核科目必须经考核组三分之二成员给予"良好"等级才算通过，凡未达到以上要求的科目需要重考。训练过程采取全程淘汰制，个人可随时申请放弃，也可由考核组根据训练效果裁定。最终担任学生教官者，最低要求必须具备3个"良好"、2个合格。

4. 聘用上岗。凡综合考核合格者发给"军事教官合格证书"，作为新生军训时聘用军事教官的主要依据。聘用时我校会综合权衡每个人的考核成绩和综合素质，予以任命营长、连长等不同职务，便于投入随后的学生军训工作。为了让学生教官放开手脚施展他们的指挥带兵才能，尽量少受甚至不受本院系领导和老师的影响，我们实行"交叉配备"原则，即本院系的学生教官原则上不训练本院系的新生。

三、学生教官的使用和管理

用好学生教官，既是保证军训质量的前提，又可以充分锻炼学生教官各方面素质，充分发挥学生教官的积极性，保证完成军训工作。

（一）学生教官的使用

学生教官在不同时期、不同场合分别扮演着不同角色。因此，在学生教官的使用上，我们会因时、因地制宜，最大程度发挥学生教官在新生军训和校风、学风建设中的作用。

1. 集中军训期间

在集中军训期间，学生教官主要担任新生军训工作。在军训领导小组的组织领导下，学生教官每年要完成校本部和东方科技学院6 000余名全日制新生和部分自考学生的军训任务。根据《湖南农业大学新生军事课教学方案》的安排，学生教官主要担任营、连长职务，完成单兵队列、班排队列、擒敌拳、自动步枪射击学、阅兵分列式的教学和训练，同时还要配合各院系副书记、辅导员老师抓好本院系的思政教育、军训纪律、内务检查等。此外，我校还会根据需要，选配少许连任多年、经验丰富的学生教官担任片区负责人，随时掌握各个场地的训练进度和突发情况，及时处理或上报到省学生军训办。

2. 集中军训后期

在集中军训后期，学生教官主要配合辅导员做好管理工作。由于学生教官军训期间与所带班级建立了深厚的友谊，并得到所带班级广大同学的认可。因此，可以利用学生教官思想好、学习优、作风硬的特点，建立学生教官与所带班级的联系制度，发挥他们的骨干和表率作用，引导新生将军训中树立起来的集体意识、竞争意识、吃苦意识和律己意识保持并发扬下去。同时，学生教官这种既是学生又是教官的双重身份，使他们比其他学生更自律，更具有责任感、荣誉感、正义感，这种学生教官与所带班级学生之间的互相促进、共同提高的氛围，不仅有利于巩固军训成果，促进校风和学风建设，也为大学生自我教育、自我管理、自我服务、自我完善提供了一个广阔的空间。

(二) 学生教官的管理

在学生教官的管理上，除了制定《学生教官选聘与管理规定》，对选拔、培训、聘任、管理等做出详细的规定外，为了充分调动学生教官的主动性和积极性，体现公平、公正的原则，我校还制定了教官待遇规定和严格的奖惩制度。例如，集中军训期间给予学生教官每人每天一定的伙食补助；同等条件下，学生教官在评奖、评优、入党、保研等方面予以优先；学生教官在聘用期内工作不主动、学习成绩有一门不及格或有严重违纪行为者，取消教官资格及各种待遇；由军训领导小组对学生教官做出全面鉴定，装入个人档案；在各种评估中，营、连一级学生教官按院系级学生干部对待。

四、学生教官培养过程中应注意的几个问题

(一) 学生教官的军政素质

学生教官的军政素质、管理组织能力是"老生训新生"模式中的一个重点，其水平高低将直接影响学生军训的质量。尽管学生教官都是一些经过严格挑选出来的思想作风和军事技能都比较过硬的品学兼优的学生，但他们毕竟只是高年级的大学生，在思想政治教育、人生观教育、法制纪律教育等方面，还缺乏系统的理论积累。为此，在培养过程中，应把全面提高学生教官的军政素质、确保学生军训质量作为工作的中心任务来抓，时时刻刻以培养和提高全体学生的国防观念、军事技能、组织纪律性、吃苦耐劳的精神等作为军训的首要目的，紧紧围绕会讲、会做、会教、会做思想工作的"四会"教练员标准对学生教官进行培养，以提高他们的训练能力和综合素质。

(二) 学生教官的课程调整

学生教官的课程调整是"老生训新生"模式中的一个难点。高校的课程安排是统筹规划、一环扣一环的,往往是"牵一发而动全身"。因此,为了配合学生教官任务的圆满完成,须对学生教官的课程安排进行调整。我校根据自身的实际情况,摸索出了一种切实可行的调整办法,现已以制度的形式确定下来。具体操作是:集中军训期间,按军训计划调整教官的课程安排。新生军训一般都在9月中下旬进行,此时老生已经开学上课几个星期,显然新生军训与学生教官的课程会发生冲突,调整时需要得到教务部门和各院系的大力支持,因此,学校武装部和教务处联合向学生教官所在院系出具请假证明,告知相应院系哪些学生因在某某时间段内担任新生军训教官而不能到课,所耽搁课程由院系出面请求任课教师给学生教官予以补学。分散训练期间,按学生教官的课程计划来安排军训时间。为了不影响学生教官的上课时间,我们利用周末进行分散训练。这两种办法现在我校学生军训中已经稳定地运作并收到了良好的效果。

(三) 学生教官的施训方法

学生教官的科学施训是"老生训新生"模式中的一个关键。军训只有注重科学性、训练得法,才能事半功倍。高年级学生虽然经过了分散训练与集中训练、全程淘汰与优中选优,但与部队官兵相比,在口令、动作以及指挥经验等方面都存有一定差距。为此,在培训过程中,掌握学生教官的心理特点,做到不感情用事,不靠强迫命令和外力刺激,努力使学生教官熟练掌握循序渐进的训练方法,不断提高学生教官运用运动解剖学、运动生物力学等知识指导新生训练的能力。此外,科学利用学生教官之间的竞争,加强对学生教官的考核评比,促使学生教官相互之间寻找差距、取长补短,在竞争中合作,在合作中良性竞争,做到苦练加巧练,使培训工作达到预期效果。

(四) 学生教官的学习成绩

学生教官的学习成绩是"老生训新生"模式中的一个热点。学生学习成绩的好坏,虽然受动力、智商、方法、环境、时间、教师等诸多内外因素的影响,但作为一名学生教官,成绩如果下降的话,旁人会很自然地与"作为学生教官"这一事件联系起来,这对"老生训新生"模式的开展和推广十分不利。诚然,"当好教官"与"抓好学习"的确存在着矛盾,因为学生教官从培训到施训,都不可避免地会耽误学习时间和分散学习精力。但矛盾的对立面在一定条件下是可以相互促进、相互转换的。在学生教官的培训和施训过程中,对学生教官学习动力的提高、学习方法的掌握、学习毅力的磨炼均有着积极的影响和作用。更何况当前大力提倡素质教育,恰是对以往"唯分论"的否定,我们不能再简单地用分数来衡量学生的水平和能力。当然,在实际操作中,应尽可能避免学生教官学习成绩滑坡的情况出现。

总之,学生教官队伍建设是一个长期的、持续的、不断发展的系统工程。在军队体制精简整编、高等教育加速发展的大背景下,由高年级学生担任新生军训教官是完成军训工作的一大创举。我校几年来的摸索和实践证明,经过严格培训的学生教官是一支政治素质过硬、作风纪律优良、综合素质扎实的学生骨干力量,是学校学生干部的主要来源,它有利于巩固军训成果,推动学校优良校风、学风的建设。因此,我们必须转变思想,更新观念,结合军训大纲的要求,以科学发展观为指导,积极探索"老生训新生"军训模式,推进学生军训工作健康有序发展。

对大学军训"自训"模式的调查与思考①

高校大学生军训是我们国家全面大力推进学生素质教育的一个重要举措,同时,这也是提高大学生思想政治教育水平的一个重要途径。自1985年以来,国家就以法律的形式保障高校军训各项工作正常开展,经过几十年的实践和证明,军训不仅对大学生身体素质是一种很好的磨炼,同时也是对大学生思想政治素质的一种锤炼,特别是在军训过程中学生之间所凝聚的精神力量、文化底蕴都对他们的世界观、人生观以及价值观的形成起到了非常重要的作用。

一、对军训"自训"模式的调查

随着我校招生人数的逐年增加,而我省驻军人数较少,这就使得部队不能完全承担带训教官的重担。我校在2008年就对校内军训工作进行了一系列的探索和研究,就当时现有的条件采取了"自训"模式。所谓的"自训"就是"老生训新生"的校内学生军训模式,也就是学生训练学生,通过各方面的筛选,包括身体素质、心理素质、学习成绩等,选拔出105名纠察队学生担任学生教官,同国防科技大学的部队教官共同负责新生的军训工作。2009年国防科技大学因"甲型"流感不再外派教官后,我校的纠察队学生教官就全部实行了自训,集中自训的时间为每年的8月,平时每个星期都会进行定期的训练。经过近四年的自训尝试,现在我校已经拥有了一支军事素质高、组织纪律强、工作作风硬、身体素质佳的半军事化组织——学生纠察队,他们为学校的军训工作提供了有利的支持。参加军训辅导的老师也都是本校的老师,他们一部分是经过部队锻炼的复员、转业人员,同时有着丰富的部队生活经验,能深刻体会国防教育的实质,而另一部分是长期在学校从事学生思想政治教育研究的教学骨干,有着扎实的思想政治工作的专业功底。老师之间通过取长补短,相互合作,为学校的军训工作提

---

① 作者:张莉莹、欧阳长安,原文载于《成功》2012,9.

供了坚实的师资保障。

二、对军训"自训"模式的几点思考

(一) 军训的意义

大学生通过军训，能够树立国防观念和法律观念，可以培养爱国主义精神和吃苦耐劳精神；同时，还可增强集体主义观念和报效祖国的理想信念，加深对人民军队的理解，培养对人民军队的感情。

(二) 国内外高校军训工作模式

现在各高校的军训教学模式不统一，我国的大学生军训工作试点是从1985年开始的，而高校的军训模式大致分为四类：一是由部队承训，同时设立学生军训基地。二是部队到地方高校进行军训，隶属部队承训，这也是目前大多数高校所采取的模式。三是高校自训。现在湖南只有少数的几所大学采用了此模式。四是在高校内进行军官与学生共训，部队教官为主体，学生教员为辅的形式。

(三) 军训"自训"模式

自训，就是利用经过训练的高年级的大学生或学校复转军人所组成的一支学生教官队伍对高年级中一些品学兼优，自主能力强的学生在暑假期间由部队教官在校内进行集中培训，经层层考核合格后，即可成为新生军训教员。这种训练模式的优势在于经济上较为节约，可以提升学生的自主性，可以充分发挥学生的力量。

(四) 军训与素质教育

告别了高学时代，踏入大学校园这个新鲜的环境，对于这批"95后"甚至"00后"的独生子女来说，他们面临的是一个新的"断奶"期，同时，在以前的生活中所形成的注重自我的生活方式，使集体意识、共产道德观念淡薄等，表现在进校后就对宿舍、床位极为挑剔，用餐时不排队、互不相让，似乎集体与己无关。在刚开始军训时，有不少学生有抱怨情绪，有的认为军训没有用，是浪费时间；有的嫌军训强度大，没有休息时间；有的甚至不理解整理内务、叠军被与军训之间的意义，他们认为这些都是多余的。在军训实践中，我们经常可以看到这些画面：训练场上班与班之间，连与连之间不甘示弱，大家都在为本班本连获得领先成绩而奋勇拼搏；篮（足）球场上龙争虎斗；拔河比赛号声震天；歌咏比赛气势宏大；内务卫生争先创优……无不显出集体主义的精神氛围，同时也提升了学生的素质文化。另外有些新生的操练动作不到位，加训时学生教官比学生做的还要多，还要认真，这一切都深深感染着新生们。随着军训生活的不断深化，新生开始逐渐改变了最初的观点，开始能够接受军训、坚持军训、习惯军训，甚至有部分学生喜欢军训，这也为我们培养新的学生教官打下了较好的基础，为军

第三章 湖南农业大学军事技能训练改革的研究与实践

训工作注入了新的力量。当军训结束会操检阅时，学生的脸上不仅多了一些成熟、稳重，更有了一丝军人的风貌，同时对教官的离去都依依难舍。可见军训不仅是大学生活的开始，也是学生成人、成长、成才的第一课。

普通高校培育学生军训教官的实践探析①
——以湖南农业大学为例

军训是在校大学生接受国防教育和增强国防意识的基本形式，同时也是提升学生综合素质和培养"四有"新人的有效途径。依据国务院办公厅颁发的〔2001〕48号文件精神，到2005年，全国各高等院校普遍开展了学生军训工作。教育部、总参谋部、总政治部在2007年颁布了新修订的《大纲》，进一步明确了高校开展学生军事技能训练的课时数、内容及目标。

一、"以老带新"自训模式的可行性分析

围绕人才培养战略和国防后备力量建设的需要，各高校采取了适合校情的新生军训带训模式，有的学校聘请当地驻军来校帮训或者组织学生到军训基地轮训，有的学校自己培养高年级学生担任教官进行"以老带新"自训。笔者认为，在当前高校招生规模扩大和新时期军队编制体制调整的大背景下，学校必须利用自身的平台，整合资源建立一支稳定的军训教官队伍，这样既能缓解部队承训压力，也为在校学生提供了提高自身能力的锻炼机会，是一种切实可行的育人新模式。高年级学生教官不仅熟悉校园环境和学校底蕴，能潜移默化地在训练过程中将学校的校风、学风传递给新生，而且对新生更具亲和力，容易与新生沟通交流，充分调动新生军训的积极性和主动性。

2008年，湖南农业大学在经过深入调查和严格论证后，决定从校学生纠察队104名队员中选拔和培养44名教官在8个学院进行学生军训自训试点。军训取得了骄人成绩，得到了广大师生的一致认同。近年来，我校在培养"以老带新"自训教官的过程中边摸索、边实践、边改革，进而逐步完善，以此模式完成了近3届共计18 700余名学生的军训任务，培养了327名高质量的军训教官，且形成了可持续发展的良性梯队。本文结合学校近年来依托校学生纠察队培养军训教官的实践经验做粗浅探讨。

二、"以老带新"自训教官的选拔、培训与考核

军训教官是大学新生的第一任老师，教官的一言一行都会直接影响到学生，

---

① 作者：欧阳长安、雷志敏、胡丹丹，原文载于《中国科教创新导刊》2012，28.

军训这一课将给大学生在校的四年学习生活打好良好的基础,因此如何选聘教官非常重要。湖南农业大学学生纠察队实行半军事化管理,平时担负学校升降国旗、宿舍园区安全保卫等任务。每届队员人数为160人左右,配发有统一的着装,入队后每周进行不少于6小时的军事技能训练,队员个个朝气蓬勃、精神振奋。我校便是从这样一支学生队伍中挑选教官的。

(一) 报名初选阶段

每年6月初,学校武装部面向学生纠察队现任队员及退队队员中担任过教官的学生进行宣传发动。报名结束后,统一组织到校医院进行体格检查,检查项目包括心电图、血压等;对体检合格者再进行心理症状自评量表的测试,排除心理上有焦虑、强迫、恐怖、抑郁等倾向的学生。而后,向体格和心理"双合格"的队员发放训练教材和视频光盘供学生暑假在家自学,以掌握基本的理论知识。

(二) 培训转型阶段

暑期的集训一般安排在8月中下旬。在学生来校集训前,还必须对"双合格"人员的春季学期期末考试成绩进行网上核查,如出现有挂科、缺考、违纪等现象,将直接取消其教官培训资格。武装部会提前编制训练科目安排和连队编程方案,并挑选好骨干力量。将所有新任教官按照性别编成两个排、返聘教官单独编成一个排,每个排设5个班,每班10人左右,班长为有较强军政素质的返聘教官担任。

暑期的集训严格按照《中国人民解放军内务条令》和《中国人民解放军队列条令》有关规定执行,如作息时间、请销假程序、查铺查哨制度等。训练科目包括单个军人队列动作、部(分)队队列动作、战术及拳术、轻武器射击、军事地形学、学唱军营歌曲等。暑期的集训方式不同于学生纠察队每周的常规训练,主要围绕会讲解、会示范、会纠正错误动作、会做思想工作的"四会"教员的要求入手,将"技能型"队员向"指挥型"教官过渡。因此在培训模式上不再是简单的走走队列、拉拉体能,而是让每名参训者都轮流充当指挥员,按照"理论提示、讲解示范、组织练习、小节讲评"的四步教学流程模拟带训过程。

(三) 考核筛查阶段

在集训初期,挑选6~8名理论知识掌握全面、队列动作规范、反应机警灵活的老教官单独进行强化训练,规范动作要领和理论讲解要点。并将其编成2个考核组,每组3人(注意男女搭配),对被考核学员申报的训练科目随机抽考2个内容进行量化评估,例如,在单个军人队列动作的考核中抽取军姿的动作要领、齐步的行进与停止。考核时要注意把握六个方面的要点:一是理论掌握程度;二是形象气质;三是口令下达;四是指挥站位(跑位);五是作风养成;六是思维应变能力。参训学员每个训练科目安排 5 天左右的训练时间,从第 4 天开始即可开始科目考核,学员可根据自身情况提出考核申请,考核一般安排在申请的当日进行。考核等级划分为良好、合格、不合格三个等级,考核组 3 名成员从不同角度分析并现场给出判定结果。被考核对象必须获得 2 个"良好"及以上才算通过,初次通过率一般控制在 35% 左右。未达到以上要求的则该科目需要重新考核,申请重新考核至少间隔 24 小时。最终担任教官者最少必须具备 2 个"良好"、1 个"合格",即综合评定为"B+"。训练过程中采取全程淘汰制,参训个人可随时申请放弃,考核组也可根据训练效果和教官需求总数进行末尾淘汰。

三、"以老带新"自训模式的成果巩固

(一)培养了一批作风优良、素质全面的学生干部队伍

学生纠察队一直秉承肯吃苦、铸团结、讲奉献、顾大局的优良传统,曾多次荣立"三等功"和校级先进集体称号。队员经历了教官集训的过程,同时兼有在读学生和准教官的双重身份,特殊的使命和荣誉感促使他们在训练中满腔热情、奋发向上。每年从纠察队退队的教官都有近 100 人,他们充实到学校和各学院的其他学生组织中,发挥了特别能吃苦、特别能战斗、特别能奉献的精神,成为学校各项活动的组织者、倡导者,是学校学生工作的推动者,在大学生德育建设中发挥了不可替代的作用。

根据统计,近年来培训合格的 371 名教官中,在校期间担任校级、院级、班级干部人数达到 294 人,占总人数的 79.24%;在校期间获优秀团干、优秀团员、优秀学生干部、学习标兵等荣誉的有 327 人,占总人数的 88.14%;在校期间确定为入党积极分子且参加了党校培训的有 184 人,占总人数的 49.59%;党员、预备党员有 113 人,占总人数 30.46%。同时,在已经毕业的 44 名教官中有 13 人被录取为硕士研究生,4 人考取公务员和选调生,其余也全部成功就业或创业。

(二)储备了一批有较高素养的国防建设后备力量

青年兴则国兴,青年强则国强。开展自训教官培育工作,有利于培养学生的爱国主义精神,增强国防观念和组织纪律性,养成顽强勇敢、坚韧不拔、吃苦耐劳、不怕困难的革命英雄主义品德,同时也为国家和军队培养了一批有较高文化素质的后备力量。

我校 2010 年参加湖南省第五届大学生军用枪射击比赛的 6 名运动员均为自训教官,在实战比赛过程中发挥稳定,以 1 099 环的优异成绩夺得团体第一名,在其他类别赛事中多次囊括前三名。并代表湖南省参加了在大连举办的全国赛

事，获得团体第三名。

近年来，我校在校大学生报名应征和应届毕业生预征的学生中已有22名教官投身军营，这些学生教官的部队军政素质过硬且表现积极踊跃，其中不乏已经考取军校或直接提干的。实践证明，通过"以老带新"模式培养自训教官，是提升在校大学生国防意识行之有效的手段，是加强国防后备力量建设的创新模式。

(三) 推动了学风、校风建设，并取得卓著成效

自训教官来源不同的学院、不同的年级和班级，良好的表率作用在学风和校风建设中能起到以点带面、以面带全的功效。比如，教官在暑期集训期间有严格的内务卫生要求，在平时生活中他们会把这种严整的内务标准带到自己的寝室，在教官的影响下能带动整个寝室和班级的宿舍卫生。2011年我校共评出612间"校级文明寝室"，有教官入住的289间，占评优总数的47.2%，其中，教官相对集中的6间寝室被评为"标兵寝室"。在2010～2011年度评选的100名"精神文明创建活动先进个人"中，曾任自训教官的有32人。在教官的表率作用影响下，我校学生公寓的精神文明状况得到了很大的改善，截止到2011年底，先后有12栋学生公寓通过了省教育厅"标准化公寓"达标验收。

历任教官的作用不仅体现在学生的自我管理上，还体现在自我教育和服务学生上。近三年来，由教官牵头举办了30余期国防知识宣传板报，参与大学生入伍政策宣讲活动12场次，发放宣传资料6 000余份，政策解答1 000余人次。同时，教官群体还发挥其人数多、掌握信息快、容易集中的优势，在做好维护校园秩序和学生安全稳定工作中成效卓著。

第四章 湖南农业大学军事课精品课程建设实践

第一节 军事课精品课程建设背景

自 20 世纪 90 年代以来,为提高教育教学质量,国际教育组织对教育质量给予了特别的关注,许多国家一直在推进教育改革,如美国、德国、澳大利亚、日本、法国等发达国家。通过查阅文献,笔者发现开放课件(OCW,Open CourseWare)、开放教育资源(OER,Open Educational Resources)、开放内容(Open Content)是国外讨论开放教育资源相关论题时经常用到的术语。其中以美国麻省理工学院在开放课件项目中首创的开放课件最为典型,其是高等教育领域内首个大规模基于网络的优质学术资源开放共享项目。

我国教育部 2003 年发布了《关于启动高等学校教学质量与教学改革工程精品课程建设工作的通知》,力图通过精品课程建设,推进高校课程建设,提高整体教学水平。各省、市教育行政主管部门也相继下发了通知,提出了建设精品课程的规划和措施。伴随着国家级精品课程建设项目的启动,全国高校陆续开展了省级和校级精品课程建设工作。从时间上看,普通高校精品课程建设研究的时间跨度不是很长,基本上从 2003 年国家开始开展精品课程建设活动开始,各专家、学者和高校管理者才逐渐着手于精品课程的研究。

笔者以"高校精品课程建设"作为主题词,以中国学术期刊网全文数据库作为检索源,进行了"精确"文献检索。截至 2013 年 12 月 31 日,检索到与高校精品课程建设研究主题相关度较高的文献共有 255 篇。而以"军事课精品课程建设""国防教育精品课程建设"作为主题词,再进行"模糊"文献检索,未找到一篇相关论文（即使到 2017 年 12 月 31 日止，以同样的搜索条件查找，仅能找到一篇论文，即金鹏在《知与行》上发表的"精品课视角下高校军事理论课程建设研究"），由此可见，虽然学者对精品课程建设做了较多的研究，但在军事课精品课程建设方面的理论探讨还极为缺少。笔者对已有的精品课程建设研究成果做了分析，大致分为如下几个方面：一是精品课程内涵的提出，为精品课程建设的发展奠定了基础；二是精品课程要素研究，现有的精品课程要素研究主要包括教师队伍、教学内容、教学方法、教材、教学管理五个方面；三是精品课程建设总体情况的研究，如经验总结、理论研究等；四是精品课程网络建设及某一门类的精品课程建设方面的研究。需要指出的是，虽然高校精品课程建设研究数量逐年上升，但研究主题变化不大，研究内容重复较多；实践研究较多，理论研究不足；研究重在建设，缺乏服务对象分析；"一流教师队伍"的提法在实际操作时大都形同虚设；缺乏对精品课程的建设质量、资源的共享与应用等问题的关注；由于研究视角的局限性，精品课程建设尚未形成一套比较完善的管理模式和评价体系，从而无法指导高校精品课程建设的实践和评价。

在这样的背景下，我校积极开展了军事课精品课程建设研究，2012 年我们成功申报了校级精品课程，2013 年又成功申报了省级精品课程，经过校、省两级精品课程建设的实践，我们积累了一定经验，取得了一定成效。2013 年 6 月，湖南省高校军事课程推进会观摩了我校军事课程建设成果，2016 年 5 月，湖南省学生军训组织规范集训推广了我校"以老带新"的军训做法。开展军事课精品课程建设研究，相对于已有研究具有独到学术价值和应用价值。开展军事课精品课程建设研究的学术价值在于：一是把目前比较边缘的军事课作为精品课程建设的学科案例，拓宽了精品课程建设的对象；二是把探索一套比较完善的精品课程管理模式和评价体系引进军事课精品课程建设研究，超越了以往研究多囿于精品课程内涵、要素、建设经验总结等范畴，有利于促进高等学校军事课教学的改革和创新，也有利于精品课程建设工作的深入和可持续开展。开展军事课精品课程建设研究的应用价值在于：针对当前国际战略格局和国际战略形势的新变化，高校加强军事课精品课程建设，对推进高等学校军事课创新发展，提高军事课教学质量，切实发挥军事课在加强学生思想政治工作、提高学生国防意识、增强学生国防观念、进而为中国人民解放军训练储备合格兵员和培养预备役军官等方面具有重要的实践价值。

第二节 湖南农业大学军事课精品课程建设概况

作为学校素质教育的重要课程之一，湖南农业大学军事课经历了"起步——发展——优化"的发展过程。在起步阶段（1985~2001年），我校探索过校内复转军人施训、部队和校内复转军人共同施训、部队承训等多种校内集中军训形式，以使军事技能训练课程逐步科学化、系统化、规范化。在发展阶段（2001~2007年），我校在军事课制度建设、机构健全、师资配备、教学科研、设施完善等方面迈上了新的台阶，军事技能训练和军事理论课作为公共必修课列入了学校整体教学计划。在优化阶段（2007年至今），我校开始对军事理论课教学方法进行改革，积极探索符合青年学生知识结构和身心特点、适应新军事变革需要的新型教学方法，军事理论课教学质量大为提高。

2008年，我校又对学生军事技能训练模式进行改革试点，探索从学生纠察队或其他优秀高年级学生中选拔学生教官对新生施训的"以老带新"自训模式，得到了全校广大师生的一致认可。2012年，军事课成功申报了校级精品课程，又在2013年成功申报了湖南省精品课程。总之，经过三十多年的探索、实践与创新，我校军事课已形成了以军事技能训练和军事理论教学两门公共必修课为主干、国防教育系列讲座为拓展、国防体育运动为补充的三位一体教学模式，并探索出了一整套有利于提高学生军政素质的教学特点和运行规律，在学校人才素质培养方面发挥了其他课程无法替代的作用，现正从制度化、规范化的课程建设逐步向学科化建设方向迈进。

一、课程体系与教学内容改革情况

军事课程体系是否合理，直接关系到学校国防教育的效益和人才培养的质量。我校在军事课精品课程建设期间，根据军事课教学规律、指导思想和育人目标的要求，首先对军事课程体系进行了调整和完善，并在遵循《大纲》的基础上，对军事理论课教学内容也作了适当调整或增减。

（一）课程体系改革情况

经过多年的努力与实践，军事课由原来"重军训轻教『学』"、"重技能轻理论"的单一模式向"军训与教学并重"、"技能与理论并举"、"必修课与选修课齐备"的多元化课程体系转变，现已形成了以军事理论教学和军事技能训练两门公共必修课为主干，以孙子兵法、经典战例分析等选修课为拓展，以国防教育日、国防教育系列讲座、国防教育主题演讲、国防知识竞赛、国防体育运动等第二课堂为补充的三位一体教学模式。我校军事课的课程体系如图4-1所示。

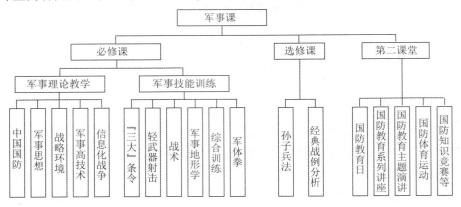

图4-1 军事课课程体系

其中，必修课模块对应的教学时数为：《军事理论教学》总学时为36学时，其中，讲授26学时，国防教育系列讲座10学时，具体分配为：

"第一章 中国国防"　　　　　　为6学时（另加2学时国防教育讲座）；
"第二章 军事思想"　　　　　　为6学时（另加2学时国防教育讲座）；
"第三章 战略环境"　　　　　　为6学时（另加2学时国防教育讲座）；
"第四章 军事高技术"　　　　　为4学时（另加2学时国防教育讲座）；
"第五章 信息化战争"　　　　　为4学时（另加2学时国防教育讲座）。

《军事技能训练》课程中，训练时间不少于14个训练日，训练内容主要以队列动作、轻武器射击、单兵战术和连排战术、军事地形学、行军、综合训练为主，还涉及军体拳、格斗拳、擒拿术、消防演习、战地救护等内容，旨在通过严格训练和管理，提高学生的军政素质和身心素质，培养学生自我生存发展、抗击自然灾害等能力。

（二）教学内容改革情况

军事理论课包含"中国国防"、"军事思想"、"战略环境"、"军事高技术"、"信息化战争"五大章，针对教学内容繁多而教学课时又少（《大纲》规定36学时）这一实际，我校在遵循《大纲》的基础上，根据军事理论课教学规律、指导思想和育人目标的要求，坚持"三个原则"，即有利于提高学生综合素质和能力，有利于培养高素质的国防后备人才的原则；军事理论课教学内容与学校实际以及文、理、工、农科学生的特点相结合的原则；向学生传授最先进的军事知识与帮助学生正确认识国内外政治军事形势及其发展趋势相结合的原则，对军事理论课教学内容做了适当的调整和增减。例如，第三章的"国际战略格局"、"我国周边安全环境"等内容，每天都有新的变化，而教材出版又具有一定的滞后性，教师上课如果不与时俱进，照本宣科，就会出现讲授内容与现实脱节的现象，这就需要我们密切关注国内外时事政治和军事热点。针对第二章"军事思想"的部分章节内容与"毛泽东思想和中国特色社会主义理论体系概论"这门课程的内容部分重复，以及对古代军事思想特别是《孙子兵法》介绍的内容过于简单的实际情况，我们在上课时会有所侧重，重点讲授《孙子兵法》，而与"毛泽东思想和中国特色社会主义理论体系概论"这门课程重复的内容尽可能少讲；"国防法规"作为国家法律的重要组成部分，在中国特色社会主义建设的新形势下，在依法治国的大环境中，对于加强国防和军队信息化建设，做好新时期军事斗争准备，将发挥越来越重要的作用，因此这一章节我们会重点讲，主要从法律法规的角度、现代战争需求的角度、综合素质培养的角度向学生讲清在高校开展军训和设置军事理论课的现实意义和神圣义务，尤其大学生是国家的宝贵人才资源，征集大学生参军入伍，是建设巩固国防和强大军队的迫切需要，我们上课时会特别增加大学生参军入伍的情况和优惠政策介绍，鼓舞、激励更多的大学生为保卫国防献身国防携笔从戎。第四章"军事高技术"是军事理论课中带有很强"军味"的部分，其内容也是不断发展变化的，但由于大学生在中学阶段对军事科技方面的知识了解甚少，教师又无法在有限的课时内一一讲清，加之缺乏形象、直观的教学模型，因此学生对这部分内容普遍感到抽象、不好理解，这就需要我们在教学时紧密跟踪世界科技的发展形势特别是军事科技的前沿，把最新的资料补充进去，增加一些"未来型"预备役人才需要的实用内容，如"现代战争谋略""军事指挥学""战术的现场应用"等新的"长效知识"内容，让学生掌握当代科学技术的新成就、新发展在军事上的应用，进而牢固树立起科技强军、知识兴军的强烈意识。

总之，在军事理论课教学内容上，我们会结合学校人才培养目标、校风校纪、学生专业知识、学生文化水平等实际情况，有所侧重，适当增减。

二、教学方法和教学手段改革情况

我们在调整、完善课程体系、适当增减教学内容的同时，对教学方法和教学手段也进行了大胆改革和创新。

（一）军事理论课程的主要教学方法和教学手段

1. 实现军事知识和专业知识相结合

在教学过程中，根据我校农林院校的特点，针对不同专业的学生有侧重地讲解军事理论和军事技术在该领域的发展，真正做到因材施教，以激发不同专业学生加强各自专业学习的浓厚兴趣。例如，对于理工科学生，在讲授"军事高技术"内容时紧密联系他们的专业知识选取尖端武器装备、新军事变革等案例进行精讲，以激发他们发奋学习科学技术，为我国科技强国、科技强军做出应有的贡献；对于农科类学生，在讲授"信息化战争"内容时，联系他们所学农学专业，阐明现代农业与现代战争的关系，让他们认识到粮食是军队行军打仗必备的物质保障，进而改变他们国防军事与自己无关、与农学无关、"学农无用"的错误观念；而对于文史类学生，由于其文化底蕴、知识积淀比理工科要强，就在"国防历史""军事思想""战略环境"等方面多运用案例教学，以激发他们学习钻研军事理论的兴趣，培养战略思维能力等。与此同时，还注意加强文、理、工、农知识的交叉融合，即对理、工、农科学生强化其文科意识，对文科学生强化其理、工、农科意识，全面提升学生的综合素质。

2. 实现系统授课与专题授课相结合

针对军事理论课教学内容繁多而教学课时又少的客观实际，要求军事教师在全面掌握《大纲》教学内容、能够对不同院系学生进行系统授课的基础上尝试专题授课，实现两者的有机结合。如"我国周边安全环境"这一章节内容，就可分解成"中国周边安全环境概况""美国对我国的战略遏制""中日钓鱼岛争端""南海问题""中印领土争端""东北亚局势"等系列专题来讲授，既没有违背《大纲》，又紧跟周边安全环境的发展变化，体现了军事性和时政性的有机统一。

3. 实现传统讲授式教学与探究型教学方法相结合

针对传统讲授式教学"一张嘴巴、一本教材、一支粉笔、一块黑板"的枯燥乏味和"满堂灌""你要我学""被动学"的明显不足，我们根据军事理论课自身特点，结合我校农林院校实际，大胆探索和实践既符合青年学生知识结构和身心特点、又适应新军事变革需要的新型教学方法，如战例教学、体验式教学、研讨式教学、信息化教学、导问式教学等，充分发挥了学生的主体精神，实现了从传统教学中"以教师讲授为主"向"以学生为中心"的转变。

4. 实现知识提升和课堂研学相结合

在课堂教学中，除了讲授相关军事知识外，还对学生的课后自学提出了较高的要求，如提供国防教育网址、各类军事网站让学生课后点击浏览，密切关注国际国内形势政策、军事热点，开列各种军事书籍和杂志作为阅读书目，让学生阅读、搜集积累军事方面的素材并写读后感；另一方面，通过布置相关专题让学生在查找资料、制作课件进行充分准备的基础上进行研讨，调动学生的主观能动性，提高学生的研学能力。

5. 实现传统教学手段和现代教育技术相结合

长期以来，我们在传统教学手段的基础上一直尝试用各种现代教育技术增强教学效果，从电化教学到计算机多媒体辅助教学再到线上线下混合式教学，并结合军事理论和军事技术迅猛发展的特点，在课件制作中运用了大量的影视图片和视频资料，直观、快捷地向学生传授军事信息，受到了学生的普遍欢迎。

（二）军事技能训练课程的主要教学方法和教学手段

1. 制订一整套适合湖南农业大学人才培养特点的教学计划

在军事技能训练期间，我校制订了《湖南农业大学学生军训管理规则》《关于做好____级新生国防教育军事课教学工作的通知》《关于成立湖南农业大学____级新生国防教育军训团的命令》《湖南农业大学____级新生国防教育军事课教学方案》等，保证了整个课程按计划执行。

2. 建立完善的教学保障体系

（1）成立湖南农业大学军训工作领导小组。我校军训工作领导小组的组织结构如图4-2所示。

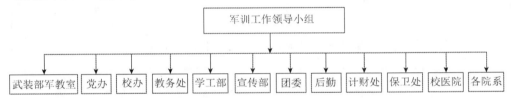

图4-2　军训工作领导小组的组织结构

（2）组建湖南农业大学军训团。我校军训团的组织结构如图4-3所示。

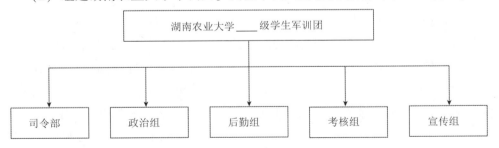

图4-3　军训团的组织结构

（3）建立定期的会议制度。我校会议制度的一般流程如图4-4所示。

图4-4　会议制度的一般流程

3. 选择最佳的承训教官

多年来学校尝试了校内复转军人施训、部队和校内复转军人共同施训、部队承训等多种校内集中军训形式。在对几种方式进行比较论证、权衡各自特点的基础上，我校2008年对学生军训模式进行了自训试点，探索从学生纠察队或其他学习成绩好、军事素质高、组织纪律强且热爱国防教育事业的优秀高年级学生中选拔学生教官对新生施训，反响不错，2009年则全部实行自训。十年来的实践表明：这种"立足本校、建强队伍、以老训新、规范组织"的军训自训模式，符合当前高等教育加速发展而部队帮训官兵又难于满足学生军训需要的客观实际，符合我校校情，得到了全校广大师生的一致认可。

4. 坚持循序渐进的施训原则

军事技能训练一般为14个训练日，考虑到学生的身体状况和军事训练的强度较大，整个过程分为三个阶段，各阶段的训练特点和主要目的如表4-1所示。

表4-1 军事技能训练的三个阶段

阶段划分	训练特点	主要目的
第一阶段 （3~4个训练日）	适应性训练	重点突出思想教育，强化管理，统一内务，建立秩序，增强组织纪律性和服从意识，把学生逐步引入军训轨道
第二阶段 （7个训练日）	定型性训练	严格训练，规范动作，打好基础
第三阶段 （3~4个训练日）	强化性训练	组织合练，由单兵、连排变为整体的配合，协调训练

5. 建立严格的考核制度

为增进训练效果，学校专门制订了军事技能训练课程考核评估办法，对每一位参训学生进行基本技能、行为养成和基础理论等方面的考核。技能考核主要考查学生基本军事技能，包括队列、射击、战术、军体拳和行军拉练的训练情况；养成考核主要考查学生军容军纪、内务卫生、出操出勤等个人操行情况；理论考核主要考查学生基础军事知识，如军事地形学、射击学原理等内容的掌握情况。考核方法有个人自评、连排长指导员综合测评等，保证课程成绩的客观公正。考核成绩直接进入学生学籍管理，军训成绩不及格者，必须予以补训。

三、实践教学改革情况

军事技能训练是军事课实践教学的主要形式。我校2008年首次开展军训自训试点，此后至今，一直推行"以老带新"自训模式。我们积极探索，在教官培育、施训方法、科目安排等方面进行大胆改革，形成了一整套独具特色的方法，得到了全校师生的一致认可和高度赞同。

第二课堂是军事课实践教学的重要形式，是对国防教育内容的一种有力补充，更是对国防教育方法和途径的一种创新和拓展。我校在必修课和选修课之外，还开设了第二课堂，以丰富学生的军事课实践教学活动。例如，在纪念日、重大节日时，在学校大礼堂放映一些爱国主义、革命英雄主义等军事题材的电影、录相、纪录片；在传统佳节如清明节、建党节、建军节，组织同学们参观、访问烈士陵园、革命遗址和其他具有国防教育功能的博物馆、纪念馆等；针对世人关注的一些国际国内军事热点问题，组织同学们深入社会开展调查研究活动；定期组织国防知识抢答赛、国防征文比赛、军用枪射击比赛、五四爱国主义升旗仪式、国防教育主题演讲等活动；开展拥军优属、军民共建活动，给同学们提供一些接触军人、了解军人的机会，提高军人"现身说法"的力度等。通过丰富的第二课堂，同学们开阔了视野，丰富了知识，提高了社会实践能力，进而增强了履行国防义务的自觉性和支持国防建设的责任感。

四、师资队伍建设情况

由于军事课建设自身的特殊性，我们一直努力营造一种"事业留人、感情留人"的良好氛围，除了引进高学历人才之外，还创造条件鼓励在职人员进行学历的提升，并对青年教师进行全方位的培养。

一是定期召开教学研讨会。教研室规定每个双周是教研日，全体教师就课程的组织实施及学科发展的前沿进行充分的交流和讨论。二是充分发挥"传帮带"的作用。每位引进的新教师，须由经验丰富的老教师指导，介绍讲课的方法和经验，指导其备课、写教案、设计课堂教学计划。三是利用一切可能的机会提升青年教师的专业素养。派遣教师到军事院校进行短期学习，充分感受军事化的熏陶，增强对军事课的感性认识；参加各种教师培训班以及军事教师授课竞赛，聆听专家授课，吸收兄弟院校经验，支持他们进行教学改革和教学创新。2006年至今，我校先后外派教师赴南昌航空大学、国防大学、东南大学、国防科技大学、吉首大学、苏州大学、装甲兵技术学院、省军区教导大队参加全国和全省不同类型的研修班、培训班学习。教师们先后6次参加并获得湖南省高等院校军事教师授课竞赛一等奖，3次参加并获得全国高等院校军事教师授课竞赛二等奖。四是建立严格的试讲制度和考核制度。新进教师必须试讲，每门新课程的每一讲内容必须试讲，集体讨论教学内容和教学方法，肯定优点，纠正不足，共同提高；每学期结束后结合校教学督导团听课反馈和学生网上评教情况对教师进行严格的考核。

经过多年的努力，我们建立了一支具有良好的军人素质和军队作风、被誉为

"特别能吃苦、特别能团结、特别能战斗"的优秀团队。目前，我校配备军事教师6名，其中，3名专职军事理论教师，3名专职军训指导教师；3名来自地方培养，3名来自部队转业；1名副教授，5名讲师；1名博士研究生，3名硕士研究生，2名本科生；1人45～55岁，4人35～45岁，1人35岁以下。无论从教员职称结构、学历层次，还是专业结构、年龄梯队上，均满足了我校全日制大一新生6 000余人军事课教学的需要。

五、考核体系改革情况

军事理论课程考核成绩由"过程考核成绩+期末考试成绩"两部分组成，其中，过程考核成绩又由"作业成绩+平时考勤"构成，各项考核成绩的构成如表4-2所示。

表4-2 军事理论课程考核成绩的构成

考核内容		所占比例
过程考核	作业成绩（50%）	40%
	平时考勤（50%）	
期末考试		60%
合　计		100%

期末考试采取闭卷形式进行，考核主体主要由任课老师负责。试卷包含填空题（10分）、单选题（20分）、多选题（20分）、判断题（10分）、简答题（20分）、论述题（20分）六大题型，主要考查学生对军事理论基础知识的把握以及对当今国际国内军事热点、形势政策的观察、分析问题的能力。军事理论课程计2个学分，考试不及格者需要重修。

军事技能训练也计2个学分，实行分项考核，累计总成绩。分项内容有基本技能、行为养成、基础理论三大部分，基本技能考核主要考查学生队列、射击、战术、军体拳和行军拉练的训练情况，行为养成考核主要考查学生军容军纪、内务卫生、出操出勤等个人操行情况，基础理论考核主要考查学生军事地形学、射击学原理等军事基础知识的掌握情况。考核不及格者需要重修。

此外，我们在军事课教材建设、实现资源共享等方面也展开了研究，取得了一定成效。2015年下半年，军事教研室全体教师根据自身教学实践和我校农林院校特点，开发了校本教材《新编高等学校军事课教程》，2016年6月正式出版。该书由精品课程项目主持人陆海燕副教授主编，杨湘容、常丹老师任副主编，欧阳长安、邓治慧、雷志敏、谭煌辉老师参编。2016年秋季学期起，该教材开始在我校推广使用。截至2015年12月底，所有的课程资料、教学视频、多媒体课件等全部上传至

第四章 湖南农业大学军事课精品课程建设实践

网站（已经上传网络的资源名称详见表 4-3，网址：http：//220.169.45.169/meol/jpk/course/welcome.jsp？courseId=1440），并根据国内外军事热点和教学需要，每年会及时更新相应网络课程资料。四年来，课程网站辐射面广，点击率高，我校校本部和东方科技学院的大一新生共计 24 000 多人受益，用户反馈效果良好，教务处老师也对我们军事理论课程的做法给予了高度肯定和极大认可。

表 4-3 已经上传网络的资源名称列表

网站栏目	主 菜 单	包含内容	格式
课程申报材料	课程负责人情况	基本信息	HTML
		教学情况	HTML
		学术研究	HTML
	主讲教师	主讲教师一	HTML
		主讲教师二	HTML
		主讲教师三	HTML
	教师队伍情况	人员构成	HTML
		教学队伍整体情况	HTML
		教学改革与教学研究	HTML
		师资培训	HTML
	课程描述	课程发展的主要历史沿革	HTML
		理论课（含实践）教学内容	HTML
		教学条件	HTML
		教学方法与教学手段	HTML
		教学效果	HTML
	自我评价	课程特色	HTML
		课程地位	HTML
		目前存在的不足之处	HTML
	建设规划	建设规划描述	HTML
	学校政策措施	学校政策描述	HTML
		课程后续建设措施	HTML
	讲课录像	十六个建设分项目	视频文件
	申请书		HTML
	课程荣誉		HTML

· 123 ·

续表

网站栏目	主菜单	包含内容	格式
课程教学资源	教学大纲	教学大纲	HTML
	教学周历	春、秋学期	HTML
	授课教案	授课教案	HTML
	多媒体课件	多媒体课件	HTML
	视频资料	视频资料	视频文件
	考核办法	考核办法	HTML
	作业习题	作业习题	HTML
	考试样卷	A、B、C、D	HTML
	参考资料		HTML

网址：http：//220.169.45.169/meol/jpk/course/welcome.jsp？courseId=1440.

第三节 湖南农业大学军事课程建设的经验和成效[①]

湖南农业大学军事课自 2013 年 11 月被湖南省教育厅立项为精品课程建设项目以来，在学校领导的高度重视与关怀下，经过课题组全体成员共同努力，严格按照精品课程建设指标，从多方面入手开展课程建设工作，积累了一定经验，取得了显著成效，形成了一套独具特色的做法，在此总结并分享，希望能起抛砖引玉的作用，为其他普通高校的同行更好地开展军事课教学提供有益的借鉴。

一、课程建设积累的经验

（一）加强领导，健全组织机构

军事课程建设任务繁重，涉及面广，组织协调难度大。因此，学校始终对军事课程建设工作高度重视，切实加强领导，认真组织实施。一是精心研究部署。一方面，学校每年将军事课程建设纳入学校年度工作计划，作为二级单位年度目标考核的重要内容，确保了各有关单位按时、按质、按量完成工作任务。另一方面，学校每年至少召开两次校长办公会议，对学生军训工作进行专题研究，审议

---

① 作者：陆海燕、欧阳长安，原文载于《职业时空》2014 年第 5 期，标题和内容均有所修改。

国防教育军事课教学方案，细化、落实军事课教学各项工作任务，使学生军训工作真正做到"上下一盘棋、全校一颗心"。二是完善组织机构。为保证精品课程建设的顺利实施，学校专门成立了精品课程建设领导小组，由分管教学的副校长牵头、教务处长和督导团长任副组长、各学院教学院长任组员。学校还成立了由分管学生工作的副校长任组长、各职能部门负责人和各学院学生工作负责人参加的军事课教学领导小组（国防教育领导小组）。各学院也相应成立了由院党总支部书记任组长，院长、学生工作副书记、政治辅导员和学生班主任助理组成的国防教育工作小组，负责协调和解决学生军训工作中的重大问题。同时，学校早在1985年就设置了武装部，武装部下设军训办公室，配备部长（副处级）和武装干事（正科级）各一名，专门负责新生军训、大学生入伍、民兵预备役建设、基层武装等工作。2003年，武装部又设立了军事课教学管理机构——军事教研室，主要从事军事理论课教学和研究工作。目前，我校军事课程建设工作机构健全，已经形成了各级组织完整、分工明确、团结协作、运作有序的工作机制。

（二）抓好选配，提高队伍素质

建设一支政治强、业务精、素质高的军事教员队伍，是提高高校军事理论课教学质量的关键。为此，学校坚持把加强军事教员队伍建设放在突出位置。

1. 专兼结合选好配强教员队伍，确保数量

根据中央和省里文件精神，我校采取"三结合"——专职与兼职相结合、部队引进与地方培养相结合、内部调配和公开招聘相结合的方式，拓宽军事教员选配渠道，加强军事教员队伍建设。2005年以来，面向社会公开选聘军事教员3名，引进部队复转军人3名。目前，我校全日制大一新生6 000余人，配备军事教员6名，其中，3名专职军事理论教师，3名专职军训指导教师；3名来自地方培养，3名来自部队转业；1名副教授，5名讲师；1名博士研究生，3名硕士研究生，2名本科生。

2. 多渠道多形式提高教员业务素质，确保质量

我们通过搭建"三大平台"，推进学习型教员队伍建设，提高了军事课教学质量。

（1）搭建学习平台。学校采取公费、半公费和自筹相结合的方式，支持教员继续进修和攻读国防教育或相关专业硕士、博士学位。另外，我们推行"先培训、后上岗"的准入制，要求教员参加军事课教学方面的专题培训。目前，我校6名军事教员先后参加过南昌航空大学、国防大学、东南大学、国防科技大学、吉首大学、苏州大学、装甲兵技术学院、省军区教导大队举办的全国和全省军事

教员培训班学习。

（2）搭建研究平台。为激励教员对大学生国防教育工作进行理性思考，开展深入研究，学校教改项目、青年基金项目选题中增设国防军事教育学科。作为省高教学会国防教育专业委员会理事单位，学校还充分利用委员会每年召开军事理论研讨会的有利平台，督促鼓励教员撰写高水平高质量的学术论文。2006年以来，我校军事教员主持的各级各类课题共8项，其中省级课题5项，校级课题3项，公开发表论文20多篇，获得全国普通高校国防教育科研论文一等奖1项，并多次在全省高校军事理论教学论文评选中获奖，学校被评为"湖南省高校军事理论教学论文先进单位"。

（3）搭建竞赛平台。我们把授课竞赛作为提高教员业务素质和课堂教学质量的有效途径。2007年以来，我校积极组织教员参加全省和全国普通高校军事理论教学授课竞赛，获得全省普通高校军事理论教学授课竞赛一等奖6项、全国普通高校军事理论教学授课竞赛二等奖3项。

（三）加大投入，提供条件保障

为保障军事课程建设工作的有序开展，学校在财力、物力上给予了全力支持。

1. 提供经费保障

根据课程建设需求，凡经审定立项的精品课程，学校会给予一定的配套经费，纳入年度预算，实行专款专用。军事精品课程建设经费主要用于课程基本建设，如购置图书资料、多媒体课件开发、教学大纲编写、教材和教学参考资料建设、题库建设、网站建设、实践教学活动、主讲专家讲座、音像视频制作等，以及参加有关课程建设的研讨会议和有关精品课程建设的检查评估等活动开支。我校军事精品课程的建设经费分三批划拨，第一批为启动经费，划拨比例为30%，在项目立项后划拨；第二批为建设经费，划拨比例为50%，在中期检查后根据评估结果划拨；第三批经费为剩余的20%，在验收后根据验收结果划拨，并与省拨经费同时监督和使用。这样，确保了建设经费投入到位、使用合理科学，为整个课程建设提供了经费保障。此外，学校对学生军训经费、军事教研室经费实行单列。军事课（包括军事理论教学和军事技能训练）经费，按年度招生人数，人均不低于100元，每年投入新生军事技能训练经费约50万元。对军事课以外的国防教育活动，设专项经费支持。

2. 加强"五室一库"建设

"五室一库"建设是军事课程建设的基础部分，是有效开展国防教育的物质基础。近5年，学校累计投入120余万元大力加强"五室一库"建设，现已初具规模。目前，我校拥有面积达170平方米的军兵种知识展览室，有军兵种宣传图片1 000余幅，武器模型500余件；拥有面积达60平方米的军事图书资料室，有藏书2 200册和20余种军事报刊杂志；拥有面积达230平方米的军事教学专修教室，可容纳133人，室内多媒体教学设备先进，满足军事课教学需要；拥有总面积达60多平方米的3间办公室，全部配备必要的现代化办公设备，便于教师备课、试讲和学术交流；拥有面积达42平方米的武器装备库，有学生训练用枪400支和其他军事训练器材，设有铁门和专用枪柜，安装有红外线和视频监控两套安防设备，实行专人24小时值班制度，人防和技防均符合上级要求。

（四）强化管理，确保教学质量

明确课程地位、强化教学管理，是军事课教学能否顺利实施、确保教学质量的一个重要环节。我们采取了多项措施，着力提高军事课教学质量。

1. 开设必修课程，按纲施教

学校严格按照《大纲》规定，从2003年起，就将军事课（包括军事理论教学和军事技能训练）作为公共必修课，纳入学校的人才培养方案、各专业教学计划和学籍管理之中，并明确规定相应学分——军事理论和军事技能各2学分。考核成绩一律记入学生档案，作为学生升级、留级及毕业的依据。在教学时数和教学要求上，军事理论采取分班上小课形式，课时为36学时，每班次学生人数不超过120人。军事技能采取集中训练形式，时间不低于14个训练日，训练科目达到《大纲》要求的4项以上（含实弹射击科目）。

2. 完善工作制度，规范施教

我们完善了"三项制度"，使学校军事理论课逐步走上规范化、制度化、科学化轨道。

（1）集体备课制度。我们要求军事课教学采取集体备课，统一教案，统一课件，加强了教师间的学习交流，促进了教师的共同提高。

（2）试讲制度。我们规定第一次开设新课的教师和新开课的青年教师必须试讲，确保出"成品""精品"，期间，老教师要充分发挥"传、帮、带"的作用，帮助青年教师尽快掌握教育教学的基本技能和方法，加速青年教师的成长。

（3）听课评课制度。军事教研室每学期举行公开课、示范课等，组织教研室全体教师听课。我们还规定军事理论课教师每年要随机听课10次以上，并在听课后及时评课，作好评课记录。

3. 建立评价机制，严格施教

我们采取"教师自评互评、学生网上评教、学校教学督导团考核评价"三维一体的教学评价方式，对军事教员的授课质量进行全面考核测评。教师自评互评、学生网上评教活动在新课结束后、期末考试前进行，学校教学督导团考核评价在学期中随堂听课进行。近年来，我校在军事理论课教学和军事技能训练方面成效显著。每学期学生对授课教师的考核评议和网上评教分数都在 95 分以上，每年新生军事理论考试及格率均在 99% 以上，军事技能训练考试及格率均在 95% 以上。

（五）创新模式，彰显课程特色

大学生军训是军事课教学的主要内容之一，是提高大学生综合素质的重要举措。2008 年以来，我校以校级学生组织——学生纠察队为依托，在教官选拔、军训内容、军训方法、成果巩固等方面大胆改革创新，构建了富有农大特色的"立足本校，建强队伍，以老训新，规范组织"校内自训模式。

1. 培养学生教官

1986 年，我校在全国首创了一支由在校大学生组成、实行半军事化管理的校级学生组织——学生纠察队，担任学校升旗、失物招领、大型活动保卫、学生宿舍管理、校区内巡逻等工作。2008 年，学校针对部队帮训官兵难以满足高校学生军训需要的客观实际，通过自愿报名、体格检查、心理测试、技能培训、综合考核、聘用上岗六个环节，从学生纠察队中挑选出学习成绩好、军政素质高、组织纪律强且热爱国防教育事业的 44 位学生担任施训任务，取得了圆满成功。十年来，学校逐步建立完善了"以老带新"的军训自训模式，健全了教官选拔、培训、聘任、管理及奖惩制度，确保了自训质量。据统计，学校从学生纠察队中累计选拔了 1 400 余名队员担任教官，圆满完成了 6 万余名新生的军训施训任务。

2. 创新军训内容

针对以前军训内容简单、训练手段单一、军训效果不佳等状况，学校丰富和规范了军训内容，除《大纲》规定的训练科目外，特别增设了军体拳、擒敌拳、消防演习、野外拉练、班战术等学生感兴趣的科目。

3. 构建长效机制

学校注重通过日常养成教育巩固军训成果。我们在《学生行为规则》《考试规则》《教室管理规定》《学生宿舍管理规定》等制度中融入学生军训中的有关要求，利用校园广播、墙报、校刊、国防教育宣传橱窗等校园媒体宣传学习国防知识，并通过建立"国防教育网"，开设"国防教育专栏"，组织开展国防知识抢答赛、国防征文比赛、军用枪射击比赛、"五四"爱国主义升旗仪式等活动，进一步加强学生的国防意识，提高学生的军事素养，逐步建立起从行为规范、内务整理、组织纪律、校园文化建设等方面保障军训效果的长效机制。

二、课程建设取得的成效

（一）课程体系创新

经过几年的建设实践，军事课由原来"重军训轻教学""重技能轻理论"的单一模式向"军训与教学并重""技能与理论并举""必修课与选修课齐备"的多元化课程体系转变，现已形成了以《军事技能训练》和《军事理论课教学》两门公共必修课为主干，以"孙子兵法""经典战例分析"等选修课为拓展，以《国防教育日》《国防教育系列讲座》《国防教育主题演讲》《国防知识竞赛》《国防体育运动》等第二课堂为补充的三位一体教学模式。其中，军事技能训练构建了"立足本校，建强队伍，以老带新，规范组织"富有农大特色的军训自训模式，既减少了集中军训对部队帮训教官数量的需求，又培养了一批全方位的义务管理员和学生工作骨干，建立起学生军训养成体系和保障军训效果的长效机制。

（二）课程内容丰富

我们根据学校人才培养目标，依据《大纲》要求，精心设计、规划军事课精品课程建设内容，充分体现了现代教育思想，符合科学性、先进性和教育教学的规律。军事理论精品课共分为十六个建设分项目，课程内容十分丰富，涵盖了普通高校军事理论课程的主要方面，包括国防概述、国防法规、国防建设、中国武装力量与国防动员、《孙子兵法》的主要军事思想、毛泽东人民战争思想、邓小平新时期军队建设思想、习近平新时代强军思想、中国周边安全环境概况、美国对我国的战略遏制、南海问题、军事高技术概述、伪装与隐身技术、精确制导技术、军事航天技术、信息化战争概述、信息化战争的基本特征、信息化战争的发展趋势、伊拉克战争特点剖析等，截至 2015 年 12 月底，十六个分项目教学内容的全程教学视频录像、后期编辑制作全部完成，并已上传至课程网站。军事理论课程内容经典与现代的关系处理得当，具有基础性、研究性、开拓性与前沿性，并及时把军事学科最新发展成果和教研教改成果引入教学。军事实践课程内容的技术性、综合性和实用性的关系处理得当，能有效培养学生的实践能力和创新能力。强调理论联系实际，课内课外结合，融知识传授、能力培养、素质教育于一体，教育成效显著。总之，我校坚持以军事精品课程建设为契机，不断深化教学改革，形成了自己的课程特色，提高了军事课教学质量和效果，专职教师教学水平明显提升，军事课程建设呈现出良好的发展态势。

（三）教学方法创新

精品课程建设中，课程组注重在军事课堂教学过程中的探究性学习、研究性学习、合作性学习，体现以学生为主体、以教师为主导的教育理念；根据军事课程内容和学生特点，进行合理的教学设计，要求课堂内容能反映或联系学科发展的新思想、新概念、新成果，能启迪学生的思考、联想及创新思维；重视教学方法改革，灵活运用多种恰当的教学方法，有效调动学生学习积极性，促进学生学习能力发展；充分运用现代教育技术手段，制作融声音、文字、图象、影像等信息为一体的多媒体教学课件，加大了课堂教学信息量，使教学过程生动直观、形象逼真，有助于将复杂的内容简单化，将抽象的内容形象化，在激发学生学习兴趣和提高教学效果方面取得了很大实效。

（四）教学团队优秀

我校现配备军事教员6名，为湖南省配置最多的普通高校。其中，3名专职军事理论教师，3名专职军训指导教师；3名来自地方培养，3名来自部队转业；1名副教授，5名讲师；1名博士研究生，3名硕士研究生，2名本科生，无论从教员职称结构、学历层次，还是专业结构、年龄梯队上，均满足了我校全日制大一新生军事课教学的需要。精品课程负责人陆海燕副教授从事大学生国防教育十年有余，敬业务实，锐意进取，教学能力强，教学经验丰富，教学特色鲜明。在她的带领下，军事课教学团队责任感强、团结协作精神好；青年教师的培养计划科学合理，并取得实际效果；军事理论课教学师生互动活跃，教学改革有创意；军事教研室还采取了"走出去""请进来""互相评""专家评"和"以老带新"等措施，及时更新专职教师知识结构，提高教学艺术和水平，激发教学科研热情。几年来，陆海燕老师、杨湘容老师多次获得湖南省普通高校军事理论教学授课竞赛一等奖、全国普通高校军事理论教学授课竞赛二等奖。教学队伍的稳定和雄厚实力，保证了课程建设的顺利发展。

（五）教改成果丰硕

科研是支持教学的重要环节，是国防教育学科建设的支撑。我们军事教研室在加强精品课程建设的同时，下大力进行高校国防教育和大学生思想政治工作学术研究，以教研活动推动教学改革，取得了明显成效。近年来，我校军事教员主持各级各类课题8项，公开发表学术论文20多篇，出版规划教材1部，获得全国普通高校国防教育科研论文一等奖1项，多次获得全省普通高校军事理论教学论文一等奖，学校也多次被评为"湖南省高校军事理论教学论文先进单位"，教

第四章 湖南农业大学军事课精品课程建设实践

师科研氛围已经形成。

1. 教学改革课题

我校教学改革课题的情况如表4-4所示。

表4-4 教学改革课题

序号	课题名称	负责人	课题类别	时间	完成情况
1	普通高校军事理论课教学方法与途径研究	陆海燕	校级教学改革一般项目	2007—2009	已完成
2	高校国防教育的德育功能及实现途径研究	陆海燕	校级青年科学基金项目	2008—2010	已完成
3	素质教育背景下高校国防教育的思想政治教育功能及实现途径研究	陆海燕	省教育厅科学研究一般项目	2010—2012	已完成
4	普通高校学生军训自训模式的研究与实践	欧阳长安	校级教学改革重点项目	2010—2013	已完成
5	国防历史教学对引导大学生形成正确爱国观的途径研究	杨湘容	省大学生思想政治教育研究项目	2011—2013	已完成
6	普通高校军事理论课程教学方法的改革与创新研究	陆海燕	省教育科学规划一般项目	2011—2016	已完成
7	辛亥革命前十年间的民变与晚清的覆亡	杨湘容	省哲学社会科学规划基金项目	2011—2013	已完成
8	新媒体时代大学生总体国家安全观培育路径研究	陆海燕	省教育科学规划一般项目	2017—2020	进行中

2. 教学科研论文

我校教学科研论文的情况如表4-5所示。

表4-5 教学科研论文

序号	论文名称	作者	发表期刊名	发表时间
1	普通高校军事理论教师队伍建设的思考	陆海燕	湖南第一师范学校学报	2007.3
2	论新世纪军事理论公开课的"五备"教学法	陆海燕	时代经贸	2008.5

· 131 ·

续表

序号	论文名称	作者	发表期刊名	发表时间
3	高校学生国防意识的调查与分析	雷志敏	新时期学生工作的理论与实践研究	2008.5
4	高校国防教育的德育功能研究述评	陆海燕	思想政治教育研究	2009.4
5	马克思主义"现实的个人"理论对思想政治教育的启示	陆海燕	思想政治教育研究	2009.5
6	普通高校军事理论课运用开放式教学方法的探讨	陆海燕	湖南医科大学学报（社科版）	2009.6
7	军事理论课案例教学方法的实践与思考	陆海燕	全国普通高校第四届国防教育学术研讨会论文集	2009.7
8	大学新生军训中的思想政治工作刍议	陆海燕	职业时空	2009.9
9	大学生国防教育的价值意蕴与实施路径	雷志敏	黄冈师范学院学报	2009.10
10	大学生公寓管理与思想教育	陆海燕	中国成人教育	2010.3
11	普通高校学生军训"以老带新"自训模式研究	雷志敏	中国科教创新导刊	2011.6
12	从当代青年特点看思想政治教育发展	陆海燕	思想教育研究	2012.2
13	高校国防教育培育大学生民族精神路径探析	陆海燕	文教资料	2012.5
14	普通高校"老生训新生"军训模式中学生教官培养的探讨	雷志敏	理论观察	2012.6
15	对大学军训"自训"模式的调查与思考	张莉莹	成功	2012.9
16	普通高校培育学生军训教官的实践探析	欧阳长安	中国科教创新导刊	2012.10
17	高校国防教育与思想政治教育的整合路径探析——以湖南农业大学为例	陆海燕	学理论	2013.1
18	通过国防历史教育增强大学生的国防意识	杨湘容	文教资料	2013.3

第四章　湖南农业大学军事课精品课程建设实践

续表

序号	论文名称	作者	发表期刊名	发表时间
19	普通高校军事课程建设的经验和成效——以湖南农业大学为例	陆海燕	职业时空	2014.5
20	高校军事理论课教学改革研究综述	陆海燕	理论观察	2014.8
21	"军事理论课"运用研讨式教学需注意的问题探微	陆海燕	教书育人（高教论坛）	2016.4
22	战例教学在普通高校军事理论课中的运用	陆海燕	教育教学论坛	2016.8
23	试论信息技术促进军事理论教学的跨越式发展	邓治慧	课程教育研究	2016.8
24	体验式教学在军事理论课中的应用探析	陆海燕	学理论	2016.11

3. 出版教材

我校出版教材的情况如表4-6所示。

表4-6　出版教材

序号	教材名称	编委	出版单位	出版时间
1	新编高等学校军事课教程	陆海燕、杨湘容、常丹、欧阳长安、雷志敏、邓治慧、谭煌辉	西北工业大学出版社	2016.7

三、今后继续努力的方向

我校军事课精品课程建设虽然积累了一定经验，取得了一些成效，但还存在一些问题，如课程内容的更新与优化、教学方法的创新与实践、教师培训力度、教学资源的共享与课程网站辐射面等方面还有待进一步提高和落实。我们将以精品课程建设为契机，继续发挥已有优势，克服缺点，弥补不足，重点加强以下几方面的工作。

（一）进一步加强国防与军事教育课程的内容更新工作

当前，随着形势的变化发展，军事课内容陈旧速度快，另外，从国防教育课程的发展趋向看，国防与军事教育已成为高校素质教育的一部分，已从过去单纯强调国家需求与社会需要，到现在同时也重视学生的个体发展。我们将与时俱进，结合十九大精神和习近平新时代强军思想，加大对原有课程的整合力度，不断更新与优化课程内容，增加一带一路、军民融合、总体国家安全观教育、习近平强军思想、习近平外交思想、改革强军、科技强国等军事课教学内容，尤其重视在新形势下，更注重教学内容的国际化，开拓学生的国际视野。

(二) 进一步扩大课程资源的共享互通和精品课程的示范辐射作用

精品课程是办特色大学和体现一流教学水平的优质课程，精品课程建设要体现现代教育思想，符合科学性、先进性和教育教学的普遍规律，并能恰当运用现代教学技术、方法与手段。目前，我校军事课精品课程示范作用还没有充分发挥出来，示范和辐射作用没有达到最佳效果，以后要加强这方面的工作，积极探讨军事课精品课程资源推广应用的有效性策略，充分利用网络等形式实现资源共享和资源优化利用，实现本课程课堂内外的有机融合，进而实现军事课精品课程的"建设"和"利用"并举、优质教学资源的共享和互通，让精品课程示范作用充分发挥出来，最大限度发挥精品课程建设的效益。

(三) 进一步以人为本，加强教师培训力度，不断提高军事教师教学水平

高水平的军事教师队伍是搞好军事课教学的重要条件。我们将继续加强在岗教师的培养工作，重视军事教师的学历后继续教育，送他们进修硕士或博士研究生学历，参加各级各类研修班进行专题进修，完善青年教师日常培训计划等，采取在职培训与离岗培养、长期培训与短期培训、"走出去"与"请进来"相结合的方式和办法，进一步优化师资队伍，建设一支结构合理、教学水平高、教学效果好、人员稳定的教师梯队，以便进一步提升教师教学水平和进一步提高军事课教育教学质量，促进学生素质的全面提升。

此外，我们还要进一步加大教学改革实践力度，鼓励教师积极申报教改课题，深入总结教学经验，积极撰写教改论文，鼓励师生双方积极参与课堂教学的改革与创新，不断优化教学设计和教学过程，促进教学相长；进一步完善学生自主学习体系和教学评估体系，积极探讨军事课精品课程的管理模式和评价体系，实现对军事课精品课程建设的全方位评价，促进军事课教学质量的普遍提高；把军事理论慕课建设与精品课程建设有机结合起来，充分利用现有的教学资源和网络平台，推动军事课校内SPOC（小规模限制性在线课程）甚至校内MOOC（大型开放式网络课程）建设，全面推广和普及混合式教学模式，真正实现军事课以"教师为中心"向以"学生为中心"的翻转，坚持以"学"为本的教学价值取向，将军事课建设成为优质的在线网络课程。

第四节 部分教学课例

国防概述

教学目的与要求

通过教学，使学生了解国防的含义及基本要素，掌握国防的基本类型，熟悉现代国防的主要特征，增强他们为国防建设尽义务的责任感和使命感。

教学内容

国防含义及其要素、国防的基本类型、现代国防的主要特征。

重点难点

重点：国防含义及其要素、国防的基本类型。

难点：现代国防的主要特征。

本章参考书目与资料

[1] 宋时轮等主编《中国军事百科全书》，北京：军事科学出版社，1997.

[2] 《中华人民共和国国防教育法》，2001年4月2日九届人大常委会第21次会议审议通过.

[3] 《十八大报告辅导读本》，北京：人民出版社，2012.

教学过程

课时安排：1课时；教具：多媒体、影视资料。

作为一个国家、一个民族，最重要的无外乎两件大事，一个是发展问题，一个是安全问题。国防，就是人类社会发展与安全需要的产物，它是关系到国家和民族生死存亡、荣辱兴衰的根本大计。早在2 500多年前，我国伟大的军事家孙子就认识到了这一点，他说："兵者，国之大事，死生之地，存亡之道，不可不察也。"而几乎与此同时的古希腊著名军事家伯利克里同样认为："一个人在私人生活中，无论怎样富裕，如果他的国家被破坏的话，也一定会陷入普遍的毁灭中；但是只要国家本身安全的话，个人就有更多的机会从私人的不幸中恢复过来。"这两句话无不体现出这样一个道理：国无防不立，民无兵不安。这是千年的古训，也是对现代的警示。

大家知道，简体的"国"字，"口"字里面装个"玉"，玉是中华民族文化中美好的象征，但没有四边的防，这块玉是必碎无疑；那么，繁体的"國"字，"或"，邦也，把国与象征兵器的"戈"联在一起，从戈守口，具有明确的保卫之意，有兵器的防卫才有国。（视频："国"字的演变30秒）

我们作为中华民族的一员，作为当代的大学生，关注国防、了解国防、建设国防，是我们义不容辞的责任。这节课我们就来学习国防概述，分析三个问题：第一，国防含义及其要素；第二，国防的基本类型；第三，现代国防的主要特征。

一、国防含义及其要素

国防不是从来就有的，它是人类社会发展到一定阶段出现了阶级和国家的时候才产生的，在我国，就是第一个奴隶制国家夏朝的建立才有了国防。"国防"一词也是孔融向汉献帝进谏才出现的，他说"臣愚以为宜隐郊祀之事，以崇国防"，也就是建议汉献帝要重视国防。那么，什么是国防呢？《中华人民共和国国防法》给"国防"作了一个明确的界定：国防就是国家为防备和抵抗侵略，制止武装颠覆，保卫国家的主权、统一、领土完整和安全，而进行的军事及与军事有关的政治、经济、外交、科技、教育等方面的活动。同学们要理解这个概念，必须弄懂构成国防概念的四个要素：主体、对象、目的、手段。

随着社会的发展，现代国防已注入了新的内涵，是一个大系统，主要包括以下多个方面：武装力量建设、国防体制建设、国防经济、国防外交、国防科学技术研究、国防工业建设、国防工程建设、战场建设、军事交通、国防动员准备、对人民群众进行国防教育、建立国防法规等，这些都属于国防的范畴。而且，不同性质、不同制度、不同政策的国家，有着不同的国防目标和国防特征。那么，当前世界上各国的国防到底有多少种类型呢？

二、国防的基本类型

归纳起来，国防主要有以下四大类型。

（一）扩张型

为了维护本国在世界各地利益，以国家安全和防务需要为幌子，将其他国家和地区纳入自己的势力范围，对其进行侵略、颠覆或渗透，把国防作为侵犯别国主权和领土、干涉他国内政的代名词。

（二）自卫型

在国防建设上以防止外敌入侵为目的，主要依靠本国的力量，广泛争取国际上的同情和支持，以达到维护本国的安全、周边地区和世界的和平与稳定。

(三) 联盟型

一些国家为弥补自身国防力量的不足，以结盟的形式联合他国进行防卫。从联盟国之间的关系来看，国防还可分为一元体联盟和多元体联盟。

一元体联盟是以一个大国为主导地位，其余国家为从属地位，如美日韩国防联盟，目前的日本、韩国的国防都是以美国为盟主建立的国防；多元体联盟则是各国基本处于平等地位的伙伴关系，共同协商防卫大计，如北约组织和苏联解体后的独联体组织。

(四) 中立型

主要是指小发达国家为了保障本国的繁荣和安全，严守和平中立的国防政策，制定了总体防御战略和寓兵于民的防御体系，如瑞士、瑞典，寓兵于民，大搞全民皆兵的国防。有的则采取完全不设防的方式，如圣马力诺是个无军队之国，只有少数警察来维护社会秩序，就算失火了，也是请邻国意大利的消防队去救火。

地处中欧腹地的"花园国家"瑞士，是一个小国，人口600万，军队仅4万人，是世界上著名的中立国，东邻奥地利，南邻意大利，西邻法国，北邻德国。100多年来，处于两次世界大战中心的瑞士，居然没有发生过战争，其原因何在？对此，瑞士一位外交官说："我们瑞士公民迈出右脚时是一个公民，迈出左脚时就是一个战士。如果要问为什么我们100多年没有打过仗，主要原因就是我们随时都在准备打仗。"这正是重视国防教育的结果。在瑞士，公民的国防观念相当强，家家户户都有国防小册子，枪支弹药发到每家每户，防空洞、地道处处相连，公民例行参加各种形式的军事训练，并积极交纳国防税，主动参与和支持国防建设。

三、现代国防的主要特征

现代国防又叫社会国防、大国防、全民国防，它是对传统国防的继承和发展，是一种全新的观念和国防实践活动，现代国防大体有以下五个方面的特征。

(一) 现代国防是国家综合国力的体现

《中国军事百科全书》给综合国力下了一个定义：是指一个国家所拥有的全部资源以及物质和精神力量，标志着国家的经济、政治、科技、军事、文化等方面发展的总体水平。也就是说，综合国力包括政治力、经济力、科技力、精神力、国防力等多个要素。其中，有三个基本要素：经济实力、军事实力和民族凝聚力。经济实力是基础，军事实力是支柱，民族凝聚力是灵魂。这三者当中，最重要的是经济实力，它不仅是综合国力的物质基础，也是其他要素的基础，离开了经济实力,其他实力就无从谈起。

经济实力、军事实力对综合国力来说很重要(硬实力),除此之外,国家意志,也就是民族精神、民族凝聚力(软实力),在综合国力中同样具有重要的地位。我们来看雷·克莱茵的国力方程,他把综合国力分为物质力量和精神力量两部分,是这两部分的乘积:$P = (C + E + M) \times (S + W)$。如果说一个国家的 C、E、M 相对稳定,那么可以将其看作常量,综合国力就取决于后面的 W 这个变量,很显然,W 大综合国力就大,W 小综合国力就小。我们国家素来有着强大的民族凝聚力,十四年的抗日战争、三年的抗美援朝保家卫国战争……中国军队那种排山倒海、坚韧顽强、奋勇冲杀和不怕牺牲的精神,被外国称之为"谜一样的东方精神",充分显示了中华民族不屈不挠、团结一致、众志成城的民族精神。

(二)现代国防是多种斗争形式的角逐

现代国防斗争,不仅仅是战场上的武力较量,同时也通过非武力斗争形式进行,如政治斗争、心理斗争、经济斗争、科技斗争、外交谈判、军备控制等。比如科索沃战争,交战双方不仅在军事上进行激烈对抗,在心理和精神上也进行了针锋相对的斗争。面对强敌,南联盟一方面通过反空袭,击落美国的 F-117A 隐形轰炸机,来证实自己的作战能力;另一方面通过处理战俘问题,向北约官兵施加心理压力,同时,通过民众反战游行示威,来弘扬民族凝聚力,鼓舞军民的反战士气。所以,这场战争可以说是一场"兵战",也是一场"心战"。再如海湾战争,美军散发大量录音带、录像带、单频收音机、传单漂流瓶等,使 7 万名伊军官兵成建制地投降,在这些投降的官兵中,看过传单的占 98%,70% 承认是传单使他们下了决心,80% 承认曾定时收听美军电台的广播。还有伊拉克战争,美军一方面对伊拉克进行"斩首"行动,另一方面利用网络、传单、广播、电视、图片等多种媒体手段对伊军官兵进行"倒萨"宣传,鼓动伊军民"内讧",进行强大的攻心瓦解。可见,现代国防是以军事力量角逐为主的、多种斗争形式的综合对抗。

(三)现代国防具有实战与威慑的功能

威慑是指依靠国防实力和国防潜力慑服敌人,使敌人感到对我使用武力将得不偿失或将受到加倍的报复和惩罚,从而不敢轻举妄动,直至放弃战争企图或浅尝辄止,也即是达到孙子所说的"不战而屈人之兵"的目的。威慑已经成为和平时期国防的主要功能,目前能起到威慑作用的活动形式多种多样,如军事演习、阅兵、导弹试射、国防外交、国防动员等。20 世纪 60~70 年代,我国拥有了"两弹一星"。在我国,也正是因为拥有了"两弹一星",才能具有强大的威慑力量,才能换来七十年来乃至更长时间的和平。正如周总理深刻指出的"没有这一声响,中国人在世界上说话就不算数,就没有人理你",邓小平也说"如果六十年代以来中国没有原子弹、氢弹,没有发射卫星,中国就不可能叫有重要影响的大国,就没有现在这样的国际地位。"可见,"两弹一星"确实大涨中国人民的志气,大振中国的国威。但是,我们拥有核武器,只是用来威慑的,不是用来侵略扩张的,中国政府向世界人民多次承诺:任何时候任何情况下,绝不首先使用核武器,不对无核国家使用或威胁使用核武器。我国拥有核武器,只是用来遏制核大国的核垄断,最终消灭核武器,中国人民是热爱和平的。

（四）现代国防既是一种国家行为又是一种国际行为

经济全球化的发展趋势,使得国与国之间的联系愈来愈紧密。现代国防作为一种国家基本行为的同时,也日益成为一种国际行为。

（五）现代国防具有多层次的目标

从范围上,现代国防可分为自卫目标、区域目标和全球目标。我们从内涵上对国防的目标层次进行分类,一种是基于保证国家生存、民族独立型的国防,称为生存目标；另一种是使国家生存无忧,民族独立无虑,国防的目标在于争取一个适合国家发展的空间,称之为发展目标。

本节课共学习了三个问题：国防含义及其要素、国防的基本类型、现代国防的主要特征。通过本节课的学习,希望同学们能进一步了解国防,关注国防,树立牢固的国防观念和国家安全意识,为建设强大的国防和实现中华民族的伟大复兴贡献自己的一分力量。

作业与思考题

1. 国防的含义是什么？有哪些基本类型？
2. 现代国防的主要特征有哪些？
3. 结合自己的认识谈谈国防的地位和作用？

国防法规

教学目的与要求

通过教学,使学生熟悉国防法规的基本内容,明确公民的国防义务与权利,了解大学生参军入伍优惠政策,增强他们依法建设国防和自觉履行国防义务的观念。

教学内容

国防法规的特性、我国的国防法规体系、公民的国防权利和义务、大学生参军入伍的情况和优惠政策。

重点难点

重点：公民的国防权利和义务、大学生参军入伍的情况和优惠政策。

难点：国防法规的特性。

本章参考书目与资料

［1］《中华人民共和国国防教育法》，2001年4月2日九届人大常委会第21次会议审议通过．

［2］《中华人民共和国兵役法》，1998年12月29日八届人大常委会第6次会议审议通过．

［3］宋时轮等主编《中国军事百科全书》，北京：军事科学出版社，1997.

教学过程

课时安排：1课时；教具：多媒体、影视资料。

同学们，在中国特色社会主义建设的新形势下，在依法治国的大环境中，国防法规对于加强国防和军队信息化建设，做好新时期军事斗争准备，将发挥越来越重要的作用。这节课我们就来学习国防法规，从四个方面来了解：一、国防法规的特性；二、我国的国防法规体系；三、公民的国防权利和义务；四、大学生参军入伍的情况和优惠政策。

一、国防法规的特性

由于国防和军事活动具有一定的特殊性，国防法规有着区别于其他法规的具体特征。主要表现在以下方面。

（一）调整对象的军事性

大家知道，不同的法律规范是用来调整不同领域的社会关系的。比如，民法是用来调整公民、法人之间的财产和人身关系的，婚姻法是用来调整公民的婚姻家庭关系的。那么，国防法规就是专门用来调整国防和武装力量建设领域的各种社会关系的。当然，调整对象的军事性决不意味着国防法规只管军队、不管地方，国防是国家行为，是整个国家的事、是全民族的事，各部门和社会各阶层人士都与国防有密切的关系。因此，我国国防法规对军地、军民双方均具有约束力。

（二）内容公开的相对性

公开性是一般法律固有的特性，但国防法规有所不同。一些基本的、主要的国防法规必须公开，如《国防法》《兵役法》《国防教育法》等。但关于军队的作战、训练、编制、装备和战备工作等方面的法规只限一定范围的人员知晓，如各种《战斗条令》《军事训练条例》《战备工作条例》等，都规定了保密等级。所以说，国防法规的公开性是相对的。为了国家安全，应该保密的国防法规也要严格保密。

（三）法律适用的优先性

国防法规的优先适用，是指在解决与国防利益、军事利益有关的法律问题时，如果国防法规和普通法都有相关的规定，这时要以国防法规的规定作为评判是非的标准和采取行动的准则。

（四）处罚措施的严厉性

我国对危害国防利益的犯罪实行比较严厉的处罚。如《中华人民共和国刑法》规定，一般抢劫罪通常处3年以上10年以下有期徒刑；而冒充军警人员抢劫的，或抢劫军用物资的，处10年以上有期徒刑、无期徒刑或者死刑。

二、我国的国防法规体系

国防法规体系，是指由不同层次和不同门类的国防法律规范构成的有机整体。国防法规的不同层次体现了国防法规之间的纵向联系，国防法规的不同门类体现了国防法规之间的横向联系。目前，我国的国防法规，按立法权限可以区分为四个层次：第一个层次是法律，由全国人民代表大会及其常务委员会制定，如《国防法》《兵役法》等；第二个层次是法规，由国务院和中央军委制定，如《中国人民解放军现役士兵条例》《退伍义务兵安置条例》《民兵工作条例》等；第三个层次是规章，由国务院各部委、军委各总部、各军兵种、各大战区制定，如陆军的《战斗条令》、海军的《舰艇条令》、空军的《飞行条令》等；第四个层次是地方性法规，是由省、自治区、直辖市人民代表大会及其常务委员会制定的贯彻执行国家国防法规的实施办法、实施细则、补充规定等。我国的国防法规按调整领域可以划分为十六个门类，这些不同门类的国防法规，调整、规范国防和军事活动的领域不同。

目前，我国国防和军事方面的法律、法规、规章之间内容衔接配套、协调一致，已形成一个有机整体。在此我们只简单了解国防基本法类和兵役法类。

（一）国防基本法类

国防基本法是调整国防和武装力量建设领域基本社会关系的行为准则，对国防和武装力量建设具有全面的规范作用。国防基本法主要包括《中华人民共和国宪法》(以下简称《宪法》)中有关国防和军事制度的规定以及《国防法》,它们是国防建设和武装力量建设的基本依据。

《宪法》是国家的根本大法,具有最高的法律效力和权威。规定了国家的根本制度和根本任务,同时对经济、教育、文化、外交、国防和军事等各方面的基本制度也做出了规定。宪法中关于国防和军事制度的规定构成国防基本法中具有领率作用的部分。

《国防法》是我国国防和武装力量建设的基本法,共十二章,七十条,主要规定了国防活动的基本原则,国家机构的国防职权,武装力量,边防、海防和空防,国防科研生产,国防经费,国防动员和战争状态,公民、组织的国防义务和权利,军人的义务和权益,对外军事关系等。

(二) 兵役法类

兵役法,是指国家制定的关于兵役制度和公民兵役义务的法律规范总称,是国家开展兵役工作,确保公民服兵役、确保常备军和后备兵员补充的法律依据。兵役法主要包括《兵役法》《现役军官法》《预备役军官法》《军官军衔条例》《民兵工作条例》《征兵工作条例》等法律法规。现行《兵役法》共十二章,六十八条,主要规定了国家的基本兵役制度,平时征集,士兵的现役和预备役,军官的现役和预备役,民兵,预备役人员的军事训练,学生军事训练,战时兵员动员,惩处等。

那么现行《兵役法》规定我国实行什么样的兵役制度和兵役原则呢?

1. 兵役制度。《兵役法》第2条规定:"中华人民共和国实行义务兵与志愿兵相结合、民兵与预备役相结合的兵役制度。"这说明我国目前同时实行义务兵役制和志愿兵役制这两种士兵服役制度,这种做法叫做混合兵役制。在部队之外,则实行民兵与预备役相结合的后备兵员储备制度。

根据《兵役法》规定,义务兵服役的期限为两年;义务兵服现役期满后,根据军队需要和本人自愿,可以改为志愿兵,现称士官;根据军队需要,士官也可以直接从非军事部门具有专业技术的公民中招收,即士官直招。我国实行义务兵与志愿兵相结合的制度,既保留了义务兵役制的优点,有利于军队兵员的年轻化、知识化,又弥补了义务兵役制的不足,有利于保留技术骨干,适应军队现代化建设的要求,加强军队的质量建设。

民兵和预备役部队都是国家后备兵员。民兵是不脱离生产的群众武装组织,是中国解放军的助手和后备力量。预备役部队则是以现役军人为骨干、不脱产的预备役人员为基础组建起来的正规武装,是公民在军队以外所服的兵役,也是国家储备后备力量的一种形式。

2. 兵役原则。现行《兵役法》体现了以下四大兵役原则。

（1）普遍平等。《兵役法》第3条规定："中华人民共和国公民，不分民族、种族、职业、家庭出身、宗教信仰和教育程度，都有义务依照本法的规定服兵役。"这表明，我国公民在服兵役方面普遍负有平等的义务，也普遍享有平等的权利，充分体现了"中华人民共和国公民在法律面前一律平等"、"各民族一律平等"的宪法原则。

（2）男女有别。《兵役法》对男女公民服兵役提出了不同的要求，主要体现在兵役登记、服现役、服预备役、参加民兵组织等方面的不同规定。

（3）合理照顾。《兵役法》规定："有严重生理缺陷或者严重残疾不适合服兵役的人，免服兵役。"比如，精神病患者、痴呆者以及残疾人等，他们因身体条件不适合服兵役，国家免除他们服兵役的法律义务，体现了国家对他们的照顾。

（4）严格限制。《兵役法》规定："依照法律被剥夺政治权利的人，不得服兵役。""应征公民被羁押正在受侦查、起诉、审判或者被判处徒刑、拘役、管制正在服刑的，不征集。"可见，依法被剥夺政治权利的人没有资格服兵役，既不得被征集服现役，也不得编入民兵组织或登记服预备役。

三、公民的国防权利和义务

国防义务是公民和组织依照宪法和法律规定在维护国防利益方面应当履行的责任，由国家强制力保证其落实。根据《国防法》的规定，我国公民承担的国防义务主要有接受国防教育、保护国防设施、保守国防秘密、支持国防建设、协助军事活动、依法服兵役。在此，我们重点了解公民依法服兵役的义务。

公民履行兵役义务的主要形式有三种：服现役，服预备役，参加学生军事训练。

（一）服现役

现役是公民在军队中所服的兵役，参加中国人民解放军和武装警察部队都是服现役。公民服现役的途径有三个：一是应征入伍，即每年征兵时报名参军，大多数公民是通过这个途径服现役的；二是报考军事院校，普通中学学生可以报考军事院校，如被录取，也就是入伍了；三是大学在校生和毕业生入伍。从21世纪初开始，国家即提倡和鼓励在校大学生报名参军，教育部和其他有关部门还联合出台了有关奖励政策。

（二）服预备役

预备役是公民在军队之外所服的兵役，包括军官预备役和士兵预备役。公民服士兵预备役的年龄为18~35岁。服预备役的途径主要有两个：一是参加民兵组织服预备役，所有的民兵都是预备役人员，参加民兵组织也就是服预备役；二是编入预备役部队服预备役，公民编入预备役部队，担任军官是服军官预备役，担任士兵是服士兵第一类预备役。

（三）参加学生军事训练

《兵役法》第43条规定："高等院校的学生在就学期间，必须接受基本军事训练。"这个规定表明，接受军事训练是同学们必须履行的兵役义务。2007年教育部、原总参谋部、原总政治部发布的《学生军事训练工作规定》第16条规定："普通高等学校军事技能训练和军事理论课教学是在校学生的必修课程，学校应当统一规划、实施和管理。"这意味着军训作为普通高校的一门必修课，纳入教学计划，成绩记入同学们档案，考试不合格的，会影响到毕业。

同学们参加军训，其实是一件"双赢"的事情，不仅对国家有利，对同学们个人同样有利。一方面，军训使同学们掌握了一定的军事理论知识和军事技能，增强了国防意识，从而为国家储备大量高素质的军事后备人才，是加强国防后备力量建设的战略举措；另一方面，同学们通过军训，不仅可以丰富知识，增强体魄，而且可以培养大家爱国奉献的责任意识、令行禁止的纪律观念、扎实奋斗的拼搏精神。

按照权利与义务一致的原则，公民在履行国防义务的同时，也享有相应的国防权利。公民所享有的最基本的国防权利是，和平劳动和正常的学习、生活受保护的权利，同时《国防法》还赋予公民对国防建设事业提出建议的权利，对危害国防的行为进行制止和检举的权利，在国防活动中受到直接经济损失获得补偿的权利。

四、大学生参军入伍的情况和优惠政策

随着科学技术与新军事变革的迅猛发展，国家对高素质兵员的需求日益增强。大学生是国家的宝贵人才资源，征集大学生参军入伍，既是建设巩固国防和强大军队的迫切需要，也是服务经济社会发展和维护国家长治久安的客观要求。为鼓励大学生参军入伍，我国对高校在校生、高校毕业生应征入伍出台了诸多优惠政策，主要有：从2011年秋季学期起，国家对应征入伍服义务兵役的高校学生在校期间缴纳的学费实行一次性补偿，对获得的国家助学贷款实行代偿，退役后复学或入学的实行学费减免。大学生参军入伍除享受义务兵正常优待外，还享受优先报名应征、优先体检政审、优先审批定兵、优先安排使用的政策。在部队服役期间，可以优先选改士官，高校毕业生士兵还可直接选拔为军官。退役后，

第四章 湖南农业大学军事课精品课程建设实践

在就业安置、考研升学等方面享受更多优惠政策。为鼓励更多大学生参军入伍，2016年起，教育部还设立"退役大学生士兵专项硕士研究生招生计划"（简称"大学生士兵计划"），专门招收退役大学生士兵攻读硕士研究生，为退役大学生士兵提供了更多成长成才通道。

部队是一所大熔炉、大学校，是大学生锻炼成长的大舞台。2001年以来，成千上万大学生携笔从戎，在部队建功立业，有的成长为部队的带兵骨干，成为共和国军官，还有的退役后，不改军人本色，展示军人风采，成为各行各业的优秀人才。

高某，甘肃庆阳人，2003年高中毕业，考入北京大学光华管理学院。2005年12月入伍，服役于中国人民解放军96213部队。服役期间，仅用一年时间，他就掌握了导弹测控专业的5大核心电路图，学会了五六年老兵才能掌握的专业理论知识，先后18次参加各级组织的军事考核和比武，次次名列前茅。2006年底被评为"优秀士兵"，2007年被评为第二炮兵某基地"优秀共产党员"，当选2007年中国大学生年度人物、2007年中国教育年度人物。2007年12月退役后复学。2009年6月本科毕业，获得北京大学经济学学士和法学学士双学位，被评为"北京市优秀毕业生"。本科毕业后他又在北京大学攻读了金融学硕士和博士学位。

吴某某，1988年2月出生，2007年12月从滨州学院入伍，2009年9月入党。2008年12月，作为我军第一位义务兵军事留学生赴土耳其陆军特种作战学校留学，打破该校3项训练纪录。2009年6月，凭借过硬素质入选参加第十四届"安德·波依德"国际特种兵比武竞赛，和队友一起夺得13项比赛项目中的8块金牌、3块银牌，取得外国参赛队总分第一名的优异成绩，并荣立一等功。2013年9月被总政治部通报表彰为第十四届全军学习成才标兵。

陈某，1997年7月毕业于南昌航空大学计算机及应用专业，分配到江铃汽车集团公司任计算机管理员，同年12月入伍，2000年3月提干，历任导弹操作手、教员、发射站站长、营指挥室主任和导弹营营长。入伍13年，他多次参加重大军事演练，发射导弹命中率100%，先后荣立二等功1次、三等功3次，被表彰为全军爱军精武标兵、全军优秀指挥军官、全军学习成才先进个人。

他们的人生经历告诉我们，选择了参军入伍就选择了人生的磨砺，选择了人生的磨砺也就选择了人生的收获。军旅生涯将会给我们人生阅历增添其他职业无法比拟的丰富与厚重。作为当代大学生，到部队服役，既是报效祖国，尽了义务,又得以全面提高自身的综合素质,实现人生的理想。所以在此,欢迎广大有志青年把参军入伍作为人生理想追求,把成才梦融入强国梦强军梦,在军营这所大学校书写自己人生的壮丽篇章。我希望,未来在我们的行列中走出来的,不仅有各界精英、科学泰斗,而且有军事专家、无敌将军!

作业与思考题

1. 我国的兵役制度和兵役原则是什么?
2. 公民的国防义务和权利有哪些?
3. 结合所学谈谈你对大学生参军入伍优惠政策的认识?

毛泽东军事思想——人民战争思想

教学目的与要求

通过教学,使学生了解毛泽东人民战争思想的特定内涵,弄清毛泽东领导的人民战争与一般意义人民战争的本质区别,熟悉毛泽东人民战争思想的基本原理,进而树立人民战争依然是我们克敌制胜的法宝、信息化条件下必须坚持和发展人民战争的观念。

教学内容

一般意义人民战争思想的概念、毛泽东人民战争思想的特定内涵、毛泽东人民战争思想的基本原理、信息化条件下坚持和发展人民战争思想。

重点难点

重点:毛泽东人民战争思想的基本原理、信息化条件下坚持和发展人民战争思想。

难点:毛泽东人民战争思想的特定内涵、毛泽东领导的人民战争与一般意义人民战争的本质区别。

本章参考书目与资料

[1] 廖国良等主编《毛泽东军事思想发展史》,北京:解放军出版社,1991.

[2]《毛泽东军事文选》,北京:中国人民解放军战士出版社,1981.

[3] 宋时轮等主编《中国军事百科全书》(军事思想卷),北京:军事科学出版社,1997.

教学过程

课时安排:1课时;教具:多媒体、影视资料。

第四章 湖南农业大学军事课精品课程建设实践

人民战争思想是毛泽东军事思想的核心内容，是我党进行革命战争的根本指导路线，是先进的军事理论。纵观中国历次革命战争，为什么能由小到大、由弱到强、处处化被动为主动，正是人民战争思想发挥的巨大威力。因此，全面系统地学习、领会和掌握这一思想，对坚定人民战争必胜的信念、打赢信息化战争，具有重要的意义。

在人类历史上，人民战争早已存在，它伴随着阶级社会的产生而产生，是人民群众进行阶级斗争的一种实践活动。在我国，毛泽东曾把殷商时期的周武王伐纣称为"当时的人民解放战争"，历史上陈胜、吴广领导的反抗秦王朝的战争，李自成领导的反抗明王朝的战争，以及近代中国人民反抗外来侵略的鸦片战争和义和团反帝斗争，均属于人民战争的范畴。在外国，马克思和恩格斯把古罗马的斯巴达克奴隶起义、美国独立战争、法国的资产阶级革命、西班牙人民反对拿破仑的战争等，都称为人民战争。那么，什么是人民战争，衡量是不是人民战争的标准是什么？

一、人民战争思想的概念

（一）一般意义的人民战争

人民战争就是广大人民群众为反抗阶级压迫或抵御外敌入侵而组织和武装起来进行的战争。理解这一概念需要把握"两个标准"：一是战争的正义性，二是广泛的群众性，这两个条件缺一不可，离开其中任何一个都不能称为人民战争。

例如，1904年爆发的日俄战争，日本与沙皇俄国为了侵占中国东北和朝鲜，在中国东北的土地上进行了一场帝国主义战争。他们也标榜自己所进行的战争是"全民战争"或"民众战争"，但这不是人民战争，因为它是欺骗民众的非正义之战。那么，具备了正义性是不是一定就是人民战争呢？还不一定，还要看战争领导者是否能把广大人民群众组织和武装起来进行战争。比如我国抗日战争时期国民党战场的抗战，虽然是为了保卫祖国的正义战争，但由于蒋介石实行片面的政府军抗战路线，不敢广泛动员和组织人民群众实行全面抗战，只是单纯依靠国民党军队抗战，因而不具有广泛的群众性，所以就不是人民战争。

因此，衡量是不是人民战争，这两个条件缺一不可，正义性是人民战争的首要条件和政治基础，群众性是人民战争的重要标志。

（二）毛泽东人民战争思想的特定内涵

毛泽东依据辩证唯物主义和历史唯物主义基本原理，对历史上人民战争思想做了重大发展，并赋予其特定内涵。

在辩证唯物主义和历史唯物主义基本原理指导下，在中国共产党的正确领导下，以人民军队为骨干，一切为了人民，坚决依靠人民，彻底动员组织人民，充分武装人民，实行全面彻底的群众战争。

（三）与一般意义人民战争的本质区别

毛泽东人民战争与一般意义人民战争到底有什么本质区别呢？我们来做个比较：

1. 战争的目的不同

一般的人民战争尽管也反映着人民的利益，但战争的最终目的并不是真正为了人民；而毛泽东领导的人民战争，从根本上代表了人民的利益，战争的最终目的是真正为了人民。

2. 依靠群众的深度和广度不同

一般的人民战争，虽然也能不同程度地发动和依靠人民群众，但领导者不是把人民作为战争的主体，不可能最大限度地动员和组织人民群众支援和参加战争；而毛泽东领导的人民战争，是建立在充分相信和依靠人民群众的基础之上，所以，能最广泛深入地动员和组织人民群众参加战争。

3. 战争的结果不同

一般的人民战争，尽管对人类历史的发展起着一定的促进作用。但由于战争的领导者受历史和阶级的局限，政治眼光短浅，因而战争的结果有的以失败而告终；有的尽管胜利了，但胜利的果实却被少数人占有，或者成了改朝换代的工具。而毛泽东领导的人民战争，从根本上代表了社会发展的总趋势，战争不仅最终取得了胜利，而且胜利的果实完全属于人民，人民群众彻底翻身，当家做了主人。当然，在某一场具体的战争中，可能由于这样或那样的原因而遭受挫折和失败，但历史地看，新兴者战胜腐朽者，前进者战胜倒退者，乃是不以人们的意志为转移的客观规律。

可见，毛泽东领导的人民战争，是最全面、最彻底的人民战争，是历史上任何一般人民战争所不能比拟的，是我军克敌制胜的法宝。

二、毛泽东人民战争思想的基本原理

毛泽东人民战争思想的基本原理，从根本上说，就是唯物史观在革命战争中的具体运用，它从力量根源、胜负因素、政治基础三大方面进行了阐述。

（一）战争伟力之最深厚的根源存在于民众之中

战争实际上是力量的竞赛，但力量从何而来？毛泽东从唯物史观的高度认为，答案只有一个，即存在于民众之中。因为构成战争力量的基本要素是军力和民力，其中民力是军力的基础，如果离开了民众，战争力量就会成为无源之水，无本之木，也就会失去雄厚的物质基础。我党领导的历次革命战争就是因为有了人民群众的大力支持，才能由小到大、由弱到强、处处化被动为主动（视频：抗战1分22秒）。陈毅形象地说：淮海战役的胜利，是人民群众用小车推出来的。有人做过估算，淮海战役中支前小车，从北京排到南京，可以排五路纵队。毛泽东曾感慨地说，我们的解放战争，主要就是靠北方这一亿六千万人民打胜的。可见，人民群众是力之源、战之助。兵民是胜利之本，这是放之四海而皆准的真理。

（二）战争胜负的决定因素是人不是武器

1. 人是战争胜负的决定因素

人和武器，是战争力量诸因素中最基本的要素。正确看待人和武器在战争中的地位和作用，是进行人民战争的一个重大问题。毛泽东坚持以历史唯物主义和辩证唯物主义的观点考察人和武器在战争中的地位和作用，科学地阐明了人是战争胜负的决定因素这一基本原理。在这方面，毛泽东有许多精辟的论述。"决定战争胜败的是人民，而不是一两件新式武器。"类似的精辟论述，还可以引述很多。

为什么说人是战争胜负的决定因素呢？再好的武器还要依靠人去使用和驾驭才能发挥功能，这是一个再简单不过的道理。因为武器装备是死的，是被动的；而人是活的，是主动的。战争中人的主导作用发挥得怎样，决定着武器装备效能发挥的程度。例如，海湾战争中，伊拉克空军拥有700多架飞机，其中，近一半为较先进的第三代和第四代飞机，如米格－29、苏－24等。然而，这些飞机与美军的F－15战斗机在空中相遇时，都被一一击落，这与飞行员的素质有着非常大的关系。可见，没有好的人员，再好的武器也都是废物。

2. 武器装备是战争的重要因素

毛泽东强调"人是战争胜负的决定因素"，并不排斥武器的重要作用。他认为，"我们不但要有更多的飞机大炮，而且还要有原子弹。在今天这个世界上，我们要不受人家欺负，就不能没有这些东西。"所以，上世纪60～70年代，在那样一个艰难困苦的条件下，我们拥有了自己的"两弹一星"。武器因素对战争的进程、军队的编制体制和战略战术都有直接影响，例如，由于我们的武器装备的落后，所以抗日战争打了14年；而1982年的贝卡谷地之战，以色列空军仅用6分钟就顺利地摧毁了叙军在贝卡谷地的全部19个地空导弹阵地，靠的就是先进的技术装备。在军队编制体制方面，有了坦克才会出现装甲部队，有了先进的指挥控制系统，才会出现数字化部队。可以这样说，在同等物质条件下，谁拥有了武器装备的优势，谁就占据了战斗力的客观优势，谁取胜的可能性就相对更大。但人和武器的作用相比较，毛泽东并没有把两者等量齐观，而是更加强调人的作用。

3. 人和武器是不可分割的统一体

然而，在人和武器相互关系问题上，却有将两者割裂和对立起来的观点。一是把武器看作是战争胜负的决定因素的"唯武器论"。二是轻视或贬低武器在战争中的重要作用，孤立地强调和夸大人的作用的唯心主义观点。上述两种错误倾向，都是同毛泽东关于人和武器相互关系的辩证思想相违背的，我们必须加以反对。

（三）战争的正义性是实行人民战争的政治基础

毛泽东在论述中国共产党领导的人民战争时指出："人民解放军的战争所具有的爱国的正义的革命的性质，必然要获得全国人民的拥护。这就是战胜蒋介石的政治基础。"道理很简单，因为只有正义战争才符合广大人民群众的根本利益，才能唤起亿万人民的激情，最大限度地调动和激发广大人民参战的热情。可以说，没有正义性就没有群众性，正义性是实行人民战争的首要条件。

例如，1945年的上党战役，是抗日战争结束之后国共两党发生的首次军事冲突，这次战役歼灭了阎锡山11个师的部队约3.5万人，占到其总兵力的三分之一，活捉了27名阎锡山的高级将领。他们相互埋怨，百思不得其解。他们不理解装备精良的3.8万阎军，怎么会被只有6门山炮的3.1万的八路军消灭。刘伯承在接见他们时幽默地说："诸位光临此地，不知感到老乡对待你们如何？（讥讽他们反革命反人民内战是不得人心的）你们光从战术上检讨失败的原因，是永远找不到正确答案的。蒋介石的反革命反人民的内战，从战略上决定了你们必然要失败。"

随着信息社会的到来，战争形态发生了变化，出现了信息化战争。人们在感叹高技术武器装备威力时也在质疑，广大民众在信息化条件下到底还能起什么样的防卫作用，人民战争的军事理论是否已经过时。那么，毛泽东人民战争思想到底有没有过时呢？

讨论：毛泽东人民战争思想有没有过时。

三、信息化条件下坚持和发展人民战争思想

(一) 信息化条件下人民战争依然是克敌制胜的法宝

1. 战争的性质没有变，仍然有正义与非正义之分

例如，建国后我国的抗美援朝保家卫国战争、越南战争都以弱胜强、以劣势武器装备战胜优势的现代化武器装备，无不证明人民战争思想所揭示的"正义之师必胜"的伟大真理。再如，科索沃战争，是南联盟人民为反对霸权主义侵略、维护国家主权和领土完整的正义战争，得到全国军民的全力支持和国际社会的普遍声援，因而最大限度地维护了国家利益，再一次证明了信息化条件下人民战争的重要性。

2. 人民的地位作用没有变，战争伟力仍然存在于民众之中

信息化战争条件下，人民群众参战和支前方式发生了变化，但其地位作用没有变，战争伟力仍然存在于民众之中。比如，在科索沃战争中，南联盟的网民们采取各自为战的方式制造出由电子垃圾组成的"信息洪流"堵塞了北约国家和军队的一些网站，降低了北约局部信息网络的通信效率。其中，美海军"尼米兹"航母上的计算机系统瘫痪 3 小时之久；而美海军陆战队所有作战单位的电子邮箱均被"梅利莎"病毒堵塞。对此，就连北约也承认，他们所遭受的攻击是来自一条看不见的战线——因特网。所以，人民群众参战和支前方式发生了变化，但其地位作用没有变，由提供人力、物力保障为主转变为提供技术和人才保障为主。

3. 战争的制胜规律没有变，人依然是战争胜负的决定因素

信息化战争既是客观物质力量的竞赛，更是主观指导决策能力的竞赛。人的谋略水平、指挥能力对战争的胜负至关重要。

总之，由于时代条件特别是技术条件的巨大变化，毛泽东人民战争思想中一些针对当时实际情况而提出的具体的原则和方法，在今天可能已不再适用，但它的基本原理并没有过时，特别是那些反映了战争本质规律的原理、原则，都具有相对的稳定性和普遍的指导意义。

(二) 信息化条件下人民战争的新发展

1. 注重政治、外交斗争的力度和策略

2. "制信息权"是夺取人民战争主动权的关键

在信息化战争中，谁牢牢地掌握了制信息权，谁就为战争的胜利奠定了基础，谁失去了制信息权，谁就接近或等于失败。海湾战争中，伊拉克军队就是因

为丧失了制信息权,基本上不了解对手的部署和计划,上下联络不通畅,指挥失控和出现差错,结果处处被动,只有失败。这种教训值得我们思考和重视。

3. 空袭与反空袭成为人民战争的重要战略阶段和作战样式

在近期的局部战争中,空袭已不只是战争的前奏曲,而成为战争的主旋律。海湾战争打了42天,多国部队的空袭作战就进行了38天,而科索沃战争78天全为空袭,通过空袭作战就直接实现了战争目的。

4. 空战场、海战场地位日益突出,人民战争必须首先夺取海空战场的胜利

以前人民战争的基点是把强大的敌人放进来打,主战场在内陆,现在信息化战争,要御敌于国门之外,空战场、海战场地位日益突出。

5. 城市对实施人民战争具有重要的战略地位和作用

城市是国家或地区政治、经济、文化的中心,具有相当大的战争潜力,谁控制了这个"咽喉",谁就可能在军事上、政治上占有主动。

总之,无论武器装备如何发展,无论战争形态如何变化,人民战争依然是我们克敌制胜的法宝。对付信息化战争,我们真正的优势还是人民战争,人民战争的思想任何时候都不能丢。当然,毛泽东军事思想是一个开放的大系统,这就需要我们在坚持中发展,发展中坚持,用实事求是的科学态度去对待,只有这样,才能永葆其生机活力,才能充分发挥其对中国国防和军队现代化建设的重要指导作用。

作业与思考题

1. 毛泽东人民战争思想的特定内涵是什么,其与一般意义人民战争的本质区别是什么?
2. 毛泽东人民战争思想的基本原理有哪些?
3. 信息化条件下为什么仍要坚持和发展人民战争思想?

精确制导技术

教学目的与要求

通过教学,使学生了解导弹的制导原理、精确制导技术的分类和发展趋势,熟悉高技术在军事上的应用,激发学生学习科学技术的热情。

教学内容

精确制导技术的概念、分类、发展趋势。

重点和难点

重点:精确制导技术的分类。

第四章 湖南农业大学军事课精品课程建设实践

难点:精确制导技术的概念和发展趋势。

本章参考书目与资料

[1] 沈永平主编《军事高科技知识》,北京:解放军出版社,2004.

[2] 周国泰主编《军事高技术与高技术武器装备》,北京:国防大学出版社,2005.

[3] 中国人民解放军学生军训工作办公室主编《军事理论教程》,北京:国防大学出版社,2007.

教学过程

课时安排:1课时;教具:多媒体、影视资料、FLASH 动画。

同学们,海湾战争中有这样一段精彩的影像记录,一枚战斧导弹像长了眼睛一样从伊拉克一个飞机库的大门钻进去,然后才爆炸(视频23秒)。导弹为什么能如此精确地命中目标呢?原来是因为它使用了一种高技术——精确制导技术。随着信息化战争的到来,精确制导武器在战场上已经得到广泛使用,可以说现代战争无导不成战。伊拉克战争期间,美国空军投下的炸弹中,68%是精确制导炸弹;700余枚巡航导弹全部是精确制导,想打哪里就打哪里,真正做到了"只攻一点,不及其余"。这节课我们就来学习精确制导技术。

一、精确制导技术的概念

精确制导技术,是按照一定规律控制武器的飞行方向、姿态、高度和速度,引导武器系统的战斗部准确攻击目标的军用技术。它广泛应用于导弹、航空炸弹、炮弹、鱼雷、地雷等武器系统中。

制导技术的基本原理:制导是导引和控制的总称,导引的作用是测量武器与目标的相对位置和速度,计算出实际飞行弹道与理论弹道的偏差,给出消除偏差的修正信号,并输送到控制系统;控制的作用是根据导引系统输出的有关改变导弹弹道的修正信号,调整控制武器的飞行姿态和路线,从而使导弹准确地飞向目标。(视频:导弹的制导原理69秒)

二、精确制导技术的分类

各种导弹控制系统的基本原理大致相同,而导引系统的工作原理却相差较大。按制导方式进行分类,常用的制导方式有自主制导、遥控制导、寻的制导、复合制导等。

(一)自主制导

自主制导又称自控制导,导弹在飞行中依靠内部的制导设备来控制自己的飞行，导引信号的产生不依赖设在弹外的制导站，而完全依靠其本身的制导设备，参照预定的基准来测量导弹的运动参数（如加速度、速度、方位等），通过计算装置计算，形成控制信号，引导导弹命中目标。惯性制导、地形匹配和景象匹配制导、星光制导等均属于自主制导。

1. 惯性制导

惯性制导是基于物体运动的惯性现象，采取陀螺装置、加速度表等，用测量和确定导弹运动参数的方法进行的制导，如中远程弹道导弹、巡航导弹就采用这种技术。它是通过三自由度陀螺保证自转极空间指向不变（视频：三自由度陀螺仪1分32秒）。

惯性制导过程不需要弹外设备的配合，也不需要外界提供目标的直接信息，仅靠弹上设备独立工作，不与外界发生关系，因此抗干扰性强、隐蔽性好、不受气象条件影响。惯性制导的缺点是制导精度随飞行时间（距离）的增加而降低，所以在中远程制导中通常采用其他制导方式修正累计误差，构成复合制导，这多用于弹道导弹。

2. 地形匹配和景象匹配制导

导弹在发射前，事先把路线上的地形数据或景物图象数字化，存储在导弹上。飞行过程中，通过特定的装置不断测量实际地形或景物数据，与事先存储的进行对比，算出偏差后进行纠正。

地形匹配制导的工作原理是：通过侦察照相、遥感遥测等手段获取导弹预定攻击目标及沿途航线上的地形地貌情报，并据此作专门的标准地貌图存入计算机，导弹在实际飞行的过程中，利用雷达高度表和气压高度表连续测量飞经地区的实际地面海拔高度，并把这一数据输入计算机与预定弹道的相关数据进行比较，计算机算出需要纠正的弹道偏差修正量以指令形式传给自动控制装置，使导弹及时回到预定轨道上来。

数字景象匹配制导的工作原理是：利用弹载"景象匹配区域相关器"获取目标区域景物数字图像，然后把目标及其周围的景象与弹体计算机预存的参考数字图像进行比较，从而确定导弹相对目标的位置，确认目标无疑时再进行攻击，因而这是一种高度精确的末端制导方式。

（二）遥控制导

遥控制导是以设在地面、水面或飞机上的指令站，来测定目标和导弹的相对位置，并不断地向导弹发出制导指令修正飞行路线，直至命中目标。

遥控制导的工作原理是：在导弹飞行过程中，制导站不断测量导弹与目标的相对位置，经计算后形成导引信号，再经有线方式或无线方式发送给导弹，导弹接收到指令后，由自动驾驶仪控制弹体，按指挥员的意图飞行，直至命中目标完成任务。遥控制导的导弹受控于制导站，导弹的飞行弹道可根据目标的运动情况随时改变，既能攻击固定目标，也能攻击运动目标。但有线方式易受地形地物的影响，采用无线方式时易受电子干扰。按指令传输方式和手段的不同，遥控制导可分为指令制导和波束制导（驾束制导）两类。

1. 目视瞄准手控有线遥控制导

有线指令制导指利用导线传输指令的遥控制导。导弹发射后，操作手需用瞄准镜瞄准目标，同时还要跟踪导弹，用操作手柄产生控制指令不断修正其偏差，引导导弹飞向目标。这种制导系统精度高、抗干扰能力强，但操作难度大，受地形限制。现在先进的有线制导系统将金属导线改为光纤，并增加一部红外测角仪，由它自动跟踪导弹，操作手只需始终用光学瞄准镜的十字线跟踪瞄准目标即可。这种系统不仅操作简单，而且精度高，并提高了射程和抗干扰能力，缺点是受导线的限制；多用于反坦克导弹。

2. 无线电指令制导

无线电指令制导是利用无线电传输指令的遥控制导。制导站雷达同时连续跟踪目标和导弹，把目标和导弹的位置、距离和速度等参数输入计算机，计算机算出制导指令传给导弹，弹上接受机将指令转换成控制导弹的信号，导引其飞向目标。这种制导方式作用距离远，制导精度高，但易受外界干扰，需要多种综合抗干扰措施配合；多用于防空导弹。

3. 电视指令制导

电视指令制导指导弹飞抵目标时，导弹头部的电视摄像机将目标及其周围环境的图像信号发回制导站，导弹操纵员在电视接收机调整目标图像至荧光屏十字线中心，指令仪将此动作变成指令发送给导弹。这种制导方式观察直观，在多目标的情况下便于操纵员选择最重要的目标进行攻击，但易受天气影响，抗干扰性差；多用于空地导弹。（视频：电视指令制导49秒）

4. 波束制导

波束制导又称驾束制导，是利用雷达波或激光波束导引导弹飞向目标的遥控制导技术。一个导引波束可以同时导引数枚导弹，但攻击过程中，指挥站因为必须始终照射目标而容易受到敌方的攻击。一般来说，指令制导的计算机在制导站，波束制导的计算机在弹上。波束制导主要有雷达波束制导和激光波束制导两种。

（三）寻的制导

寻的制导就是依靠弹上的寻的设备，接收目标辐射或反射的能量（红外辐射、光辐射、无线电波、声波等），确定目标位置和运动特性，自动控制导弹飞向目标。根据能量发射源不同，自动寻的制导分为主动、半主动和被动三类。

1. 主动寻的制导

主动寻的制导是在弹头上装有信号发射机和接受机，发射机发射激光、红外线、雷达波或声波等信号照射目标，接收机接收到目标反射的信号，从而引导弹体命中目标。这种系统在锁定目标之后便自动地、完全独立地去攻击目标，导弹具有"发射后不用管"的能力，但这种系统加重了武器的重量，而且价格昂贵；主动寻的制导一般只适用于末段制导。

2. 半主动寻的制导

该制导方式是用弹外的信号发射器发射信号，弹上的信号接受机接受目标反射的信号，引导弹体命中目标。与主动寻的制导相比，这种制导方式可减少弹上设备，增加导弹飞行距离，但是由于依赖外界的照射源，照射源载体的活动因此受到限制，制导站易受敌人攻击；主要用于攻击空中目标。

3. 被动寻的制导

被动寻的制导是由弹上导引头接收目标本身辐射或散射的电磁波，借着这些电磁信号导引导弹飞向目标。它的优点是"发射后不用管"，缺点是对目标本身或散射特性有较大的依赖性，需要在复杂的背景环境中准确地判明目标；一般用于空空、地空、舰空、空地和反坦克导弹。

三种寻的制导的区别主要在于信息能源的不同，其中主动寻的制导的信息能源在弹上；半主动寻的制导的信息能源在制导站；被动寻的制导的信息能源在目标上。

上述制导方式各有千秋，分别适用于不同的场合和条件。为了提高导弹的命中精度，增大制导距离或增强抗干扰能力，更有效地打击目标，实战中经常把上述若干种制导方式结合起来使用，这就是复合制导。

（四）复合制导

复合制导是采用两种或两种以上的制导方式组合而成的制导方式。例如，战斧式巡航导弹在飞行前半段采用"惯性制导＋地形匹配制导"，在飞行末段采用主动雷达寻的制导；我国"鹰击—8号"反舰导弹在初段采用惯性制导，在末段采用"主动雷达制导"；美国 AGM 空射巡航导弹则采用"惯性＋地形图匹配＋GPS"；瑞典 RBS－15 导弹采用"惯性＋无线指令遥控＋寻的"。

复合制导的特点是综合利用几种制导方式的优点，弥补弱点，提高命中精度；缺点是系统复杂，体积大，设备比较昂贵。

三、精确制导技术的发展趋势

（一）发展成像寻的技术

运用成像寻的技术可以探测到目标的真实影像信息，可以克服点源探测获取目标概略信息的不足。例如，早期的红外制导技术，是采用点源探测的寻的制导方法，导弹只能跟踪目标的尾部最热点（如飞机的发动机喷口）进行攻击，既不能识别目标的类型和要害部位，也不能进行全向攻击，如敌方释放热源干扰弹就很容易被干扰。如果运用成像探测技术，则首先可以根据目标图像判断敌我，然后可以选择最佳攻击方向对其发动攻击，命中精度就可以大幅提高。

（二）发展复合制导技术

大力发展复合制导技术，可以取长补短，提高制导武器的反隐身、抗干扰和突防能力，提高武器系统的可靠性，降低失效概率。

（三）发展智能化技术

采用智能信息处理技术和智能控制技术，使武器能够自主搜索、发现、识别、攻击高价值目标的能力，能够区分不同目标及其型号，筛选、判断和首先攻击对己方威胁最大的目标，并有选择地攻击对方目标的薄弱部位和易损部位，以保证获得最大的摧毁效果。

（四）发展"人在回路"技术

"人在回路"技术通过弹上传感器获取数据链传回的战场景象使操作手可以正确识别目标，在导弹自动跟踪目标过程中，如果目标丢失，可以通过人工参与来重新搜索、获取目标，直至命中目标；还可以根据导弹命中前发送的最后一帧图像来判断其命中精度，并进行杀伤效果评估，确定是否需要引导其他飞行中的导弹继续攻击目标。在某些智能化的关键技术尚未取得突破的情况下，采用"人在回路"技术中参与控制的制导方式是精确制导技术的新发展。

本节课我们简单介绍了精确制导技术的概念、制导方式和发展趋势。在新军事变革的今天，精确制导装备的拥有程度和运用能力，已经成为衡量一个国家军事现代化程度和军事实力的重要标志。因此，我们要努力学习科学技术，为国防现代化建设做出自己力所能及的贡献。

作业与思考题

1. 什么是精确制导技术？

2. 简述导弹的制导原理。

3. 谈谈精确制导技术在军事上的应用？

信息化战争概述

教学目的与要求

通过教学，使学生了解信息化战争的基本概念、信息化战争的产生与形成，树立打赢信息化战争的信心。

教学内容

信息化战争的基本概念、信息化战争的产生与形成。

重点难点

重点：信息化战争的产生与形成。

难点：信息化战争的基本概念。

本章参考书目与资料

［1］伍仁和主编《信息化战争论》，北京：军事科学出版社，2004.

［2］王军，杨柳青主编《信息化作战规律》，北京：国防大学出版社，2006.

［3］中国人民解放军学生军训工作办公室主编《军事理论教程》，北京：国防大学出版社，2007.

教学过程

课时安排：1课时；教具：多媒体、影视资料。

伴随着信息时代的到来，手机已经进入了寻常百姓家，没有手机的同学已经很少了。但大家可否知道，就是这样一部小小的手机曾经却包含着一个惊心动魄的战争故事。请看录像：杜达耶夫因打手机被击毙录像（视频81秒）。

看了这段录像，大家一定会感到非常惊讶，用手机打一通电话竟然丢了一条性命，简直不可思议！随着信息技术的飞速发展和在军事上的广泛运用，人类社会进行战争的方式发生了重大变化，一种以信息为主导的新的战争形态正在逐渐形成，这就是信息化战争。本节课我们学习信息化战争概述，主要了解什么是信息化战争，以及信息化战争的产生与形成。

一、信息化战争的基本概念

何谓信息化战争？有关信息化战争的定义，目前对它的解释有很多种，比较权威的解释是：指在信息时代核威慑条件下，交战双方以信息化军队运用信息、信息系统和信息化武器为主要作战力量，在陆、海、空、天、电、网等多维空间展开的，以信息战为主要作战样式的战争。如何理解这个定义呢？同学们只需把握五个要素：时间——信息化时代；地点——陆、海、空、天、电、网络、认知等多维空间；人物——信息化军队，战争双方至少要有一方拥有信息化军队，机械化或半机械化军队之间打不了信息化战争；工具——信息、信息化武器装备；样式——信息战为主要作战样式。这五个要素构成了信息化战争的基本内涵。

二、信息化战争的产生与形成

总体来讲，信息化战争是人类社会政治、经济、科学技术和战争实践发展到一定阶段的必然产物。我们从以下三个方面来分析。

（一）信息化战争是社会经济形态发展的必然结果

我们经常说，有什么样的社会形态，就会孕育出什么样的战争形态，因为人们从事战争的工具和手段，是由特定时代的社会经济形态所提供和决定的。游牧社会，决定了只能是徒手战争；农业时代的手工业生产方式，决定了战争能量的释放形式主要是依靠人的体能，战争所使用的武器，主要是手工制作的青铜和铁质的刀、枪、剑、戟、弓箭和战车等冷兵器。因此，这一时代的战争被称为冷兵器战争。从17世纪上半叶开始，伴随着蒸汽机的发明和电力、化学等工业的产生，人类进入了工业时代。工业时代的机器大工业生产方式，决定了热能成为战争的能量释放形式，战争所使用的武器，主要是火炮、坦克、飞机和舰船等机械化武器装备。因此，这一时代的战争被称为机械化战争。从冷兵器战争演进到机械化战争，完成这场军事革命的进程持续了300余年时间。

20世纪中叶以来，由于科学技术的飞速发展和生产力水平的大幅提高，以计算机技术和信息技术为龙头的高新技术群不断涌现，人类开始进入了信息时代。随着信息技术在军事领域的广泛运用，大量信息化武器装备投入战场，一个以使用信息化武器装备为主导，使战争基本方式发生根本变化的信息化战争，开始登上历史舞台，这也是迄今为止人类军事史上波及范围最广、变化最深刻、发展最迅速的一场军事革命。

可见，社会是"军事之母"，有什么样的经济形态，就会孕育出什么样的战争形态。农业社会孕育了冷兵器战争；工业社会产生了机械化战争；伴随着信息社会的到来，必然会出现信息化战争，这是不以人的意志为转移的客观规律。

（二）高技术的发展是信息化战争产生的直接动因

战争形态的重大变革，通常发生在技术革命之后；而技术革命又往往是在科学技术水平迅猛发展并发生质的飞跃的情况下出现的。20世纪50年代以来,世界上陆续出现了一大批高新技术群,比如:以微电子技术、电子计算机技术、人工智能技术和通信技术为基础的信息技术;以导弹为代表的精确制导技术;以人造卫星和航天飞机为代表的航天技术;以激光技术为先导的聚能技术;以核聚变为代表的新能源技术;以新材料为基础的隐形技术等。其中,信息技术的发展特别是计算机技术的发展及其在军事领域的广泛运用,极大地推动了信息化战争的产生和形成,请看录像:计算机的出现促使信息化战争的产生(视频148秒)。

正如恩格斯曾经预言:"一旦技术上的进步可以用于军事目的并且已经用于军事目的,它们便立刻几乎强制地,而且往往是违反指挥官的意志而引起作战方式上的改变甚至变革。"这一预言在海湾战争中已经得到了体现。我国著名科学家钱学森1995年7月在全国首届科技交流大会上曾指出:"从人类历史的过程看,最初出现的是徒手战争,然后有了冶炼技术,才出现了冷兵器战争。继之,是由于火炸药的发明,才出现热兵器战争。科学技术的进一步发展,又导致内燃机的制造和其他机械兵器的制造,于是战争又进而演化为机械化战争。到了本世纪50年代,更因核技术和火箭技术的发展,出现了远程核武器。远程核武器的巨大破坏力,再加上现在高度发展的信息技术和电子计算机技术,就形成现阶段和即将到来的21世纪的战争形式:在核威慑下的信息化战争。"

可见,"膀大腰圆诚可贵,科技素质价更高"。科学技术的推动,成为信息化战争产生的直接动因。

(三) 近年来局部战争实践是信息化战争产生的基础

20世纪90年代以来,先后发生的海湾战争、科索沃战争、阿富汗战争和伊拉克战争,是人类战争史上具有划时代意义、承前启后作用的战争。它们既是工业时代机械化战争的延续,更是孕育信息化战争雏形的"母体"。这几场局部战争几乎都使用了全新的武器和全新的战法,每场战争都给人耳目一新的感觉。人们也越来越强烈地感悟到,战争形态正在发生深刻变化,机械化战争形态正向信息化战争形态转变,信息化战争已处于萌芽阶段。

以海湾战争为例,海湾战争历时42天,经历"沙漠风暴"、"沙漠军刀"两个阶段。战争开始时,多国部队总兵力达到70多万人、坦克3 700辆、火炮2 300门、飞机2 430架、舰艇247艘;而伊拉克军队共110万人、坦克5 600辆、飞机700多架、火炮6 000门、舰艇40艘,这是二战结束以来,规模最大、参战国家最多的一场高技术战争。在这场战争中,美军等多国部队动用了诸多高技术武器,采用了高技术战法,像信息攻击、远程精确打击、陆海空天电一体化作战,而传统的线式作战、梯次攻击、层层剥皮的作战方式被摒弃。可以说,海湾战争使

第四章 湖南农业大学军事课精品课程建设实践

大规模机械化作战发展到极致,信息化作战初露端倪,是机械化向信息化转变的一个分水岭,从此世界进入一个新的战争时代——信息化战争时代。

可见,近年来几场局部战争的实践,成为推动信息化战争形成和发展的催化剂,它促使人们更加自觉地接受信息化战争,适应信息化战争,更重要的是主动地选择和设计信息化战争。

作业与思考题

1. 什么是信息化战争?
2. 信息化战争的产生与发展的动因是什么?

信息化战争的基本特征

教学目的与要求

通过教学,使学生了解信息化战争的基本特征,明确科学文化知识对国防和军队现代化建设的重要性,树立知识兴军、科技强军、人才领军的意识,增强打赢信息化战争的必胜信心。

教学内容

信息化战争的基本特征。

重点难点

重点:信息化战争的基本特征。
难点:信息化战争的基本特征。

本章参考书目与资料

[1] 伍仁和主编《信息化战争论》,北京:军事科学出版社,2004.

[2] 王军,杨柳青主编《信息化作战规律》,北京:国防大学出版社,2006.

[3] 中国人民解放军学生军训工作办公室主编《军事理论教程》,北京:国防大学出版社,2007.

教学过程

课时安排:1课时;教具:多媒体、影视资料。

信息化战争与以往冷兵器、热兵器、机械化战争形态相比,到底具有什么样的特点呢,今天我们就来揭开它的庐山真面目。

信息化战争与以往战争形态相比,具有以下六个方面特征:战场空间多维

· 161 ·

化、武器装备信息化、作战效果精确化、战场行动快速化、作战要素一体化、作战样式多样化。下面我们就一一来了解：

一、战场空间多维化

与机械化战争相比，信息化战争的战场空间已由地面、海洋和空中向外层空间、电磁空间、网络空间以及心理空间等领域扩展，使信息化战争的战场空间呈现出多维化的特征。

其中，陆、海、空、天属于有形的物理空间，电磁空间、网络空间以及心理空间属于无形的信息空间。在此，陆、海、空传统三维立体空间我们不做阐述，主要了解外层空间、电磁空间、网络空间以及心理空间。

（一）外层空间

"天"，即外层空间。在信息化战争中，战场监控、信息传输、导航定位、精确制导等主要靠外层空间的卫星来支持，太空所具备的独特优越性得到了进一步扩展和强化。可以说，没有制天权就不可能掌握制信息权和制空权，也就没有制海权和制陆权。为争夺太空的控制权，太空信息战、太空反卫星战、太空反导弹战等一些新的作战样式将应运而生，太空空间将成为信息化战争的主战场。

（二）电磁空间

"电"，就是电磁空间。电磁空间被称作是继陆、海、空、天之后的第五维战场。信息化战争中，电子目标星罗棋布，无论是电台、雷达、通信卫星等各种电子装备，还是地面开进的坦克、海上游弋的舰艇、空间格斗的战斗机等各种作战兵器和武器平台，它们在广阔的空间形成一个密集的电磁频谱网，我们就是通过这个电磁频谱网来确保对各军兵种部队的指挥控制，不过它也很容易成为敌人攻击的目标。

我们以科索沃战争为例。首轮空袭前，以美国为首的北约部队派出了数架电子战飞机，对南联盟军队的侦察探测系统、通信指挥系统、武器制导系统等实施强有力的干扰和压制，使南联盟的各种电话几乎是全部瘫痪，不管是有线的还是无线的，都打不出去，电脑信息受到干扰，警戒雷达、地对空导弹制导雷达等全部失去作用，甚至许多国家驻南联盟的记者向国内报告情况的线路全部失效、全部堵塞，根本就发不出去。这就是信息系统的对抗，通过这种对抗，破坏了敌方信息系统的正常运转，从而确保己方信息系统的正常工作。可见，在现代战争中，谁拥有信息优势，谁掌握了制信息权，谁就能在战争中赢得主动；相反，谁要丧失了制信息权，谁就将处于被动地位。

(三) 网络空间

网络的出现不仅使地理概念和国家之间的地理分界线变得越来越模糊，也给信息化战争带来了新的作战空间，出现了网络战这一全新的样式。它主要通过计算机病毒、芯片攻击和网络"黑客"入侵等手段，对以计算机为核心的信息网络实施攻击，达到瘫痪指挥控制系统甚至使整个部队丧失战斗力的目的。例如，著名的莫里斯事件（视频1分2秒）。

无独有偶，除莫里斯事件之外，美国还有一位15岁的少年米特尼克（绰号："地狱黑客""通讯屠夫"）在1979年，打入了"北美防空指挥中心"的计算机系统，看到美国指向苏联的所有核弹头数据资料，美国竟毫无察觉。

所以，有一位美国情报官员说：给他10亿美元外加20个能力高强的黑客，他就可以"关掉美国"——就像关掉一台计算机一样。

(四) 心理空间

心理空间特别是决策者的思维空间已成为信息化战争的一个重要作战空间。主要通过心理战瓦解对方的信心和士气，达到攻击对方认知系统的目的。那么心理战怎么打？基本的手段有三种：一是心理宣传，二是心理欺诈，三是心理威慑。

例如，伊拉克战争中，美军一方面对伊拉克进行"斩首"行动，另一方面利用网络、传单、广播、电视、图片等多种媒体手段对伊军官兵进行"倒萨"宣传，鼓动伊军民"内讧"，进行强大的攻心瓦解。心理战的结果是导致伊拉克在大敌当前时，不是举国迎敌，而是一致把矛头指向萨达姆政权，这就是美国心理宣传的效果。

再如，美国以武力威胁、以心理战解决海地的故事。1994年9月18日，美国出兵海地的谈判就是这样一个成功的心理战战例。当时，美国的代表与海地的代表正在谈判，双方针锋相对、互不服气，提出的条件都比较苛刻。这时，美国的谈判代表拿出一台笔记本电脑，打开后连接上数据链，然后对海地代表说，你今天同不同意我的条件不要紧，你看看我整个空袭计划，我整个作战行动马上就要开始了，海地代表还是不买账。那么，美国人会采取什么办法让海地人屈服呢？（视频：美国以心理战解决海地的故事83秒）

正如俄罗斯军事科学院院士沃罗比耶夫少将所说："新技术时代的战争将不同于以往的两次世界大战，对于现在的导弹和最新式武器平台来说，几乎不存在空间的限制。因此，任何国家的领土，乃至整个地球，都可能成为战场。"

二、武器装备信息化

信息化武器装备系统，是以计算机技术为核心、以信息技术为基础的一体化的武器装备系统，其构成主要包括信息化武器系统、单兵数字化装备、C⁴ISR系统。

信息化武器系统，它又包括硬杀伤型信息化武器、软杀伤型信息化武器和新概念武器。

单兵数字化装备，是指士兵在数字化战场上使用的个人装备，也称信息士兵系统。单兵数字化装备包括综合式头盔、探测器、计算机和电台、武器系统，多用途服装，微气候及动力装置等，其功能包括指挥、控制、通信、侦察和情报功能，生存防护功能等。像这种数码战士，要是能够在战场上得到广泛普遍使用的话，作战能力会大大增强。（视频：单兵数字化装备118秒）

C⁴ISR系统，即信息化指挥控制系统，是战场指挥、控制、通信、计算机、情报、监视和侦察系统的简称，C⁴就是指挥（Command）、控制（Control）、通信（Communication）、计算机（Computer）四个单词首字母的缩写，I指代情报（Intelligence），S指代监视（Surveillance），R指代侦查（Reconnaissance），其基本功能是实现战场指挥的自动化、实时化和精确化。

当今世界，衡量一支军队的现代化水平，主要是看它的武器装备的信息化程度。如美国陆军装备的信息化已达53%，海、空军的信息化装备高达70%以上。十年前，美海、空军只有少量飞机能发射精确制导炸弹，现在几乎所有飞机都具备这种能力。

三、作战效果精确化

信息化战争中，在多层次、全方位、全时空的情报、侦察和监视网络的支持下，使用大量的精确制导武器，使各种作战行动的精确化程度越来越高。具体表现在精确侦察、精确控制、精确打击、精确保障上。

（一）精确侦察

信息化战争中，大量先进的侦察、监视、预警等探测系统，可对目标实施全天候、全时辰的侦察监视，从而得到全面而准确的战场情报。例如，美国获取的萨达姆总统府核心建筑群的照片，哪里是街道，哪里是房屋，哪里是办公区，哪里是生活区都清晰可见。

（二）精确控制

在C⁴ISR系统的支持下，作战指挥与控制实现了互联、互通、互操作，指挥员可以直接对一线部队甚至作战兵器进行有效的指挥控制和协调，使指挥控制精确化。

（三）精确打击

打击精确化是作战精确化的核心内容，它是靠提高命中精度来保证作战效果，而不是通过增加弹药投射的数量来增强作战效果的。经有关专家统计，如果把武器的爆炸威力提高一倍，武器的杀伤威力只提高 40%；但如果把命中精度提高一倍，则武器的杀伤威力就会提高 400%。而且，随着探测、高速信号处理、自动控制等技术的发展，精确制导武器的命中精度将进一步提高。

我们来举个例子，假设攻击 1 个 540 平米的地面坚固目标要使用 2 000 磅炸弹的话，二战时期，投弹精度是 1 000 米，需要出动 B-17 轰炸机 500 架次，投弹 9 000 枚才能摧毁目标；到了越南战争时期，投弹精度有所提高了为 100 米，不过这时还需出动 F-4 战斗机 95 架次，投弹 176 枚才能摧毁目标；而到了海湾战争时期，投弹精度为 0~2 米，这时只需出动 F-117A 隐形轰炸机 1 架次，投激光制导炸弹 1 枚，就可以达到同样的摧毁效果。

（四）精确保障

信息化战争运用以信息技术为核心的高技术手段，精细而准确地筹划、实施保障，高效地运用保障力量，使保障的时间、空间、数量、质量要求尽可能达到精确的程度，以最大限度地节约保障资源。

四、战场行动快速化

随着计算机、电子通信、卫星技术和信息化武器装备的发展，信息化战争的作战节奏和作战速度大大提高，持续时间明显缩短，呈现出迅疾短促的特征。这些特征主要表现在以下方面。

（一）作战指挥快

信息化战争中，信息技术广泛运用于战场的侦察监测设备和信息快速传输网络，使信息流动的速度空前加快，实现了信息的实时获取、实时传输、实时处理。在网络化的战场上，基本的作战指挥程序和信息流程没有发生根本变化，同样要经过发现目标、进行决策、下达指令、部队行动等环节，但这些环节几乎是实时同步进行的。

（二）部队机动快

部队机动主要体现在空中机动、陆上机动、海上机动等。信息化战争中，部队机动的速度达到了前所未有的程度，像坦克、飞机、舰艇这些武器装备的机动速度，比过去在呈几倍、十几倍、甚至几十倍的速度增长。例如，第二次世界大战时，美军巴顿将军率领的部队以进展速度快而闻名于世，但其日推进速度只有 13 千米，而伊拉克战争中，美军第 3 机械化步兵师高速挺进，不与伊拉克南部的伊军部队纠缠，开战仅5天，就长驱直入400千米，直逼首都巴格达，创造了日行170千米的开进速度，这是海湾战争中美军开进速度的3倍，创造了战争史上大纵深突击的新纪录。

（三）打击速度快

以往的战争有一个共同特点，即规模较大，持续时间较长，如持续14年的抗日战争、4年的解放战争、3年的抗美援朝战争等。然而，随着信息技术的发展，战场信息传输与处理的时间极大地缩短，作战行动节奏大为加快，从而使战争持续的时间呈短暂化趋势。战争的胜负往往在几个月、几周甚至几天、几小时、几分钟即成定局。据资料记载，超过5年以上的战争，在17世纪约占40%，18世纪约占34%，19世纪约占25%，20世纪约占15%。而近几场局部战争的持续时间急剧缩短：1981年以色列偷袭伊拉克核反应堆，只有2分钟；1986年美军空袭利比亚行动只有18分钟；1991年海湾战争打了42天，但其地面交战不过100小时；2003年伊拉克战争大规模作战行动其实只持续了20天。正如美国原国防部长科恩所说："以往的哲学是大吃小，今天的哲学是快吃慢"。

五、作战要素一体化

信息化战争是体系与体系的对抗。交战双方为了赢得战争的胜利，必须调动一切积极因素，充分发挥各自系统最大整体作战能力，这就使一体化成为信息化战争的一个重要特征。一体化主要表现在：作战力量一体化，作战行动一体化，作战指挥一体化，综合保障一体化。

（一）作战力量一体化

作战力量一体化就是指将处于不同空间位置的各种作战力量联结成为一个有机整体，形成一体化的作战力量，如武器装备一体化、诸兵种合成一体化、诸军种联合一体化等。

（二）作战行动一体化

信息化战争中，原来单一军种的独立作战正在消失，空地一体、海空一体、陆海空天一体的多军兵种联合作战已成为作战的基本形式，作战呈现出十分鲜明的一体化特征。

（三）作战指挥一体化

信息化战争中，C^4ISR系统为作战指挥提供了准确的战场情报、快速的通信联络、科学的辅助决策、实时的反馈监控，从而使传统的树状指挥体制逐渐被扁平网络化的指挥体制所代替，作战指挥实现了一体化。

（四）综合保障一体化

综合保障一体化就是指信息支配的作战保障、后勤保障、装备保障和政治工作保障由分离走向一体化，也就是说，信息保障的行动趋向"全维"，"打后勤"将成为全新模式。

六、作战样式多样化

作战样式是战争形态的具体表现，有什么样的战争形态，就必然会出现什么样的作战样式。信息化战争除了拥有机械化战争原有的一些作战样式之外，还增添了诸如精确战、网络战、电子战、情报站和心理战等与传统作战不相同的新的作战样式，呈现出多样化特征。

作业与思考题

1. 信息化战争的基本特征有哪些？
2. 结合所学，谈谈我们该为打赢信息化战争做好哪些准备工作？

信息化战争的发展趋势

教学目的与要求

通过教学，使学生了解信息化战争的发展趋势，理解信息化战争与国防建设的关系，增强信息安全意识，树立打赢信息化战争的必胜信心。

教学内容

信息化战争的发展趋势。

重点难点

重点：信息化战争的发展趋势。
难点：信息化战争的发展趋势。

本章参考书目与资料

[1] 伍仁和主编《信息化战争论》，北京：军事科学出版社，2004.
[2] 王军，杨柳青主编《信息化作战规律》，北京：国防大学出版社，2006.
[3] 中国人民解放军学生军训工作办公室主编《军事理论教程》，北京：国防大学出版社，2007.

教学过程

课时安排：1课时；教具：多媒体、影视资料。

从世界范围看，战争形态目前正处在一个从机械化战争向信息化战争过渡的转型期。因此，在当前条件下，我们要准确地预测信息化战争的发展趋势还比较困难。然而，历史的发展有其自身的逻辑轨迹。运用历史唯物主义的方法，我们仍然可以大致地勾画出未来信息化战争的发展趋势。

一、在战争形态上，将突破传统战争的界限

未来的信息化战争将在战争的目的、战争的暴力性以及战争的层次等方面发生重大的变化，从而使传统的战争概念受到冲击，这主要表现在以下三个方面。

（一）战争的目的有限

在农业时代和工业时代，战争往往以占领或收复领土和获得资源而宣告结束。而在信息时代，战争的目的将更加有限。通常情况下将不再追求攻城掠地、占领敌国、全部歼灭敌军、使敌方彻底屈服等"终极目标"，而是适可而止，即：在取得对抗主导权、获得一定的经济利益、提高国际地位，或达到惩罚、教训、报复敌国的目的后就停止战争。这主要是因为，在当今经济全球化和政治多极化的信息时代，如果追求过高的战争目标，在征服对方的同时也必然会极大地削弱自己，这样即使赢得了战争的胜利，也会在战后国际竞争中丧失优势和主动地位；再加之战争的可视化，全世界都能看到战场上的情况，这也使战争指导者不得不对战争规模和目的严加限制。

（二）战争的暴力性减弱

传统的战争理论认为"战争是流血的政治"，但在未来信息化时代，战争则可能成为不流血或少流血的政治。像信息和信息系统，既是武器也是交战双方攻击的主要目标，只需通过网络攻击、黑客入侵和利用新闻媒介实施大规模信息心理战等"软"打击的方式，就可以破坏敌方的计算机信息网络，瘫痪敌方的指挥控制系统，以不流血的形式来换取最大的政治和经济利益。例如，科索沃战争中，南通社专门开设了以"科索沃危机"为题的网址，宣传南联盟进行反侵略战争的正义行为，并发动电脑专家以互联网为媒体，攻击北约的计算机网络系统。结果怎么样呢？3月29日，美国白宫网站因受"黑客"攻击而无法工作；3月31日，北约的互联网址及电子邮件系统同样遭到"黑客"攻击，部分计算机系统受重创；4月4日，北约军队网络通信一度陷入瘫痪，美海军"尼米兹"号航母上的计算机系统因遭到病毒攻击瘫痪达3个多小时，这一切都给北约造成了很大的心理打击。而且，在使用各种"硬"摧毁手段的作战中，进攻一方也不再以剥夺敌国的生存权利，或完全夺占敌方的领土等作为最终目标，而是注重影响对手的意志，尽可能地减少战争的伤亡，力争以最小的伤亡代价换取最大的胜

利。可见，传统战争的暴力行动，将被非暴力的"软"打击行动所替代，"零死亡率"的战争已经成为人们追求的目标，战争的暴力性减弱。

(三) 战争的层次更加模糊

在未来信息化战争中，传统战争层次的划分将基本失去意义。信息化战争不再是从战术突破到战役突破再到战略突破，而是战争一开始，打击的对象就将主要集中在关乎敌方政治、经济和军事命脉的重要战略目标上。例如，科索沃战争，战争主要是由战略性空中打击构成的。以美国为首的北约，轰炸南联盟的制造工厂、炼油厂、发电厂、道路和桥梁等事关国家经济和军事命脉的基础设施，其目的就是摧毁南联盟的战争潜力。这使得空间对战略目标的防卫和屏障作用基本消失，首先遭到攻击的将是战略纵深的重要目标。很显然，战争与战役甚至战斗在目的上的趋同性更为突出，战争的层次更加模糊。

二、在作战效能上，将把常规作战效能推到极致

未来信息化战争的常规作战效能，将建立在军事工程革命、军事探测革命、军事通信革命和军事智能革命已经完成或基本完成的基础之上。在这"四大军事技术革命"中，军事工程革命起步最早，已经使传统武器装备跨越空间和速度基本达到物理极限。航天飞机已经能够在地球与太空之间自由穿梭；作战飞机和舰船已经能够实现全球到达；洲际导弹的射程已经超出了地球的半个周长，能够打到地球的任何一个地方，速度已经达到每秒1.8万英尺。军事探测革命将使得侦察、探测的空域、时域和频域范围大大扩展，使对作战行动的感知、定位、预警、制导和评估达到几乎实时和精确的程度。未来，军事探测系统将遍布太空、空中、地面（海面）和深海各个领域。而一颗侦察卫星就可以覆盖地球面积的50%，对地面物体的分辨率将达到厘米级，对导弹的发现时间将缩短到几十秒甚至十几秒。军事通信革命将实现军事信息的无缝链接和实时传输，使各指挥机构和部队、各侦察和作战平台之间达到在探测、侦察、跟踪、火控和指挥方面的信息畅通，真正实现实时指挥和控制。军事智能革命将真正实现作战指挥活动和作战武器装备的自动化和智能化。像智能化弹药，将具有更加强大的自动寻的和"发射后不用管"的功能，远程打击的精度将达到米级。同时大量高度智能化的机器人将投放战场，使指挥活动和作战行动的效率极大提高。

三、在武器使用上，大量使用新概念武器

在信息时代，随着科学技术的进一步发展，大量新概念武器会不断出现并应用于战争。这些新概念武器具有与其他武器完全不同的杀伤和破坏机理，它不以大规模杀伤对方人员的生命为目标，而是通过使对方的作战人员和武器装备丧失

作战功能，或通过改变敌国的生态和自然环境来达成战争目的。例如，次声波武器、电磁脉冲武器、激光武器和气象武器等。次声波武器具有洲际传送能力，并且可以穿透 10 多米厚的钢筋混凝土，作用范围极广。在高空施放的电磁脉冲弹可以在瞬间使大范围的电子设备丧失功能。激光武器可以切割敌对国上空的一块臭氧层，引发大面积的温室效应。气象武器可造成大面积的洪涝灾害、地震和火山爆发等。可见，新概念武器装备虽然不具备核武器那种大规模、大范围的物理杀伤和破坏作用，但它所拥有的精确摧毁能力、系统集成能力、战场控制能力和高效达成战略目的的能力是核武器所无法相比的。从这个意义上说，信息化战争不但具备了亚核战争的威力，而且将使它的实用价值和作战效能超过核战争。

四、军队将向小型化、一体化和智能化方向发展

自从世界上出现战争以来，军队的组织结构和编制体制经历了一个从简单到复杂，从粗放到精密的发展过程，也就是从农业时代的步兵、车兵、骑兵和水兵发展到现在的陆、海、空三军合成化军队。那么伴随着信息技术发展和军事变革的步伐，军队的发展趋势将是高度的小型化、一体化和智能化。

（一）军队的规模将加速小型化

未来的信息化军队在组织体制上将向两个方面发展：一方面，军队的总体规模将大幅度缩小。目前，世界主要军事强国都在裁减军队员额，压缩军队规模，以提高军队质量和信息化水平。美国军队已从 20 世纪 90 年代初期的 200 万减少到现在的 138 万左右，俄罗斯军队也从原来的 280 万减少到现在的 70 万左右。习主席在中国人民抗日战争暨世界反法西斯战争胜利 70 周年大阅兵上向世界宣布我军将裁减员额 30 万。所以可以预言，随着军队的信息化程度和作战能力的不断提升，拥有规模庞大的常备军将成为历史。另一方面，就是作战部队的建制规模将更加小型灵巧。未来军和师的编制可能最终消亡，旅、营或更低级别的战术单位将成为主要的作战建制，并可能出现按作战职能编成的小型作战群，或者能够同时在陆、海、空、天等多维空间作战的一体化的小型联合体。

（二）军队的编成将高度一体化

一体化主要表现为按照系统集成的观点，建立"超联合"的一体化作战部队，也就是打破传统的军种体制，按照侦察监视、指挥控制、精确打击和支援保障四大作战职能，建成由探测预警子系统、指挥控制子系统、精确打击与作战子系统和支援保障子系统组成的一体化作战系统。那么按照这个思路构建起来的信息化军队，将使各种作战力量真正实现相互融合，从而能够实施真正意义上"超联合"的一体化作战。

（三）军队的指挥与作战手段将高度智能化

计算机是实现作战指挥智能化的基础。随着计算机技术的发展，未来计算机的功能将由运算数据、存储信息、传递和执行命令转向进行思维和推理；由代替和延伸人手的功能转向代替和延伸人脑的功能，从而为作战指挥控制提供更加先进的智能化手段，使作战指挥与控制真正进入自动化、智能化。在信息时代，具有自动寻的功能的智能化弹药将得到更加广泛的运用；无人驾驶的智能化坦克、飞机、舰船和航天器将规模化投入战场；类型不同、功能各异的机器人也将在战场上得到广泛运用，从而使未来的信息化军队拥有以多种智能化作战手段在全维空间进行作战的能力。

可见，信息化战争是展示科技的大战，是创新战法的舞台，是超越时空的较量，是军事斗争的挑战。我们学习信息化战争，不仅要了解信息化战争的含义和基本特征，还要熟悉信息化战争的形成和发展趋势，更重要的是深刻理解信息化战争对我国国防建设提出的新要求。希望同学们努力学习科学文化知识，从我做起，从现在做起，树立知识兴军、科技强军、人才领军的意识，用知识、智慧和行动，为我国国防事业的又好又快发展做出应有的贡献。

作业与思考题

1. 信息化战争的发展趋势有哪些？
2. 谈谈如何加强信息化条件下的国防建设？

第五章 湖南农业大学军事课教学改革成果展示

第一节 教学改革课题

2007年,我校教学改革研究项目(部分)如表5-1所示。

表5-1 2007年度湖南农业大学教学改革研究项目一览表(部分)

编号	项目名称	主持人	所在单位
31	建构主义学习理论视角下的高校双语教学研究与实践(以湖南农业大学为例)	周芬芬	国际院
32	无机及分析化学质量保证体系的构建与实施	谢文刚	理学院
33	从知识教育到人文教育——思想政治教育观的转变	梁剑宏	人文院
34	《企业人力资源管理》课程教学方法和手段的改革研究与实践	许 瑛	商学院
35	审计学案例教学研究与实践	涂清梅	商学院
36	外贸英语函电课程互动式教学模式研究	彭 曦	商学院
37	高等农业院校工商管理专业本科案例教学研究	莫 鸣	商学院
38	科技师范学院教育英语课堂互动教学改革实践初探	汤为民	外语院
39	英美文学课程学习过程中的母语文化迁移现象及相应教学策略	陈 颖	外语院
40	英语专业词汇教学策略认知研究	郭 滨	外语院

第五章 湖南农业大学军事课教学改革成果展示

续表

编号	项目名称	主持人	所在单位
41	第二外语（日语）教学方法与手段改革的研究	许建明	外语院
42	日语中级听力课程教学方法与手段改革的研究和实践	杨 芳	外语院
43	教师介入的学生自主学习实证研究	姚 敏	外语院
44	英语泛读输出型教学模式研究	曾亚平	外语院
45	任务型语言教学模式与综合英语教学	周晓娴	外语院
46	维持型（英/汉）双语教学模式在农业气象学课程中的应用研究与实践	陈志全	生科院
47	**普通高校军事理论课教学方法与途径研究**	**陆海燕**	**学工部**
48	农科类院校普通物理课程教学方法和教学手段的改革与创新	龙卧云	理学院
49	微生物学实验教学方法与手段改革的研究与实践	刘素纯	食科院
50	情景模拟教学法在理论教学中的运用与研究	王 薇	人文院
51	《计算机体系结构》网络课程教学方法与手段改革的研究和实践	王 奕	信息院
52	《编译原理》网络教学辅助系统建设的研究与实践	程 妍	信息院
53	《地学概论》课程双语教学模式研究与实践	文 倩	资环院
54	工程水文与水利计算教学内容、方法和手段的创新研究和实践	张文萍	工学院
55	网络教学在公选课教学改革中的应用研究与实践	向 阳	工学院
56	马克思主义基本原理教学方法改革研究	宋媛媛	人文院

2010 年到 2015 年我校教学改革研究项目汇总（部分）如表 5-2 所示。

表 5-2 2010~2015 年湖南农业大学教学改革研究项目汇总表（部分）

序号	项目编号	项目名称	主持人	立项时间
604	A2010149	高等农业院校动物组织胚胎学双语教学的研究与实践	王水莲	2010
605	B2010150	预防兽医学专业学生实践能力提高的研究与实践	刘毅	2010
606	B2010151	创建信息服务平台，培养本科创新人才	曹迎春	2010
607	B2010152	宠物（犬、猫）医学核心课程体系的建立与实践	文利新	2010

续表

序号	项目编号	项目名称	主持人	立项时间
608	A2010153	动物生物化学教学体系优化与实践创新研究	刘湘新	2010
609	A2010154	高等农业院校经管类青年教师科研投入问题研究——基于科研促教学的视角	黄文清	2010
610	B2010155	班级辅导在大学生就业能力培养中的实证研究	高洁	2010
611	A2010156	高等农业院校经济类学科专业基础课教学改革研究与实践	龙方	2010
612	A2010157	地方农林院校金融学人才培养方案改革研究	周孟亮	2010
613	B2010158	独立学院金融专业课堂教学改革与质量监控研究	李朝晖	2010
614	A2010159	中外合作办学人才培养模式的研究与实践	岳好平	2010
615	B2010160	EFL课堂元语言优化设计的研究与实践	燕莉	2010
616	B2010161	中外合作办学背景下英语分级教学的研究与实践（以湖南农业大学为例）	周芬芬	2010
617	A2010162	本科院校办学目标与办学特色的研究与实践	齐绍武	2010
618	B2010163	团体辅导技术在心理健康教育课堂中的应用	杨新华	2010
619	A2010164	高校创建和谐班级自主管理模式研究	田燕飞	2010
620	**A2010165**	**普通高校学生军训自训模式的研究与实践**	**欧阳长安**	**2010**
621	A2010166	基于创新与创业能力培养的农业院校大学生活动教育体系研究与实践	李毅	2010
622	B2010167	湖南省属高校教师薪酬问题探讨	高艳	2010
623	B2010168	湖南农业大学教学名师档案建设的研究与实践	曹虹	2010
624	B2010169	高校档案工作与创业教育研究	莫丽彬	2010
625	B2010170	农科大学生就业能力研究——基于成功学教育的视角	朱亦赤	2010
626	B2010171	大学生健康素养监测及健康教育模式干预研究	刘存根	2010

第五章 湖南农业大学军事课教学改革成果展示

湖南省教育科学规划领导小组办公室

湘教科规通[2011]004号

关于下达湖南省教育科学"十二五"规划 2011年度立项课题的通知

陆海燕同志：

经湖南省教育科学规划领导小组批准，您申报的课题被批准为湖南省教育科学"十二五"规划2011年度立项课题。

课题名称：普通高校军事理论课程教学方法的改革创新研究
课题批准号：XJK011BCG005
课题资助类别：省级一般资助课题

根据《湖南省教育科学规划课题管理暂行办法》的规定：

1、省级教育科学规划课题实行分级管理，课题的日常管理分别委托市州教育科研机构、高校主管部门和课题所在单位负责；课题的重要变更要及时报我办审批；课题研究的重要活动须报我办和市州教育科研机构（或高校主管部门）备案。所有的课题必须切实做好自我管理工作。

2、按照《湖南省教育科学规划课题管理暂行办法》，课题负责人接到立项通知后，应尽快确定具体的课题实施方案，在三个月内组织开题。考虑到今年课题立项通知下达的实际情况，开题截止日期为2011年11月底，请各主持人接此通知后，务必在此期间组织开题，并于11月底前将《湖南省教育科学规划课题开题论证书》统一报送我办和市州教育科研机构（或高校主管部门）备案。

3、凡有经费资助的课题，课题单位必须落实相应的配套经费，配套比例不低于1：1。没有资助的一般课题，所在单位应参照省级一般资助课题的标准提供必要的课题研究经费，请课题主持人主动向有关主管部门汇报，以期落实。

4、为加强立项课题的管理，帮助和指导课题主持人做好课题研究，我办将分别举办2011年课题主持人研修班。具体时间、地点另行通知。

5、有经费资助的课题经费通知另行下达。

湖南教育科学规划网址：www.hnjykxgh.com
邮箱：yzy-1234567890@163.com
联系电话：0731-84402927 84402925 84402923

湖南省教育科学规划领导小组办公室
2011年9月1日

普通高校军事课教学改革的研究与实践

湖南省教育厅

湘教通〔2013〕510号

关于同意军事课精品课程建设立项的批复

中南大学、湖南农业大学、吉首大学、南华大学：

根据我厅《关于加强高等学校军事课精品课程建设的通知》（湘教办通〔2013〕82号）文件精神，贵校上报了军事课精品课程建设立项材料。经研究，拟同意你校军事课精品课程建设规划，并从2013年至2014年每年给予10万元的专项经费支持。望你校切实按照湘教办通〔2013〕82号文件要求进一步完善建设规划，努力打造军事课教学团队，不断改进教学方法和手段，努力提高军事课教学质量。请贵校于2014年底前将军事课精品课程录相资料报我厅体育卫生与艺术教育处。联系人：文麦秋，电话：0731—82203435（传真），邮箱：hnjyttwc@126.com。

湖南省教育厅
2013年11月25日

第二节 教学科研获奖

一、教学竞赛获奖

我校教学竞赛获奖情况如表5-3所示。

表5-3 湖南农业大学教学竞赛获奖情况一览表

序号	竞赛名称	获奖等级	颁奖单位	获奖时间	主讲人
1	湖南省第七届普通高校专职军事教师授课比赛	一等奖	湖南省教育厅	2017.7	陆海燕
2	首届军事训练营军事课教师军事教学展示	二等奖	中国高等教育学会国防教育工作委员会	2015.11	杨湘容
3	湖南省第六届普通高校专职军事教师授课比赛	三等奖	湖南省教育厅	2015.7	邓治慧
4	湖南省第五届普通高等学校专职军事教师授课比赛	一等奖	湖南省教育厅	2013.7	杨湘容
5	湖南省第五届普通高等学校专职军事教师授课比赛	一等奖	湖南省教育厅	2013.7	张莉莹
6	第三届全国普通高等学校军事课教师授课竞赛	二等奖	教育部国防教育办公室	2011.11	杨湘容
7	湖南省第四届普通高校专职军事教师授课比赛	一等奖	湖南省教育厅	2011.10	杨湘容
8	第二届全国普通高等学校军事理论课授课竞赛	二等奖	教育部国防教育办公室	2009.10	陆海燕
9	湖南省第三届高等学校专职军事教师授课比赛	一等奖	湖南省教育厅	2009.7	陆海燕
10	首届全国普通高等学校军事理论教学授课竞赛	二等奖	教育部国防教育办公室	2007.10	陆海燕
11	湖南省高等学校第一届专职军事教员授课比赛	一等奖	湖南省教育厅	2007.8	陆海燕

二、科研论文获奖

我校科研论文获奖情况如表 5-4 所示。

表 5-4 湖南农业大学科研论文获奖情况一览表

序号	奖项名称	获奖论文题目	颁奖单位	获奖时间	作者
1	湖南省第五届高等学校军事课教学科研论文二等奖	浅析如何在军事理论课中进行多元化教学	湖南省教育厅	2015.8	杨湘容
2	湖南省第五届高等学校军事课教学科研论文三等奖	高校国防教育与征兵工作耦合发展的可行性研究	湖南省教育厅	2015.8	雷志敏
3	湖南省第四届高等学校军事课教学科研论文二等奖	提高普通高校国防意识的方法与措施	湖南省教育厅	2013.7	张莉莹 欧阳长安
4	湖南省第四届高等学校军事课教学科研论文三等奖	浅析在军事理论教学中进行国防动员的渗入	湖南省教育厅	2013.7	杨湘容 欧阳长安
5	湖南省第三届高等学校军事课教学科研论文二等奖	普通高校培育学生军训教官的实践探析——以湖南农业大学为例	湖南省教育厅	2012.9	欧阳长安 雷志敏
6	湖南省第三届高等学校军事课教学科研论文二等奖	普通高校"老生训新生"军训模式中学生教官培养的探讨——以湖南农业大学为例	湖南省教育厅	2012.9	雷志敏
7	湖南省第三届高等学校军事课教学科研论文三等奖	浅谈加强高校军事理论课程教学的目的及意义	湖南省教育厅	2012.9	张莉莹 欧阳长安
8	2011年湖南省高等学校军事课教学科研论文二等奖	普通高校学生军训"以老带新"自训模式研究	湖南省教育厅	2011.11	雷志敏 欧阳长安

续表

序号	奖项名称	获奖论文题目	颁奖单位	获奖时间	作者
9	2011年湖南省高等学校军事课教学科研论文二等奖	加强大学生国防教育途径研究——以高校学生国防意识状况调查结果为例	湖南省教育厅	2011.11	欧阳长安 杨湘容
10	2011年湖南省高等学校军事课教学科研论文三等奖	农村大学生国防教育状况堪虞之原因以及对策分析	湖南省教育厅	2011.11	杨湘容 雷志敏
11	湖南省2009年度高等学校军事理论课教学科研论文评审一等奖	高校国防教育的德育功能研究述评	湖南省教育厅	2010.1	陆海燕
12	湖南省2009年度高等学校军事理论课教学科研论文评审二等奖	大学生国防教育的价值意蕴与实施路径	湖南省教育厅	2010.1	雷志敏
13	湖南省2009年度高等学校军事理论课教学科研论文评审三等奖	普通高校军事理论课运用案例教学的实践与思考	湖南省教育厅	2010.1	陆海燕
14	第七届青年教工"四项全能"教研教改论文十佳	普通高校军事理论教师队伍建设的思考	湖南农业大学	2008.12	陆海燕
15	第四届全国普通高校国防教育科研论文一等奖	军事理论案例教学方法的实践与思考	教育部国防教育办公室	2008.10	陆海燕 欧阳长安
16	湖南省2007年度高等学校军事理论课教学科研论文评审一等奖	浅谈如何上好一堂军事理论公开课	湖南省教育厅	2008.1	陆海燕

续表

序号	奖项名称	获奖论文题目	颁奖单位	获奖时间	作者
17	湖南省2007年度高等学校军事理论课教学科研论文评审三等奖	军事理论课开放式教学方法初探	湖南省教育厅	2008.1	陆海燕
18	湖南省2007年度高等学校军事理论课教学科研论文评审三等奖	提升高校学生国防意识的意义和途径	湖南省教育厅	2008.1	雷志敏
19	湖南省第二届高等学校军事理论课教学科研论文评审一等奖	普通高校军事理论教师队伍建设的思考	湖南省教育厅	2007.1	陆海燕
20	湖南省第二届高等学校军事理论课教学科研论文评审二等奖	军训中思想政治教育工作浅谈	湖南省教育厅	2007.1	雷志敏

三、个人荣誉称号

我校个人荣誉称号获得情况如表5-5所示。

表5-5 湖南农业大学个人荣誉称号一览表

序号	荣誉称号	授予单位	授予时间	被授予人
1	二〇一六年度全省学生军训工作优秀军事教师	湖南省教育厅 湖南省军区司令部 湖南省军区政治部	2017.2	陆海燕
2	二〇一六年度全省学生军训工作先进个人	湖南省教育厅 湖南省军区司令部 湖南省军区政治部	2017.2	雷志敏
3	二〇一五年度全省学生军训工作先进个人	湖南省教育厅 湖南省军区司令部 湖南省军区政治部	2016.2	雷志敏
4	2017年新生国防教育军事课技能训练"优秀辅导员"	湖南农业大学	2017.9	陆海燕

第五章　湖南农业大学军事课教学改革成果展示

续表

序号	荣誉称号	授予单位	授予时间	被授予人
5	2017年新生国防教育军事课技能训练"优秀辅导员"	湖南农业大学	2017.9	雷志敏
6	2016级新生国防教育军事课技能训练"优秀辅导员"	湖南农业大学	2016.9	雷志敏
7	2015级新生国防教育军事课技能训练"优秀辅导员"	湖南农业大学	2015.9	雷志敏
8	2014级新生军训"优秀辅导员"	湖南农业大学	2014.9	雷志敏
9	2014级新生军训"优秀辅导员"	湖南农业大学	2014.9	杨湘容
10	2013年新生国防教育军事课技能训练"优秀辅导员"	湖南农业大学	2013.9	雷志敏
11	2013年新生国防教育军事课技能训练"优秀辅导员"	湖南农业大学	2013.9	杨湘容
12	2011年新生国防教育军事课技能训练"优秀辅导员"	湖南农业大学	2011.9	雷志敏

第三节　上级授予奖牌

一、国防教育

我校有关国防教育所获的奖牌如表5-6所示。

表5-6　湖南农业大学有关国防教育所获奖牌一览表

序号	奖牌名称	授予单位	授予时间
1	国防教育特色学校	中华人民共和国教育部	2017.3
2	国防教育工作先进单位	湖南省全民国防教育委员会	2014.3
3	全民国防教育先进单位	湖南省军区司令部 湖南省军区政治部	2013.4

二、军事课教学

我校有关军事课教学所获的奖牌如表5-7所示。

表 5-7 湖面农业大学有关军事课教学所获奖牌一览表

序号	奖牌名称	授予单位	授予时间
1	2011 年湖南省高等学校军事课教学工作评价优秀学校	湖南省教育厅 湖南省军区司令部	2012.2
2	2006 年湖南省高等学校军事课教学工作评价优秀学校	湖南省教育厅 湖南省军区司令部	2006.12
3	湖南省 2015 年度高等学校军事课教学科研论文评审优秀组织奖	湖南省学生军训领导小组办公室	2015.11
4	湖南省 2013 年度高等学校军事课教学科研论文评审优秀组织奖	湖南省学生军训领导小组办公室	2013.6
5	湖南省 2011 年度高等学校军事课教学科研论文评审优秀组织奖	湖南省学生军训领导小组办公室	2011.11

三、学生军训工作

我校有关学生军训工作所获的奖牌如表 5-8 所示。

表 5-8 湖南农业大学有关学生军训工作所获奖牌一览表

序号	奖牌名称	授予单位	授予时间
1	二〇一五年度全省高等学校学生军训工作先进单位	湖南省军区司令部 湖南省教育厅	2016.3
2	二〇一四年度全省高等学校学生军训工作先进单位	湖南省军区司令部 湖南省教育厅	2015.3
3	二〇一三年度全省高等学校学生军训工作先进单位	湖南省军区司令部 湖南省教育厅	2014.3
4	二〇一二年度全省高等学校学生军训工作先进单位	湖南省军区司令部 湖南省教育厅	2013.3
5	二〇一〇年度全省高等学校学生军训工作先进单位	湖南省军区司令部 湖南省教育厅	2011.3
6	二〇〇七年度全省高等学校学生军训工作先进单位	湖南省军区司令部 湖南省教育厅	2008.3
7	二〇〇六年度全省高等学校学生军训工作先进单位	湖南省军区司令部 湖南省教育厅	2007.3

四、其 他

我校其他方面所获的奖牌情况如表5-9所示。

表5-9 湖南农业大学其他方面所获奖牌一览表

序号	奖牌名称	授予单位	授予时间
1	湖南省第七届大学生军用枪射击比赛团体总分第一名	湖南省军区司令部 湖南省教育厅	2014.6
2	湖南省第六届大学生军用枪射击比赛团体总分第一名	湖南省军区司令部 湖南省教育厅	2012.6
3	湖南农业大学代表队积极参加2010年全国大学生军用枪射击比赛	教育部国防教育办公室 全军学生军训工作办公室	2010.7
4	湖南省第五届大学生军用枪射击比赛团体总分第一名	湖南省军区司令部 湖南省教育厅	2010.6
5	湖南省第五届大学生军用枪射击锦标赛男子精度射击团体第四名	湖南省军区司令部 湖南省教育厅	2010.6
6	"勿忘国耻,圆梦中华"纪念抗日战争暨世界反法西斯战争胜利70周年湖南省高校国旗班风采展示大赛二等奖	湖南省全民国防教育委员会	2015.9
7	湖南农业大学国旗班在"湖南高校国旗班风采"网络巡展活动中,被评为网友最喜爱的高校国旗班	中共湖南省委教育工作委员会	2014.12
8	授予校学生纠察队先进集体	湖南农业大学	2009.12

参考文献

[1] 中华人民共和国高等教育法（2016年最新修订）［M］. 北京：中国法制出版社，2016年第1版.

[2] 中华人民共和国国防法［M］. 北京：法律出版社，2014年第1版.

[3] 中华人民共和国兵役法（最新修正版）［M］. 北京：法律出版社，2011年第1版.

[4] 中华人民共和国国防教育法［M］. 北京：法律出版社，2001年第1版.

[5] 国务院办公厅、中央军委办公厅转发教育部、总参谋部、总政治部关于在普通高等学校和高级中学开展学生军事训练工作意见的通知（国办发〔2001〕48号）［Z］.

[6] 教育部、总参谋部、总政治部关于印发《普通高等学校军事课教学大纲》的通知（教体艺〔2002〕7号）［Z］.

[7] 中共中央、国务院关于进一步加强和改进大学生思想政治教育的意见（中发〔2004〕16号）［Z］.

[8] 教育部、总参谋部、总政治部关于印发新修订的《普通高等学校军事课教学大纲》的通知（教体艺〔2007〕1号）［Z］.

[9] 教育部关于加强新形势下学校国防教育工作的意见（教体艺〔2011〕6号）［Z］.

[10] 中共中央、国务院、中央军委关于加强新形势下国防教育工作的意见（中发〔2011〕8号）［Z］.

[11] 教育部、总参谋部、总政治部关于全面提高学生军事训练质量的通知（教体艺〔2003〕1号）［Z］.

[12] 国务院办公厅、中央军委办公厅《关于深化学生军事训练改革的意见》（国办发〔2017〕76号）［Z］.

[13] 毛泽东著作选读（甲种本）[M]. 北京：人民出版社，1965.

[14] 毛泽东选集（第三卷）[M]. 北京：人民出版社，1991.

[15] 王一川. 审美体验论[M]. 天津：百花文艺出版社，1992.

[16] 张耀灿等. 现代思想政治教育学[M]. 北京：人民出版社，2001.

[17] 国防大学军训办公室. 国防教育学[M]. 北京：国防大学出版社，2002.

[18] 程森成，沈有生. 高校学生军训模式研究[M]. 武汉：武汉大学出版社，2002.

[19] 杨慧民. 高校思想政治理论课案例教学法研究[M]. 北京：高等教育出版社，2007.

[20] 陆海燕. 新编高等学校军事课教程[M]. 西安：西北工业大学，2016.

[21] 施一满. 素质教育视角下我国高校国防教育研究[D]. 中南大学，2006.

[22] 杨建平. 高校国防教育的德育功能及实现途径[D]. 中南大学，2006.

[23] 张晓兵. 试论国防教育与德育的整合[J]. 江苏高教，2000（2）.

[24] 吴温暖. 高校国防教育是大学生素质教育的重要组成部分[J]. 有色金属高教研究，2000（2）.

[25] 霍永刚. 论江泽民的国防教育思想[J]. 太原市委党校学报，2000（3）.

[26] 张宝帆. 论大学生集体军训中的思想政治工作[J]. 北京青年政治学院学报，2000（4）.

[27] 侯秀奇. 浅谈学生军训中的思想政治工作[J]. 沈阳大学学报，2001（3）.

[28] 王成海. 军训是提高学生综合素质的有效途径[J]. 河北建筑科技学院学报，2001（8）.

[29] 刘乾，古添雄，樊筑生，冯鉴强. 高校国防教育在大学生素质教育中的地位与作用[N]. 广东科技报，2001-09-29.

[30] 吴勇刚. 在新形势下如何开展大学生国防教育[J]. 国防教育，2002（4）.

[31] 肖海平. 体验式教学——素质教育的理想选择[J]. 教育理论研究，2004（1）.

[32] 张戈. 高校国防教育与高校德育工作的关系 [J]. 经济师, 2004 (10).

[33] 邹志成. 湖南省高校军事课教师队伍现状及对策研究 [J]. 长沙航空职业技术学院学报, 2005 (4).

[34] 杜维彦. 论国防教育在高校思想政治工作中的地位和作用 [J]. 教育与职业, 2005 (10).

[35] 胡杰. 浅议大学生军训教官队伍军训的实践 [J]. 当代经济, 2006 (3).

[36] 刘大维, 汪强. 对普通高校国防教育现状分析与对策研究 [J]. 湖南科技学院学报, 2006 (4).

[37] 张成斌. 国防教育: 大学生思想政治教育的新载体 [J]. 思想政治教育研究, 2006 (4).

[38] 曾长秋, 杨增崇. 论开放性思想政治教育模式的建构 [J]. 思想政治教育研究, 2006 (4).

[39] 邓秀金, 郭大为. 努力提高军事理论课教学质量 [J]. 国防, 2006 (10).

[40] 朱智, 刘杭军. 浅淡军事理论课的授课艺术 [J]. 东南大学学报（哲学社会科学版）, 2006 (12).

[41] 许华. 课堂教学中经常运用的几种教学方法及特点 [J]. 文教资料, 2007 (1).

[42] 陆海燕, 欧阳长安, 雷志敏. 普通高校军事理论教师队伍建设的思考 [J]. 湖南第一师范学校学报, 2007 (3).

[43] 庾建设. 推进军事课教学改革提升大学生综合素质 [J]. 中国高教研究, 2007 (4).

[44] 乌跃良. 创建开放式教学方法的探讨 [J]. 希望月报, 2007 (5).

[45] 李志伟. 高校依靠自身力量组织新生军训的探讨 [J]. 郑州航空工业管理学院学报（社会科学版）, 2007 (5).

[46] 李卫衡, 刘新庚. 试析新时期高校国防教育的实施途径 [J]. 湖南科技学院学报, 2007 (5).

[47] 李晓玉. 案例教学法在《比较政治制度》课程中的应用 [J]. 考试周刊, 2007 (6).

[48] 周永卫. 谈高校国防教育中的德育创新 [J]. 中国校外教育（下旬刊）, 2008 (1).

[49] 强军锋，王国新，赵佩燕．对高校军事理论课教学方法的探索［J］．科教论丛，2008（1）．

[50] 罗一娴，党玮莹．试论高校国防教育与思想政治教育的整合［J］．理论观察，2008（1）．

[51] 邹晓芰．地方性高校军事理论教学改革的经验和成效［J］．福建论坛，2008（2）．

[52] 邓浩．浅谈高校国防教育的德育功能［J］．今日科苑，2008（2）．

[53] 陆海燕，欧阳长安，雷志敏．论新世纪军事理论公开课的"五备"教学法［J］．时代经贸，2008（5）．

[54] 陈世利．关于提高普通高校军事理论课教学质量的思考［J］．湖南医科大学学报（社会科学版），2008（11）．

[55] 王亚洲．国防教育在大学生素质教育中的地位和作用［J］．黑龙江科技信息，2009（3）．

[56] 黄妍，金久仁．普通高等学校国防教育与素质教育关系研究［J］．文教资料，2009（3）．

[57] 陆海燕，周先进．高校国防教育德育功能研究述评［J］．思想政治教育研究，2009（4）．

[58] 陆海燕．普通高校军事理论课运用开放式教学方法的探讨［J］．湖南医科大学学报（社会科学版），2009（6）．

[59] 徐敏．关于高职院校军事理论课教学模式改革的思考［J］．职教论坛，2009（6）．

[60] 刘秋生．整合高校国防教育与思想政治教育资源的几点思考［J］．广西教育学院学报，2009（6）．

[61] 陆海燕，欧阳长安，唐建林．军事理论课案例教学方法的实践与思考［J］．全国普通高等学校第四届国防教育学术研讨会论文集，2009（7）．

[62] 朱宗奎．关于新形势下大学生军训工作的几点思考［J］．吉林省教育学院学报，2009（8）．

[63] 陆海燕，欧阳长安．大学新生军训中的思想政治工作刍议［J］．职业时空，2009（9）．

[64] 蔡国华．普通高校国防教育中老生训新生模式研究［J］．当代经济，2009（10）．

[65] 王小敏，廖成发．议驻军少地区学生军训教官培养模式［J］．成功（教育），2009（11）．

[66] 张小平，陈崇荣等．军事理论课程应大力倡导战例教学［J］．高等教育研究学报，2010（2）．

[67] 任宏权．高校国防教育课弘扬和培育民族精神的探讨［J］．思想理论教育导刊，2010（2）．

[68] 邵青，李向东．加强任职教育军事理论课教学［J］．军队政工理论研究，2010（5）．

[69] 张湖北．刍议优化高校军事理论课教学方法［J］．文论博采，2010（10）．

[70] 龚泗琪，蔺玄晋．加强市场经济制度下大学生国防意识教育［J］．中国经贸导刊，2010（14）．

[71] 徐永利．论大学生军训的育人功能及其长期效应［J］．中国高等教育，2011（3）．

[72] 杨子均．研讨式教学及其在思想政治理论课中的运用［J］．西南民族大学学报（人文社会科学版），2011（6）．

[73] 祝木伟，赵红灿．论大学生国防教育与民族精神培育［J］．思想教育研究，2011（7）．

[74] 雷志敏，欧阳长安．普通高校学生军训"以老带新"自训模式研究［J］．中国科教创新导刊，2011（16）．

[75] 安雅丽．高校国防教育与大学生民族精神培养刍议［J］．教育与职业，2011（17）．

[76] 张炬，姜荣．大学生国防教育与思想政治教育融合性探究［J］．科技信息，2011（21）．

[77] 叶锐．浅析国防教育融入大学生思想政治教育的途径［J］．科技信息，2011（25）．

[78] 熊征伟．论"小教官"在新生军训中的探索与应用［J］．当代职业教育，2012（1）．

[79] 李国杨．普通高等学校军事理论课教学方法研究［J］．科教文化，2012（2）．

[80] 雷志敏，陆海燕，欧阳长安．普通高校"老生训新生"军训模式中学生教官培养的探讨——以湖南农业大学为例［J］．理论观察，2012（3）．

[81] 陆海燕．高校国防教育培育大学生民族精神路径探析［J］．文教资料，2012（5）．

[82] 易文安，苏红磊．信息化条件下军事理论课混合教学模式构建［J］．

中国信息界，2012（6）.

［83］彭易纪，彭欢．略论提高普通高校军事理论课教学质量的途径［J］．湘南学院学报，2012（8）.

［84］张莉莹，欧阳长安．对大学军训"自训"模式的调查与思考［J］．成功，2012（9）.

［85］欧阳长安，雷志敏，胡丹丹．普通高校培育学生军训教官的实践探析——以湖南农业大学为例［J］．中国科教创新导刊，2012（28）.

［86］陆海燕．高校国防教育与思想政治教育的整合路径探析——以湖南农业大学为例［J］．学理论，2013（1）.

［87］唐高峰．基于德育创新的高职院校军事理论课教学改革［J］．职业教育，2013（2）.

［88］胡勇胜，贺幸平．基于模块化的高校军事理论课教学改革［J］．当代教育论坛，2013（4）.

［89］张曦．基于学生主体性的军事理论课教学模式的构建［J］．中国-东盟博览，2013（8）.

［90］赵东波，李雄．军事理论课程战例教学内涵剖析与实践探索［J］．黑龙江教育，2014（4）.

［91］陆海燕，欧阳长安．普通高校军事课程建设的经验和成效——以湖南农业大学为例［J］．职业时空，2014（5）.

［92］陆海燕．高校军事理论课教学改革研究综述［J］．理论观察，2014（8）.

［93］陆海燕．"军事理论课"运用研讨式教学需注意的问题探微［J］．教书育人（高教论坛），2016（4）.

［94］邓治慧，陆海燕．试论信息技术促进军事理论教学的跨越式发展［J］．课程教育研究，2016（8）.

［95］陆海燕．体验式教学在军事理论课中的应用探析［J］．学理论，2016（11）.

［96］陆海燕．战例教学在普通高校军事理论课中的运用［J］．教育教学论坛，2016（33）.

［97］Kolb D. Experiential Learning：Experience as the Sourceof Learning and Development［M］．Englewood Cliffs，NewJersey：Prentice Hall，1984.

后 记

教育教学改革是学校课堂教学永恒的生命线。军事课作为高校开展国防教育的主要阵地，作为新时代进一步加强和改进大学生思想政治教育的有效载体和重要途径，其教学改革怎样，教学质量如何，直接影响着高校国防教育的"国防"效益和"育人"效益。2007年，新修订的《大纲》一经颁布，湖南农业大学就开始了一轮军事课程建设和教学改革的研究与实践。在分管学生工作的张立副校长、学工部戴荣四部长和人武部欧阳长安部长的领导下，全体军事课教师砥砺前行，为我校军事课程建设和教学改革做出了不懈努力，取得了可喜成绩，积累了一些经验，形成了自己的特色。我作为军事教研室主任，自始至终参与了军事理论课教学、军事技能训练教学改革的全过程，亲自主持了军事课精品课程建设，亲眼看见和见证了作为学校素质教育之一的军事理论课从起初的可有可无、可上可不上到后来的纳入学校人才培养方案、设置为必修课程，军事技能训练从过去的部队承训模式到现在的"立足本校，建强队伍，以老训新，规范组织"富有农大特色的自训模式，军事课从学校的一门普通课程到湖南省的精品课程……期间，有不被支持和不被理解遇到阻力的艰辛，也有打破常规冲破藩篱取得进展的喜悦。2017年，恰逢我校军事课教学改革十周年，将我校十年来军事课程建设和教学改革取得的相关成果系统梳理、总结提升并公开出版，成为笔者义不容辞的责任。为此，笔者以自己近年来主持的各级各类军事课教学改革课题、省校两级军事课精品课程建设项目为依据，从主要依据、军事理论课教学、军事技能训练、精品课程建设、成果展示等方面，将近年来我校发表的军事课教育教学改革研究论文、实践经验、系列成果等系统梳理、精心修撰并结集出版。本书虽以笔者的研究成果为主体，但每一项成果、每一点成绩的取得都离不开军事课教学团队的全力参与、积极践行和鼎力相助，在此特别感谢欧阳长安部长、杨湘容老师、雷志敏老师、邓治慧老师、张莉莹老师、谭煌辉老师，正是你们的共同不懈努力才有湖南农业大学军事课程的今天，也正是你们的大力支持、持续鼓励和无私帮助，才有此书的问世。

最后，对著书过程中给予我诸多帮助的单位和个人表示衷心的感谢。在本书的撰写过程中，引用和参阅了有关专家、学者的著作和最新研究成果，借鉴了一些军事课教材和大量文献、资料，在此谨向专家、学者深表感谢。

由于本人水平有限，错误和不当之处在所难免，敬请广大读者提出宝贵意见，笔者将及时更正，为全面提高高校国防教育水平和军事课教学质量贡献微博之力。

陆海燕

2018 年 2 月于长沙

城乡融合发展视域下女性农民工城市生存研究

伍慧玲 著

北京理工大学出版社
BEIJING INSTITUTE OF TECHNOLOGY PRESS

版权专有　侵权必究

图书在版编目（CIP）数据

城乡融合发展视域下女性农民工城市生存研究／伍慧玲著．－－北京：北京理工大学出版社，2022.6
ISBN 978-7-5682-7840-9

Ⅰ．①城… Ⅱ．①伍… Ⅲ．①女性—民工—劳动就业—研究—中国②女性—民工—生活状况—研究—中国 Ⅳ．①D669.2②D422.7

中国版本图书馆 CIP 数据核字（2019）第 243860 号

出版发行／北京理工大学出版社有限责任公司
社　　址／北京市海淀区中关村南大街 5 号
邮　　编／100081
电　　话／（010）68914775（总编室）
　　　　　（010）82562903（教材售后服务热线）
　　　　　（010）68944723（其他图书服务热线）
网　　址／http://www.bitpress.com.cn
经　　销／全国各地新华书店
印　　刷／三河市华骏印务包装有限公司
开　　本／710 毫米×1000 毫米　1/16
印　　张／9.25　　　　　　　　　　　　　　　　责任编辑／赵兰辉
字　　数／162 千字　　　　　　　　　　　　　　　文案编辑／杜　枝
版　　次／2022 年 6 月第 1 版　2022 年 6 月第 1 次印刷　责任校对／刘亚男
定　　价／50.00 元　　　　　　　　　　　　　　　责任印制／施胜娟

图书出现印装质量问题，请拨打售后服务热线，本社负责调换

前　言

农民工问题是我国工业化、城镇化进程中的必然问题，也是人口大国现代化进程中必然经历的阵痛。国家统计局发布的《2018年农民工监测调查报告》显示，2018年我国农民工总量为28 836万人，比上年增加184万人，他们自从进城以来为中国特色社会主义现代化建设做出了巨大的贡献。

国家统计局发布的《2018年农民工监测调查报告》显示，2018年女性农民工占34.8%，也就是说2018年有1亿多女性农民工。女性农民工的性别被城市社会忽视，同时她们的工作没有像男性农民工一样醒目，因此，她们的许多特殊关怀被遗忘，她们的许多特殊权利被忽视。然而她们在就业、生活、情感上都与男性农民工有不同的地方，我们应该给予她们特殊关照。不少调查和研究均显示，女性农民工普遍职业层次低、经济收入少、社会交往单一、社会地位卑微、缺乏福利保障、物质生活和精神生活双重贫困。

2019年4月，国家出台了城乡融合发展的相关文件，城乡融合发展不是城乡统筹，也不是城乡一体化，而是一种更高层次的城乡发展状态。因此，给予女性农民工特别关怀，使她们成功融入城市社会，是我们城乡融合发展的重要任务。

本书根据女性农民工的性别特征，分别从女性农民工城市生存的弱势性、非正式就业与女性农民工职业、女性农民工的劳动权利保护、女性农民工的城市融入、女性农民工的爱情婚姻等方面，研究女性农民工在性别特征下的图景，以性别视角探索我国农民工在城乡融合发展中的问题与对策，以求为城乡融合发展提供理论支撑与决策参考。

第一章从女性农民工是特殊的农民工、新生代女性农民工问题的特殊性、女性农民工的性别弱势导致权益弱势、女性农民工城市生存的多重困扰、女性农民工城市生存需要融入城市等方面展开。

第二章从非正式就业是女性农民工就业的重要渠道、非正式就业对女性农民工就业的功能、非正式就业对女性农民工城市生存的影响、女性农民工选择非正式就业渠道的必然性、非正式就业渠道给女性农民工就业带来的困扰、"规范非正式就业，优化女性农民工就业环境"等方面展开。

第三章从劳动权利是女性农民工城市生存的基本权利、女性农民工的劳动权利与劳动合同、女性农民工劳动权利与加班工资、女性农民工的特殊劳动权利保障、女性农民工劳动权利与劳动伤害赔偿、"构建和谐劳动关系，维护女性农民工合法权益"等方面展开。

第四章从农民工城市融入是城乡融合发展的关键、住房与女性农民工城市融入、话语权与女性农民工城市融入、劳动健康与女性农民工城市融入、女性农民工城市融入的影响因素、确保女性农民工平等融入城市等方面展开。

第五章从女性农民工爱情婚姻的流动性矛盾、新生代女性农民工婚恋观的变迁、市场经济下女性农民工的婚姻危机、强化女性农民工爱情婚姻的社会支持等方面展开。

第六章从农业女性化加速农村女性进城、农村女性土地权益现状分析、推进农村女性土地权益平等等方面展开。

第七章从性别是女性农民工城市生存的天然弱势、女性农民工城市生存的特殊风险、女性农民工城市生存问题的成因分析、女性农民工融入城市的社会需求等方面展开。

第八章从影响女性农民工城市生存的经济因素、政策因素、主体因素、代际因素、社会关系网络因素、信息因素等方面展开。

第九章从消除劳动权利性别歧视、加强女性农民工维权观念和信心、提高正规就业渠道的就业水平、强化社会支持网络功能、"提升自身素质，增强主体能力"、提升工会维权的组织保障等方面展开。

随着社会的进步，我国农民工问题也在不断变化，一些问题会逐步解决。本书只是对某一个时段的探索，但是，只要她们一天没有有机融入城市，女性农民工的问题就会存在。

目 录

第一章 女性农民工城市生存的弱势性 …………………………（ 1 ）
- 一、女性农民工是特殊的农民工 ………………………………（ 2 ）
- 二、新生代女性农民工问题的特殊性 …………………………（ 3 ）
- 三、女性农民工的性别弱势导致权益弱势 ……………………（ 6 ）
- 四、女性农民工城市生存的多重困扰 …………………………（ 7 ）
- 五、女性农民工城市生存需要融入城市 ………………………（ 10 ）

第二章 非正式就业与女性农民工职业 ………………………（ 13 ）
- 一、非正式就业是女性农民工就业的重要渠道 ………………（ 14 ）
- 二、非正式就业对女性农民工就业的功能 ……………………（ 16 ）
- 三、非正式就业对女性农民工城市生存的影响 ………………（ 18 ）
- 四、女性农民工选择非正式就业渠道的必然性 ………………（ 20 ）
- 五、非正式就业渠道给女性农民工就业带来的困扰 …………（ 22 ）
- 六、规范非正式就业，优化女性农民工就业环境 ……………（ 25 ）

第三章 女性农民工的劳动权利保护 …………………………（ 28 ）
- 一、劳动权利是女性农民工城市生存的基本权利 ……………（ 28 ）
- 二、女性农民工的劳动权利与劳动合同 ………………………（ 29 ）

三、女性农民工劳动权利与加班工资 …………………………… (33)
四、女性农民工的特殊劳动权利保障 …………………………… (34)
五、女性农民工劳动权利与劳动伤害赔偿 ……………………… (37)
六、构建和谐劳动关系，维护女性农民工合法权益 …………… (39)

第四章 女性农民工的城市融入 …………………………………… (42)

一、农民工城市融入是城乡融合发展的关键 …………………… (42)
二、住房与女性农民工城市融入 ………………………………… (44)
三、话语权与女性农民工城市融入 ……………………………… (47)
四、劳动健康与女性农民工城市融入 …………………………… (50)
五、女性农民工城市融入的影响因素 …………………………… (52)
六、确保女性农民工平等融入城市 ……………………………… (55)

第五章 女性农民工的爱情婚姻 …………………………………… (59)

一、女性农民工爱情婚姻的流动性矛盾 ………………………… (59)
二、新生代女性农民工婚恋观的变迁 …………………………… (62)
三、市场经济下女性农民工的婚姻危机 ………………………… (65)
四、强化女性农民工爱情婚姻的社会支持 ……………………… (70)

第六章 土地资源的性别平等 ……………………………………… (73)

一、农业女性化加速农村女性进城 ……………………………… (73)
二、农村女性土地权益现状分析 ………………………………… (78)
三、推进农村女性土地权益平等 ………………………………… (85)

第七章 女性农民工城市生存的问题 ……………………………… (91)

一、性别是女性农民工城市生存的天然弱势 …………………… (91)
二、女性农民工城市生存的特殊风险 …………………………… (93)
三、女性农民工城市生存问题的成因分析 ……………………… (99)
四、女性农民工融入城市的社会需求 …………………………… (101)

第八章 影响女性农民工城市生存的因素解析 …………………… (104)

一、经济因素 ……………………………………………………… (105)
二、政策因素 ……………………………………………………… (106)

三、主体因素 …………………………………………（109）
四、代际因素 …………………………………………（112）
五、社会关系网络因素 …………………………………（114）
六、信息因素 …………………………………………（117）

第九章 创新城乡融合体制机制，确保女性农民工城市融入 …（120）

一、消除劳动权利性别歧视 ……………………………（121）
二、加强女性农民工维权观念和信心 …………………（124）
三、提高正规就业渠道的就业水平 ……………………（125）
四、强化社会支持网络功能 ……………………………（127）
五、提升自身素质，增强主体能力 ……………………（130）
六、提升工会维权的组织保障 …………………………（132）

参考文献 …………………………………………………（135）

第一章　女性农民工城市生存的弱势性

农村剩余劳动力向非农产业和城镇转移，是工业化和现代化的必然趋势，必须引导农村劳动力合理有序流动。因此，公平对待、全面引导、完善管理、搞好服务，为农民工有序转移提供政策保障，创造良好的环境是政府公共政策的重点，是对农民工的人本主义关怀。农民工作为一个庞大的社会群体，存在代际、性别、民族与区域等的分化，重视对农民工群体的分类并进行有针对性的研究，特别是对农民工中特殊的（往往也是更加弱势的）群体加以专门的研究，更加有助于我们深刻地认识和解决问题。所幸，新生代（或二代）农民工、女性农民工、少数民族农民工等相关问题开始受到来自学界、社会与政府的多层面关注。

农民工作为城市社会的弱势群体，其数量惊人，但地位低微，由于农民工权益的需求与供给不平衡，造成农民工的现状难以改变。农民工数量多，所需的权利总量大，尽管国家正在逐渐加大对农民工的权利供给，但短期内难以满足庞大农民工群体的需求。这一供需矛盾，使农民工问题成为我国城市化进程中的重大问题，也将成为社会和谐发展的隐患。

在加速城市化建设的过程中，各级政府都把转移农村劳动力的多少当成政绩考核的硬性指标，这就加速了农村劳动力的转移。如果我们把农民工这个庞大的群体只看成是"农村剩余劳动力"，把农民工的打工赚钱看成"劳务经济"而忽视了对他们的人性关怀，那么，农民工也就成为城市社会的建设工具了。其实，农民工是农村社会的精英，是农村社会中敢于闯荡的一部分人。而且，随着社会的发展,农民工的文化水平不断提高,打工经验不断丰富,再也不是过去的"盲流"了,他们成为城市社会工人阶级的重要主体。尽管他们相对于农村的生产资料所能容纳的劳动力来说剩余了,但是,他们在现代城市社会却是不可或缺的一部分。当然,农民工是个丰富的概念,是中国社会非常特别的概念,其身上附有许多中国改革开放的内容,深深地刻着改革开放的痕迹。同时,农民工是一个有性别区别的概念。但是,当他们的许多城市生存权利被忽视时,性别权利也曾经一度被忽视,甚至基本的性权利也因恶劣的环境和繁重的工作而失去了,成为一群制度性寡妇或鳏夫。在很长一段时间的统计资料中,我们几乎找不到农民工分性别统计的资料,没有区别女性农民工与男性农民工的相关内容。

一 女性农民工是特殊的农民工

女性农民工是农民工中的特殊群体,她们在城市社会的工作和作用与男性不尽相同。男性农民工为城市社会建起了高楼大厦,用生命和汗水支撑起了一座座现代化城市;女性农民工用她们的青春和美丽,为城市人群提供了服务与休闲,为城市社会的家庭解放做出了贡献,为乡村振兴和城乡融合发展贡献了辛劳和智慧。而且,女性农民工又和男性农民工有着密切的联系,女性农民工的生存直接关系到男性农民工的发展,因为他们许多就是夫妻关系。

近年来,我国女性农民工数量呈不断增长趋势,《2014年全国农民工监测调查报告》显示,全国农民工总量已达到2.73亿人,女性农民工占33%[1]。然而,在为城市经济发展与社会建设做出巨大贡献的同时,女性农民工的合法权益却屡遭侵犯。2014年12月,女性农民工周某在山西讨薪殒命事件,引发全国热议。大量数据和案件显示,近年来女性农民工的维权现象持续增多:2005—2008年,申请接受法律援助的农民工中,女性占5.7%,而在2008—2014年,女性占比上升至20%[2]。女性农民工在城市中面临着职业和生存双重边缘化的风险,她们是农民工队伍中的弱者(或"弱者中的弱者")。

当前,新生代农民工群体中的女性比例逐年上升。新生代女性农民工为她们自己和整个农民工群体带来了希望,但也存在着城乡二元的难解之结。越来越多

---

〔1〕 国家统计局. 2014年全国农民工监测调查报告[EB/OL]. (2015-04-29)[2019-10-01] http://www.stats.gov.cn/tjsj/zxfb/201504/t20150429_797821.html.

〔2〕 郑莉. 农民工法律援助十年变迁 维权案呈复杂化趋势 [EB/OL](2015-09-13)[2019-10-10]. http://politics.people.com.cn/n/2015/0913/c70731-27576539.html.

的新生代女性农民工从乡村涌入城市,成为城市日常生活场景中不可或缺的一员:美发店发型助理、发型师,美容店技师,商场售货员、超市促销员、收银员,餐馆服务员,奶茶店店员,食堂服务人员,工厂女工,保姆……她们外表稚嫩却又带着城市同龄人所没有的疲惫感,她们喜欢城市人的打扮却依旧能通过衣着被识别出外来者的身份,她们过早地卷入城市经济链条中充当一枚不起眼的螺丝钉。她们在"城""乡"之间打工、恋爱、结婚、生子、再打工,尽管在教育程度、价值观、职业选择、性别定位、城市融入等方面都与其母辈不同,但同样作为"女性"、作为"农民工",她们依旧在城市生活中承受着来自阶层和性别的双重压力。

由于女性农民工的性别被城市社会忽视,而她们的工作成果却没有像男性农民工建设的高楼大厦一样醒目,因此,她们被统统放在农民工之中,她们应有的许多特殊关怀被遗忘,她们应有的许多特殊权利被忽视,她们成为农民工中的弱者。有学者指出,女性农民工属于"弱势群体中的弱势群体"。不少调查和研究均显示,女性农民工普遍职业层次低、经济收入少、社会交往单一、社会地位卑微、缺乏福利保障、物质生活和精神生活双重匮乏。在她们身上,不签劳动合同、超时加班、拖欠工资、性别和身份歧视、性骚扰等现象时有发生。

如果要问占流动人口近40%的女性农民工,她们最大的需求是什么?她们一定会告诉你,她们需要和城市女性一样:有平等的就业权、平等的受教育权、平等的恋爱婚姻自主权、平等的社会保障权。可是,城市社会的权利供给给予女性农民工的确实不够,女性农民工达到与城市女性平等的就业与生存水平还需要时间。因此,女性农民工往往由于权利不能得到保障而处于社会经济地位不利的边缘,直至边缘化。而要改变这一切,首先就要改变城乡分割的户籍制度。女性农民工的需求是一个人、一个家庭最基本的需求,我们说建设和谐社会要以人为本,如果忽视妇女和孩子,就不是真正的以人为本,不以人为本建设的社会,也绝不是和谐社会。

 新生代女性农民工问题的特殊性

当前,农民工的第一代逐渐退出城市社会,他们的子女成为农民工的主流人群,这些第二代农民工被称为新生代农民工。女性农民工也一样,新生代女性农民工具有更加开放的心态和活力,进入城市社会工作生活,她们的问题更具有特殊性。国家统计局发布的《2018年农民工监测调查报告》显示:2018年,中国农民工总量为 28 836 万人，比去年增加 184 万人，增长 0.6%。在农民工总量中，在乡内就地就近就业的本地农民工 11 570 万人；到乡外就业的外出农民工 17 266 万人。在外出农民工中，进城农民工 13 506 万人。在全部农民工中，女性和有配偶的农民工占比均提高。女性占比比 2017 年提高 0.4 个百分点，有配偶的占 79.7%，占比比 2017 年提高 1.9 个百分点。[1]

中国社科院的一项调查显示，女性占农村外出人口的比例达 40%。由此推算，当前农村女性外出务工人员达 1 亿人。农村女性由于生理和心理的特殊性，加上社会性别歧视等诸多因素，在城市生存中日益趋向边缘化。农村女性流动的边缘化生存是当前城市化进程中的重大问题，也是我国经济社会协调发展中的重大问题，长此以往将影响我国的城市建设和乡村振兴，最终导致构建和谐社会的矛盾与困难。女性农民工在就业方面的困境主要表现为就业层次低、工作更替频繁和培训机会少三方面。虽然从总体上讲以上特征也是农民工普遍面临的共同问题，但通过众多统计数据与调查数据的对比我们可以发现，女性农民工相比男性农民工而言，其面临的就业困境更加突出。

女性农民工是城市生存的弱者，也是农民工中的弱者，是弱者中的弱者。女性农民工城市生存边缘化是指她们在城市居住和就业时，相对来说，处境日益恶化，偏离城市的主流生活，处于城市生存的弱势地位。她们在强势的男性社会中，生存的边缘化问题成为阻碍她们流动的重要因素。女性农民工流动进城不仅需要从事物质资料生产，而且要从事人口生产，她们的城市生存问题不仅关系到她们自身的发展，而且关乎国家未来 1 亿个家庭下一代的发展。这一问题应该引起社会的关注，也应该进入学界的理论视野。

新生代女性农民工中很多是在初中、高中毕业或辍学后直接来城市打工，普遍缺乏社会经验和就业竞争力，整体素质和技术水平都不高。特别是本来就薄弱的农村社会关系网络在进城后往往被削弱或发生断裂，现有的交往对象大都是跟自己处境相仿、同质性极强的年轻女性，因此她们获得的非正式社会支持也十分有限，而正式社会支持很少甚至没有。她们在遇到棘手的问题时经常感到孤立无援。[2]

新生代女性农民工城市生存问题是关系到全面小康建设及和谐社会构建的问题，也是关乎我国社会主义美丽乡村建设的问题。女性生存的水平是全面小康社会的衡量标准之一，和谐社会要求城市与乡村和谐发展、男女两性和谐发展，美

---

[1] 国家统计局.2018 年农民工监测调查报告［EB/OL］.(2019-04-30)［2019-10-01］.http://www.gov.cn/xinwen/2019-04/29/content_5387627.htm.

[2] 郑桂珍.流动人口中的妇女问题［J］.南方人口.2000 (15).

丽乡村建设离不开农村的流动精英——女性农民工和她们的下一代。女性农民工城市生存问题关乎我国以上几项重大战略目标的实现,所以对这一问题展开研究,具有非常重要的现实意义。

1. 女性农民工的生存问题是农民工问题的焦点

我国农民工问题日益受到各界的关注,但以前大多是为他们讨薪。随着农民工问题的日益突出,现今我国农民工问题的关键是农民工的城市生存与发展,其实质是解决弱势群体的城市生存与发展问题。女性农民工城市生存边缘化是农民工问题的重点,是解决整个农民工问题的突破口。农民工的许多问题突出表现在她们身上,解决了她们的城市生存问题,整个农民工的城市生存与发展问题就迎刃而解了。

2. 女性农民工的生存问题是乡村振兴的痛点

美丽乡村建设的关键是要有建设主体,女性农民工是美丽乡村建设的主力军,她们不仅为美丽乡村建设投入巨大的建设资金,而且为美丽乡村建设培育下一代接班人,没有她们的健康生存与发展,美丽乡村建设就会失去重要的主体建设力量。当前,美丽乡村建设中的乡村劳动者是"386199部队"[1],而且,留下的"38部队"在大部分地区只是一些老弱残的女性,大多数女性都外出务工了。这样不仅造成一大批农村留守儿童,而且对农村劳动力的发展和稳定非常不利。没有农村妇女的健康发展,就没有美丽乡村建设的顺利推进。

3. 解决女性农民工的生存问题是提高我国人口素质的关键

人口素质是一个综合指标,与每个人的状况息息相关。1亿女性农民工在我国人口中占有很大的比例,她们的生存状况与她们的素质提高是密切相关的,她们的素质不仅影响她们本身,而且关系到她们下一代的素质,是一个影响深远的重要问题。

4. 女性农民工的生存问题是推进女性发展和解放的重点

女性农民工城市生存问题是她们的生存与发展权问题,影响整个女性的发展和她们的下一代健康成长,解决她们的边缘化生存问题,可以提高她们的素质,

---

[1] "386199部队":随着中国城市化的快速发展,农村男性青壮年劳动力进城打工的数量剧增,广大农村留守的妇女、儿童、老人作为特殊群体备受关注,被戏称为"386199部队"。"38"代指妇女,"61"代指儿童,"99"代指老人。

为女性解放奠定基础。同时，可以推进城镇化进程，促进我国美丽乡村建设。女性农民工是推进城乡融合发展的先锋，她们的流动既为美丽乡村建设奠定了物质基础，又传播了城市先进的精神文化，并且可以进一步推动妇女解放。

女性农民工的性别弱势导致权益弱势

随着城市化进程的加快，就业结构的日益提升，对职业技术含量的要求也日益提高，加之，农村女性流动的数量正在日益增多，质量正在日益提高，竞争也日趋激烈。女性农民工作为农民工中的弱者，相对而言，文化水平低，劳动技能差，身体素质差，不能进入城市需要的主流职业，因而不能获得较高的工资待遇，诸多原因使她们城市生存边缘化问题日渐严重，具体表现如下。

1. 就业渠道与就业形式非正式化

越来越多的农村女性为了节省成本和简化外出手续，通过老乡、亲戚、朋友和同事的介绍外出，这种通过非正式渠道外出的方式，使她们远离正式外出渠道的资源保障，增加了风险，成为远离正式渠道外出的边缘化群体。同时，她们不仅通过非正式渠道外出，而且通过非正规渠道就业，大多从事非正式职业。因为就业不正式，使劳动权益得不到保障，特别是与用人单位只订立口头协议，发生劳动纠纷时合理的劳动权益得不到保障。

2. 职业角色低端化

农村女性在城市从事的多是餐饮、娱乐、美发、休闲等服务类行业，甚至从事不可接受的工作。这些职业并非城市的主流职业，更不是城市技术含量高的职业。这些职业的竞争激烈，职业生涯短暂，而且风险性大，地位低微，甚至对外不能言说自己的职业。在这些行业就业大多要求年龄小和形象好，类似于吃"青春饭"，工作没有发展前景，随着年龄增大或结婚生子，就要辞职，面临失业。没有收入好和地位高的职业做保障，女性农民工的城市生存状况就自然地走向边缘了。

3. 生存身份的尴尬化

农村女性流入城市，为城市建设做出了巨大的贡献。当前，男性农民工所从事的职业日益重要，成为城市建设不可或缺的产业工人。但是，女性农民工所从事的职业多为城市的边缘职业,甚至从事某些休闲娱乐行业的非法经营活动,带来城市色情的泛滥。许多城市居民把这归责为农村女性,使她们遭受社会的冷眼。尽管她们在城市摸爬滚打数年,但是永远改变不了农民身份;她们是城市的居住者,却永远是城市的"外来人",难以享受城市居民的待遇。尴尬的身份使得她们生活在城市的边缘,成为城市的边缘人。

4. 社会保障差异化

我国城市的社会保障系统还在逐步完善之中,对于外来的农村女性存在缺位现象,但是,她们是最需要社会保障的城市生存群体之一。由于城市生存环境缺乏社会保障,使本来失业风险大、工作伤害多的她们生存更加困难。随着年龄增大或结婚生子她们就必须退出所从事的服务行业,甚至被迫失业。而且劳动中的工伤、生育等风险大,而城市社会没有为她们安排社会保险,她们在城市生存的社会救济体系薄弱,常常被排除在城市的保障之外,成为城市中社会保障的边缘群体。

5. 社会地位弱势化

农民工是城市中的弱势群体,女性农民工又是农民工中的弱势群体。已婚女性农民工的城市生存从属于家庭中的丈夫,难有自己独立的经济地位;即使是未婚女性,其经济地位在城市中也处于较低层次。她们缺乏参与城市治理的渠道,缺乏参与城市决策的机制,造成她们的政治参与边缘化;她们被称为"打工妹""乡下妹""农嫂"等,成为城市社会中地位最低的边缘群体之一。

6. 婚姻与情感边缘化

农村女性在城市生存,未婚女性与城市男性谈婚论嫁的可能性较低,已婚女性只能忍受两地分居的感情煎熬,压抑着自己的情感,长年累月过着寡居生活;有的因情感空虚卷入"第三者"的旋涡。不管怎样努力,她们的婚姻和情感难以融入城市主流,被排斥在城市的边缘。

 女性农民工城市生存的多重困扰

女性农民工的城市生存问题,是随着城市社会发展与社会变迁而出现的。她们作为弱势群体,在长期的弱势积压中问题逐渐凸显。一方面,劳动力市场不规范、不完善。我国目前的劳动力市场城乡二元分割,城市的劳动就业体系基本上不对农民工开放,农民工就业集中在劳动关系较为恶劣的非正规公司。非正规公司处在政府监督的空白地带,劳动法及相关法律的约束力很弱,在这里很容易滋生不利于女性农民工的因素。另外,农民工劳动力市场的正式就业支持(此处指来自政府及非营利性社会团体的支持)非常缺乏,农民工自身的社会关系网络提供的就业信息支持也很有限,而大量的私营职业中介参差不齐,大量的虚假信息存在其中。提供就业信息的职业介绍组织的不规范、不完善使农民工的就业存在潜在风险。另一方面,基于身份上的差别对待。在相当长的一段时期内,城市政府并没有将流动农民工纳入日常的管理工作之中,为农民工服务的意识很淡薄。农民工在城市的就业得不到政府的有效保护,农民工的权益完全置于资方的控制之下。资本追逐利益的本性若不加以制约,那必然是以牺牲劳方的利益为代价的。此外,用工单位对农民工也存在一定程度上的歧视,他们更有可能无视农民工的利益,或者肆意侵犯他们的人格,如许多女性农民工会遭遇来自老板的性骚扰。因此,降低女性农民工在就业中的风险,仅仅靠农民工个人的力量是非常有限的,需要农民工与政府以及其他社会团体的共同努力。正如这一问题的出现一样,解决这一问题,也不是一朝一夕所能完成的。总的来说,除了她们的性别弱势,社会体制与运行机制的无性别化和她们的权利代言人缺失是主要原因。因此,女性农民工城市生存问题面临多方面的困扰。

1. 城镇化推进中的乡村歧视

我国城市化的实质是农民的城市化,是广大的农民成为城市市民,需要进行艰难而长期的农村劳动力转移就业。当前,我国农村劳动力过剩严重,转移就业的压力大,农民流入城市是大势所趋。但是,我国在城市化推进过程中对农民权益保护不够,城市化注重城市发展而对农民权益保护缺少足够的关注,造成农民工流入城市后处于被歧视的地位。农村女性为了自身的生存与发展而流入城市本是城市化的需要,但她们因为主客观条件的限制,成为流动农民中的弱势群体,再加上社会的性别歧视,她们的生存边缘化就具有一定的必然性。

2. 社会转型过程中城乡发展张力不平衡与社会资源配置性别不公平

我国社会转型,是以优先发展城市为前提的,城市发展的张力大于农村,农村剩余劳动力大量流入城市,成为城市发展的廉价资源,这种张力的失衡扩展,导致了农民工在城市生存的艰难。同时,在市场化的进程中,农村女性因为性别的弱势地位,使农村的社会资源配置出现差异:农村教育资源配置男多女少,政治资源男性优先化，经济资源占有男性主导化。农村社会的资源配置性别不公平，造成了男女性别发展的差异。农村女性城市生存边缘化和社会转型中城乡发展的张力不平衡与社会资源配置的性别不公平存在密切的联系。

3. 二元分治的城乡制度结构

我国的城乡二元结构制度由来已久，二元经济制度造成农村女性流动的必然性，二元户籍制度造成城乡居民的身份不平等，城市偏向的城市管理体制存在对外来人口的歧视。农村女性走入城市谋生，离开农村的熟人社会，在这种二元体制下，在经济力量薄弱和社会网络支持缺乏的条件下，谋生艰难是难免的，成为城市生存的边缘人具有制度的必然性。

4. 自身生存素质的弱势

农村流动女性在农村属于文化水平较高，思维活跃的群体。但是，她们所受的教育程度普遍不高，缺乏相应的城市职业技能，再加上她们没有体力优势，生理上也受到许多限制，因此在城市就业和生存的能力相对较差。农村女性在城市社会生存，大多只能从事低技术甚至无技术的职业。生理素质和心理素质的弱势，再加上文化素质和职业技能的限制，导致了她们走向城市生存边缘地位的可能性。

5. 城市拥挤降低城市的包容度

一座城市本应该包容所有城市居住者，使大家共同发展、和谐生存。然而，我国城市的生存空间日益拥挤，城市居民的就业压力和生存难度增大，产生城市本位主义情绪，对外来农民工的排斥加大，降低了对外来人的包容度。所以，我国城市的公共服务、就业政策和社会保障等制度设置对于外来农民工的包容度欠缺，这也是我国女性农民工城市生存边缘化的重要原因。

6. 现代化发展中的性别歧视

在现代化推进的过程中，农村女性由于地理位置的限制，局限了自身的发展视野；乡村男女传统分工的限制，使农村女性在农村受到了不平等的待遇，她们在上学、就业、享受家庭资源等方面受到了诸多歧视。"一方面由于城市的容纳度有限，加之城市大量的下岗职工和失业者也在寻找就业机会，造成务工人员进城以后挤占城市居民就业机会，增加城市就业压力，于是城市政府制定一些明显歧视进城务工人员的政策法规，她们只能从事又脏又累城里人不愿干的活；另一方面则为性别、年龄、身高等方面的歧视，一些企业只使用黄金年龄段的女性农民工，避开女性农民工的婚、孕、产期。"[1]因此，她们在走入城市时已经先天不足了。走入城市后，女性的体力以及许多生理与心理上的麻烦限制了她们获得与男性平等就业的机会。于是，女性农民工在城市打工者中的地位很容易被社会忽视。加之她们很难与男性平等竞争，只能进入与青春和美丽有关的行业，这些行业的先天素质要求又使大批的女性农民工被社会限制。因此，在现代化进程中，女性农民工的发展受到了来自各方面的歧视，加速了她们的边缘化进程。

女性农民工城市生存需要融入城市

女性农民工城市生存问题，是当前美丽乡村建设的重要问题，这一问题的解决与否，直接关系到乡村振兴的成败。当前，城乡发展进入融合发展的关键期，女性农民工作为城乡融合中的主体和主体中的特殊部分，她们的城市生存是城乡融合发展的关键，解决她们的城市生存问题，首先要帮助她们融入城市社会，成为城市社会平等自由的一员。

1. 坚持科学发展观，进一步破解城乡二元结构

解决农村女性城市生存边缘化问题，必须坚持以人为本、城乡协调发展。城乡二元结构是造成女性农民工城市生存边缘化的直接原因，消除城乡二元结构的制度壁垒，消除女性农民工城市生存的身份歧视，是解决她们城市生存边缘化问题的关键。

2. 强化政府保护女性农民工的职能

政府的一项重要职能就是保护劳动者的就业安全，为劳动者的安全就业创造良好的政策、法律以及社会环境，当然，保障作为国家公民的女性农民工的就业安全也是政府不可推卸的职责。政府决策和执法部门应增强保障女性农民工安全就业的意识。首先，要加强对职业中介组织的管理和监督，对黑职介坚决予以打击；其次，劳动保障部门要规范用工单位的用工行为，对侵犯农民工权益的行为要进行处罚和治理；再次，在农民工输出地和流入地建立就业对接机制，保障就

---

[1] 吴萍. 进城务工女性劳动和社会保障权益保护的现状分析及对策建议：以新《妇女权益保障法》为视角[J]. 行政与法，2006（10）.

业信息的及时沟通、反馈，降低由于就业信息缺乏或不准确导致的风险；最后，扶贫单位应加大对农村贫困地区女性农民的技能培训力度，提高她们自身抵御风险的能力。

3. 加大正规劳动力市场的供给，规范非正规劳动力市场

女性农民工的城市生存问题，关键是就业问题，只有她们充分就业，才能改善她们的生存状况。政府加大培育正规劳动力市场的力度，扩大正规劳动力市场的供给量，满足她们的就业需求，也是主要的措施之一。由于正规劳动力市场短缺客观存在，非正规劳动力市场的存在有其必要性，因此，规范非正规劳动力市场也十分必要。同时，应加大对女性农民工的职业培训力度。职业能力是她们城市生存的重要能力之一，也是她们求得自身解放的关键，国家要从她们文化素质低、职业技能差等客观实际出发，加大对她们的培训力度，提高她们的素质，以增强她们的城市生存能力，从根本上消除造成她们边缘化的因素。

4. 增强社会的性别意识

解决女性农民工的边缘化问题，不能仅靠发展经济，扩大就业，因为性别意识在造成她们的边缘化中也起了很大的作用。解决社会对女性的偏见和歧视问题，不能靠发展经济，而要以强化社会性别意识为契机，增强社会的性别责任感，在国家决策中贯彻性别平等的意识，影响国家和社会的决策，使国家进行积极的社会政策干预；同时，要强化社会组织的性别保护意识。女性农民工的生存问题，重点是她们的权益保障问题；保障她们的权益，必须充分发挥社会组织的弱势群体保护作用。工会是保障她们权益的有力组织，要强化工会的独立性，特别是要发挥工会对非正式就业女性农民工利益的干预与保护作用。同时，妇联组织要主动发挥女性农民工的"娘家"作用，要强化妇联组织在女性劳动权益保障中的法律地位，真正成为女性权益的"保护伞"。

5. 提高女性农民工的组织化程度，提升她们的抗边缘化能力

女性农民工在城市生存于一个陌生的环境中，且一般都是单个生存，她们抵抗边缘化生存的力量太小、太弱。因此，提高她们的组织化程度，提升她们的抗边缘化能力是解决这一问题的关键。一是妇联、民政等救助部门要深入女性农民工的生存圈，干预她们的边缘化生存状态，使她们遇到生存困难时有组织关怀；二是要扩大女性农民工的城市政治参与权，使城市的公共政策、社会政策有她们的声音并反映她们的意愿，使她们成为城市政策的正式群体。女性农民工自身应该提高风险防范意识。女性农民工的就业风险和女性农民工自身风险防范意识不够、缺乏自我保护意识与能力有很大关系。因此，对女性农民工劳务输出时的培训，不仅要涵盖技能培训，更要涵盖风险防范意识和维权意识的培训，以提高女性农民工自我保护的意识和能力。同时，应加大对农村地区的教育投入，降低辍学率，避免农村女性过早加入流动大军，造成因年纪太小、缺乏辨别力和自我保护意识带来的就业风险；而且应把防范就业风险的知识搬到农村教育的课堂上，帮助农村女性及早树立风险防范意识。

总之，女性农民工的城市生存边缘化是城乡融合发展进程中一个较大的问题，女性农民工在城市生存中承受着来自制度、资本和家庭父权制的三重压迫，以及由这三股力量联手创造出来的以阶级、性别和城乡差别为基础的特殊剥削形式。她们在多重因素的综合作用下，生存的困难比男性农民工要大。随着我国农村劳动力转移速度的加快，其城市生存边缘化问题正变得日益严重。因此，关注这个问题并采取有力解决措施，是以人为本构建和谐社会的重要环节。

第二章 非正式就业与女性农民工职业

女性农民工群体是推动我国经济社会发展不可或缺的力量。她们生在农村工作在城市，有特殊的社会身份，在服务、加工制造、餐饮、零售等行业中发挥着重要作用。由于自身生理原因和中国传统思想的影响，与男性农民工相比，女性农民工是"弱势群体中的弱势群体"。在有关女性农民工工作和生活的众多方面，职业培训正逐步成为近年来的热门话题。对女性农民工进行职业培训既可以提高其工作技能水平，也可以提高她们在城市的适应能力，推动城市经济发展。许多研究学者从社会学、经济学、心理学角度出发，探索女性社会工作。本书结合社会支持理论、社会生态系统理论，分析了影响女性农民工培训现状的主要因素。

职业生存边缘化即女性农民工没有从事城市社会的主流职业，而大多只能从事边缘化职业的一种生存状态。在城市就业过程中，女性农民工通过非正式渠道流动到城市，由于就业成本与自身的工作经历，她们很难通过正式的职业介绍进入正规的就业领域，只能通过老乡、亲戚和朋友等的介绍而非正式就业。非正式就业造成了她们就业中的很多问题，没有正式的、有保障的职业依赖，她们面临的问题也就在预料之内和情理之中了。

一 非正式就业是女性农民工就业的重要渠道

当今世界,在资本与劳动的博弈中,劳动一方正处于非常不利的境地。一方面,国际资本正在全球化的大旗下,试图创建一个统一的世界市场,他们拥有强大的资本优势和资源垄断能力;另一方面,劳动者受到民族、国家、疆界的限制,劳动力市场被分割,他们流动的余地很小。就业的范围必然只能限制在本国的区域,就业选择性很小。同时,机器挤压劳动力越来越严重,劳动者不仅要和资本谈判与斗争,而且要与自己的同行竞争。

2010—2016年,全国城镇登记失业人数不断增加,到2016年全国共有982万城镇失业人口,比2010年增长了65万人。2017年,城镇登记失业人数下降为972万人。2018年情况与2017年基本一致,就业市场有近3亿流动农民工、900多万大学毕业生以及其他新生劳动力。[1] 从就业结构上看,矛盾仍然非常突出,长期以来的就业难和招工难并存的矛盾还没有解决。有许多人就业很困难,但很多企业又招不到工人。

低工资、少福利、不稳定的非正规或非正式就业会成为中国今后一段时间内技术弱者的主要就业形式。我们应该有这样的思想准备:以劳动者的稳定就业、稳定收入为前提的社会保险制度也应该随着非正式就业和灵活就业而改变。

在中国劳动力供给近乎"无限"的同时,农民工以数量多、质量低而大量涌入城市就业市场,单位和雇主在低成本运行的压力和理想下,严格控制正式就业,他们希望发展非正式就业,以灵活应对用工的风险。而事实上,大量农民工涌入城市,也使非正式就业成为可能。[2]

女性农民工由于性别弱势,面临着多重就业压力,加上制度的不合理和城市本地人的歧视,她们的内部支持网络和外部支持网络由于离家而弱化,这一系列问题把她们推向了城市非正式就业的边缘,成为城市就业市场中庞大的非正式就业群体。作为女性农民工,她们在社会资源和就业能力都处于劣势的情况下,选择正式就业的方式几乎是不可能的,因此,非正式就业成为她们就业的主要方式。调查显示,有50.2%的女性农民工属于没有单位的自雇性质人员,比男性农

---

[1] 中商产业研究院. 劳动人口连续7年下降 失业率保持低位 [EB/OL]. (2019-02-19)[2019-10-01]. http://www.askci.com/news/chanye/20190219/1118371141885_4.shtml

[2] 唐钧. "非正规"就业不可避免 [J]. 中国改革, 2002 (12).

民工 40.2% 的比例高了 10 个百分点，女性农民工中有一半多人属于非正规就业。

全国妇联曾经公布的《全国农村妇女权益状况和维权需求调查》显示：女性农民工半数属于非正规就业，签订劳动合同、享受社会保险的比例低。全国妇联有关负责人表示，目前大部分女性农民工属于商业服务人员、餐饮服务人员、居民生活服务人员和流水线上的制造加工人员。职业特征表现出女性农民工的就业层次和技术含量都较低，对体力和年龄的依赖性较大。

女性农民工通过老乡、同事、亲戚、朋友等渠道外出务工，从经验方面来看，她们有了效仿的榜样。但是，由于其外出渠道的不正式，走入陌生的城市后，社会资源的短缺也显现出来，她们在陌生的城市社会中，只能依靠老乡与亲戚、朋友的照顾。而同样来自农村的老乡和亲戚、朋友自身也面临着诸多困境，大多数老乡与亲戚、朋友会将其介绍到自己工作的单位。因此，女性农民工通过这种非正式的职业介绍便非正式就业了。事实上，非正式就业渠道也成为农民工外出，特别是女性农民工外出就业的主要渠道。目前，我国正式就业渠道资源有限、运行效率低、规范化和制度化欠缺，而且就业成本高，不利于女性农民工就业。因此，非正式就业渠道在农村女性转移就业中起着很大的作用。

女性农民工通过老乡、亲戚、朋友等渠道外出务工，弥补了她们信用差、信息缺乏、服务针对性不强等缺陷。调查发现，受访的女性农民工中未曾使用任何就业中介服务机构的达 56.6%。她们之所以不使用就业中介服务机构，首要原因是担心就业中介存在信用问题。目前我国绝大多数劳动力市场的中介机构，只是简单的档案代理和一般的信息发布；不能提供有效的单位招聘需求信息，更不能让女性农民工相信他们。因此，女性农民工一般依靠老乡和亲戚、朋友介绍就业。对于非正式就业机构来说，他们录用女性农民工的成本相对也要低一些。

事实证明，在正式就业支持短缺的情况下，女性农民工通过这种非正式支持就业使她们可以通过"社会关系网络"获得目前岗位的招聘信息的比重最大、效果最好。但是，非正式就业者的高流动性、低熟人性、分散性、就业的不稳定性等造成了他们内部缺乏稳定性。尽管亲戚、朋友、老乡以及生意伙伴等提供了强有力的关系网络，但是因为非正式就业的流动频繁、管理松散随便，这种关系网络很容易在流动中消失。非正式就业作为搜寻职业的渠道，人际关系是劳动力市场中介的主要替代，公共就业服务机构的竞争主要来自人际关系及其他非正式求职渠道，而不是私营就业服务机构。在认定最有帮助的渠道时，女性农民工对来自家乡熟人的社会关系网络的认同度也较高，因此选择非正式就业渠道的意愿非常强。

二 非正式就业对女性农民工就业的功能

非正式就业也叫非正规就业,是指没有取得正式的就业身份、地位不稳定的就业,传统上叫作"临时工"。可以分为在非正规部门(或经济)中就业和在正规部门(或经济)中的非正规就业。劳动和社会保障部出台了一系列有效促进劳动就业的政策,其中将非正规部门定义为小规模企业、微型企业、家庭企业、个体经济、独立服务、社会服务和自我就业。非正规就业除了在非正规部门中就业,也包括在正规部门中创造的非正规就业,如临时工、小时工、季节工、短期合同工、劳务派遣、分包生产或服务项目等就业形式,其就业途径是通过老乡、亲戚、朋友和熟人等进行转介绍。非正式就业渠道是目前弱势群体就业的主要渠道,也是一条重要的就业渠道,据统计,我国80%以上女性农民工通过非正式就业渠道就业。非正式就业渠道之所以成为农民工特别是女性农民工外出就业的主要渠道,是因为它对女性农民工具有独特的就业功能。[1]

一项对四川、安徽两省农民工的研究表明,农民工中的绝大多数是由亲属、亲戚或本村村民带出,村集体或乡以上行政单位介绍外出或自发外出的很少,由民间职业机构介绍的则几乎没有,这与本研究的发现基本一致。根据调查了解,大部分年轻女性农民工在进城打工前从未离开过"生于斯,长于斯"的乡村。由于缺乏社会交际能力和工作经验,如果没有熟悉的人介绍工作或获得可靠的招聘消息,她们不敢贸然外出,家人也不放心让她们外出。亲友、老乡等私人关系(而非政府、职介机构、媒体等)成为年轻女性农民工就业信息的主要来源。[2]

调查中发现,大多数女性农民工对非正式就业渠道表示满意,因为引荐的人是熟人,所以值得信赖。小李是我们调查的一个快乐的女性农民工。她只有23岁,但是已经在外打工7年,刚满16岁就出来务工了。她做过许多职业:售货员、文员、保险员,现在是餐馆领班。但实际也是服务员,因为整个餐馆只有十多个人,她管理的七八个姐妹忙不过来时,她经常帮忙,因此得到老板的器重。小李就是通过初中同学介绍出来的,在同学所在的工厂,得到一份每月1 000元的工作。后来,依靠熟人的介绍换了几份工作,现在的工作也是朋友介绍的。她觉得现在这个工作很适合她,她性格开朗,顾客们很喜欢她,有时顾客开开玩笑她也无所谓,她说,"只要不动真格的就行,能够就业很不容易的"。

---

[1] 李先进. 应加快民族地区小城镇发展 [J]. 当代贵州, 2006 (1).

[2] 林彭, 张东霞. 社会关系网络视野中的农民工研究 [J]. 党政干部论坛, 2004 (4).

小李的就业经历告诉我们，非正式就业渠道和非正式就业并非我们想象的那样可怕，有时，还是农民工就业的便捷途径。之所以这样，是因为它具有其自身的独特功能。

1. 就业信息传递功能

非正式就业渠道是通过在外务工的老乡、亲戚、朋友或同学等熟人介绍而进行就业。这些熟人传递的就业信息直接而真实，并且他们可能自己就在介绍的工厂、机关、企业或单位工作过或正在里面工作，他们对自己工作单位的用人信息比较熟悉，能向外出的女性农民工传递正确的用工信息，这解决了女性农民工外出寻找工作时与用人单位的信息不对称问题，能大大节约获取就业信息的成本。

2. 风险检验功能

女性农民工外出就业最担心的是就业风险，处于弱势地位的她们，一旦遇到风险，防御和化解能力差，受到的损失很大。非正式就业渠道中的老乡、亲戚、朋友等熟人，他们提供的用人单位的工作环境、工作条件、工资待遇等产生就业风险的具体数据，能使外出就业的女性农民工预测自己的就业风险，使她们可以通过之前的就业经历检验该用人单位的就业风险指数，为她们提供可以看得见的就业风险。

3. 就业手续和就业条件的简化功能

正式就业市场的就业手续和就业条件比较复杂，女性农民工特别是初次外出的女性农民工对就业程序和手续望而生畏。非正式就业渠道一般手续简单，就业门槛也远比正式就业渠道低。非正式就业渠道中的用人单位由于对自己的员工有一定的了解，因此，更愿意录用其介绍的老乡、亲戚、朋友等，因为既有其做担保，又能节省许多招聘成本，可以简化程序和手续，这也方便了女性农民工的外出就业。

4. 就业渠道替补功能

女性农民工外出就业有正式就业渠道，如正规职业介绍机构和政府组织外出，以及非正式就业渠道。但是，目前我国正式就业渠道普遍供给不足、功能不完善，不能满足女性农民工外出就业的需求，因此，非正式就业渠道就充当了替补正式就业渠道的角色，引导农民工特别是女性农民工外出就业，发挥了替补功能。

当然，非正式就业渠道也有负功能，并且对女性农民工来说，同样存在较大的就业风险，许多女性农民工外出就业被骗甚至被拐卖就是证明。但是，在正式就业渠道供给不足、功能不全的情况下，充分发挥非正式渠道的就业功能，是解决当前女性农民工外出就业的重要途径。因此，我们要加大社会的就业信息宣传力度，规范企业用工程序，打击就业诈骗行为和人口贩子，减少非正式就业渠道的负功能，引导女性农民工有效防范非正式渠道外出就业的风险，促进农村女性安全地外出就业。

三 非正式就业对女性农民工城市生存的影响

女性农民工非正式就业使她们在就业保障和就业安全上处于不利地位。她们为了生存，经常要面临很多的危险，有的甚至被迫从事不可接受的工作。因此，非正式就业也是女性农民工城市边缘化的重要诱因。

1. 非正式就业降低了女性农民工的就业保障

对于非正式就业，就业单位一般规模小、管理水平低，劳动监察部门很难管理到位。因此，这些单位往往没有为劳动者购买应有的保险，劳动者没有就业保障。在一家个体超市打工的赵某，每月工资1 800元，一切日常用品都是自己出钱购买，1 800元就是她一个月的全部报酬了。和在一家集体企业工作的齐某相比，赵某的工资少了一大截。齐某每月工资也只有2 000元，但是，单位为她购买五险一金，每月的保险类费用就要补助她600元，齐某单位还有福利和假期。因此，非正式就业的劳动保障低，有的根本没有劳动保障，每月只有很少的工资。调查中，有一位湖南姑娘王某，在一家保洁公司工作，口头约定每月工资2 000元，这家公司不但不签劳动合同，还以扣工作服费用为名不按时发工资，正常请假也要扣工资。她们生病了必须自己承担费用，所以一旦生病，生活更加困难。

2. 非正式就业增大了女性农民工的就业风险

非正式就业的一切情况都随用人单位而定，随意性很大，对于劳动者来说，随时可能发生风险。李某在一家个体商店打工，用李某的话说老板有点色，经常靠老板娘的眼睛盯着他。但是，正因为李某是个很正派的姑娘，所以老板娘很信任她。李某说，自己平时要特别小心，有时工作起来提心吊胆的，想找一家正规的大超市去做营业员,那样会安全得多。

3. 非正式就业使部分女性农民工职业边缘化

非正式就业的职业有些就是边缘化的职业。在一家按摩店工作的刘某说,自己因为没什么工作经验,也干不了体力活,所以只好在这家按摩店工作。这是一家正规的按摩店,老板严格禁止在店内有卖淫行为,因此,只要自己坚持原则,还是可以应付客人的无理要求的。有的姐妹经不起客人诱惑,偷偷跟客人出去,后来成了卖淫女,就很难自拔了。刘某说:"这样的工作即使自己坚持原则,别人也不会很相信你,因此,我们从来不敢跟家里说自己的工作,也不愿意让熟人知道,一般不会在一个地方做很久的。" 2012 年,公益活动者叶海燕接受凤凰资讯采访时说,"三八妇女节之后我写了一个帖子叫作《中国民间女性的十大需求》,就是我的一些倡议,比如关于一年两次的免费体检,以及对受艾滋病影响的女性提出呼吁等,总共总结了 10 条,都是妇联没有提到,但是民间特别需要的。特别是我关注的性工作群体,我在妇联的网站上几乎看不到跟性工作者相关的内容。那些在小旅社、地下室三四十岁左右的性工作者,她们之中多是农村母亲,每次性交易的价格从 10 元到 30 元不等。当地人把这样的地方称作'十元店'。"[1]

4. 非正式就业陷入边缘化生存危机

非正式就业没有固定期限,也没有长久的工作时限。她们随时面临失业的危险,在重新寻找工作期间,存在等待期,如果等待期过长,她们的生活就可能出现困难,生存就成了问题。在生存问题存在的情况下,女性农民工不仅经济问题突出,而且心理压力加大、生活危机感增强,因而加速了她们边缘化的进程。因此,非正式就业也成为女性农民工陷入边缘化生存的主要原因。

5. 非正式就业面临严格的社会管制

非正式就业者面临着制度上的严格管制。尽管非正式就业在现实生活中对于女性农民工就业具有极大的合理性,但是由于制度上的严格控制,其就业受到限制。如工商部门要求办理营业执照,必须上缴费用;税务部门要求必须缴税;消防部门也要进行相应的管理;卫生部门会检查卫生,要交卫生费;出租屋管理部

---

[1] 李扬. 叶海燕:每个人都能做女权主义者,我是最彻底的一个[EB/OL]. (2012-05-04)[2019-10-01]. http://news.ifeng.com/mainland/special/guaiqingnian/yehaiyan.shtml#pageTop.

门可能随时进行突击检查,如果没有暂住证可能面临处罚;流动人口管理部门要求办理的证件,还是要交费;城管部门对于小摊小贩管理也很严。因此,非正式就业的女性农民工要么会经受用人者的许多非合理限制,要么会接受社会管制。当前的一些社会管理制度,对有些女性农民工而言,不仅享受不到还会增加一些歧视性的管制或限制。因此,不同政府部门的多重管制使非正式就业者面临极其恶劣和不稳定、不安全的外部生存环境。

 女性农民工选择非正式就业渠道的必然性

我国是一个人口大国,就业岗位的供不应求将是一个长期存在的社会现象,发展非正式就业,在一定程度上可以缓解巨大的就业压力。处于职业弱势的女性农民工,选择非正式就业也具有其必然性。

1. 增加就业岗位以满足社会弱势群体的劳务需求

我国目前相对于劳动适龄人口来说可供就业的岗位不足。在农村剩余劳动力转移和国有企业体制性冗员大量排出的双重压力下,就业问题已成为各地制定区域发展战略中的最大难题之一。一方面正式就业岗位明显短缺,另一方面非正式就业岗位却在日益增多,增加的非正式就业岗位,对女性农民工具有很多便利的条件。随着城镇居民收入的普遍提高,私人财富已经有了初步累积,提高生活质量已成为普遍的需求,餐饮业的迅速发展实际上就证明了这一点。深入私人生活中的劳务需求,例如家庭保姆、病人或老人陪护等,仍然受到压制而远没有充分发挥自身的潜力。非正式就业所能提供的灵活且成本低廉的劳务服务实际上具有非常广阔的市场需求。开拓这一就业领域,可以在相当程度上缓解城镇就业的压力。

2. 促进劳动力市场的完善与就业结构的完善

非正式就业领域是孕育市场力量和新兴产业的必要土壤。新的市场主体经常需要依靠非正式就业来降低起步阶段的工资成本,规避可能的市场风险。旅游、餐饮、保险推销等行业需要大量依靠非正式就业来应对劳务需求的不确定性或经营风险。非正式就业不仅在传统的工业化阶段具有生命力,而且在新经济和高科技产业发展过程中也同样具有生命力。当前,我国最迫切的战略任务是促进市场机制发育、推进产业结构调整和加快城市化进程。非正式就业非常可能发展成为自主创业的一个前期准备阶段,成为新产业形成与发展的一个必要过程。非正式就业还是城市经济不可缺少的组成部分,是打破自给自足、自我服务的消费模式和"大而全""小而全"等旧体制遗留的不合理分工状态的重要外部力量。当前我国城市的定位,不仅是具有现代化基础设施的城市,而且是具有综合性经济结构和较高就业容纳能力的城市。发展非正式就业是推进新的城市化战略的必然选择。

3. 实现劳动力要素的优化配置

我国劳动力供给充裕,特别是女性农民工日益增多,需要相应的劳动市场消化她们的加入。在目前的现实生活中,由于非正式就业的社会条件不充分,很多适宜采用计时付酬方式的就业岗位被迫采取了全日制就业方式。在国外,由于顾客流量在每天的营业时间中是不均衡分布的,餐饮业的服务人员以及商店的营业员多采用按小时雇佣的非正式就业方式,但国内一般仍通行全时工作的固定工制度。由此造成的一个必然后果是,在营业高峰时间本应增加的就业岗位被营业员的超额劳动所替代,在营业低谷时间又存在着劳动力资源的浪费和闲置问题。要充分、合理利用劳动力资源,不仅要避免劳动力资源被浪费和闲置,而且要避免就业岗位被其他要素不合理替代。工资水平与就业岗位都是劳动者利益的具体体现,但在相当长一段时期内,我国应当贯彻就业岗位增加优先于工资水平上涨的策略。这不仅从缓解就业压力上符合最广大劳动者的整体利益,而且是保持与提高我国产业国际竞争力的重要一环。由于非正式就业的工资水平通常较低,发展非正式就业可有效牵制工资水平的过快上涨。

非正式就业尽管不正式,但它是当前我国就业的主要渠道之一,是职业弱势群体就业的主要渠道,并且非正式就业渠道不会很快消失,还有其存在的价值和需要。同时,我国的正式就业渠道还不完善,存在诸多不利于女性农民工就业的因素。因此,农村女性外出选择正式就业渠道就业的人数较少。

(1) 正式就业渠道供给不足,把女性农民工挤压到非正式就业渠道。我国城市劳动力市场的建立比较晚,在长期的计划经济体制下,城市劳动力市场存在的价值低、需求少,抑制了城市劳动力市场的发展。同时,城市劳动力市场主要偏向城市劳动力的就业需要,没有考虑农村劳动力的就业需要。资源不足、不能有效供给造成了城市劳动力市场的供给短缺。女性农民工在就业过程中,因为就业能力较差,职业期望值比较低,加之她们处于弱势的就业地位,因此,她们选择非正式渠道就业的比较多。

(2) 正式就业渠道成本高,不适应女性农民工的低成本就业要求。由于正式就业渠道要保障就业者的合法权益，要求相关证件和保障必须完善。因此，我国正式就业渠道的运行成本相对于非正式就业渠道要高。女性农民工大多是家庭中的从属者，她们不愿花费大量金钱去正式就业渠道寻找工作，就业时更青睐于选择非正式就业渠道。

（3）正式就业渠道的门槛高，女性农民工进入受阻。正式就业渠道对就业者的素质要求高，特别是对文化水平的要求和对文凭的要求高，这使得没有文凭、职业技能低、文化水平不高的女性农民工难以进入正式就业渠道求职。

（4）非正式就业渠道具有简便性和直接性。非正式就业渠道就业的手续简便，工作内容通过熟人描述也很清楚。加上招聘机构既可以节省招聘的成本，又可以通过已经在本单位工作的员工了解和熟悉新员工，具有一定的便利性，也乐于通过非正式就业渠道招聘员工。因此，非正式就业渠道就业的这些特点，便于女性农民工就业。

五 非正式就业渠道给女性农民工就业带来的困扰

由于劳动力市场的供需脱节、波动和严重的信息不对称，加上劳资关系的不稳定状态，农民工不论是正式就业还是非正式就业，其过程与结果都是难以预期和非常不稳定的。其求职与就业可能在各个企业、社区和城镇之间不断地变动。[1]随着国内外非正式就业的不断发展，女性就业非正式化的态势也日趋加强。尽管女性非正式就业在促进女性就业、增加女性收入、推动中国经济结构转型方面做出了较大贡献，但多数学者仍然从职业层次、收入水平、行业分隔、社会保障等方面认为，女性非正式就业是劳动力市场对女性歧视的一种反映，是不利于中国女性自由发展的。[2]因此，非正式就业渠道尽管容易找，但是对女性农民工来说，各种各样的困扰也随之而来。所以，非正式就业尽管简单实用，但是风险也很大。

年轻女性农民工们走入城市寻求工作以谋求家庭和自身的发展。她们离开乡村熟人社会和乡村组织后，在现代文明的城市社会，尽管充满青春活力，却往往由于乡村社会的"土气"被城市社会轻视，被称为"打工妹"或"乡下妹"；加

---

〔1〕 万向东. 农民工非正式就业的进入条件与效果［J］. 管理世界，2008（1）.

〔2〕 张霞，胡露. 中国女性非正规就业：立足于人的发展经济学的考察［J］. 改革与战略，2017（2）.

上她们职业技能低、体质较弱、社会经历不深，因此，她们在许多方面都被排斥在城市主流社会之外，她们的劳动收入很低，被排除在城市主流的劳动收入之外。因此，她们的劳动权益受损害较多，主要表现在如下几个方面。

1. 女性农民工的职业属于非正式的城市职业

我们通过对16~36岁的女性农民工进行调查发现，16~24岁女性农民工占总数的93.1%，48.9%的人文化程度在初中以下，这决定了她们从事的行业不是城市技术含量高的主流行业，而是餐饮、娱乐、美发、休闲等行业，甚至从事不可接受的工作。据统计，女性农民工从事服务行业的占50.2%，加上商业服务约占57.4%。[1]这些职业并非城市社会的主流职业，而且行业的竞争激烈、职业生涯短暂、地位低微、风险性大。

2. 就业层次低，收入低且不稳定

由于女性农民工文化程度普遍偏低，缺乏过硬的技术、技能，大部分没有专业特长，就业渠道多为劳动密集型行业和服务业，以较低层次的体力劳动为主。调查显示，女性农民工个人收入与期望值相差较远，普遍不是很高，绝大部分的月收入低于市民的平均收入。56%的人月收入在1 800~2 000元、18%的人月收入在2 001~2 500元、14%的人月收入在2 501~3 000元，3 000元以上的仅占7%。就业种类多为建筑业、餐饮业、美容美发业、家政服务业以及小商小贩等。由于这些工作受季节性、灵活性，特别是人为因素影响较大，女性农民工经常要变换工作，就业状况不稳定。据调查统计，26.6%的女性农民工变换过1次工作，27.2%的变换过2次工作，17.9%的变换过3次以上工作。女性农民工在服务行业就业，由于工作技术含量不高，是简单重复的手工劳动，因此，工作时间长、收入低微。据调查，她们的劳动时间在8~10小时的占39.3%，10~12小时的占32.3%，没有休息日的占36.9%。[2]超时间劳动、劳动收入低微，加剧了她们在城市生存的艰难。

3. 劳动保障力度弱

女性农民工没有城市市民身份，是城市社会的外来人员。城市的社会保障没有为她们设置制度安排。据调查，年轻女性农民工参加失业保险的只有5.2%，

---

[1] 陆福兴，伍慧玲. 女性农民工城市生存边缘化及其防范[J]. 湖南科技学院学报，2007（11）.
[2] 李敏芳. 浅谈女性农民工生存的边缘化问题[J]. 企业家天地（理论版），2007（9）.

参加生育保险的不到1.8%,有72%的人没有参加任何保险。年轻女性农民工的生存能力低,她们是最需要社会提供保障的人群之一,但是,城市社会却把她们排斥在社会保障之外。"调查发现,只有很小部分农民工(占总数的23.5%)有一至两项非均衡的、水平极低的社会保障,而且不是完全意义上的社会保障,其中社会保险各险种的参保率都在15%以下。其余76.5%的人没有任何形式的社会保障。"[1]

4. 被拐、被骗事件偶有发生

女性相对善良和柔弱,容易被违法犯罪分子利用,他们屡屡把魔掌伸向女性农民工,有些利用老乡、亲戚等熟人关系使女性农民工轻信他们。女性农民工通过老乡、亲戚、朋友或同学外出就业,如果对他们的了解不是很深入,或者他们已经外出多年,缺乏对他们现有就业情况的了解,这时就不要轻易相信他们的游说,以防上当受骗甚至被拐卖。因为分离多年,再好的亲戚朋友都可能改变思想观念,更何况是并不熟悉的老乡。如果一味相信他们,自己可能会被老乡或亲戚、朋友拐骗。

5. 信息不对称造成就业风险

老乡、亲戚、朋友提供的信息一般是真实的,特别是在他们自身工作的单位,有亲身的经历和体验,但是,也有可能是假的。一是他们作为员工不可能真正了解老板的情况,有时会不自觉充当老板的帮凶。二是有些老乡、亲戚、朋友或出于私心,或出于其他原因和目的,如想要找个伴或为了虚荣心向亲戚、朋友吹嘘,而女性农民工却信以为真,结果到工作单位时工资和工作条件根本不是他们说的那样,不自觉地遭受不真实信息的风险。因此,对老乡、亲戚、朋友等提供的用人信息,一定要调查核实,不可以盲目轻信,以免信息失真造成外出就业的风险。

6. 职业不适应耗费就业成本

女性农民工对外出就业的环境和职业要求也要仔细考虑,如果盲目外出,到工作地时不能适应工作环境、不能就业而要重新找地方或换工作,就要多花费成本,如交通车旅费、时间成本等。这样,尽管没有人身安全的风险,但是,经济

---

[1] 李爱芹. 农民工社会保障的实证调查与政策建议:以徐州市农民工为例 [J]. 桂海论丛,2008(1).

上会受到损失，这也是一种应该避免的风险。

7. 造成其他不确定性安全隐患

女性农民工外出特别是跟不熟悉的男性外出，有可能落入罪犯的魔掌，使自己的性权利遭受侵害。女性农民工体力较弱，外出时可能需要男性帮助。有些居心叵测的男性，就会借此机会接近并大献殷勤，在自己放松警惕后，罪犯就会凶相毕露，有的女性可能在男性的甜言蜜语中遭受性侵害。因此，女性农民工外出不要贪图小便宜，对过分热心的男性老乡要提高警惕；同时要学会自立，尽量不要接受陌生男性的小恩小惠，防范男性的性侵犯。[1]女性农民工经由非正式渠道外出就业，在目前来说是一条比较简便可行的渠道。但是，在利用这条简便渠道外出就业的同时，一定要树立风险意识，注意防范外出就业的各种风险。

 规范非正式就业，优化女性农民工就业环境

正式就业渠道是市场经济发展和完善的客观要求，也是保障劳动者就业的主要措施。但是，我国目前的国情决定，非正式就业渠道也不能完全封闭。因此，我国目前的选择是：完善正式就业渠道，规范非正式就业渠道，防范女性农民工的就业风险。

1. 扩大正式就业渠道的供给

正式就业渠道目前供给较少，相对于我国庞大的劳动力就业市场来说，缺口很大。因此，完善正式就业渠道首先要扩大正式就业渠道的投入。国家要对已有的正式就业渠道进行资源整合，盘活存量资源；同时，要适当增加投入，加快其基础设施建设，增加运转经费，使已有正式就业渠道充分发挥作用。

2. 规范正式就业渠道的运转

正式就业渠道规范运转、消除歧视、向女性农民工倾斜也是非常重要的。我国的正式就业渠道市场化程度不高，城乡二元体制还有一定的影响。因此，它还存在对农民工的接纳歧视问题，比如进入的要求严格、手续烦琐等，使许多女性

---

[1] 杨秀敏．非正规就业与我国女性就业问题探讨［J］．山东省工会管理干部学院学报，2005（6）．

农民工望而生畏，把农民工排斥在门外。当前，很多国家都采取了通过政府援助来鼓励失业者积极创造与寻求就业岗位的政策，即"积极的劳动力市场政策"。我国也正在实施积极的劳动力市场政策。以一定的财政援助方式发展非正式就业就是这一政策的重要体现。政府的援助方式可采取多种形式，例如，提供免费的非正式就业信息咨询、提供非正式就业的技能培训、专门针对非正式就业设立免费的劳动争议仲裁机构等。

3. 引导非正式就业渠道发挥作用

非正式就业渠道对于女性农民工就业有方便之处，但是存在许多风险，因此，政府要加强对非正式就业渠道的引导。一是要加强企业用工的透明度，建立企业用工的信息公开制度，便于弱势的女性农民工检查非正式就业渠道提供信息的真实程度；二是劳动部门要建立企业用工的免费发布网站，为从非正式就业渠道就业的女性农民工提供信息，减少非正式就业渠道的信息不对称性。

4. 建立合理、高效的社会保障措施

我国目前完善社会保障体系的各种措施主要是按照正规就业模式设计的。而正规就业状态下的"续保"、缴费年限连续计算以及缴费责任等规定在非正式就业状态下几乎不适用。为了使非正式就业者切实享受社会保障，建议在事实上无法强制雇主执行法定缴费义务和执行统一规定时采取一定的补偿措施。例如，可设计一种"一揽子"的简易社保品种，比照当地法定最低工资水平，采取固定费额的方式，由非正式就业者自愿"购买"，重点保工伤和大病医疗，兼顾失业保险和养老保险。同时，要与最低工资、最低生活保障线制度密切结合。非正式就业的重要作用之一是减轻城市贫困。为了鼓励人们最大限度地通过就业获取基本生活来源，尽可能减轻社会贫困救济体系的负担，建议在有关城市贫困救助的政策规定中体现对非正式就业的鼓励意图。例如，在计算家庭人均收入是否达到最低生活保障线时，对非正式就业所取得的收入不计入、少计入或只按当地最低工资标准计入。

5. 加强劳动执法，保护女性农民工的人身安全

不管是从正式就业渠道，还是从非正式就业渠道就业，都存在就业的风险。劳动与社会保障部门应该加强劳动执法力度，防止劳动中介机构和个人进行劳动诈骗，保护女性农民工的劳动权益。非正式就业领域很容易滋生的一项弊端是非法用工和非法就业。由此就有必要建立和进一步严格执行非正式就业的法律与行政性规定，实行必要的进入制度及安全保障制度。包括家庭式工厂在内的各种非正式就业领域都不能使用童工、不能雇佣非法就业者，都必须具有必要的安全防护措施。从目前情况来看，有必要针对非正式就业制定专门的劳动法规，完善社会监督管理体系，保护劳动者利益，保障妇女权益。

第三章　女性农民工的劳动权利保护

一　劳动权利是女性农民工城市生存的基本权利

　　女性农民工城市生存困境的形成，很大程度上是因为劳动权益没有得到保障，因而使生活保障被边缘化。女性农民工在劳动能力上存在弱势，她们体力一般比男性差，平均知识水平低，劳动技能不如城市女性，这些原因造成女性农民工劳动权益的边缘化。她们的劳动权益问题在社会上还没有得到性别化的重视，但是作为她们"娘家人"的妇联，很早就对此进行了关注。曾任全国妇联书记处书记的甄砚呼吁，目前我国女性农民工数量庞大，但劳动权益保障工作存在不少问题，全社会应给予女性农民工更多的关爱和帮助。

　　全国妇联的调查显示，女性农民工一半以上未签署正式劳务合同，日工作9~10个小时的占40%以上，日工作超过11个小时的占24.8%以上。全国妇联的调查还显示，高强度劳动使女性农民工普遍缺乏休息时间，其中每周能休息2天左右的女性农民工不到5%，每月能休息4天左右的仅为34.2%。[1]

　　马克思曾经在《资本论》中指出，资本家喜欢使用已婚妇女，特别是必须

---

〔1〕　刘声. 调查显示九成以上打工妇女感受到不同程度的压力［EB/OL］.（2006-10-30）［2019-10-01］. http://www.chinanews.com/other/news/2006/10-30/811792.shtml.

养家糊口的妇女,这种妇女比未婚妇女更专心、更听话,她们不得不尽最大努力去取得必要的生活资料。"这样一来,女性特有的美德,反而害了她们自己,她们恭顺温柔的天性,竟成为使她们受奴役和受苦难的手段。"[1]当今,女性恭顺温柔的性格和弱势的就业能力,是她们的劳动权利被侵害的原因。

随着市场经济的发展,经济至上和理性经济人的理论横行,在我国局部地区出现了由于追求利润最大化而带来的一些问题,对女性劳动者的负面影响也日益突出。在有关女性劳动的伦理研究中,人们经常会讨论以下三个问题:性骚扰、女性就业和单身母亲的工作歧视。女性农民工由于自身的许多限制,加上远离农村熟人社会的资源网络,成为城市就业者最弱势的群体之一,也成为容易被人欺负、容易被用人单位控制的劳动者群体之一,因此,她们的劳动权益也频遭侵害。

专家在调查民工荒后认为,"有四个方面的原因造成了农民工短缺:工资缺乏吸引力、劳动条件差、用工不规范和劳工权益受侵害,实质就是农民工权益缺乏有效的保障。尽管由于我国劳动力供大于求的基本国情并未改变,局部地区的农民工短缺问题没有扩展为全国性的、影响经济发展的严重问题,但农民工权益保障缺乏却是各地都普遍存在的问题,应引起整个社会的高度重视"。[2]尽管这样,女性农民工还是源源不断地向城市流动。农村劳动力的流动和转移使农村女性成为农业的主力军,她们用自己柔弱的肩膀支撑着我国农业的半壁江山,而且承担着照顾老人和小孩的责任,我们没有理由歧视她们,应该给她们提供更多的发展机会。王光美老人发起的扶助贫苦母亲的"幸福工程";全国妇联推出的让失学女童重返校园的"春蕾计划";国家人口计生委在全国大力推广的"关爱女孩行动"……这些无疑都是女性农民工的福音,也是建设和谐社会的积极举措。但最关键的是,我们在城乡融合发展过程中,要重视决策中的性别意识,要用法律和政策解决性别上的歧视问题。

女性农民工的劳动权利与劳动合同

劳动合同是劳动者与用人单位之间为确立劳动关系,依法协商确定双方权利义务关系的协议。劳动者与用人单位建立劳动关系应当订立书面劳动合同,书面

---

[1] 马克思. 资本论:第1卷[M]. 北京:人民出版社,2004.
[2] 徐燕峰. 农民工权益保护研究[J]. 科技广场,2008(2).

劳动合同是雇佣双方发生劳动争议后的直接依据。如果双方没有订立书面劳动合同,一旦发生争议,要有证据证明双方存在事实劳动关系,如会计记录、劳动人事关系档案、工资单等。劳动合同是对弱者的保护,是弱者维护其权益的第一个依据和证据。在实际工作中,由于女性农民工没有签订劳动合同,其劳动权益的保障就难以用法律来约束,特别是发生劳动纠纷时,举证很困难,对女性职工的特殊劳动保护很难实现,尤其是对女性农民工。

女性农民工的签约率很低,保障工作获得权的基础不牢。按照《中华人民共和国劳动法》(以下简称《劳动法》)的规定,签订就业合同是用人单位的义务。但是,由于女性农民工从事的主要是一些非正式就业领域的工作,单位的规模较小,再加上一些单位负责人的法律意识淡薄和经济利益至上,致使双方签订劳动合同的成功率较低。即便是有成功签订合同的,要么是岗位级别较高或是工作年限较长的人员,要么签订的合同年限较低,通常是1年;故此,女性农民工的合同质量很低。

23岁的小王是一名来自宁夏的女性农民工,在一家服装城给一个私人老板打工。小王就业时要求老板签订劳动合同,老板振振有词地说,"服装城用工从不签合同,我们靠信誉,我还怕你跑了呢!"老板平时也不给发工资,是每月先借给员工一点零花钱,到年底发工资时再扣除。小王担心年底拿不到工资,但服装城里的售货员大多是这样。当然,一般到年底还是可以领到工资的,但个别老板亏损后会一走了之。

在一些用人单位有些女性农民工因为没有签订合同,导致一些相关的权益不能得到保障,甚至一些口头承诺的待遇也不能得到。据调查,单位为女性农民工办理了失业和生育保险的比例分别为8.1%、6.7%。女性农民工与企业签订的劳动合同,也没有多少内容可以维护其劳动权利。据统计,她们与企业签订的劳动合同中,67.4%的合同主要是规定期限、8.3%的规定工作内容、5.7%的规定劳动保护与工作条件,仅7.6%的规定劳动报酬、30%的规定劳动纪律、4.5%的规定合同终止条件,而签订了违反合同责任的仅占1.9%。

即使签订合同,女性农民工也难以维权,因为她们与用人单位签订的合同是老板早就拟定好的,她们既没有分辨合同的能力,也没有合同议价能力,跟老板签订劳动合同也只是形式而已。因而,即使合同条款中存在伤害女性农民工利益的问题,她们也看不出并且也无能为力。因此,女性农民工就业的问题比较多。

1. 她们没有劳动合同的议价权

合同的另一个名称是协议,就是双方或多方经过一定的商量和讨论,最终形成的各方都愿意接受的条款,各方都必须平等和诚实遵守的一个法律文书。但现实情况是,女性农民工由于就业难、议价能力很差,她们签订的合同只是老板早已经拟定好的固定格式,只要签字即可。并且,有些用人单位尽管与劳动者签订合同,但是并不把合同给劳动者保存,只单方面保存合同。这样做只是为了应付劳动部门的检查,发生纠纷时,如果合同对自己有利,就拿出合同;如果纠纷对自己不利,就说没有签订合同。而女性农民工由于就业竞争压力很大,自身也对劳动合同关心度不足,或者根本不关心,她们最关心的是能否就业,而不是很好地就业。对于转移出来的农村女性,她们找到一份工作已经十分不容易,而且大部分是临时性的工作,用人单位没有提出签订劳动合同,她们是不敢要求用人单位签订劳动合同的,担心因此失去工作,而用人单位一般不会主动与劳动者签订劳动合同。这一点,从劳动合同中 67.4% 是规定劳动期限就可以看出,因为女性农民工最关心的是自己能在这个地方干多久。

2. 用人单位对于劳动合同的法律遵守度低

任何法律行为,只有法律能够充分实现才能起作用。法律的实现需要一定的强制力才能完成,最终还要靠国家机关。可是,对于女性农民工来说,发生劳动纠纷后,很难用法律手段解决,一是没有相关的知识做支撑,她们中有许多不知道保护劳动合同权益的法律程序,甚至不知道劳动合同有什么用。二是她们没有相应的资源,实现劳动合同需要自身的实力做后盾,有的企业,如果女性农民工按照法律程序维权,他们应付起来轻车熟路。利用法律维权成本很高,女性农民工不会为了几百或一两千元去上法庭,这样是不合算的,甚至有的企业不执行判决,最后可能就不了了之了。银川地区的一份调查显示,大部分用人单位在用工时不签订劳动合同,反而向务工者收取押金。即使签订劳动合同,"走形式"的合同、不规范的合同,甚至不履行劳动合同的现象都比较突出。经座谈和个案访谈了解到,一些民营企业只有"口头协议"或"押金合同"。即便是口头合同,企业的老板们还常常不愿意依法履行。即使签订了合同,也完全是为了应付检查,基本上是无效合同。

3. 合同或约定中的权利、义务不平等现象普遍存在

根据调查,女性农民工的劳动合同没有在双方平等的协商中形成,而是老板或用人单位早已拟定并经过实践证明对自己有利的劳动合同,即使发生纠纷,劳动者几乎很难根据劳动合同的条款取胜。在实际操作中,女性农民工一般难以与男性农民工同工同酬。有一家位于某市市中心、生意兴隆的麻辣烫店,在雇用女性农民工时虽签订了劳动合同,但合同却规定工作时间要从早上8:30至晚上11:30,并且没有休息日,由店主管吃管住,月工资1 800元。虽然合同中有发放奖金的约定,但实际上由于生意不好雇主并没有兑现过。女性农民工为了保住工作,对老板的苛刻条件忍气吞声、敢怒不敢言。而在对与其类似的个体经营的餐厅、宾馆的调查中,我们发现普遍存在着严重的私招滥雇现象。雇主出于自己的经济利益考虑,不按有关法律法规招工,不签订劳动合同,不做健康检查,单方面向求职者收取押金,谈好工资后,便开始用人。这样,很容易造成劳动者在劳动权益受损时处于被动、无助地位,难以讨回公道。

4. 劳动合同内容违反法律法规现象严重

用人单位与女性农民工签订的劳动合同中,有些约定明显违反《劳动法》的相关规定;但是,由于没有相应的监督检查机制或是相关的监督检查工作没有到位,劳动合同中的违法内容没有得到有效遏制。一是集体合同、劳动合同签订率低且不规范。劳动力市场已呈现供过于求的趋势,中小型非公有制企业的集体合同、劳动合同签订率不到20%,个体经济组织的签订率更低。有的劳动合同仅规定劳动者的义务和用人单位的权利,有的甚至规定"生老病死都与企业无关""发生事故,企业不负任何责任"等违法条款。有些用人单位签订劳动合同不与劳动者协商,甚至让劳动者在空白合同上签字。劳动合同法定约束力失效,一旦发生劳务、劳资纠纷,劳动者的权益就得不到有效保障。二是克扣和拖欠报酬问题依然存在。调查显示,女性农民工大多数从事第三产业,月收入1 500~2 500元的占39%,一些企业为追求成本的最小化,随意调高劳动定额、降低计件单价,劳动者在8小时工作时间内根本无法完成定额任务,变相违反最低工资规定;有的实行口头协议工资,工资发多发少,全凭企业主的意愿。拿不到加班费和拖欠工资的现象依然严重,在劳动保障监察大队查处的各类案件中,克扣和拖欠工资的占70%。

女性农民工从劳动报酬的标准来看,只能选择最低工资标准。劳动报酬的标准包括最低工资标准和集体协商的工资标准两种形式。虽然世界上大多数国家都规定了最低工资标准,劳动者与用人单位协商确定的劳动力价格不能低于国家的最低工资标准。我国也有相关规定,但是目前各城市设定的最低工资标准比较低。很多企业就以此为陷阱,严格控制女性农民工的工资。2008年1月1日起,《中华人民共和国劳动合同法》正式生效。这部讨论中出现重大分歧而在2007年6月"黑砖窑"事件后加速通过的法律,被看作弱势劳动者的福音,以及消灭血汗工厂、捍卫社会公平的利器。从实施的情况看,劳动者在形式上取得了很多的维权依据,但是受法律环境和劳动条件的限制,真正希望通过一部法律来完全解决问题是不现实的。

因此,从现实的角度看,对于许多女性农民工来说,即使签订了劳动合同,也不一定能够完全保障她们的劳动权益。劳动权益的完全保障,必须从外在环境和她们自身的劳动议价能力提升做起。此外,维护女性农民工的劳动权益,劳动部门还必须加强对劳动合同的监督检查,防止一些用人单位把劳动合同形式化。

三 女性农民工劳动权利与加班工资

按照《劳动法》的相关规定,加班应被严格限制,并且对加班工资的发放标准也有明确的规定。《劳动法》第36条规定,国家实行劳动者每日工作时间不超过8小时、平均每周工作时间不超过44小时的工时制度。《劳动法》第41条规定,用人单位由于生产经营需要,经与工会和劳动者协商后可以延长工作时间,一般每日不得超过1小时;因特殊原因需要延长工作时间的,在保障劳动者身体健康的条件下延长工作时间每日不得超过3小时,每月不得超过36小时。

另外,延长工作时间,用人单位应按《劳动法》第44条规定支付劳动者工资报酬。企业如果在每日的8小时工作时限之外延长工作时间的,应支付不低于每日工资150%的工资报酬;如果是在休息日安排工作,事后又不能安排补休的,应支付不低于每日工资200%的工资报酬;如果在法定休假日即元旦、春节、国际劳动节、国庆节,法律、法规规定的其他休假节日安排劳动者工作的,应支付不低于每日工资300%的工资报酬。问卷调查显示,80%的女性农民工日工作时间在10小时以上,几乎没有国家规定的双休日。2005年8月苏州市妇联开展的外来打工妹劳动权益的专项调研显示,每天工作时间平均10小时、每周工作为6~7天、经常加班的占77.9%;不加班的占22.1%,个别企业劳动时间为每天12小时。

女性农民工加班分两种情况:一种是非硬性规定加班,但是,单位把正常工资定得很低,不加班则工资很少,这种加班是大多数女性农民工会遇到的,她们面临的是软压力,它既可以规避法律,又让劳动者无话可说;另一种是单位规定加班,只要有活干、单位需要,她们必须随时加班加点,加班工资却不是按照《劳动法》的相应规定发放的。以某市夜市的小饭馆为例,双方劳动关系属口头约定,由雇主提供食宿,基本月工资多为2 500元左右,没有休息日,日工作时间有的长达14个小时左右,超过法定工作时间8小时的部分,每小时支付5元奖金。

国家统计局发布的《2017年农民工监测调查报告》显示，农民工月均收入3 485元，比2016年增加210元，增长6.4%，增速比2016年回落0.2个百分点。分行业看，制造业，住宿和餐饮业，居民服务、修理和其他服务业收入增速分别比2016年回落2.4、0.4和0.1个百分点；建筑业，批发和零售业，交通运输、仓储和邮政业农民工月均收入增速分别比2016年提高1.2、2.9和1.0个百分点。[1]但是，农民工的社会保障问题依旧面临制度碎片化、体系不健全、覆盖面狭窄、发展不均衡的问题[2]。多元主体之间的冲撞、互构与共谋制约着农民工社会保障制度的推进。

四 女性农民工的特殊劳动权利保障

全国总工会女性农民工部曾经对全国18个省、132个市的2 252家非公有制企业进行调查，在女性农民工就业较为集中的餐饮服务行业中，39.3%的女职工在经期被安排从事高处、低温、冷水作业和劳动强度大的劳动；化工建材行业有29.6%的女职工在怀孕期间被安排孕期禁忌从事的劳动；有17.7%和10.4%的女职工在怀孕7个月以上时被延长劳动时间和安排从事夜班劳动。

《宪法》《妇女权益保障法》《女职工禁忌劳动范围的规定》等法律法规，对女性农民工实行特殊劳动保护的主要内容包括如下几方面。

1. 男女同工同酬

《宪法》规定，国家保护妇女的权利和利益，实行男女同工同酬。《妇女权益保障法》规定，在分配住房和享受福利待遇方面男女平等。

2. 男女就业平等

企业招工时不得歧视妇女。《妇女权益保障法》规定，国家保障妇女享有与男子平等的劳动权利。各单位在录用职工时除不适合妇女的工种或岗位外，不得以性别为由，拒绝录用妇女或提高对妇女的录用标准。

---

[1] 国家统计局. 2017年农民工监测调查报告［EB/OL］.（2018 - 04 - 27）［2019 - 10 - 01］. http://www.stats.gov.cn/tjsj/zxfb/201804/t20180427_1596389.html.

[2] 操家齐. 农民工社会保障权均等化推进迟滞的深层逻辑［J］. 社会科学战线，2017（7）.

3. 禁止安排强体力、高空、连续负重作业

根据《女职工禁忌劳动范围的规定》，禁止安排妇女从事矿山井下、森林伐木等作业及《体力劳动强度分级》标准中第四级体力劳动强度作业。

4. 妇女生理机能变化过程中受保护，禁止安排女职工从事高劳动强度的劳动

《妇女权益保障法》规定，任何单位均应根据妇女的特点，依法保护妇女在工作和劳动时间的安全和健康，不得安排不适合妇女从事的工作和劳动。一般是指对女职工在经期、孕期、产期、哺乳期的保护。

《劳动法》规定，不得安排女职工在经期从事高处、低温、冷水作业和国家规定的第三级体力劳动强度的劳动；不得安排女职工在怀孕期间从事国家规定的第三级体力劳动强度的劳动和孕期禁忌从事的劳动。对怀孕7个月以上的女职工，不得安排其延长工作时间和夜班劳动；女职工生育享受不少于90天的产假；不得安排女职工在哺乳未满1周岁的婴儿期间从事国家规定的第三级体力劳动强度的劳动和哺乳期禁忌从事的其他劳动，不得安排其延长工作时间和夜班劳动。且女职工在妊娠期、产期、哺乳期不得解除劳动关系。

5. 对女职工劳动保护设施的规定

根据《女职工劳动保护规定》，女职工比较多的单位，应当按照国家有关规定，以自办或联办的形式，逐步建立女职工卫生室、孕妇休息室、哺乳室、托儿所、幼儿园等设施，并妥善解决女职工在生理卫生、哺乳照料婴儿方面的困难。在对230名已婚女性的调查中，61.5%的女性农民工没有享受到产假工资。在走访企业中也没有看到有为"四期"妇女提供的服务设施。部分企业招工避开女性农民工生育年龄段而不承担女性农民工特殊保护的责任。[1]在调查中我们发现，企业中基本无孕期、产期、哺乳期的女性农民工，在与女性农民工的交谈中，她们认为结婚或生育都是自己的事，与企业无关，哪有不上班白拿钱的，所以她们根本不知道还有女职工特殊劳动保护待遇。一旦怀孕，一般都是女性农民工自己提出回家生育，等生产后孩子断奶，再回到城市另找工作。

对待女性劳动者，既要特殊又要平等，是一件需要社会特别关注的事情。这其实也是一种社会公正，不能完全用经济效益来衡量女性劳动者的价值。因为女

---

[1] 苏州市妇联权益部. 关于苏州外来打工妹劳动权益保护情况的调查报告[EB/OL]. (2011-03-08)[2019-10-01]. http://ishare.iask.sina.com.cn/f/2ZRkcz2r0U2.html.

性对人类生产的贡献需要社会对她们付出成本,她们应该享受社会的特别关照。对于女性劳动者,一是对同样的人同样对待,例如,男女同工同酬;二是不同的人不同对待,例如,对于女性怀孕期间所面临的特殊生理困难,应给予特别的照顾。关爱则主要是针对女性劳动者所具有的两类生产属性:既要从事人类自身生产,也要参与经济生产。若在日常的工作环境和机制中,对女性劳动者缺乏必要的关爱,不仅会损害妇女自身的身体健康,也有可能影响下一代的成长。因此,提升对女性劳动者的公正内涵与关爱价值,需要政府、法律、舆论、公众监督以及企业的自我约束。构建社会主义和谐社会,无疑也应当通过切实维护女性劳动者的基本权益和正当要求体现出来。对于女性农民工,她们的劳动权利因她们的特殊性别而更加容易受到侵害,其中,以下四项权利最为突出。

其一,生育权的侵害,即随意解雇怀孕女性农民工。在大量使用女性农民工的非公有制企业中,就业年龄已由原来的20岁下降至18岁,企业往往在女性农民工生育年龄前即终止劳动合同,侵害女性农民工合法权益。在广东省总工会的一项调查中,一些乡镇企业和市县集体企业还存在女职工怀孕7个月仍上夜班的情况。珠海市的一项调查反映,37%的产妇在法定哺乳期间没有哺乳时间安排。

其二,劳动健康保护权的侵害。妇女从业工种和"四期"保护权由法律规定,但仍发生处于经期的女职工从事高处、低温、冷水作业和三级体力劳动的现象。2017年珠海市对198家企业进行调查发现,有26.7%的女性农民工经期仍在低温、冷水环境下工作。

其三,"四期"权利的忽视。相当一部分企业违反《劳动法》规定,要求女性劳动者超时加班,不顾她们的特殊情况。据笔者调查,几乎所有的女性农民工在经期工作没有被特殊照顾,对于怀孕的女性农民工,也几乎不可能获得单位的特殊照顾。特别是在一些生产季节性强、突击任务多的企业中,女性劳动者每日工作长达十几个小时,很少有正常休息日。一些企业设备陈旧、作业环境差,劳动者直接受粉尘、噪声、高温甚至有毒有害气体的危害,工伤事故时有发生,职业病危害严重。一些企业不执行对女职工特殊劳动保护的法律规定,不少女性农民工在孕、产、哺乳期被企业解雇或领不到工资。劳动者对劳动时间和劳动条件稍有异议,企业主就以解雇为由进行变相要挟,迫使劳动者不得不以牺牲人身权和健康权来做出让步。

其四,特殊保险权。大量非公有制企业和个体经济组织不为劳动者依法参保,部分企业在参保对象上实行双重标准,城市职工和外来务工者同工不同权,前者参保后者不参保。有70%以上的女性农民工未参加任何保险,一个极为现实的问题已经摆在社会面前,养老问题先暂且不谈,当她们失业、生病、发生工伤后怎么办？在一些特定行业的女性农民工靠吃"青春饭""少女饭"，一旦结婚、怀孕、生子，或是年纪稍大，便失去工作，自身基本权益受到侵害。

 女性农民工劳动权利与劳动伤害赔偿

女性农民工的非正式就业状况，使她们大多在个体和私营企业就业。个体经济、私营经济等非公有制经济是社会主义市场经济的重要组成部分。

截至 2018 年年底，我国私营企业数量达 3 700 万家，个体工商户达 7 200 万户，个体私营主体数量占全国市场主体数量的 95% 以上。截至 2018 年年底，民营企业从业人员已达 3.6 亿人，吸纳了 70% 以上的农村转移劳动力，提供了 80% 以上的城镇就业岗位和 90% 以上的新增就业岗位。但是，一些个体企业、私营企业为片面追求经济利益而置职工安危于不顾，尤其是女性农民工的劳动权益遭受侵害的现象屡屡发生，这已经成为一个不容忽视的问题。

2018 年，张某第二次来到北京。经熟人介绍，她来到北京某制衣中心烫衬部工作。7 月 16 日，就在张某全神贯注于手中工作时，意想不到的事情发生了。烫衬部熨烫设备特有的吸力，将张某的左手吸进机器。张某的尖叫声让车间里所有人来不及反应，甚至忘记关掉机器，张某用自己的右手将左手强行拉出。后来她姐姐带着她一边去正规医院治疗，一边根据电视上的法律宣传知识，对张某的伤做工伤鉴定，但厂方拒绝向劳动部门申请鉴定。待伤情基本稳定后，姐姐义无反顾地带上张某以个人名义提出申请。经鉴定，张某为工伤十级。劳动部门根据鉴定结果裁定厂方应向张某赔偿 36 000 元。但厂方拒绝赔偿，生效裁决成了一纸空文。

女性农民工生性柔弱，对于劳动伤害预防从知识到自身的能力都存在不足，加上社会对她们的特殊关怀不够，因此，她们很容易受到伤害。女性农民工劳动权利关乎她们的城市生存，也是她们外出的主要目的所在。分析女性农民工劳动权益遭受损害的原因，首先是体制性的问题，是时代改革阵痛中的体制性障碍，是政治经济文化社会发展中存在的问题，也是必须尽快解决的问题。问题产生的原因，概括起来主要有以下几个方面。

1. 代言人缺位

多数非公有制企业未建立工会（女职工）组织；已建立工会（女职工）组织的企业，其作用发挥也不到位。

2. 身份及其权利不明确

农民工在很长一段时期内处于社会边缘，直到 2004 年 2 月中央一号文件的出台，其身份才有了明确的说法。因此，她们长期面临着子女就学无助、进城落户无门、职业培训无缘、社会保障无份等权益缺失问题。

3. 现行法规执行不严

《女职工劳动保护特别规定》已经于 2012 年 4 月 18 日国务院第 200 次常务会议通过。规定指出，中华人民共和国境内的国家机关、企业、事业单位、社会团体、个体经济组织以及其他社会组织等用人单位及其女职工，适用本规定。但是，女性农民工没有得到规定权益的情况依然很多。

4. 企业管理人员素质低

在调查中我们了解到，女职工劳动权益保障的程度主要取决于企业法人的法治意识和文明素质。部分企业法人对法律明文规定的各项政策依法执行，人性化管理员工，视员工为亲人，即使工资待遇不是很高，但人员相对稳定，企业效益稳步提升，企业培养成熟员工的成本较低。但大多数企业法人特别是规模较小的民营企业法人认为，我赚钱养活工人，工人靠我维持生活，我如何对待工人是我的良心，只要我依法纳税，我就是守法的老板，职工的权益不存在依法保护的问题。

5. 法律法规之间的冲突致使女性农民工权益保护形同虚设

目前，我国保护妇女权益的法律法规比较多，既有作为根本法的《宪法》，作为基本法的《妇女权益保障法》和《劳动法》，也有众多的行政法规、行政规章、地方法规或地方规章的各种条例、决定和通知。这些法律法规之间在具体内容上存在冲突，对这些冲突会出现不同的司法解释，女性农民工的权益难以保障。

6. 职能部门处罚力度不够，致使违法现象屡有发生

随着我国劳动用工制度的改革和非公有制企业的不断发展，大量妇女流向民营企业和个体经济组织，企业主凭借劳动用工关系中的主动地位，不遵守国家有关法律规定，侵害妇女劳动权益的现象比较严重。一些职能部门为了保护地方经济，对侵犯女职工劳动权益的企业处罚力度不够，从而助长了企业违法现象的发

生。为了从根本上减少和杜绝这类现象，应当加强对企业经营管理者的宣传教育，并把这项工作纳入政府有关部门对企业的管理和监督之中。

7. 自身性别弱势方面的原因

其主要表现在，女性农民工文化程度偏低，技能单一，接受新知识的能力不强，缺乏法律知识，对自身权益认识不足，自我保护意识不强，消极麻木地对待侵权行为。女性农民工自身文化素质低是其劳动权益不能保障的主观原因。调查显示，她们的文化程度在大专以上的几乎为零，高中、中专的占7.7%，初中的占87.2%，小学的占5.1%。从中我们可以发现，女性农民工文化程度偏低，主要以初中文化程度为主。女性农民工缺少自己的代表者，她们多数没有参加工会，也未与妇联建立联系，在自身权益受侵害时又没钱请律师打官司，多数都忍一忍或一走了之。政府方面的劳动行政管理、劳动监察不到位，有些地方的行政领导以担心破坏投资环境为由，对此类问题视而不见。

六 构建和谐劳动关系，维护女性农民工合法权益

维护女性农民工的合法权益仅靠工会或某个政府部门很难真正实现，需要将全社会的力量动员起来，走社会化维权之路。这就必须从女性农民工的特点和实际需要出发，大胆创新维护女性农民工合法权益的机制、体制、手段和载体。

1. 创新维权机制，稳定劳动关系

一是加大源头维护力度。相关部门要更好地落实《女职工劳动保护特别规定》以及《女职工禁忌劳动范围的规定》《企业职工生育保险试行办法》等相关法规，从法律层面把女性农民工纳入保护对象，杜绝她们在孕、产、哺乳期内遇到不公正待遇。建立健全平等协商签订女职工专项集体合同制度，从签订合同、违约责任及合同执行等各个方面加强对包括女性农民工在内的女职工特殊利益的保护。二是完善劳动法律监督机制。建立以政府劳动部门为主体、有关部门参加的劳动保护监督检查机构，定期对企业执法情况，重点是集体合同和劳动合同签订及履行情况进行检查，逐步建立健全工会法律监督组织，形成网络和体系，与司法监督、行政监督和社会舆论监督结合起来，通过开展联合调查、开设12351维权热线等方式，加大对企业侵权行为的监督力度。

2. 创新维权体制，协调劳动关系

为了确保维权机制的有效运行，应有效整合社会资源，努力推动形成党委领导、政府协调、三方协商、社会协同的领导体制，建立"党委领导，政府支持，各方配合，工会运作，职工参与"的社会化维权格局。首先，建立社区、行业联合工会或企业独立建会等，将广大女性农民工最大限度地吸收到工会组织中来。其次，各级工会女职工委员会要主动搞好舆论宣传，扩大社会影响，努力营造维护女性农民工合法权益的良好社会氛围。再次，女职工干部在企业要担负起集劳动法律"宣传员"与"监督员"、劳动争议"调解员"与劳动关系"信息员"于一身的维权职责，成为维权第一知情人、第一报告人、第一帮助人、第一监督人。

3. 构建维权载体，和谐劳动关系

从女性农民工最关心、最直接、最现实的问题入手，喊响"农民工有困难找工会"的口号，选定维权载体。各级工会女职工委员会要关口前移，继续深化送温暖工程，广泛开展各种形式的帮扶活动；在社区深入开展"建家园、聚人心、促和谐"活动，举办以法律知识、社会主义荣辱观教育为主要内容的讲座，引导女性农民工树立自尊、自信、自立、自强的精神，积极进取，发奋图强，培养对城市的归属感，培育原市民与女性农民工的现代市民意识，让她们认识到自己是城市的主人，树立起文明、开放、兼容的新观念，创造平等融洽和谐的社会氛围；在企业开展"安康杯"竞赛，切实保障职工的身体健康和生命安全；在企业开展"巾帼建功"活动，为广大女性农民工岗位建功、岗位成才搭建广阔舞台，提供有效平台，逐步让大多数企业建立起规范有序、公正合理、互利共赢、和谐稳定的新型劳动关系。

4. 完善性别保障制度，保障劳动关系

目前，我国社会保障制度正在逐步健全、完善。今后一段时间，社会保障体系应更多地关注弱势群体，特别是外来务工妇女的特殊利益。要努力构建外来人口保障机制，积极推行外来人口社会养老保险、医疗保险制度，督促企业落实外来务工人员工伤待遇规定，要特别研究非公有制经济中的保障机制，规定最长劳动时间、最低工资线及其他劳动保护。

5. 政府牵头，部门合作，齐抓共管

女性农民工分布在各行各业、各个地区，其分布广、人员结构复杂、流动性

大，做好女性农民工的教育管理工作是一项社会系统工程，必须由政府总负责，有关部门各司其职、齐抓共管、综合管理。为此，政府要加强领导，切实制定各项政策、法规，做好协调工作；暂住人口办公室要做好女性农民工的登记和监督工作；公安部门要充分发挥流动人口管理牵头职能，加大执法力度，加强社会治安；计划生育部门要做好流动人口育龄妇女计划生育管理工作；教育部门要安排好外来人口子女的就学问题；劳动部门要加强劳务市场和社会保障管理等；群团组织要加强对女性农民工的教育培训、思想政治和依法维权工作。总之，要以人为本，寓教于管，走以教育促管理、服务促管理之路，在政府领导下形成社会化的工作格局。

6. 加强女职工劳动保护的检查监督

各级劳动行政部门要加强劳动监察的力度，在签订劳动合同时，纠正在合同期限、劳动权益、解除条件等方面侵害女职工利益的约定和条款；对损害女职工劳动权益的行为要依法纠正和查处。同时，各级劳动部门要主动牵头卫生、工会和妇联等单位，有针对性地组织专项检查，整体推进女职工劳动保护工作的开展，维护女职工的合法权益。

农村女性是整个农民工群体的重要组成部分，农村女性的发展水平，是社会发展的重要指标，也是衡量社会进步程度的重要尺度。女性农民工是市场经济发展到一定阶段的产物，她们亦工亦农，是我国女性的重要组成部分。随着市场经济的发展，女性农民工的比例势必继续猛增，因此，关心和维护女性农民工的合法权益，是各级政府、有关部门和社会团体的共同职责，我们必须像关心下岗女性职工一样关心女性农民工，及早行动，从源头上维权，尽量避免侵害女性农民工合法权益的事件发生。

第四章　女性农民工的城市融入

农民工的城市融入是一个涉及经济、社会、政治、文化乃至心理等诸多层面的系统工程，有学者从构建社会融合的概念出发，尝试建立反映农民工社会融合程度的指标体系。由于统计资料的匮乏以及所需实地调研数据的庞大，其结果有可能适得其反，即虽然构建了相应的指标体系，但根据指标体系分析的结果却有可能缺乏对问题的反应力，并影响研究结果的指导意义。可行的思路是"分而治之，归纳总结"，不同学科领域针对农民工社会融入面临的相关问题进行有针对性的研究，在集思广益的基础上进行归纳与总结，并提出相应的政策建议。在缺乏社会性别意识的大环境里，相对于庞大的农民工大军来说，女性农民工是极易被忽视的群体。但在城市的各个角落，却时常可以看到她们的身影。她们的社会地位低下，她们的社会生存经常被忽视，她们是社会的边缘人。为了生存，她们从农村来到城市，一边是生活的窘境，一边是重重的陷阱。为了将来在农村过上好日子，她们在城市里过着远不如农村的生活。

 农民工城市融入是城乡融合发展的关键

农民工城市融入问题的解决已成为推动新型城镇化建设的关键步骤。2014年《国家新型城镇化规划（2014—2020年）》明确提出，2020年促使1亿左右长期进城务工经商的农业转移人口在城镇落户，对农民工融入城市提出了新要求。与此相伴的是，在融入过程中面临着诸多阶段性挑战，国际经验表明，劳动力的流动迁移与迁移定居基本上是同时发生的，而中国农民工流动具有典型特征。

邓睿、冉光和等在《生活适应状况、公平感知程度与农民工的城市社区融入预期》一文中得出的结论是：第一，总体看生活适应状况对农民工的城市社区融入预期具有显著的正向影响，生活适应状况的改善有助于提升农民工融入城市社区的心理预期，而对城市生活的不适应将动摇其对"融入城市社区"进行承诺的决心。第二，生活适应状况对农民工城市社区融入预期的影响作用存在明显的代际差异：完全适应城市生活对新生代农民工的城市社区融入预期具有显著的提升效应，而对于第一代农民工则表现出抑制效应；无法适应城市生活对新生代农民工的城市社区融入预期具有明显的抑制效应，而对于第一代农民工则未表现出显著性影响；同时相对于第一代农民工，新生代农民工总体而言更能够忍受较低的生活适应水平，只要能够部分或基本适应城市生活环境，他们会拥有更高的融入预期。第三，作为目标绩效反馈过程的重要影响因素，公平感知程度的强化有助于提升农民工融入城市社区的心理预期，对于新生代农民工而言这种影响效应更为明显，而当前相对较低的公平感知水平使这一群体对社区场域内的公平拥有极高的诉求与期盼。第四，公平感知程度在农民工的生活适应状况和城市社区融入预期之间存在一定的调节效应，缓解了生活适应不佳对农民工城市社区融入预期的负向影响，同时相对而言其对新生代农民工群体的调节效应更为明显，当处于较低的生活适应水平时，公平感知程度的提高会给新生代农民工带来更为乐观的融入预期。[1]

黄俊祺认为，特殊的制度导致的农民工特殊而尴尬的身份，同样导致了农民工社会权益和社会保障的缺失，加剧了农民工城市社区融入的难度。相当多的城市企业在劳动合同、工资、社会保险、劳动条件和安全保护等方面对农民工存在实质意义上的歧视。与农民工不签订劳动合同，对农民工做最低限度的工资支付，甚至拖欠、克扣工资，使其工作在存在巨大安全隐患的场所，农民工受伤后得不到或无法得到足额的补偿等报道在各种媒体屡见不鲜。有些地方政府也可能因为农民工的身份，拒绝对他们提供城市公共产品和福利。他们的子女不能上城市的学校，他们大多没有稳定的城市住宅，他们无法享受城市最低生活保障，他们无权享用大多数的社会福利和社会服务。多年来，农民工为中国的现代化、工

---

[1] 邓睿，冉光和，肖云，等. 生活适应状况、公平感知程度与农民工的城市社区融入预期[J]. 农业经济问题，2016（4）.

业化和城市化做出了巨大贡献,然而严重缺失的社会保障与他们为社会创造的难以估量的财富却形成了巨大的反差。学者郑功成认为,现阶段的农民工问题是一个包含了经济利益、社会权益、政治权利及文化融洽、精神和谐等内容的综合性问题,农民工的经济利益、社会权益乃至政治权益均在受损,而针对农民工的社会保护与维权机制却依然缺失。因此,为农民工提供适度的社会保障,既是这个特殊群体的力量发展到一定程度的必然选择,也是农民工从经济、社会、心理上更好地融入城市的必然要求。[1]

青年女性农民工受到的压迫是多重的,混杂了城乡、阶层、性别等多个维度,无法从主流话语建构其身份与地位,她们的主体性在呈现的同时,也在很大程度上被压抑着,在许多领域仍然处于一种从属地位。当农民离开家乡外出时,他们不是可以自由做出决策的能动主体。相反,驱使他们的推力和拉力都是国家政策和市场力量共同作用的产物。[2]由于青年女性农民工的主体性是有限的,甚至是不成熟、不完整的,如何激发、引导、培育乃至重塑其主体意识,将其发展成为推动城市融入的一个支点,就成为一个关键性的问题。李培林、李炜的研究指出,农民工持有积极的社会态度,应该促进和保护他们积极的社会态度,消除体制性障碍。[3]

住房与女性农民工城市融入

衣食住行,是每个人日常生活的主要内容,一天也不能少。女性农民工从乡村来到城市,首先面临的是住的问题,没地方住,一天也过不下去。对于农民工的住房问题,国家有关部门非常关注,2007年12月,建设部、发展改革委、财政部、劳动保障部、国土资源部(现自然资源部)印发的《关于改善农民工居住条件的指导意见》中提出,要把改善农民工居住条件作为解决城市低收入家庭住房困难工作的一项重要内容,明确责任、加强指导、强化监督,积极采取各种政策措施,使农民工居住条件得到逐步改善。同时,规定了改善农民工居住条件的基本原则:一要因地制宜,满足基本居住需要;二要循序渐进,逐步解决;三要政策扶持,用工单位负责。加强政策扶持,强化监督指导。各地要将长期在城

---

[1] 黄俊祺.社会保险视角下的女性农民工城市融入问题研究:基于山东15地市的调查[D].济南:山东大学,2012.

[2] 苏黛瑞.在中国城市中争取公民权[M].王春光,单丽卿,译.杭州:浙江人民出版社,2009.

[3] 李培林,李炜.农民工在中国转型中的经济地位和社会态度[J].社会学研究,2007(3).

市就业与生活的农民工居住问题，纳入城市住房建设规划。市、县人民政府要立足当地实际，指导和督促用工单位切实负起责任，妥善安排农民工，多渠道提供农民工居住场所，逐步改善农民工居住条件。

市、县人民政府对集中建设的向农民工出租的集体宿舍项目，要在选址、供地及相关配套设施建设等方面予以支持。对享受政府优惠政策建设的农民工集体宿舍和住房，擅自按商品房出售、出租或改作其他用途的，房地产管理等部门不得为其办理相关手续，要依照法律法规进行查处，并追究相关责任人员的责任。但是，庞大的农民工群体的住房问题是不能完全依靠政府解决的，事实上，政府也确实没有能力在短期内解决。因此，大部分农民工还必须依靠自己租廉价且安全隐患多的廉租房来解决住房问题。

某项调查显示，在女性农民工中，20.5%由企业提供集体宿舍、69.7%自己租房、7.2%与他人合租、2.6%选择其他。[1]她们租房一般是以散居为主，而不是集体租房，这对她们的人身安全有很多隐患。在某市，除少部分女性农民工靠用工单位或老板解决住宿问题，大部分人以几个人合租的方式居住在房租廉价的城乡接合部，只有一小部分借住在亲戚、朋友或同乡家里。为了节省开支，她们多数人省吃俭用，过着较为清贫且单调的生活。

在某面馆打工的素素说，自己平时是能省就省，在城里下一次馆子，在农村可以吃几天呢！除了逢年过节老板会带她们出去"搓"一顿，她们基本上不会在外面吃饭，既吃不起也没有闲暇时间。她们用的也是廉价的化妆品，虽然都是20多岁的年轻女孩，也只能在回家前去买几件便宜的新衣服，平时很少有闲钱来打扮自己，也没有时间打扮，自己租住的房子很小，空气也不好。在某个女性农民工光顾较多的小店里，摆放着没有卫生保障的卫生巾。老板娘毫不隐晦地说，城市的女性居民很少买，都是卖给女性农民工的。这家店里一包卫生巾2元多钱，品牌卫生巾一片就要一两元钱，女性农民工是舍不得买的。她们的住房是几个人合租的一个小套间或两个人合租的一个单间，显得很拥挤。

女性农民工与男性不同，特别是在住的方面，她们对安全性的要求比男性高。另外，作为女性，特别是年轻女性，总是更容易受到伤害。因此，她们租住的房子不能太偏僻，房子的安全措施不能太差，否则，就有可能遭遇伤害。可以说，女性农民工的住房存在诸多问题。

---

[1] 苏州市妇联权益部. 关于苏州外来打工妹劳动权益保护情况的调查报告 [EB/OL]. (2011-03-08)[2019-10-01]. http://ishare.iask.sina.com.cn/f/2ZRkcz2rOU2.html.

1. 租住在城郊或"城中村"廉价的出租屋，存在安全隐患

城郊租房尽管远一点，但是城郊的房子便宜，特别是"城中村"的民房，大多被农民工租住，这些民房一般价格低，但是环境较差。我们调查发现，"城中村"是农民工的主要"栖息地"。这种现象在中国的很多城市都普遍存在。其实，"城中村"是在城市扩张过程中刚刚被"圈"进城市不久的原郊区农村，很多仍处于城乡接合部，不光是价格便宜，还在于房主也是"农民"，他们在心理上、感情上与农民工比较接近，也比较理解他们的需求。城郊租房尽管便宜，但是对于女性农民工来说，她们的时间成本就要付出得更高，她们必须早起，以免迟到；她们经常晚归，因为路途比较远，有时为了省钱还要走更多的路。另外，城郊治安环境差、安全隐患多，有些房子由于管理不善，还会发生纠纷。

2. 为了省钱，居住环境拥挤不堪

女性农民工一般工资不高，因此，居住条件是非常简陋的。农民工完全或不完全放弃农业生产经营活动到城镇务工，工作地点虽然在城镇，却很少在城镇定居。《2015 年农民工监测调查报告》显示，农民工在单位宿舍居住的占 28.7%，在工地工棚居住的占 11.1%，在生产经营场所居住的占 4.8%，与他人合租的占 18.1%，独立租赁居住的占 18.9%。另外，从雇主或单位得到住房补贴的农民工所占比重仅为 7.9%，不提供住宿也没有住房补贴的比重达到 46%。[1] 这些情况表明，在外租房或在单位宿舍居住是农民工解决住房问题的主要方式。对农民工而言，依靠自购房或自建房解决住房问题并不现实。虽然近年来城市保障性住房政策的覆盖面持续扩大，然而申请条件较为严格，上述情况并未得到根本改观。

相关数据显示，2016 年我国城镇人均住房面积 33 平方米，农村人均住房面积 37 平方米。与之相比，农民工人均住房面积大多数在 10~12 平方米。笔者在实地调查中发现，在私人出租屋内，设置隔间、上下铺、多人合租的情况较为普遍；在员工宿舍内，"一人一铺"的情况比较常见。另外，农民工一般居住在简易房、普通平房或老式楼房里，其中很多住房基础配套设施不齐全或年久失修。

---

[1] 国家统计局.2015 年农民工监测调查报告，[EB/OL].(2016-04-28)[2019-10-01].http://www.xinhuanet.com//politics/2016-04/28/c_128940738.htm.

3. 居住地因工作变动而变换频繁

女性农民工工作不稳定，具有较大流动性。调查发现，农民工从事临时工作的比例较大，大多无编制，散工、短工、零工较为普遍。一般来说，随着劳动任务的结束，居住地也将发生改变。2016 年我国签订劳动合同的农民工比重为 36.2%，比 2015 年下降了 1.8%。这不仅从一个侧面反映了农民工所从事工作的临时性，也反映了农民工工作变动的幅度。除此之外，为了上班方便、家人随迁、结婚或同居、买房、子女上学、原住处拆迁等也是农民工居住地变换的重要原因。当然，农民工会出于多种考虑选择变换居住地，而工作变动依然是他们考虑变换居住地的首要原因。

4. 性别弱势迫使她们付出更多的房租

女性农民工的居住问题主要体现在安全方面，调查中发现，有 60% 的女性对自己居住环境的安全问题担心，她们认为，自己不像男性，随便到哪里睡下都行。女性农民工租房子选择安全的地方很重要，因为稍不小心就容易受到伤害。因此，她们的居住成本要高于男性。女性农民工面对多重贫困因素积聚，很容易形成"贫困文化"。在社会中，贫困人口独特的居住方式促进了特殊的集体互动，使其相对隔离于整个社会生活，这样就产生了一种脱离社会主流文化的贫困亚文化。在这种环境中成长的下一代会自然而然地习得贫困文化，进而导致贫困文化发生代际传递。相关调查显示，农民工聚居特征明显，在城中村、城乡接合部等区域聚集着大量的农民工群体。一方面，农民工大量流入；另一方面，本地人持续流出。在这一特定的"圈内"，女性农民工有着自己独特的文化认知、交往方式和生活习惯，并通过自己的"圈内"交往不断强化着身份认知，进而将文化价值观念传递给下一代。

话语权与女性农民工城市融入

中国的户籍制度在特定的时代起了特殊的作用，但总的来说，其存在对农民的歧视。本来，农民与工人只是职业上的不同，但是，户籍制度的设定造成了农民工和城市居民与国民待遇享受相连的二元体制。从农民成为工人需要一定的条件，从农村人口成为城市人口需要一定条件等，对农民存在诸多的不公平。女性农民工来到城市打工的主要目的是赚钱，但是在城市赚钱并不容易，女性农民工偏低的收入让她们的生活捉襟见肘，仅能维持日常的温饱。据调查，女性农民工的月平均工资很低，她们每年寄回家的钱，其实是她们节省吃穿存下来的，如果不节省，可能一年下来也不会有存款。有关部门统计，广州、深圳等沿海城市，公务员与国家编制的工人的工资上涨多次，但是，深圳的农民工的工资基本上涨幅不大，女性农民工的命运也是这样。其原因就是户籍制度下的身份缺失而引起城市生存的话语权缺位。

国家法律规定，居住一年以上时间，可享有本地的选举权。目前，不少单位、社区没有按规定赋予女性农民工选举权。调查显示，68.2%的女性农民工不知道或没有参加过城市里的选举；单位或社区开展的活动，也大多有意无意地将女性农民工排除在外，63.4%的女性农民工在城市中没有参加过单位或社区组织的活动；65%的女性农民工（党团员）没有参加过当地组织的党团活动。子女教育问题是已婚女性农民工反映最强烈的问题之一，98.7%的人反映对子女上学状况不满意。由于城市普通中小学（除定点的）不接收户口在外地的农民工子女上学，流动儿童上学要比当地城市学生额外多交费用，有的要交数额不等的赞助费和借读费，而普通进城打工妇女的家庭交这些费用是有困难的，子女上学是最困扰已婚女性农民工的问题之一。

女性农民工的劳动权益是指法律赋予女性农民工在劳动关系方面享有的基本权利和利益。既包括在整个劳动或就业过程中，女性与男性平等享有一切权益和机会；也包括由于女性具有的一些生理和社会特征而享有的和男性不同的特殊权益。给予女性农民工劳动权益特殊的法律保护，是政府及企业的承诺和责任，更是法律保护弱者的最好体现。随着城市化进程的加快，大量的农民工涌进城市，在这个庞大的群体中，女性农民工构成了一个比较特殊的弱势群体。相对于男性而言，女性农民工更容易受到伤害，她们的维权成本更高。一旦发生劳动纠纷，她们不知道如何维护自己的合法权益。随着物价上涨，国家机关工作人员和国家事业单位的工作人员工资逐年上调，国家劳动与社会保障部出台五项措施提高普通职工的工资。但是，同样在城市工作的农民工，他们的劳动在城市建设中功不可没，最需要加工资的他们，多年来工资上涨甚微。

工资上涨是分享国民经济增长的成果，没有按照 GDP 的增长速度逐渐提高，是我国农民工的工资水平一直偏低的原因。但是，国民经济增长也有农民的一份，GDP 是农民与工人阶级共同创造的，农民工也是农民和工人阶级的一部分，并且越来越成为重要的部分，但是根据有关调查，近十年来农民工的工资涨幅低。其原因是多方面的。但是最关键的原因是农民工话语权的缺失，没有人代表他们的利益，也没有人能够代言他们的利益，他们的利益一直被忽视。

譬如事业单位有自己的社会资源，自己也有能力加工资；普通工人有工会组织，他们也是城市居民，有自己的代言人，因此也有自己的话语权。但是，有谁代表农民工呢，他们的话语权在哪里？因为没有自己的代言人，农民工的话语权难以保障。在男性主导的社会里，女性农民工的话语权更加弱势。所幸有些学者关注"三农"问题，他们研究"三农"问题，对"三农"的许多问题进行了描述和揭露。但是，他们却提出许多互相矛盾的措施和对策，而且他们毕竟不是农民，他们研究"三农"问题，多数是适应国家的要求、积累学术成果，他们并不能完全代言农民的利益。

在和谐社会建设中，要保护弱势群体的利益，就必须使他们具有自己的代言人。农民工的利益要得到真正的保护，必须有农民工自己的利益代言人，这样农民工才能有自己的话语权。女性农民工在城市不能进入主流行业，她们的工作没有技术垄断、技术含量低，是一些谁都能做的工作；因此，她们的就业竞争大，特别是在当前就业紧张的情况下，女性农民工的待遇越来越差，她们面临的社会生存压力将变得更大。随着社会工资水平的增加，服务行业的繁荣，她们的工作量会越来越多，劳动强度增加但工资待遇不变，她们的生存状态将更加边缘化。因此，她们是一群更应该享受国家 GDP 增长福利的人员。因为她们是城市社会第三产业的主力军，她们还将养育下一代，她们是农村发展的未来母亲！增长工资是国家的政策，提高职工待遇是一项国民待遇，可农民工很难享受这种待遇，其主要原因就是她们的话语权缺失。没有加工资，生活将变得更加困难，享受不到国民待遇，生存将会更加边缘化。

面对我国女性农民工劳动权益的保护缺失，有专家认为这是行政立法的缺失，是法律保障农民工劳动就业权利的一大缺陷。虽然政府依据全国人大及其常委会颁布的法律和我党的大政方针制定了相关的行政法规和政策，采取了一系列的措施来保障农民工的劳动就业权利；但是，政府在保障劳动就业权利的立法方面还存在着一些缺陷。首先，缺乏系统的有关农民工权益保护的法规体系。政府虽然制定了农民工权益保护的相关法规，但是相关法规非常分散，没有形成系统性的法规来保障农民工的合法权益；而且有些地方政府虽然制定了规章来保护农民工的劳动就业权利，但是这些规章的层级都比较低，因而只能在有限的地域施行，并不能在全国通行。这些分散的立法导致各地对农民工的保护缺乏衔接，农民工的流动性很大，各自立法的局面有时会给农民工劳动就业权益保护带来负面作用，甚至会影响劳动力的转移。即使是国务院颁布的法规和政策也只是针对农民工的某一具体问题制定的，也只在缓解一时的矛盾，不能达到治标和治本的目的。其次，政府在保障农民工合法劳动就业权益的立法方面还有很大的空白，这是不利于保护劳动者的。国家现在只有《劳动法》《劳动合同法》中的少部分条款来保障那些没有与用人单位签订劳动合同的劳动者的合法权益,但是这些条款也只是一种概括性的保护,并没有系统性的保护制度,政府在这方面也没有出台相关的行政法规,因而造成了许多未与用人单位签订合同的劳动者的合法权益得不到保护。[1]

我国城市社会环境多数是为城市市民设置的。进入城市的农民工是一个沉默的群体,尽管人数众多,但是在关于自身权利和利益的许多问题上,几乎没有任何发言权。他们一边为中国的城市发展吃苦耐劳,一边却得不到尊重和理解。要改变这种状况的唯一方法是:让进入城市的农民工享受最基本的话语权。女性农民工作为城市社会的工人,因为城市身份的缺失,在严格按照市民体制享受待遇的城市社会,她们永远是外人,难以享受城市社会的国民待遇。她们的生存边缘化,与城市身份制度密切相连。

四 劳动健康与女性农民工城市融入

陕西省妇联的一项调查表明,当地外出务工女性呈现低龄化趋势。16~22岁的农村女性外出务工人数大量增加,而这些女性因为受教育程度低、劳动技能不足,大部分从事着最苦、最重、最累的工作。在工作时还经常遭到不公正待遇,诸如安排她们从事井下、高温、有毒岗位作业等。为此,陕西省妇联在纺织、家政、美容、保健等行业组织下发了800份调查问卷,问卷共分4个部分,包括女性农民工的基本情况、工作情况、权益保护情况和人际交往、婚恋观念等。在权益保护一栏共设计了15个问题,包括一天的工作时间、工资是否被拖欠或克扣,还有医疗、养老、意外事故保险金缴纳等内容。结果表明,女性农民工的基本情况不容乐观。

城市社会对女性农民工健康状况关心不够,严重影响了她们的整体发展。"小病拖一拖,大病扛一扛,实在不行上药房。"女性农民工生性节俭,生病了也不愿花钱治疗,总是拖,有的把小病拖成了大病。带病上岗在女性农民工中比较普遍,这严重影响了她们的整体健康水平。女性农民工一般年轻、社会经验不足,关于疾病的知识严重缺乏。女性农民工对于疾病,基本上没有很多的科学认

---

[1] 段婕舒.完善农民工劳动就业权利保障中的政府法律责任研究[J].成都行政学院学报,2014(3).

知,对一般的疾病甚至大病的症状并不了解,也不随便去医院。只有到了病情严重时才去医院治疗,这时往往花费更多。女性农民工患小病总是拖着主要是由她们的经济状况决定的,她们的工资不高,加上每个人都想把积蓄带回家,所以一般不愿意随便花钱;同时,城市居民收入多,还有医疗保险,这方面她们是无法与城市居民相比的。再有,医院就诊费用较高,往往普通的感冒也必须花上百元才能治疗,所以,现在女性农民工"带病工作"的情况非常普遍。

新生代农民工的健康问题是我国医疗保障和健康公平建设面临的一个重大挑战。当前,我国新生代农民工群体的规模逐渐扩大,但过渡性群体的身份使其健康状况具有明显的脆弱性。其中,由于社会性别定位等因素,身心状况更具特殊性的女性新生代农民工的健康形势更趋严峻。所以,充分关注新生代女性农民工这一庞大弱势群体的健康状况,对于提升全社会的健康公平、建设性别和谐社会有着极其关键的实践意义。2013年发布的《中国综合社会调查报告》探讨了社会资本的三种形式(信任、规范和网络)对新生代女性农民工的身心健康所产生的影响。

普遍信任、互惠公平、政治和社团参与、关系网络是影响新生代女性农民工健康的重要因素,对新生代女性农民工的健康程度具有显著的预测作用;但此影响存在性别的显著性差异,其对女性健康的影响水平显著高于男性。因此,为减少新生代女性农民工的健康问题,有必要从社会资本角度出发提出以下几点应对措施。

1. 政府责任应强势回归健康领域,促进和实现健康资本的性别均衡化

研究发现公平互惠能够增进新生代女性农民工的健康水平。相比较而言,新生代农民工比老一代农民工对公平有着更高的诉求。在市场体制下,政府责任应回归性别健康领域。政府在卫生领域的责任重点涵盖筹资分配、制度规划和监督管理。政府的筹资分配包括资金筹集与投入分配,是健康公平的前提保障;制度规划是实现健康公平的机制保障,需要政府为社区医疗建设以及社会资本进入卫生领域制定合理的政策;监督管理则是健康公平实现的后续保障。促进和实现健康的性别公平,并非是要实现社会个体或群体之间健康状况的完全平等,其关键在于通过政府的责任和对社会公平正义的干预以及社会的努力,从根本上改变中国城乡、社会性别二元结构,改善不同性别的收入分配关系;并在此基础上,实现包括教育、医疗卫生以及就业和养老等在内的社会经济关系的性别公平。

2. 创设更有效的网络政治参与渠道和机制,增进制度信任和普遍信任

当前,受多种因素的制约,新生代城乡流动女性面临政治参与边缘化的尴尬境遇。新修订的《选举法》暂时搁置了农民工的异地参选问题,而现实是法定的回乡参选也未得到有效实践,这就造成城乡流动人口政治参与的悬置,无序的、非制度化的政治参与是新生代女性农民工利益诉求的主要渠道。一方面,政府应该加快政治体制改革的步伐,提高工会组织的能力和参与度,并让新生代女性农民工有更多的政治参与途径,如创设网络政治参与的渠道,提升新时期流动女性农民工直接行使政治监督职能的兴趣和能力,弥补流动妇女因迁移而不能参与户口所在地政治和社团活动的缺陷。另一方面,由血缘关系所产生的特殊信任在某种程度上是与现代社会的发展和民主相冲突的。因此,要努力发展以规则和契约为基础的制度信任与普遍信任,以建立和健全法律法规为主要途径,拓宽新一代流动女性农民工的信任范围,从而提升她们的健康水平。

3. 挖掘现有社区民间组织的潜在资源,建立健康资本的良性循环和增值模式

新生代女性农民工可以通过城市社区这一组织化的载体,发现并利用一些有利于健康管理的社会组织。目前,虽然部分社区卫生服务中心拥有良好的硬件环境,其健康管理的指导大纲也已现雏形,但实际功能大多没有发挥出来。在社区场域内促进新生代女性农民工的社会认同,主要的方式是建立起更具有包容性的各类非亲缘的社会关系网络,并吸引新生代女性农民工参与相关活动。面对流动妇女日益增长的健康需求,应积极挖掘社区现有的潜在资源,创造社会资本的循环模式。在这个模式中,社会组织通过提供大量广泛的健康公益服务,进而扩大组织本身在社会的正面影响,为自身的组织发展增加新的社会资本追随者和支持者,加深公众对健康事务的参与,同时可解决许多个人无力应对的健康困难。如此循环往复,有利于为处于变迁中的新生代女性农民工赢取更多的健康资本存量,改善其身心健康状况。[1]

五 女性农民工城市融入的影响因素

女性农民工作为服务行业的从业者与制造业的工人有很大的不同,除了需要情感劳动,最显著的特征就是劳动过程不是与冷冰冰的机器打交道,而是与不同层次的消费者广泛接触,由此形成服务场所独特的"劳—资—客"三角结构。

---

〔1〕 陈婷婷. 社会资本视域下新生代女性农民工的身心健康:基于全国调查数据[J]. 中共福建省委党校学报,2017(2).

因此，自己从业中的角色扮演与得体表现十分重要，言谈举止、为人处世也很重要。由于中国社会存在以户籍为标志的身份制度，因此服务员和消费者的关系除去"服务—被服务"的区分，还有一层身份意义上的差别。对服务员来说，她的服务对象除了是消费者，多数还是城市居民，一种她也想获得同样身份和生活方式的人。在这种意义下，"消费者—服务员"的关系不再是单纯的服务关系，而具有了对照意义：服务员会在与顾客的互动中，想象和建构自己的城市生活。这种观照首先是外表上的，服务工作本身就要求察言观色，通过观察消费者的衣着打扮、言谈举止，服务员得到对于城市人的第一印象。消费者如何穿着、怎么交际、如何饮食给她们展示了丰富多彩的城市生活片段，这种观察是具有投射性的，直接为这些在身份、经济上基本与其处于对位位置的年轻劳动者树立起范本。[1]

尽管现代城市改革开放多年，但是地位的高低之分将长久存在。女性农民工尽管青春靓丽，但是很难改变她们的社会地位。女性农民工的利益表达仍是女性农民工劳动权益问题研究中没有解决的基本问题。女性农民工生活在城市，但是没有真正融入城市，成为游离于城市边缘的城市人。她们融入城市的困难主要表现在如下几个方面。

1. 城乡文化差异导致女性农民工难以融入城市

调查显示，19.3%的女性农民工觉得自己已融入城市生活，是真正的城市居民；34%的女性农民工觉得自己正在逐渐地融入城市生活，是半个城市居民；近50%的女性农民工觉得自己是在城市生活、工作，身份没有根本变化，仍然是农村人。在社会交往中，女性农民工社会交往面较为狭窄，以血缘、地缘、业缘为主。调查显示，在问及"目前你最信得过的人是谁？"时，35.6%的人回答是亲戚，30.2%的人回答是老乡，20%的人回答是同学，8.7%的人回答是同事，非工作关系的城市居民仅占5.5%。可以看出，女性农民工地缘观念比较强，还没有接纳城市居民的思维，与城市居民交往也仅限于表层，具有明显的本乡本土性。当经济遇到困难、工作遇到麻烦、婚恋遇到问题时，女性农民工选择的求助对象最多的还是老乡、朋友、同学，比例分别是56.1%、22.3%、16.6%。在行为方式上，调查显示，在公共场所随地吐痰、随意闯红灯、随便大声说话，女性农民工明显多于城市女性居民。[2]女性农民工的文化水平至今

---

[1] 何洁明. 服务业青年女性农民工日常工作研究 [J]. 当代青年研究, 2008 (2).
[2] 农村妇女融入城市文明程度的调查报告 [EB/OL]. (2019 – 01 – 11) [2019 – 10 – 01]. https://wenku.baidu.com/view/fdc22c0fab00b52acfc789eb172ded630b1c9887.html.

还比较低,据调查,初中及以上文化水平的占绝大多数。因为初中文化并不适应城市现代化文明的要求,因此,女性农民工在文化水平上与城市居民存在较大的差别。加之,在文化习惯上,城市与农村存在较大的差异;因此,女性农民工在城市中还居于较低的地位,没有得到平等的重视与尊重。

2. 劳动技能低导致难以融入城市的生活水平

女性农民工由于劳动技能低,只能从事无技术性的工作,也就是马克思所说的简单生产劳动。比如,同在一个单位上班,城市的知识女性从事文员与管理工作,而女性农民工却只能从事跑腿、打扫卫生等简单的体力劳动,受城市的知识女性管理。由于城市生活边缘化问题的客观存在,女性农民工对收入水平、工作环境、住房条件、卫生状况、家庭问题等满意度不高,很满意的仅占6.8%,比较满意的占28.3%。尤其对业余生活、住房条件、工作环境满意程度比较低,表示"不满意"的分别达28.5%、19.6%、17.3%。调查显示,女性农民工业余时间看电视的占61.2%,经常逛街的占32.7%,与朋友聊天、打牌的占27%;62%的人没参加过社区活动,13%的人对社区活动不感兴趣。在住房方面,31%的女性农民工靠单位提供住房,30%的女性农民工在城郊接合部租借农村房屋,居住条件大多非常简陋,32%的女性农民工对住房条件不满意。

3. 社会网络支持和社会保障的差异使其难以融入

女性农民工在农村处于村组社区与丈夫的双层保护之下,而在城市工作却远离这些保护。因此,在城市社会生存中只有处处小心,遇到较大的事情难以维护自己的正当权益。小冬是一个泼辣的湖南姑娘,她说,自己的宗族在家乡是一个大族,几乎没有外人会欺负自己,遇到事情有亲戚朋友帮助。但是在城市里,只有几个家乡来的姐妹,其他的同事都是来自不同的省份,说不定哪天就会突然离职,她们是靠不住的。小冬的事例是女性农民工地位低微的重要原因之一,人只有无求于别人,自己才能真正独立。与此同时,在城市社会里,社会保障的城乡分割基本上没有农民工的位置,她们被当作社会的外来人;因此,她们的社会生存边缘化问题也非常严重。据调查,女性农民工由于非正式就业的占大多数,因此养老保险、医疗保险的参保比率还比较低,参加工伤保险的占25%、医疗保险的占9%、失业保险的占8%、生育保险的占7%、没有参保或不知道参保的占43%;62%的单位和雇主没有提供妇女病的检查条件,劳动保障意识淡薄、保障制度缺乏、保障措施置后导致其身体健康得不到应有的重视。

4. 职业声誉影响她们的城市社会地位

女性农民工有很大一部分从事服务业和娱乐业,甚至有的从事性工作;因此,城市社会把女性农民工想象为色情的代名词,认为她们中的许多人甘心堕落,因而一部分城市居民对她们的印象不好。农村女性进城务工,在为城市经济发展做出重大贡献的同时,其自身权益屡遭侵犯,这不但有悖于社会公正,而且会引发各种问题,给社会安全带来极为不利的影响。就广大进城务工的女性来说,虽然她们面对各种权益受损大都选择默默地忍受,但忍受并非结束,而是记在了心里,忍到一定程度,就可能爆发,引发事端。事实上,已不时有报道说某企业农村来的女性农民工不甘受欺辱或利益受损,与企业管理者发生冲突甚至酿成血案。所以,不管是当下出现或尚未出现矛盾冲突,女性农民工多方面权益受侵害,都会形成许多不安定因素。更鲜明和更应引起我们关注的,给社会安定已造成和仍将要造成诸多问题的,是现在已然为数不少的农村进城务工女青年误入灯红酒绿中从事卖淫等违法活动。这不仅败坏了社会风气,有损社会风尚,也给社会带来了不安定因素。针对性工作者,社会上曾发生多起斗殴、抢劫、诈骗、凶杀案件。女性农民工的边缘化职业生存源于市民身份的缺失,没有市民身份,她们的就业保障就不能纳入城市体系,就不能得到城市政府的正式保障。

确保女性农民工平等融入城市

女性农民工多种权益受到侵犯进而造成诸多社会问题,最终引发她们城市生存的边缘化。究其原因,一是城市经济发展水平还不能满足农民工发展的需求,再加上一些企业经营者素质低下、过分追逐己方利益,而农民工过剩,为了生活不得不廉价出卖劳动力,不得不无奈地服从经营者的意志;二是女性农民工大部分分散打工,势单力薄,无组织可依托,不能有效维护自己的合法权益;三是相当多的女性农民工法律法规意识还不够强,在自身素质的提高和权益的维护上,都与城市产业工人有明显差距;四是农民工尤其是女性农民工作为城市中的弱势群体,所表现出的诸多严重问题,并未得到社会的有效关注;五是与各种问题相关的部门,在维护农民工的法律法规宣传以及具体措施的落实上,基于种种原因,还有很多不到位之处。为此提出以下建议。

1. 依法建立农民工维权的长效机制

党的十八大报告指出：解决好农业农村农民问题是全党工作重中之重，城乡发展一体化是解决"三农"问题的根本途径。2018 年，中共中央、国务院印发了《乡村振兴战略规划（2018—2022 年）》，着眼于从根本上解决这个突出的社会矛盾。我们必须以更加积极的态度，来思考农民工群体的现实状况，并制定更富有建设性的对策。笔者认为，在当前农民工权益遭受侵害比较普遍的情势下，为改善进城务工者在现实生活中的弱势地位和"社会观感"，在涉及农民权益的具体司法实践中，应该体现某种适度的"司法倾斜"——对侵害农民工尤其是女性农民工权益者实施更严厉的惩处措施。这符合法律的保护弱者原则。为此建议相关部门尽快制定有关农民工就业及权益保护的专门法规，建立保障农民工合法权益的长效机制。

2. 消除歧视，建立"城乡统一"的社会保障制度

中国农民过去已经为中国经济发展做出了巨大牺牲，今天他们仍然在承受着许多制度、政策歧视，这其中就包括"城乡分割"的社会保障制度。在社会保障方面，城镇居民比农村居民享受了更多的社会保障和社会福利。在市场经济快速发展的今天，实现全社会的公平、公正与和谐发展，是中国共产党立党宗旨和几十年来的奋斗目标，也是社会主义的本义。所以，建立起"城乡统一"的完善社会保障制度既是我党体现以人民为中心的需要，也是新时期社会主义建设实践的需要，它不仅是一个经济问题，更是一个社会问题和政治问题。当前，应切实把女性农民工纳入社会保障范围内。一方面，有关部门要认真抓好养老、工伤、医疗保障制度的推行，积极创造条件吸纳农民工进入城镇社会保障系统。另一方面，要采取有力措施解决女性农民工享受生育保险问题。要抓住这一有利时机，竭尽全力，各尽所能，从源头上维权，争取使女性农民工能够享受到这一政策惠及她们的好处。

3. 强化农民工城市生存的组织保障

工会应从源头参与，适时介入，在劳务输出地将农民工吸纳组建到工会组织中来。工会作为职工群众自己的组织，应协同政府劳动主管部门，在帮助农民工安全有序、规模化进入劳务市场的同时，实现哪里有进城务工人员输出，就在哪里建立工会组织；适合建立哪种形式的工会组织，就建立哪种形式的工会组织；并在组建工会的同时，同步组建工会女职工委员会，保证农民工入会权利得以实现。面对农民工的流动问题，输出地工会与输入地工会要共同承担维护他们合法权益的职责，对于工会会员要保留或及时转移他们的会员关系，输入地工会可按照属地化管理的原则，积极组织农民工入会，认真做好会员的会籍关系接转。各级工会要大力宣传《工会法》《劳动法》《合同法》《妇女权益保障法》等有关法律，告诉农民工依靠工会来维护自己的合法权益是最为现实且有效的途径，从而增强他们通过组织依法维护自身权益的意识，引导他们加入工会组织，形成集体力量，以此来改变他们在劳动关系中的失衡状态。

4. 健全和完善维护农民工权益的政策法规体系和社会救助体系是解决这一问题的根本办法

目前，国内针对女职工劳动保护的主要法规是《女职工劳动保护特别规定》，该法规需要继续具体落实到女性农民工。改革开放以来，我国经济形势发生了重大变化，出现了许多新情况、新问题，女性农民工纷纷进城而成为城市从业者就是较为突出的新情况。

有关专家分析，现行法规对女性农民工的保护缺乏明确规定。根据当前社会女性劳动者的多种情况，应当明确保护主体"女职工"的具体含义，把女性农民工纳入女职工的范畴。既然女性农民工以工资收入为主要来源，《女职工劳动保护特别规定》以及《女职工禁忌劳动范围的规定》《企业职工生育保险试行办法》等相关法规就应该从法律层面把女性农民工纳入被保护对象，杜绝女性农民工当前在孕、产、哺乳期内遇到的种种不公正待遇。

此外，原有的条款难以适应目前的现实情况。《女职工劳动保护特别规定》第5条"用人单位不得因女职工怀孕、生育、哺乳而降低其工资、予以辞退、与其解除劳动或聘用合同"。在女性农民工就业集中的非国有企业，企业工资自主确定，标准变化大、弹性强，其他涉及经期、产期、哺乳期的相关报销标准也和当前工资制度不相适应，不少非公有制企业往往会"钻空子"逃避责任或压低工资，造成女性农民工工资低的现状。

5. 加强对违反《劳动法》中法律责任的追究力度

随着企业竞争的加剧，一些企业为降低经营成本而随意侵害女性农民工的合法权益，对于违法者如何进行处理或处罚及应承担何种法律责任，目前仍缺乏明确的规定。专家建议，可以建立以政府劳动部门为主体，有关部门参加的劳动保护监督检查机构，定期对企业执法情况进行检查，逐步建立健全工会法律监督组织，形成网络和体系，与司法监督、行政监督和社会舆论监督结合起来，通过开展联合调查、开设女性农民工维权热线等方式，加大对企业侵权行为的监督力度。

6. 加大宣传，营造有利于农民工融入城市生活的良好社会环境

要通过电视、报纸、广播等新闻媒体，大力宣传农民工尤其是女性农民工为城市和社会所做的重大贡献，消除企业经营者、管理者对她们存在的偏见，使人们意识到女性农民工默默无闻的贡献对经济建设和社会发展所起的作用，增强企业经营者及城市居民对她们之间的理解、沟通与包容，增强女性农民工的认同感、归属感。并且，我们要通过各种方式在全社会宣传并促进这样的共识：农民工这个特殊群体是我们祖国大家庭的宝贵成员，是我们不可离弃的兄弟姐妹，关注他们的境遇就是在关注我们自身，就是在关注中华民族的整体发展与进步。

7. 提升女性农民工的社会地位

女性农民工城市社会地位低微，引发了她们的边缘化生存，边缘化生存又反过来降低了她们的社会地位。因此，一是要宣传现代女性价值观，唤起女性农民工的自我意识。文化教育和职业培训使广大女性农民工认识自身潜力，认清社会现状，扬长避短；不断加强学习，充实提高自我，培养自信心。二是要加强社会性别意识教育，发展性别平等文化。传统的重男轻女思想深入人心，造成长久以来对妇女的忽视和轻视，构成了女性农民工劳动权益得不到有效保护的根源性问题；长远来看，解决这个问题应该加强性别教育。三是女性农民工应不断提高自身素质，自觉培养维权意识和能力。由于市场经济发展，产业格局转变，我国大多数企业对高素质的技工需求将日益突出。但现实是很多农民工的素质还达不到职业要求，所以女性农民工应不断提高自身素质，适应社会发展需要，避免被社会淘汰。四是要突破身份限制，赋予女性农民工应有的尊重与尊严。按照传统划分，我国有农业人口和非农业人口，但随着社会发展，原有的户籍制度已变成经济发展的绊脚石。因此，只有打破原有的农民工和城市工人的身份划分，才能激发农民工的积极性，这也是社会发展的必然要求。但是这种制度在短期内可能无法改变，所以我们还要采取一些立竿见影的措施来调动她们的积极性。比如，赋予女性农民工就业、医疗、子女入学等方面与城市居民平等的权利，而不是消极地推卸责任。

第五章　女性农民工的爱情婚姻

 女性农民工爱情婚姻的流动性矛盾

农民工群体的流动性较强，决定了该群体婚姻状况比较复杂。农民工群体的文化程度较低，技术掌握水平较差，只能从事一些劳动密集型产业，因而与异性接触、交往的机会不多，这造成了较低的结婚率。同时，农民工收入情况不容乐观，很难承担婚后生活的大量开支，以及购房、抚养子女等需求，这导致他们结婚年龄往往偏大。此外，一些农民工进城务工后，与妻子长期处于分居状态，在接触其他女性后，会导致离婚现象的发生，有时甚至会造成年轻女性自杀的现象。

中国的城镇化进程伴随大量农民工涌入城市，这其中，"80后""90后"的新生代农民工占到85%以上，成为该群体的主力军。与传统的农民工相比，"80后""90后"的新生代农民工群体在很多方面有着新鲜的观念。随着城市化进程的加速，很多农民工对待婚姻更加现代化与自由化，他们逐渐摆脱传统思想的束缚，追求真爱，逐渐看重双方的价值取向，如经济、文化等方面，力求达到某种共鸣。然而在城乡二元结构的背景下，一些心理方面的冲突也会制约农民工群体的恋爱与婚姻。例如，社会地位较为低下、长期遭受他人的歧视等，这些冲突压抑着农民工对于恋爱与婚姻的向往，也导致他们大多是在农民和农民工群体中择偶。

当前新生代进城务工者的婚恋渠道更宽，城乡互通，婚恋圈扩大，多数人希望在城市里定居。城市里以从事体力劳动为主的新生代农民工群体的婚恋需求正成为亟待解决的问题，而工作时间长、人群接触面小、行业从业人员性别组成单一是他们面临的诸多障碍。新生代农民工渴望融入城市，却面临收入、教育、保障和身份四大现实困境，导致他们看病、养老负担加重，一旦失业便失去了基本的生活保障，从而形成"候鸟式迁徙"，这也阻碍了他们在城市中安居乐业。尤其是身份困境，他们想要获得城市居民身份实在太难。长期的城乡二元结构导致农民工要想留在城市，必须先获得一个城市身份，这种身份的获得与融入城市谈何容易。

有数据表明，在外务工的农民中，80%左右的人表示最终要回到家乡寻找配偶，他们普遍认为外面的感情不牢靠。"有些男人大男子主义，我受不了。有些男人我连他们有没有结婚都不知道。"李某就是在这方面有亲身感受的一个女性农民工。她和男友的分歧是：男友不想结婚，借口要多挣点钱，但李某不这么想，父母还不知道她已经有男友一年多了。

女性农民工寻找"另一半"的主要途径是老乡介绍、婚介征婚、自由恋爱、媒体征婚等几种方式。但很多女性农民工有这样的顾虑：对方的户籍地址不知是真是假，也不知道对方是好人还是坏人，甚至是个罪犯也有可能。对于女性来说，一旦与男性同居，自己就会有身体和心理的压力，感觉受伤的总是自己。

对于找城市男性结婚，这是想也不敢想的问题。女性农民工小袁说，即使城里男人求婚，我们也以为他们是骗色的，根本不相信他们会真的爱我们一辈子。其实，城里男人也并不是个个条件好，有的还比不上农村男人的条件。当然，如果在外面打工能够找个城里男人脸上很有光，加之在城里长大的男人言谈举止也不那么"土"。由此我们可以看出，城市男性对于女性农民工来说还是有较大的吸引力的，但这种婚姻的成功率往往很低。由于出身不同、地位悬殊，与城市男性结婚成了一种冒险的举动，一般的女性农民工是不敢尝试的。因为一旦爱情失败，会使她们丧失在城市里继续生活的勇气。

要解决女性农民工的婚恋困境，关键在于解决她们融入城市的问题。而推动新生代农民工融入城市的根本出路，在于以城乡户籍制度改革为核心，深化与户籍制度密切相关的制度改革，最终完成城乡综合配套改革，实现农民工利益与权益的城乡均衡。为满足新生代农民工新的发展期盼和提升文明素质的需要，各地政府应当将农民工培训经费列入财政预算，进一步加大资金投入，特别要加大现代技能培训等方面的力度，帮助他们提升和积累人力资本，为他们的"上游"

梦想提供温暖的土壤。

据调查，在有200多名女性员工的某厂，其中有将近一半的人在厂外与他人同居，同居的对象或是工业区里的老乡，或是厂里的同事。其中一个女性农民工宿舍里的十几个女性，有近一半与男友同居。她们说，女性农民工与男友同居的现象十分普遍，一些女性农民工甚至将与他人同居视为"家常便饭"，而且也不在乎三五个月频繁地更换同居对象。这些与男友同居的女性农民工小的只有十六七岁，一般的也就二十岁出头，她们同居而不结婚，与男友以夫妻相称却没有合法的登记手续。她们有些不相信爱情，只是为了有个依靠或照应罢了，有的纯粹是无聊，想显示一下自己的魅力。这些女性农民工一旦被男友抛弃就得不到任何保障。

女性农民工城市化梦想与现实婚姻之间也有着许多的无奈和酸楚。女性农民工带着城市化的梦想来到一个陌生的地方打工，但在现实面前，无法融入城市、难以回归乡村；她们中的许多人，只能在无奈中降低自己对结婚对象、结婚地点、安家条件的要求，完成婚姻大事。女性农民工被定义为"流动的、低收入、没户口、没固定住所的弱势群体"，她们往往被城市男性排斥在结婚对象之外，不予考虑，这种基于身份划优劣、基于财富判高低的婚姻排斥，犹如一堵不可逾越的高墙，横亘在她们面前。在封闭的阶层内，女性往往只能从本阶层中找条件相对较好的结婚对象。

因此，我们在审视女性农民工婚恋态度的时候，既要看到时代发展和社会变迁带来的观念进步，充分肯定她们的自主意识和担当精神，也要发现她们身上潜伏着的城市化困境和婚姻困境。只有消减社会排斥，大力促进新生代女性农民工融入城市，她们的婚恋才会更加绚丽多姿。

之前在全国娱乐服务业"蓬勃发展"的形势下，一些年轻女性进入夜总会、洗脚城、按摩店等不乏暧昧意味的场所。另有女性则进入强度大、收入少，甚至劳动安全都难以得到保障的制造业，有的几乎沦为"包身工"。还有一些女性则由于年龄大、就业困难等因素，早早被退岗回家。职业的边缘化加剧了她们收获爱情的艰难程度。

在市场经济体制下，不少厂家对"效率优先、利益至上"原则的奉行，已经到了一种极端的地步。讲效率而忘公平，重利益而轻原则，似乎已不知道有些东西，如对公平原则的坚守、对人的尊严和价值的尊重等，远比效率和利益更重要；而体现在就业市场上，便是对女性的歧视，动辄"只限男性""不得生育"等。此外，男女"同工不同酬"的现象也很普遍。这种就业歧视得不到遏制，女性就业状况的每况愈下便难以解决。可以说，不少女性之所以甘于接受低质化乃至灰色化的就业，与平等就业权和收益权得不到保障有很大关系，这使她们在经济上的独立性小于男性，因此，爱情的依附性仍然存在，而爱情的依附性决定了她们爱情的艰巨性和不稳定性。

二 新生代女性农民工婚恋观的变迁

在改革开放背景下，大量农民工在外奔波挣钱的过程中，由于夫妻之间长期异地分居，造成了离婚现象频繁发生。而对于"80 后""90 后"这些新生代农民工来说，他们对婚姻家庭观念有了新的认识，但是转型并不彻底，依然存在着重重阻碍。比如，住房被视为一个决定性因素，在城市中拥有住房会促进结婚率的提升。又比如，户口问题限制了农民工的工作、生活及婚姻，导致他们无法得到有效的生活保障。住房政策的不完善更是会给他们的婚姻带来种种困难。由此，需要从立法、司法和行政等角度进一步提出相应的救济措施，构筑一个相对完善的保护青年农民工的法律体系，维护青年农民工的权益。周伟文等人基于某市新生代农民工的婚姻状况调查研究，认为新生代农民工婚姻存在问题的深层原因是农民工的户籍制度、教育制度和就业制度等政策的不完善，所引起的社会经济差异的结果[1]。与此类似，薛菁则主张要完善农民工的社保制度，切实关心他们的精神生活，营造一个良好的环境，只有这样，才能解决相应的离婚率高的问题[2]。

调查显示，新生代女性农民工进城后，择偶的观念也发生改变。而择偶是婚姻过程中的重要环节，是婚姻缔结、家庭组成不可或缺的基础。近年来，新生代女性农民工在择偶观上有较大转变。一是择偶标准呈现多元化趋势。择偶标准是适婚年龄的男女在选择交往对象时对对方提出的条件和要求。新生代女性农民工的生活环境越接近现代化，越看重浪漫的爱情和对方的人品。也有研究证实，随着年代的推移，要求对方有住房和居住地在城市的比重上升，她们更关注对方的学历、职业、有事业心和发展前途、学识广博及其能力等因素。总体来看，这一群体的择偶标准日趋多元化。二是择偶方式呈现自主化趋势。择偶方式是指男女双方通过什么样的方式从陌生到熟悉，从相识到相爱，最终走进婚姻殿堂的过

---

[1] 周伟文，侯建华. 新生代农民工阶层：城市化与婚姻的双重困境：S 市新生代农民工婚姻状况调查分析［J］. 社会科学论坛，2010（18）.

[2] 薛菁. 进城务工对农民工婚姻生活影响研究［J］. 科学·经济·社会，2013（3）.

程。新生代女性农民工自身素质越来越高,对生活和婚姻的自主性也越来越强,而传统的父辈权威地位下降,对她们婚姻的干预能力下降。除此之外,现代媒体也在这一群体之间发挥了很大作用,电视婚恋节目、广告征婚、网络征婚、参加相亲会所等新方式为她们增加了自主选择的余地。总体看来,这一群体的择偶方式亦由传统型向现代化转变。

新生代女性农民工的恋爱观也随着进城的时间逐渐变化。一是积极主动恋爱。新生代女性农民工在遇到心仪的对象时,敢于主动采取行动,想方设法吸引异性的注意,并争取对方的好感,在感情趋于成熟时,或是大胆表白,或是暗示对方,从而确定恋爱关系。二是对婚前同居的行为表示理解。婚前同居,我们可以理解为恋爱中的男女在结婚条件尚未成熟的情况下,未得到法律的允许便居住到一起,像夫妻一样共同生活并发生性行为的社会行为。新生代女性农民工生活在现代城市,受城市文明的熏陶,了解了很多婚前同居的相关实例,思想观念也越来越开放;因此,她们大多数人虽然表示自己不会接受婚前同居,但是对婚前同居的行为表示理解。

女性农民工的生活方式也在悄悄发生变化。调查显示,有52%的人喜欢城市居民的消费方式,63%的人关注媒体中对于城市流行事物的报道,51%的人喜欢尝试新事物或新产品。而且,她们中68%的人喜欢向亲戚朋友推荐自己买过的商品,74%的人会买些新奇的商品带回老家,还有60%的人提到,亲友在购买决策时会询问自己的意见。女性农民工消费倾向的城市化,揭示了她们心中对城市的向往,因此,有些女性农民工的情感逐渐浸润城市气息,有城市化倾向。这种倾向提高了她们的婚姻与情感预期,也使她们的爱情婚姻满意度降低。

由于各种原因,许多女性农民工不再愿意选择家乡的待婚青年。她们更多地把择偶对象定格在城市中的居民或是打工青年。浙江省社科院社会学研究所所长、研究员王金玲说,女性农民工处于三重弱势:来自农村、打工者、年轻未婚女性。因此,她们的城市婚姻梦想是很难实现的。

1. 来自农村

这意味着在公共资源和社会财富配置的城乡格局中处于不利境地。比如,在儿时,获得现代知识的机会少于城市儿童;长大了,进入正式就业的机会少于城市居民;进城后,生活的艰难大于城市居民。不仅如此,长期处于"乡下生活"的艰辛中,长期处于工业文明社会的打压中,长期生活在农业文明社会中,今天中国的"乡下人"是在知识和能力准备都有所不足的情况下进入代表工业文明的城市的。他们在城市中的社会支持网络是短缺的,直面一直被说成象征着"富裕""智慧""先进"的城市居民,他们的心中会加深某种自卑感——"贫穷""愚昧""落后"尽管是自高自大的工业文明社会强加给农业文明社会的污名,是一种不公正、错误的观念,但作为一种主流话语的长期灌输,也难免内化为"乡下人"对自己的家乡甚至对自己的评价,内化为一种"乡下人"固有的自卑感。因此,不得不说,农民在城市中遇到困境、处境艰辛,实质上是农业文明成为工业文明牺牲品的折射。

2. 打工者

这意味着在公共资源和社会财富配置的劳资格局中处于不利境地。在大多数情况下,资方而不是劳方更多地掌控话语权。面对资方的强势,迫于生活需求,打工者往往处于某种生存危机中,工作环境不良,身心压力颇重,甚至是以身心健康受损为代价为资方建起了财富大厦。

3. 年轻未婚女性

这有两层含义:一是女性;二是年轻未婚。中国目前仍是以男性为主导的社会。女性意味着在公共、家庭资源和社会、家庭财富配置的性别格局中处于不利境地。比如,失学、辍学率高于男性,就业难于男性,收入低于男性,更多地承担无薪且被认为是低价值的家务劳动,而女性也被定义为更多地具有家庭价值而不是社会价值。婚姻曾经是女性改变人生的唯一途径,而在今天,仍然是许多女性实现梦想的重要途径。如此,年轻未婚就意味着作为女人,她们还有通过婚姻改变人生的较多可能。进一步来看,在中国传统社会中,婚礼是两性之间性行为合法化的"公示证明大会",合乎社会道德的性行为只能在神圣的婚床上进行。所以,未婚性行为大多成为婚前性行为,成为某种具有特殊意义的"成婚保证行为"。

但在今天,虽然不少处于性别不利境地的女性仍希望以婚姻来改变自己的命运,婚姻对于性行为的约束力却已大大弱化,社会也有了更多的保障稳定的方法,未婚性行为乃至未婚先孕不再具有成婚的保证作用。于是,一方面,在资源和财富配置中处于不利地位的未婚女性,尤其是年轻女性难免或不得不用性行为来证明或应男方的要求证明自己的"爱情",力图通过这一"证明"来获得或巩固她的"爱情",保证婚姻的成功,进而改变自己的生活;另一方面,在资源和财富配置中居于有利地位的男性,尤其是成熟男性,不少或因看穿了女性的这种势利,或因缺乏成婚的责任感和胆量,一旦获得了女性的"爱的证明",不是得意地扬长而去,便是害怕地落荒而逃,"两个成年人你情我愿的一场风花雪月"

成了最好的闭幕词。事实上，在当今社会，成年男女大多是懵懵懂懂、糊里糊涂、一无所知之类的性行为，而完全是追求性享乐、性自由之类的性行为并不多见。对许多女性农民工来说，只是将应在婚后进行的事提前到了婚前，她们的未婚性行为大多属于婚前性行为——以成婚为前提。由此，不能不说，年轻未婚女性在性行为后的身陷困境是性别不平等的结果。[1]

来自农村、打工者、年轻未婚女性被三重边缘化，受到三重不平等和不公正对待，受到三重排挤，她们不得不在爱情上也处于城市的边缘。即使与城市男性结婚，也难以改变农民的出身身份。

 市场经济下女性农民工的婚姻危机

劳动部门的统计资料显示，流动农民工中处在 18～35 岁的女性农民工比例占到 40% 左右。"这其中存在一个非常严重的社会问题，更为严重的是社会对女性的性压抑没有足够的重视。"湖北省妇联权益保障处的一位负责人认为，由于受传统道德观念的影响，女性的性权利一直被人所忽视，尤其是对女性农民工而言，农村的思想保守、传统意识根深蒂固，城市生存的压力和带来的压抑问题直接影响了她们的心理和生理健康。

据调查，在沿海一些纺织鞋帽轻工业发达地区，出现了严重的男女比例失调现象，据称男女比例已达到 1:5。某塑胶手提袋厂 205 名打工者中，男工仅 4 名。因此，很多男监工、工头等，往往成为女性农民工追逐的对象。

我国城市农民工的婚姻状况与以往的婚姻状况是不能完全吻合的，正是这种差异性使城市农民工的婚姻有其特性。夫妻二人同时出去工作，但不在同一个城市。这种情况又可再分为有子女和无子女两种情况。这种类型是指一个家庭的夫妻二人同时出去工作，但因实际状况而分别在两个城市工作，一般情况下是因为女方在男方工作的城市里没有找到合适的工作，通过亲属或老乡的介绍而在其他城市找到了工作。由此，形成了夫妻二人分居的现象。对于有子女的家庭，一般子女跟随母亲生活。或者，大部分这种类型的家庭都以他们在农村的家庭为主要家庭，子女也往往由父母或亲属扶养。

对于无子女的家庭则显得比较自由，各自在一个城市里工作，但多数也是以在农村的家庭为主要家庭，各自在城市里的只是一个临时的居所；也可能他们在

---

[1] 王金玲. 处于三重弱势中的打工妹 [N]. 针江晚报，2008-02-28.

农村还没有固定的住所，出去工作是为了有家庭资本，赚钱是为了盖房子。事实上，不管是否有子女的家庭，如果是夫妻二人都在外工作，且不在一个城市，夫妻二人也只是暂时这样分居，之后也会寻找机会到同一个城市，甚至是到同一个地方工作；到那时，城市农民工的婚姻形式就转换了。所以，这种模式的婚姻往往是一种临时的模式，是不稳定的。

但是，农民工夫妻二人分开打工，对于女性农民工来说，压力是非常大的。东莞市某家专门治疗精神病医院的医生透露，近年来该院接诊了大量女性农民工因精神压抑而患上抑郁症的病例。从病人讲述的病情可划分为两大成因：一是与丈夫长期分离，对夫妻生活的期待遥遥无期；二是劳动密集型的工厂内女多男少，有的工厂男女农民工比例是1:9，导致正常的异性交往都非常难得。而从临床病症来看，年轻女性尤其在25~30岁这个年龄段更容易患抑郁症。患者神经内分泌系统紊乱，正常的生理周期也被打乱。医生说，对于这些女性农民工的际遇，医生只能提供开导性的建议和抗抑郁的药物，但治标不治本，关键是有关部门和企业必须考虑到员工正常的人性需求。

随着大批农民工的进城，农民工的心理压力和生理压力为许多研究者所关注，但是，关注的大多是男性农民工，而对于广大女性农民工，则很少有人提及。其实，告别父母丈夫、背井离乡的女性农民工，来到一个陌生的城市，人地生疏，寂寞无聊，孤独之感会油然而生，而她们的生活环境、社会压力不允许她们像男性农民工一样喝酒解闷，她们只能压抑在内心。因此，她们是最应该获得精神关怀的群体之一。

2015年11月22日，在"中国经济的热点问题"学术研讨会暨厉以宁从教60周年庆祝活动开幕式上，厉以宁教授发表了《中国双重转型之路为发展经济学增添了什么?》主题演讲。他指出，中国的发展历程既是"体制转型"（由计划经济体制转为社会主义市场经济体制）之路，也是"发展转型"（由农村社会转为工业社会和现代化社会）之路。但中国的双重转型首先从农村和农业开始，链条从最弱的环节突破，计划经济最弱的环节是农业。因为农民的生活状况和城市居民不一样，农民的改革愿望是最强的，所以突破点在农村，乡镇企业的商品市场是与计划经济并行的市场经济，农民打破了统一的计划经济。中国改革打破了大锅饭和铁饭碗，但如果民生没有得到改善，社会就会不稳定。因此改革必须渗透、稳步前进，必须改善民生。因而女性农民工城市生存的改善，是整个中国改革开放中的问题，必须得到很好地解决。

在众多离婚案件中，发生在有外出务工或经商人员家庭的约占80%，离婚原因大都与外出有关。调查情况还表明，造成农村夫妻矛盾的因素主要有三个方面：第一，外出务工人员一般年收入和在家乡的收入反差强烈，导致人生观、价值观发生变化，造成夫妻关系不和谐；第二，农村离婚频率较高的年龄段为 30~40 岁，这一代人结婚较早，感情基础较差，其中一方一旦"出走"，便会重新审视恋爱、婚姻和家庭，给原有婚姻带来不稳定因素；第三，外出务工夫妻长期两地分居，缺乏必要的沟通，久而久之感情疏远，很难经得起冲击。陈某最近情绪非常低落，因为他妻子在沐浴中心做按摩工作，收入远远高于他，久而久之妻子就觉得他没本事，要求离婚，而且不要小孩。

广西隆林各族自治县第五次人口普查快速汇总数据显示，全县外出半年以上不回家乡的 10 929 人中女性占 73% 左右。这些女性农民工主要来自位于边远高山、交通不便、家乡面貌变化不大的贫困村组。她们被外面的精彩世界所吸引，一批一批互相帮带外出，不愿再回来。其中一个 23 户的村民小组，就有 19 名大龄男青年未婚，年龄最大的已经 37 岁。家庭主妇们看到女性农民工们春节回家都"洋"起来了，便千方百计与丈夫商量，也加入了女性农民工的行列。有的三年五载不回一次家，有的"一去不复返"，丢下丈夫和孩子，使"光棍村"不断出现。

据报道，武汉市蔡甸区在某一时期审理的 210 余件离婚案中，原告八成是女方。"休夫"成了当今农村离婚的主流。其中有一个法庭，办理的 18 件离婚案中，竟有 17 件原告是女性。几位庭长一致认为，"休夫"现象主要是经济原因。如今农村女性外出务工的较多，她们或赚了钱或开了眼界，与丈夫在观念上出现较大差异。有的夫妻都在农村，因丈夫不会挣钱，妻子也会提出离婚。

随着市场经济对农村生活的介入，打破了农民固有的生活方式，农民不再被束缚在土地上，他们日渐成为城市的建设者和主人，这其中不乏进城务工的年轻女性。她们在融入城市生活的过程中，婚姻情感问题随之而来。进城务工女青年在走入城市后，在情感和婚姻上有了更大的选择空间，农村稳固而传统的婚姻方式受到一定冲击。这是在社会转型时期必然经历的一个过程，是农村良性发展的必经阶段。

2013 年，某镇法庭汇总的数据表明，1—9 月受理的 204 件各类诉讼案件中，离婚案有 60 件。其中，外出务工者提出离婚的占了 2/3，且 70% 是由女性农民工先提出离婚的，年龄大多在 40 岁以下。思想观念比较保守的山里妇女，为何走出大山后提出离婚的变多了呢？其原因主要有如下几方面。

1. "第三者"插足

某镇的陈某，几年前与大自己 8 岁的姜某结婚后便开始外出打工。在杭州很快与一名包工头熟悉，一年半载后，陈某以与丈夫无共同语言、无感情为由，向法庭提起了离婚诉讼。当然，也有因为丈夫有了"第三者"而由女性农民工提出离婚的。

2. 恋爱观变化

新生代女性农民工在择偶标准多元化和择偶方式自主化的前提下，恋爱观也发生了很大的变化。新生代女性农民工在遇到心仪的对象时，能够敢于主动采取行动，想方设法吸引对方的注意，并争取对方的好感，在感情趋于成熟时或是大胆表白或是暗示对方，从而确定恋爱关系。女性农民工恋爱观的变化使她们不再在乎家里的父母之命和媒妁之言，她们不相爱就敢离婚，不再想长久地过分居生活和无爱的生活，这是导致离婚率高的思想原因。

3. 夫妻长期分居导致感情疏远

女性农民工的道德与情感是一个变化的过程，在农村，因为与丈夫厮守在一起，相互在同一环境和同一文化背景下，能够维持道德与情感的稳定。当其流动在外时，这些都发生了变化，加上外面环境与情景的强烈冲击，使其道德与情感不知不觉发生了变化。由于农民外出务工人数不断增多，很多时候都是将妻子留在家中种地、照顾老人和孩子，或者是将丈夫留在家里耕种农田；由于农民工工作的特殊性，只能常年分开居住，长此以往，夫妻间的联系少了，见面少了，感情也就淡薄了，离婚的概率相应变高了。当然，有些女性越来越独立自主，既能赚钱养家又能照顾家庭，对伴侣的要求也越来越高，她们不愿将就，敢于离婚去追求更有质量的生活。再者，在农村，由于男女比例严重失调，村里的"光棍现象"日益突出，二婚三婚的女性并不愁嫁，农村女性在婚恋中逐渐占优势。

4. 经不起诱惑，人生观念发生变化

对于很多农村女性来说，出轨大多是为了钱财。在工地或是一些底层行业工作是非常辛苦的，有的时候男性都无法承受工作的重担，更不要说柔弱的女性了。正是因为她们饱尝挣钱的艰辛，所以才会因金钱而迷失自我，女性农民工在外出轨的概率大，所以离婚率也很高。同时，由于常年在外打工，多多少少会接触一些形形色色的人，这些人中难免会有聊得来的、心动喜欢的，有的人是有钱，有的人是有势，在这些金钱、美色、势力的诱惑下，如果抵抗不住，很容易造成离婚或出轨。

5. 频繁流动造成婚姻家庭的不稳定

首先，流动造成时间与距离的变化。在流动过程中，女性农民工受到的冲击非常大，但是她们受到的教育与锻炼也是很不平凡的。流动使道德观念更换，形成新的受城市社会影响的道德观念。乡村道德与城市现代的道德存在诸多差异，这些差异并不是质量上的，也不是形式上的，而是传统与现代的差异。道德需要教化和感化，道德也需要养成。女性农民工来到不同的城市，必然受到该地道德观念的影响，对于现代开放的社会，她们的性道德也会受到相应的影响，因而形成新的道德观念。新的道德与家乡传统道德冲突时，婚姻就会产生冲突，引发离婚的可能。其次，流动使感情交流产生断裂。感情不仅需要心的交流，更需要实际接触。女性农民工外出工作，尽管对家里的丈夫无限思念，但是由于距离较远，总不能满足其需要。久而久之，这种感情就会因无法满足而被另一种相近的感情干扰甚至取代。思念亲人时，是人的感情最浓的时候，同时也是最容易被其他感情所取代的时候。女性农民工在外与同样思念家乡的男性农民工或其他男性有感情碰撞时，可能发生婚外情也是这个道理。再次，流动改变道德环境。女性农民工来到城市后，其环境完全发生了变化；特别是道德观念的改变，开放的性观念、灯红酒绿的诱惑、男性的骚扰等，无不为其道德的改变提供了环境。调查发现，许多女性农民工特别是长时间在外务工的，无数的道德冲突使她们的道德感情发生一定的变化，这些变化与刚从农村来时根本不一样。对于没有外出务工的丈夫来说，她们的这种道德冲突一旦反映到婚姻上，就成为婚姻破裂的导火线。

6. 社会经济环境变迁造成人的思想观念变化

市场经济是社会的大熔炉，许多传统道德观念与道德行为被无情地熔化。首先，市场经济改变了人们对于金钱的观念。在市场经济价格调节机制的影响下，市场上的一切似乎都可以用金钱来衡量其价值。爱情，成为市场交易的产物，特别是对于带有性交易性质的婚外情，使许多女性农民工看不懂爱情的价值了。有人花钱买爱情，有人出卖自己的感情，爱情一样可以通过市场来竞争和交易，她们心中产生了许多错误的认识和无法解释的问题。因此，身处市场经济发达城市的女性农民工，她们的情感在市场经济的冲击下，使原来朴素的感情观产生了变化，一不小心就会陷入金钱的陷阱而忘记真实的夫妻感情。其次，市场经济改变了女性农民工的感情基础。女性农民工在农村的感情是一种以义为基础的感情，这种感情在无约束的农村习惯下得以维护和持续。在城市的市场经济下，感情的基础发生了一定的变化,变成了以利为基础的感情交往。因此,她们的感情也随着外面市场经济的变化而产生了动摇,特别是当丈夫"不争气"或违反婚姻原则时,很容易引起她们对婚姻和感情的动摇。再次,市场经济唤醒了女性农民工的权利意识。女性农民工在乡村生活时,因为不了解权益的内容和没有维护权益的意识,只是一味地迁就丈夫,使她们真正成为"嫁鸡随鸡"的产物。市场经济的发展使权益的交换意识在她们心中产生,她们对过去的付出型权益产生了思考,于是其主体的权益意识苏醒了。她们对于婚姻的权利也是一样,争取平等权利和自身独立的自我强化增强了她们争取婚姻权利的勇气和决心。最后,市场经济为她们道德与婚姻的变迁奠定了基础。市场经济是一种能力经济和平等经济。中国社会科学院学者谭深在对广东100多位女性农民工书信的分析中发现,恋爱和婚姻是非常重要的话题,但是这个话题只有在最亲密的人之间才可能说。收集到的109封信中大约有20封涉及交朋友、结婚的事。从这些信中,可以看出女性农民工的道德与婚姻观念在逐渐变化,她们在外面不仅挣了钱,而且增长了见识和知识。

四 强化女性农民工爱情婚姻的社会支持

我国的现代化进程加速了人口流动,大量农民涌入城市为城市建设做出了巨大贡献,农民工已经成为城市经济建设和发展的主力军。城市化进程为广大成员提供了更多的就业机会和发展空间,社会流动速度的加快、个体流动意识增强成为社会发展的趋势。然而由户籍制度形成的城乡二元结构使新生代农民工难以融入城市,更难以完成整个家庭的社会迁移。同时,医疗、教育、社会保障等制度的区别性供给凸显制度、体制的不公正和不合理,这也使农民工成为城市的"边缘人群",无法融入城市的主流生活,从而面临着诸多现实困境。当代婚恋文化的转型也是社会转型的一个重要部分,这种转型是中国社会转型期社会发展所必经的客观历史进程。解决新生代农民工的婚恋问题受客观历史条件和主观因素的制约。

女性农民工离婚案件过多,带来诸如单亲家庭增多、再婚困难、抢夺财产、争养子女、逃避债务等问题,甚至诱发恶性事件,成为影响社会安定的隐患。同时,对城乡社会的和谐发展也带来一些负面影响。

第一,加强对女性农民工的心理教育引导。女性农民工受教育程度不高,面对城市多元的文化观念,缺少清晰的自我定位,学校教育和传统的家庭教育对婚恋观的教育更是缺乏。婚恋观的形成需要一个过程，女性农民工长期流动务工，对基本的两性知识及心理知识、婚恋道德要求、婚恋相关的法律法规知识缺乏。可以通过开办市民课堂、社区讲堂等进行两性、健康卫生、家庭教育等方面知识的宣传教育，从文化、观念等方面提高女性农民工的文化素质程度，培养其高尚的婚恋情操和道德观念。充分发挥网络媒体和电视媒体的宣传作用，鼓励和支持健康积极的婚恋节目和作品的发展。社会婚介组织也应积极引导和帮助女性农民工健康地追求自己的恋爱和婚姻。

第二，引导树立积极健康的婚恋观。婚恋观的树立与一定的社会条件和社会环境相关。女性农民工受自己思想水平的限制，婚恋观易受现代文明、社会舆论和大众传媒的影响。当下约会相亲节目、偶像剧，深受新生代农民工的喜爱。其中广泛传播的各种西方婚恋文化和价值观念，以及社会上一些庸俗、消极及不健康思想的传播，对女性农民工的婚恋观起到了不良的导向作用。所以，应大力发展农民工文化事业，满足农民工群体的文化需求。积极培育女性农民工婚恋观，就是要大力发展健康积极正面的婚恋文化。

第三，消除身份认同危机。尽管国家的政策正在向着保护农民工的基本权益方面转化，但由于政策执行中存在的现实问题，使女性农民工得到的社会支持相当有限。经济地位差异、文化差异、空间隔离、非正式制度因素等城乡二元分割体制对农民工就业、交往的影响，对社会距离的影响，可以清晰地追溯到城市居民心理上的排斥和不接纳。这种侵害表面上体现为某些人或单位侵害了农民工的权益，深层次的原因则是来自文化、制度和政策的歧视。因而，构建农民工的社会支持系统应当是全方位、多层次的，需要政府、舆论和公众的积极参与，需要打破城乡二元格局下户籍、就业、教育、医疗、住房、社会保障等方面的体制性差异，使新生代农民工能平等地享受城市发展的成果。

第四，提高新生代农民工的综合素质。受自身文化水平及综合素质的限制，女性农民工在对现代生活方式的主动性吸纳中，更多地表现为外显行为的仿同上。她们未能深刻理解现代婚姻的内涵，片面地追求恋爱方式和婚姻行为的城市化和现代化，导致了其在恋爱婚姻上的失误和困惑。因此，提高农民工的文化水平，加强对农民工的婚姻文化教育和婚姻道德建设，是构建美好婚姻、和谐婚姻的当务之急。女性农民工的融入性教育是一项宏大工程，可以采取政府建立专项资金、企业资助、个人分担、社会捐赠等方式协同解决教育经费问题，建立一个以政府为主导、以企事业单位为基础、以街道和社区为纽带，农民工自身积极参与的社会支持系统。女性农民工要从自身做起，自觉转变观念，确立自谋职业、竞争就业的新观念，提高参加和接受教育培训的自觉性，提高受教育水平，充实职业技能，拓宽就业择业面，只有这样才能做到自立、自信和自强，才能充分行使婚恋自主权，在更广的范围和更高的层次上寻求自己的"另一半"。

  第五，为女性农民工提供住房支持。只有"安居"才能"乐业"，才能"家和万事兴"。女性农民工的住房问题亟待解决，这是避免其生活空间的边缘化，是促进女性农民工融入城市社会的必要路径。当前，大量的女性农民工从临时性居住向长期性定居转变，其住房需求给城市住房供应带来很大的冲击。在住房政策方面，既要低成本地满足女性农民工的住房需求，又要防止产生严重的棚户区现象，建立并完善面向女性农民工的租房市场。要加快住房制度的改革，发展廉租房制度。促进用人单位和个人缴存住房公积金，用于女性农民工购买或租赁住房。

第六章 土地资源的性别平等

女性农民工是在城市务工的农民工,她们处于城市的边缘和底层,经历着比一般农民工更苦的生活。同时,一些地区由于受重男轻女传统观念的影响,农村女性的土地资源拥有权也与男性有区别,这也促使农村女性外出就业。本章研究女性农民工土地资源的平等问题,以为她们的回乡就业、创业创造条件。

 农业女性化加速农村女性进城

目前,我国农村出现了一种新的现象,即"农业女性化"趋势越来越明显。所谓"农业女性化",即农村女性成为农业生产的主体并对其发展产生了影响,"妇女不仅像以前一样承担全部家务和庭院劳动,而且承担全部原来由男性分担的农业生产活动"。[1]农村女性成为农村的"留守大军",她们留守家中,包揽了家庭承包经营和家务等一切劳动,承担着种田持家的重要任务。而大量的青壮年男性劳动力却远离家乡外出务工,传统的男耕女织被今天的"女耕男工"代替。大量女性留在偏僻的山村,承担着沉重的体力劳动和家庭负担,撑起乡村发展的半边天,为我国的农村建设做出了巨大的贡献和无私的牺牲。

---

[1] 林志斌,李小云.性别与发展导论[M].北京:中国农业大学出版社,2001.

1. 农村女性撑起乡村建设半边天

随着我国农村剩余劳动力市场的形成，农民打工大潮日益将农村的男性青壮年劳动力推向城镇，而农村女性和老年人却留在家中，承担着沉重的种田任务。农村中出现了所谓的"386199 部队"现象。农村女性特别是缺乏文化和技术知识的已婚妇女大量留守农村，承担着农村农业生产的重任，成为农村"38 部队"里最大比重的成员。农村女性不仅是农业生产的主力军，而且承担着照顾老人和看管孩子的责任，是"386199 部队"中的主力。农村女性留守家中，其社会角色发生巨大的变化。我国女性历来被认为是在家庭中协助男人工作的贤内助，而如今却走出家庭，扛起了农业生产的重担。她们既要做好贤内助，又要承担以前由男性承担的土地耕种任务，这给她们的心理和身体上带来了很大的变化。

目前"农业女性化"趋势越来越明显。在农村，因为农业生产成本越来越高，种田的经济效益较差，男性外出找工作能谋求更大的经济回报。所以，许多男性都把家中的农业生产任务留给妻子，自己到城镇打工挣钱，使农村女性成为"留守大军"，她们包揽了家庭承包经营和家务等一切劳动，成为农业生产的主体。女性成为农村劳动生产的主力军已经是我国一个不可争辩的事实。

有资料表明，女性劳动力在农村农业劳动中的比例在逐年上升。1978 年，全国女性劳动力只有 14 089.6 万人，占全国总劳动力的 45.99%；2002 年增加到 22 676.7 万人，所占比重上升到 46.73%。而据人口普查的资料，在 2000 年乡村农林牧渔生产人员中，全国女性劳动力所占比重达 48.4%。[1]这标志着以前主内的农村女性，几乎占了农村劳动力的一半，挑起了农业生产的大梁，农业中女性的就业率在逐渐提高，农业女性化趋势正在逐年增强。

有问卷表明：西部农村承包地由夫妻共同耕种仍然是主要形式，占问卷农户总数的 65%；男人种地、女人做家务的只占问卷总数的 11.8%；丈夫外出打工、妻子种地以及田间主要劳动由妻子承担，丈夫只干重体力和技术性劳动的占总数的 23.5%。可以看出，保持传统的男主外、女主内的生活方式的农户已经很少了，大量的家庭中，女性不仅包揽了全部家务，而且要承担繁重的田间劳动，女性的劳动负担和强度呈现增加趋势。

青海省妇联的一项调查更能说明女性在家庭中的角色和作用。我们以水窖项目和家庭生活取水劳动为例。因为西北严重干旱，家庭生活用水困难，尽管建设

---

[1] 第二期中国妇女社会地位调查课题组. 第二期中国妇女社会地位抽样调查主要数据报告 [J]. 妇女研究论丛，2001 (5).

了小水窖,但取水路途遥远,家庭生活取水成为繁重的体力劳动。对 200 户家庭的问卷调查发现,取水路途 1 公里[1]以下的有 58 户,占 29%;2~5 公里的有 91 户,占 45.5%;5~10 公里的有 13 户,占 6.5%;20 公里以上的有 22 户,占 11%。取水一次往返需要半小时至两小时。丈夫取水的家庭只有 54 户,占 27%,由妻子取水的有 76 户,占 38%;夫妻共同取水的有 51 户,占 25.5%;由父母和孩子取水的有 23 户,占 11.5%。[2]事例再次证明,女性是维持家庭生活的主要奉献者。

由上可知,农村女性在现代农村社会变革中撑起乡村建设的半边天,承担许多责任并做出巨大牺牲。这种现象还在继续加强,尽管它给农村女性带来了压力和负担,也使农村农业的发展受到一定的影响,但也反衬了农村女性在乡村变迁中的重大作用。

2. 农业女性化体现农村女性的勤劳与艰难

农业女性化现象的出现,并非是一种偶然,它是我国现代乡村变迁中的客观存在,具有很大的必然性。其意义是又一次显示了我国女性的勤劳与伟大,充分显示了我国女性勤劳、奉献、甘为人梯的传统美德和品格。其在现代社会发展中的伟大意义在于:

(1) 它为农村的发展做出了巨大贡献。农业女性化,使农村女性承担着沉重的生产劳动和家庭责任。农村女性挑起农业生产的大梁,为我国农村的发展做出了巨大的贡献。大量女性留在乡村种田,承担农业生产和照顾老人孩子的重任,使农村的土地没有因为男性外出务工而荒废,为外出务工的男性解决了后顾之忧;为家庭生活提供了基本的生活保障,即使男性外出务工没有赚到钱也能使家庭维持最低生活标准。同时,农村女性用她们的勤劳和艰辛,换取了农村的稳定与繁荣,她们不仅养活了自己和家庭,而且为养活我国 10 多亿人口做出了巨大的贡献。

(2) 它促进了农村剩余劳动力的转移。随着农村生产效率的提高和农村土地的日益减少,我国农村剩余劳动力日渐增多。这带来了农村剩余劳动力的转移问题,于是一场浩浩荡荡的农民打工潮在我国形成。这场打工潮的形成也造成了农业女性化,农业女性化也促进了农村剩余劳动力的转移。因为农村女性在农村承担起农业的重任,才使农村男性有机会放下农业重担,进城务工或进入乡镇企

---

[1] 1 公里 = 1 000 米。
[2] 雪瑞. 西部地区女性剩余劳动力概况分析 [J]. 商业文化,2008 (6).

业。农村劳动力的转移，为城市建设提供了大量劳动力，为我国社会主义现代化建设做出了很大的贡献。这也是农村女性为我国社会主义建设做出的伟大贡献和无私牺牲。

（3）它推动了我国"三农"问题的解决。我国的"三农"问题是农村、农业和农民问题的简称。解决这三个问题的最终目的是解决农民的富裕问题。农村女性承担起农村土地劳动的重大责任，是一次农村男性劳动力的大解放，为农村劳动力走出农村、走向城市奠定了基础。农村男性和部分女性进城就业，既充分解决了农村剩余劳动力的出路问题，又增加了农民的家庭收入；为农民融入现代城市和农村的城镇化打下了基础，同时对农民观念的改变和先进文化的传播起了很好的中介和桥梁作用；为城市文明在农村的传播打下了坚实的基础，对推进农村城市化进程，增加农民收入，有效地解决"三农"问题做出了巨大的贡献。

（4）农业女性化为广大农村女性求得自身解放打下了良好的基础。我国传统的"男主外、女主内"、男耕女织的社会分工，似乎是对女性的照顾；但也正因为这样，女性在发展中受到许多错误观念的误导，也使女性对自己的能力产生了怀疑，最终导致男女权利不平等的历史沉疴。农业女性化尽管使农村女性担负了很大的体力劳动，承担了许多应该由男性承担的责任，做出了较大的牺牲，但是它也充分显示了女性体力的巨大潜力。长期以来，女性由于自身生理和心理的特点，在社会生活中逐渐形成了男强女弱的社会观念。农业女性化使社会看到了女性的强大力量，也使女性增强了独立的信心。虽然女性劳动力在农业中尚存在着低层次化问题，但女性在农业中显示的巨大潜力，为她们能够和男性获得平等对待提供了强有力的证明，为更新女性观念，增强争取自身解放和平等的自信心，求得自身解放打下了良好的基础。"在任何社会中，妇女的解放程度是衡量普遍解放的天然尺度。"[1]女性的自身解放也会推进全人类的解放。

3. 农业女性化加速女性逃离家乡

农业女性化形成的原因是多方面的，它在我国社会发展中具有必然性。

（1）乡村变迁中女性在家庭中的经济贡献少决定其在家庭中的权力小，这是造成农业女性化的主要原因。有问卷设计了两道相关联的问题，即"你们家谁当家做主""谁主管家庭的财务"。回答结果是，丈夫既当家做主又主管财务的占64.7%；丈夫当家做主、妻子理财的占17.6%；夫妻共同商量家庭事务、共同理财的占11.8%；由父母当家做主的占5.9%。这与青海省妇联的调查相互印

---

[1] 马克思，恩格斯. 马克思恩格斯选集：第3卷[M]. 北京：人民出版社，1972.

证，他们调查全省200户家庭对收入的支配情况：收入由丈夫支配的占46.5%，由妻子支配的只占9.5%，由夫妻共同支配的占28%，由父母支配的占8.5%，由子女支配的占7.5%。[1]两套问卷都说明同一个问题：多数农村女性把家中外出务工的权利让位给男性，自己留守农村完成农业生产任务，因为家庭中掌握财产的一方决定着家庭中劳动力的分配权。

此外，青海省妇联的问卷对女性收入能力与男性做对比调查发现，无论无收入、低收入还是高收入段，女性比例都明显低于男性。而农村男性收入高主要源自外出务工等非农收入，农村女性收入低，是因为她们主要从事了家庭种植、养殖业劳动。城乡、工农业之间的收入差别，通过家庭分工反映出来，女性在农村分工中的弱势地位决定了农业女性化的存在。

（2）传统习俗在乡村变迁中的影响是农业女性化的文化原因。"在家从父，出嫁从夫，夫死从子"，古老的"三从四德"虽然在法律或制度中已经销声匿迹，但依然顽固地存在于人们的观念中，最明显的表现形式就是，完整的家庭中几乎所有的户主都是男性。同时，在财力有限的情况下，男孩的受教育权利要优先于女孩。一些农村将女孩看作家庭暂时的成员，一旦出嫁，将不再享受娘家与土地相关的权益，只能依靠丈夫在夫家获得财产和继承权，这使得女性在夫家事实上处于依附地位。传统习俗还使农村女性自己接受男女不平等的意识，缺少权利意识和斗争精神，甘愿成为男性的附庸。这种情况在落后的农村大量存在，影响了女性争取平等、维护权利等意识的养成。如果农村女性在乡村变迁中失去平等竞争的机会，她们就会处于附庸的地位，在外出务工比种田更赚钱的情况下，农村女性就会听从于男性的安排留守家中，形成农业女性化的现实。

（3）乡村变迁中农村男女不平等的分工引起农业女性化。"男主外、女主内"的观念在许多地方依然存在。由分工所决定，男子是生活资料的创造者，因而外出务工赚钱就应该是家里男性的事情。如今，男性在外闯荡、女性在家留守也是一种"新时尚"，它是男性主外的一种表现，只是现在的男性主外也造成了女性的主农，即农业女性化。当前，未婚年轻女劳动力明显具有较高的流动性，外出务工的人数占很大的比重，但她们结婚以后基本不再外出。现在许多农村一般是女性留守家中耕田种地，女性的分工已涵盖了家务劳动、田间农业管理。这种农业生产劳动力女性化倾向是非常明显的。这使得农村女性在争取平等竞争实力的同时，又增加了男女之间新的不平等。

---

[1] 雪瑞．西部地区女性剩余劳动力概况分析［J］．商业文化，2008（6）．

二 农村女性土地权益现状分析

党的十一届三中全会后,农村普遍实行土地承包责任制,这对于调动农民积极性、促进农业生产的发展起到了重要的作用。但在土地承包中,侵犯女性土地承包权益的现象时有发生。自1983年第一轮土地承包分配起,轻视、歧视女性,侵犯"出嫁女"、离婚妇女及其子女土地承包权的问题在全国许多地区均有不同程度的存在。由此,女性土地权益不稳定促使女性外出打工寻求发展。

1. 土地资源男女平等的法律规定

从人类学的观点来看,是男女共同组成了人类社会,并且使这个社会持续地和谐运转着。女性作为人类延续的重要部分,理所当然应该享有一切和男性平等的权利,在土地资源上也是一样的。

我国的根本大法——《宪法》第48条规定:"中华人民共和国妇女在政治的、经济的、文化的、社会的和家庭的生活等各方面享有与男子平等的权利。"这是农村女性土地承包权的法律保护之根本法基础。《中华人民共和国民法通则》第10条规定:"公民的民事权利能力一律平等。"这为我国农村女性平等享有民事权利设立了主体资格。同时,《中华人民共和国婚姻法》(2001年修订)第39条第2款也规定:"离婚时,夫或妻在家庭土地承包经营中享有的权益等,应当依法予以保护。"这是对离婚女性土地权益的具体保障。

在我国,其他的法律和政策,对农村女性享有同男子同等的土地权利做出了更加具体的规定。第七届全国人民代表大会第五次全体会议审议通过,并于1992年10月1日起实行的《中华人民共和国妇女权益保障法》第28条规定:"实行男女同工同酬,在分配住房和享受福利待遇方面男女平等。""国家保障妇女享有与男子平等的财产权利。"第29条规定:"在婚姻、家庭共有财产中,不得侵害妇女依法享有的权益。"第30条更进一步规定:"农村划分责任田、口粮田等,以及批准宅基地,妇女与男子享有平等权利,不得侵害妇女的合法权益。妇女结婚、离婚后,其责任田、口粮田和宅基地等,应当受到保障。"其颁布以后,各省、市、自治区在土地承包过程中大都以地方法规和政策规定等形式予以落实。但是,因为传统观念和习惯势力的强大影响,以及法律的颁布和地方政府政策、法规的出台晚于家庭联产承包责任制的推行,因此,在农村土地制度安排中,女性土地权益的现实与成文法律和政策之间还存在较大的偏差。这是全国农村普遍存在的一个重要问题。

《中华人民共和国农村土地承包法》涉及女性土地承包权益的保护有三条规定，即第 6 条："农村土地承包，妇女与男子享有平等的权利。承包中应当保护妇女的合法权益，任何组织和个人不得剥夺、侵害妇女应当享有的土地承包经营权。"第 30 条："承包期内，妇女结婚，在新居住地未取得承包地的，发包方不得收回原承包地；妇女离婚或丧偶，仍在原居住地生活或者不在原居住地生活但在新居住地未取得承包地的，发包方不得收回土地。"第 54 条："发包方有下列行为之一的，应当承担停止侵害、返还原物、恢复原状、排除妨害、消除危险、赔偿损失等民事责任……（7）剥夺、侵害妇女依法享有的土地承包权。"其中，第 30 条和第 54 条规定为解决长期存在的女性土地承包权益问题提供了两把关键性的"钥匙"。"出嫁女"、离婚丧偶妇女的土地该哪边管？法无明文，难免相互推诿，而女性可能"两头不落"。现在第 30 条明确了：首先应该由原居住地保证。这也符合承包关系以稳定为主的需要和新居住地可能不再有土地的现实情况。至于第 54 条第（7）项，则为权益受侵害的女性寻求法律帮助提供了依据。

总之，男女土地权利平等既是人类两性公平发展的条件和原则，也是法律严格规定的事项，是社会协调发展的基础。在我国，男女土地权利的平等已经有了法律的严格保障，其不平等的事实是法律和政策运行中出现的偏差。

2. 女性土地权利受损的现状

改革开放以来，除极个别地区外，无论是第一轮还是第二轮土地承包，农村女性在耕地分配上与男性成员有同等的权利，土地发包起点是公平的，土地的初次分配不存在明显的性别歧视。但是初次分配后，女性因为婚姻而流动和迁徙，造成许多农村女性的土地权利受到损失，并由此导致农村女性权利边缘化。

（1）农村女性享有承包土地的比例低于男性。据全国妇联权益部于 2002 年 5 月对北京、山西、浙江、安徽、湖北、广西、四川、陕西、甘肃等 10 个省、自治区、直辖市的 100 个县市区的调查发现，女性拥有承包土地的比例要比男性低近 7 个百分点，而完全没有土地的女性比男性高近 5 个百分点。同时，在土地分红中也比男性少几个百分点。[1] 由此可见，女性承包土地和享受农村土地分红的比例都低于男性，女性在承包和享有农村土地分红的权利上受到严重的损害。

（2）农村女性对承包土地的实际权利大大小于名义上的权利。2002 年对西

---

[1] 全国妇联权益部.《妇女权益保障法》实施情况调查报告 [EB/OL]. (2002-05-30) [2019-10-01]. https://wenku.baidu.com/view/489df0dcd15abe23482f4d24.html.

部12省（区、市）农村进行综合问卷调查的结果表明，许多女性只有名义上承包土地的权利，实际上，她们已经丧失了对承包土地的占有、使用和收益的权利。土地初次分配以后，已有18.3%的女性承包的土地"留给"娘家。尽管有38.7%的受访女性认为土地"在自己的名下"，但由于92.3%的农户是男性户主，女性户主只占7.7%，女性的土地权利实际上归父亲、丈夫、儿子占有和支配。[1]这些女性只享有名义上的土地权利，而实际上并不能单独拥有土地的收益权。

（3）在婚丧嫁娶和国家征地过程中女性的土地权利经常受损。全国维护妇女儿童权益办公室2002年5月调查表明，在没有承包地的女性中，有近1/3的女性是由于结婚失去土地的，而男性则主要是因为其他一些原因。西部农村的一项调查表明，"从来没有分配土地"的女性占31%，"出嫁后失去土地"的女性占44.8%，"国家征用后失去土地"的女性占17.2%，"其他原因失去土地"的女性只占7%。离异女性比"出嫁女"的土地权利稍有保障，但他们有可能面对分割财产的纠纷。对于"妇女离婚后的承包地如何处理"的问题，在受访者的回答中，有41.2%的人回答"可以从婆家分出自己的一份土地"，有8.4%的人回答"能够与丈夫对半分地"，有18.3%的人回答"不能从婆家分地但能从娘家分地"，有21.5%的人回答"婆家、娘家都不能分地"。丧偶妇女的土地权利，取决于婚姻存续时间、子女状况、与婆家及其家族的感情。丧偶妇女的土地权利是否有保障，取决于一系列因素：如果在丈夫家生活时间较长、与婆家及其家族感情较深、子女已经成年、不改嫁，她们的土地权利将在家庭、家族势力的庇护下获得保障；如果不属于上述情况，她们的土地权利仍将流失。调查表明，丈夫去世后，承包土地"由妻子继承"的占60%，"归成年儿子继承"的占18%，"交还集体"的占20%，"不确定"的占2%。按女性本人、子女继承两项合计，只有78%的丧偶妇女的土地权利较有保障。

由上可知，女性土地权利受到侵害的现象正在日益加重，这种侵害将把女性日益推向权利的边缘。女性土地权利的边缘化，还会使女性的其他权利也边缘化。因为土地权利是农村女性最大的权利，也是她们维护其他权利的基础和力量所在。我国农村女性在与贫困和自然的抗争中，付出的是所有人群中最多的，而得到的却最微薄的。受传统的性别分工及所谓"传统美德"的熏陶，女性成为家庭中付出最多而享受最少的人。女性不仅承担了全部的家庭劳动，在农业女性化趋势下还成为农业的主力军，而且有些地方的女性还忍受着贫困。她们受苦最

---

[1] 袁宜辉.论我国土地承包经营权制度的完善[D].广州：中山大学，2009.

深,是贫困者中的贫困者,也是家庭中的牺牲者。女性土地权利问题不仅是一个农业问题,也关系到宪法中公民权的实现问题。女性必须享受宪法赋予她们的与男子平等的权利,这是防止女性边缘化、维护女性权益的首要问题。女性权利的边缘化具体表现在以下两个方面。

(1)女性土地权益边缘化。宪法从根本上赋予女性与男子平等的经济、政治权利,一些法律规定了夫妇双方有平等的财产权利,从政策层面对女性土地权益做出了更具体的规定。可以肯定,农村女性的土地权利在法律和政策上与男子是完全平等的。但是,除个别地区外,女性享有的土地分配权事实上并不是平等的。在现实生活中农村女性土地承包初次分配的平等权并非得益于男女平等的"法律原则",而是依赖"户籍规则"以及"集体成员必须平均占有集体土地"的观念而获得。因此,当集体成员平均占有土地的要求被绝对化时,女性合法的土地权益必然会受到侵害。

中国妇女研究所的研究表明:承包责任田、土地入股分红、征用土地补偿、宅基地分配,这是与农民生产生活关系最密切的四个与土地权益有关的问题,也是农村女性的合法权益最易受到侵害的四个方面;适龄未嫁女、有女无儿户、由外村娶进来的媳妇和"农嫁非"的"出嫁女"[1],四种处于不同婚姻状况的农村女性则是在农村的土地承包和调整中权益最容易遭到剥夺的人。某课题组的问卷显示,有7.2%的受访女性没有土地。分析无地原因,其中最主要的是"出嫁后失地"(占45%)、"国家征用后失地"(占17%)、从未分配土地(占31%)。进一步比较得出,"出嫁女"、离异妇女、丧偶妇女的土地权益,后者比前者依次更有保障,这其中最突出的是"出嫁女"的土地权益问题。

据报道,广东一年有748宗"出嫁女"投诉案。从1997年开始,广东进行第二轮延长土地承包期工作,重新签订了合同。在这一轮合同签订过程中,有些地方不同程度地出现了新的"出嫁女"问题。长沙市妇联反映,1996年,仅长沙市洞井镇某一个村就有26位女性上访,浏阳市一次就有105位"出嫁女"要求拥有土地承包权。在农村土地承包权的问题中,"出嫁女"的土地问题已经成为农村中很突出的问题。"出嫁女"土地资源权利受损在女性土地权利被侵害中是最严重的,也是女性土地资源权利边缘化的典型。解决"出嫁女"土地权益问题,已成为防止女性土地权益边缘化的重中之重。

(2)农村女性就业边缘化。所谓女性就业的"边缘化"趋向,是指在劳动密集型产业和非正式部门就业的女性越来越多,女性就业的职业层次、稳定性及

---

[1] "农嫁非"的"出嫁女",即从农村嫁到城镇的妇女。

福利保障有下滑的趋向。"妇女在劳动力市场中的处境同性别分工是家长制与资本体制长期互相作用的结果"[1],"现代科层制认同传统性别歧视意识是一种带有规律性的历史现象,两者的联手注定要将妇女推向社会生活的边缘"[2]。农村女性即使不在家种田,外出就业时也大量集中于劳动密集型产业,如服装业和纺织业。在这些行业的就业人数比重在七八成,而在资本或技术密集型的产业中农村女性就业所占比重相对较小,例如,交通运输设备制造业的女性农民工比例不到10%。即使在资本或技术密集型的产业中,农村女性也大多集中在技术层次低、收入低、简单而重复的体力劳动部门;在管理部门和技术部门,农村女性就业机会很少。由于受教育程度偏低,缺少在职培训,同时由于家务劳动的拖累,农村女性农民工很难向更高层次的工作岗位移动;而且一旦下岗,到正规部门再就业很困难,只能选择非正式就业,甚至回家种田。此外,农村大量的年轻女性在城里从事娱乐服务业,这种吃"青春饭"的行业,一旦年龄偏大,将面临失业风险,而且多受到不公平的待遇甚至侮辱,还承担着名誉和疾病的风险。并非是农村女性喜欢这种职业,这是她们无奈的选择,有的还是被骗或被迫的选择。

留在农村的女性,在承担家务及田间工作方面的负担有加重趋势。它来自两方面的压力,一方面,男性用于分担家务劳动的精力在减少;另一方面,女性花费在教育、培训与求职等方面的精力在增加。特别是农村女性的受教育权利在农业女性化中受到的损害将进一步加大,使她们在技术发展和社会进步中更加边缘化,在就业竞争中处于弱势地位。这必须引起各界人士的广泛关注。

女性土地权利的边缘化,引起其就业的边缘化,这不仅挫伤了农村女性的生产积极性,损害了女性的合法权益,还阻碍了女性的未来发展,影响着社会的文明进步。当前,特别是"出嫁女"的土地权益边缘化问题,已经严重影响了农村的社会稳定,是农村女性土地权利中最大的问题,也成为当前农村女性维权的重点和难点。

3. 农村女性土地权利受损的原因分析

在人类两性发展的历史长河中,男性由于身体素质的优势和在家庭中占据主导地位,对女性土地权利一直存在着不同程度的侵犯,社会也在女性的土地权利上存在歧视的观念。人类历史上有过一段母系氏族时期,这一时期女性占据统治地位,但是时间短暂,男性不久就后来居上,使女性失去辉煌的荣耀。

---

[1] 海迪·哈特曼. 妇女:最漫长的革命 [M]. 北京:三联书店,1997.
[2] 周全德. 我国存在某些男女不平等现象的原因探析 [J]. 中州学刊,2003 (1).

现实生活中农村女性的土地权利受到损害，造成女性土地权利的边缘化，其问题并不是出在法律制度上，也不仅仅是由于法律缺乏操作性，而是由于深层的男权文化积淀的制度性社会结构。法律缺乏操作性只是表层的原因，只有从深层文化建构的社会结构上解决才是最根本的解决。

在我国封建社会时期，女性没有自己独立的人格，连姓氏都是随丈夫姓，在土地权利方面也只是丈夫的附属品。而且，许多歧视女性的风俗习惯一直延续到今天，根深蒂固。这尤其增加了对女性土地财产权利保护的难度。长期以来对女性土地资源造成损害的主要原因有如下几点：

（1）以男性为中心的文化无视女性土地权益。在男权文化以及以男性为中心的文化影响下，人们思考问题是从男性出发。如何保护男性的土地利益，如何使男性的土地利益不受损害，成为许多地方制定土地政策的出发点。有些地方有意无意忽略了女性的利益，损害了女性的权益。问题的严重性不仅仅在于损害了女性的利益，而在于当今的文化认为这是自然的和天经地义的。这种思想和观念使土地承包问题成为男性群体内部的问题。因此，从思想上就将女性排除在土地承包权利之外。在这种文化氛围下，法律要给女性承包土地的权利，男性农民及农村干部、宗族势力一般不会完全按照法律规定来处理女性土地承包经营权。"增人不增地，减人不减地""嫁不取地，娶不分地"就是以男性为本位的男权文化考虑问题的结果，它强化着男性的主体性和女性的从属性和依附性。它方便男性，优惠男性，巩固男性对家庭和对女人的"主人"地位；它为难女性，限制女性，弱化女性在家庭和婚姻中的主体地位，从全社会来说显失公平。

（2）男主女从的社会结构导致女性群体土地利益受损。"男主外女主内"的性别分工使当今农村的村委会和村党支部除了点缀性地安排个别女性在不重要的位置上，几乎是清一色男性担任重要职务。职务的性别化导致女性在权力结构中的边缘化，这又导致决策机构中女性的缺席。这种缺席又容易导致这样的结果：女性群体利益被边缘化。《村民委员会组织法》规定了村民会议 2/3 以上成员或 2/3 以上村民代表表决为有效，但对村委会决议内容缺乏有效监督机制。这就给农村主流群体剥夺边缘群体利益留下了操作空间，这就使村委会制定"减人不减地，增人不增地""嫁不取地，娶不分地"等损害女性土地权益的土地交易政策并使其"通过"易如反掌。这就从农村农民生存的根本命脉——土地政策上使女性牢牢地依赖家庭、依赖男人，它巩固着"从夫居"形式，强化着"男主女从""男外女内"的男性本位文化。实际上它是农村集体经济时期女性解放的倒退，是从根本上剥夺中华人民共和国女性解放取得的新成果。因此地方性的土地政策与"从夫居"的婚俗就是这样互为因果、互相联合地沟建着"男主女从"

文化，构建着男权制度的社会结构，严重歧视女性，忽视女性权利，影响女性的发展。

（3）男人主刀"分蛋糕"的吃饭方式损害女性土地资源分配的平等性。群众中流传着这样的话：制定政策的人可能会忘记别人的特殊问题，但不会忘记自己的特殊利益。利益或权益就是一种资源，如果将这种资源比喻为一块蛋糕，男女应各分一半。现在男性在决策中以"家"为单位分割土地资源，男人代表"家"分这块大蛋糕，然后再分给家庭成员。第一次分割土地资源似乎成了男性之间的事，第二次在家庭中分割则由某个具体男性说了算，是否"公正"缺乏社会监督。其实目前以"农户"承包土地的政策就是以男性承包、男性"主刀"的土地分割，女人的土地权益以"家"的形式被掩盖。在温饱不能解决的年代里，不少家庭吃饭时也是男人吃完后女人再来吃，这种带有性别歧视的吃饭方式在男权文化下被视为当然，而且男权文化会找出种种"理由"来维护这种吃饭方式。可见"主刀"的男人要多分或将蛋糕分给以他为代表的"家"，也会找出种种"理由"。这种吃饭方式就是一种吃饭文化，有让男性多吃先吃的文化，也有让女性多吃先吃的文化，也有男女同时吃的文化。而现代的"文明"基本上还是男权文化时期的文明，男性代表"家"，男性从社会分得利益，然后再分给家庭成员，第一次分割是以男性为代表，第二次分割多数奉行男性优先原则。对女性来说，第一次分割中为"0"，第二次分割中排后，这种观念指导下的分配体制也是女性土地权利边缘化的重要原因。

（4）"从夫居"和"男性名字"与男权文化互为因果，导致女性土地资源权利的边缘化。"从夫居"和土地承包书上只有"男性名字"是男权文化的具体表现。"从夫居"是男权文化的"传统"，土地承包书上只有"男性名字"是男权文化的"现代化"，两者的合一是传统与现代的结合，又是这种文化的结果，在新形势下起着巩固男权文化的作用。"从夫居""男性名字"与男权文化互为因果。"从夫居"和土地证上的"男性名字"制约女性土地承包权，在当前形势下，改变这两点还有不少障碍。也许人们认为这只是一种形式，但形式是为内容服务的，"内容"即人们的观念不变，"形式"是不可能变的。要改变"从夫居"和实现土地承包书上出现女性的名字将会困难重重。解决女性土地权利边缘化问题，男权文化的阻碍也是重要的原因。

（5）民间法侵蚀国家法是造成女性土地资源权利边缘化的法律原因。造成女性土地资源权利受损，使女性走向土地资源权利边缘化的原因是多方面的，还有一个非常重要的原因是乡村中民间法对国家法的侵害，这是造成女性土地资源权利边缘化的法律原因。在传统民间制度和摄取局部利益的双重影响下，不少地方的村规民约对女性土地承包权利做了诸多不合理的规定，加剧了女性土地资源权利的边缘化。"村规民约的重要性要远远大于其他类型的民间法，这主要是由于它具有某些类法律性。"[1]

村规民约这种民间法侵害国家法的案例很多。如衡阳祁东妇女肖某，同一氮肥厂工人结婚未迁出户口，但当地在分配征用地补偿费时，以肖某已结婚户口应迁至其丈夫处为由拒绝补偿她和其女儿的生活补助费。长沙岳麓街道某村张家山组妇女谭某，1998年与本街道邻村赵某结婚，户口未迁出，婚后不久小孩出生，其户口也落在张家山组。2000年，村干部以村规民约为由，多次强行要其迁出户口。2001年，谭某的住地被征用，村里仅给了其3万元的补偿费。2003年10月村里建造了安置房，却不给谭某和其女儿分配住房。而根据我国有关法律规定，女方出嫁后，可以在男方落户，也可以在女方落户，是否迁户口自愿。但是，许多地方的村规民约却严重违反国家法律，侵害女性的土地资源及相关的权利。如涟源蓝田城区的某村之村规民约规定：由本村婚嫁到外村，凡户口可以迁出的村民，必须迁出；不迁出者，一律不得享受分配和承包责任地。望城县某村之村规民约规定：外地人员要求将户口迁入本村进行空挂的，空挂户不享受村、组分红，但镇村按人头分配的各项义务必须履行。嫁给外地吃商品粮的，又不属于"招郎"对象的保留户中的半边户，女方可享受村上分红，其小孩不享受；组上已分给女方责任田的，女方及小孩不享受组上分红，村、组按人头分配的义务必须承担。这些村规民约大多是村民集体讨论形成的决议，挂着民主自治的招牌，但严重违反国家的有关法律法规，对女性的土地资源权利和其他权利造成严重损害，是造成女性边缘化的重要原因之一。

综上所述，农村土地承包权的性别侵权现象已经威胁着女性土地财产权的平等，造成了女性土地资源的边缘化倾向。这不仅仅是法律不完善的问题，而且是体制、法律和文化综合影响的结果。

三　推进农村女性土地权益平等

土地是乡村创业、就业的资源和依托，女性农民工如果在家乡拥有重组和可靠的土地资源，她们既可以外出务工，回家后又可以务农，城乡就业和生存有根

---

[1] 蒋颖，王向前. 村规民约制度的若干法律问题探析[J]. 华北电力大学学报（社会科学版），2003（1）.

本的保障。因此，推进土地资源的性别平等，构建性别平等的社会支持系统，是女性农民工回家创业、就业的有力保障。

1. 强化土地权利男女平等的社会观念

（1）从发展观念上走出误区，树立女性自尊自立的观念，是走向男女土地权利平等的基础。女性自尊自立观念是强化女性土地权利平等的主体基础和内因。长期以来，社会上普遍有这样的认识误区，认为女性素质偏低是生理决定的。其实女性素质偏低并不是直接由生理决定的，而是由社会文化造成的。文化人类学的研究发现，社会文化造就了男女不同的特征和行为方式。两性人格特征的许多方面（虽不是全部方面）极少与性别差异本身有关，就像社会在一定时期所规定的男女服饰、举止等与生理性别无关一样，这就是所谓社会性别。这种社会性别"以缩影的形式包含了一切后来在社会及其国家中广泛发展起来的对立"[1]。

中华人民共和国成立以来，凭着强有力的行政体系（包括妇联组织体系），特别是制度支持，我国妇女解放运动取得了举世瞩目的成就（主要在城镇）。这个成就超过了我国社会经济文化发展的水平。但遗憾的是，女性依然没能摆脱传统依附心理的束缚，只是依赖的对象由丈夫改为单位。随着社会主义市场经济体制的建立和完善，企业单位缺乏资源继续支持这种女性发展。部分女性不但失去往日的单位福利，而且面临着巨大的就业压力。在这种情况下，一些女性转而依赖丈夫。其人生价值取向发生改变，主要表现为由原来要求自我发展变成了从婚姻中寻找出路。女性从追求"半边天"地位到"自觉"回归男性世界的附庸地位，是不少中国女性在种种她们无法抗衡的社会压力之下被迫进行的一种选择。这种倾向在农村表现得尤为突出，也是造成农村女性土地权利边缘化的因素之一。

（2）在社会上强化女性土地权利平等的社会意识，使人们对社会性别和我国的妇女解放运动有理性的认识。对社会发展，特别是对社会主义市场经济的发展有正确的认识，努力走出"男性赐予女性平等"的误区，而是女性去争取真正的平等。因此，女性必须更新观念，彻底消除过去那种被男性关怀、照顾、呵护，由国家为女性解决一切问题的依赖心理，培养自尊、自信、自立、自强的精神，以主人翁的姿态参与公共事务，这是女性走出土地权利边缘化的必由之路，也是争取男女平等的土地权利的应有措施。

---

[1] 马克思. 摩尔根《古代社会》一书摘要 [M]. 北京：人民出版社，1965.

（3）强化女性的维权意识。女性在长期的男权社会里，忘记了自己有哪些权利以及如何维护这些权利，把女性土地权利的边缘化看成是天经地义的事情，这为许多女性走向土地资源平等设置了最大的意识障碍，因为主体对自己权利的漠不关心，只能使侵害者变本加厉。要使女性走出权利边缘化的困境，必须强化其维权的积极性和信心。

2. 健全土地男女平等的法律体制

要维护女性的土地权利，使村规民约能充分代表女性的利益，在目前的环境下，必须健全男女平等的法律体制，走法治的道路，把规约的制定工作进一步纳入法治轨道，在宪法和国家有关法律的指导下，进行充分调查、反复研究、集思广益，做到公开、公平、公正。针对当前存在的突出问题，可以尝试下述途径。

（1）加强立法工作，细化法律规定。由于村规民约的制定是村民组织行使自治权利的一个方面，所以现行法律（包括《村民委员会组织法》）对此都没有明确的规定。一旦出现违反法律的情况，政府部门无权干涉，法院也缺少纠正规约的手段和法律依据。这就造成目前一些地方的法院对此类诉讼无从入手，只好以不予起诉等方式回避问题，立法部门必须对此引起高度重视。鉴于村规民约与村民利益的重要关系，处理不好势必造成农民利益受损、农村不稳定。因此，立法部门对村规民约的制定应建立司法审查机制。村规民约经村民讨论拟订后，由司法等有关部门进行审查，对其中不符合法律规定的条款提出修改意见，予以完善，使村规民约与国家的法律、法规相吻合。

（2）开展法治教育，提高村民法律意识。要在村民和村委会干部中大力做好现行法律、法规的宣传、教育工作，不断提高村民的法律意识，让更多的人懂法、守法，在法律的框架内制定规约。在制定村规民约时引入法律援助，可以由村委会出面，邀请法律顾问参与规约讨论、修改，尽可能避免规约中出现与法律相抵触的情况。对有悖法律规定、侵犯村民利益的，鼓励被侵害人通过法律途径解决。

（3）加强政府部门的指导作用，规范村民自治。对于村民自治组织发展过程中出现的问题，政府部门既不能越俎代庖、横加干涉，侵犯其自治权利，也不能袖手旁观、无为而治，使问题进一步扩大。对村规民约中带有普遍性的问题，村民组织又没有很好处理办法的，政府部门可以发挥自身作用，出台相关文件加强指导，避免各村之间政策差异过大，保证社会公平和稳定。

（4）制约宗族势力和强势集团。近年来，农村宗族势力又有抬头的趋势，加上一些新形势下形成的强势利益集团，通过血缘、宗亲、经济甚至暴力等关系和手段实际上操纵或主导着村民自治组织的领导权，造成各方面的不良后果，包括在制定村规民约时出现显失公平、偏袒某方的情况。这就需要国家有关部门介入，对利用宗亲关系、经济利益拉帮结伙的现象进行干预。尤其对明显违反法律、法规，损害社会正义的行为，要通过法律、舆论等工具进行打击，保障农村稳定和最大多数农民的利益。

3. 引导农村土地资源的民间法维护公平公正

如何调适村规民约与国家法律之间的冲突，是解决农村女性土地财产权的关键，也是农村社会发展中一个亟待解决的问题。

毋庸讳言，村规民约与国家法律之间必然存在着不同程度的矛盾和冲突。与国家法律不同，村规民约的调节范围是有限的，即村规民约的作用只涉及村庄集体和个体之间的关系，以维护村落整体利益、维护村落整体秩序为目的，并不协调更大范围的公共和个体利益关系。一般而言，村规民约的特点表现为：

（1）区域性。每个村规民约所覆盖的区域，只代表一个相对独立的生活共同体，超出这个边界，它的作用就减弱或根本不为他人所承认。

（2）偏向性。村规民约往往强化一种观念，即村民成员的资格并非是无条件的，必须以对集体的归属为前提，以一致性道德为治理基础，偏向某个利益集团或某种利益趋向，没有公平和全局考虑。

（3）弥散性。由乡村组织行政权力的衍散性所决定，村规民约也具有惩戒范围的弥散性，即扩散到与当事人生存有关的事项上。概言之，村规民约与国家法律之间有着复杂的关系，既有联系也有明显的区别。

面对村规民约与国家法律之间的矛盾冲突，不能采取限制或取消村规民约的简单办法。必须认识到，在一个复杂的多元社会中，多元规范或多元秩序是客观存在的基本事实，调节各种各样的社会关系，仅有国家法律还不够，在正式法律之外应该有非正式法律存在的空间。但对村规民约与国家法律的调控领域和范围要有一个基本的限定。其限定范围一般为：其一，属于最基本、最主要的社会关系，必须由国家法律运用强制性规范予以确定和调整，不允许村规民约之类的民间法"篡位"；其二，属于具有强烈的"地方性知识"和民间色彩的社会关系，可以依靠村规民约来处理；其三，属于国家法律与民间法都可以涉及的社会关系，两者可以互动适用。在土地资源的分配使用上，村规民约可以发挥作用，但有一个基本要求，就是必须符合国家法律的基本原则和基本精神。具体而言，女性婚后离村但未将户口迁出者，必须和其他村民一样承包土地；土地因征用而产生的收入，必须与其他村民一样有同等分配的资格；但是，对因集体经营土地所产生的收入，可以在分配上视其他投入的情况有所区别。这样做，既维护了国家法的普遍性和权威性，又考虑了"人户分离"现象的多样性和复杂性。

总之，在农村女性土地权益的法治化保护体制上，必须调适民间法与国家法之间的冲突，而不是笼统地取消民间法。

4. 优化土地资源平等的社会环境

女性土地权利的保障问题本身是一个复杂的系统工程，这一系统工程问题的解决，还需要一个适宜的社会环境。这一社会环境的创设，关键是对现有的社会环境进行优化。

（1）优化女性权益保护的司法环境，尤其应该在立法理念上有所突破。建议将个人权利从家庭中剥离出来，从婚姻中剥离出来。通常情况下，女性的权利被埋没在婚姻关系中。所以，在法律制定中，要正视法律面对的是性别不平等的社会结构的现实，在制定具体的法律条文时应具有性别敏感性。在新的农村土地立法中，应将保障女性土地权利具体化，具体体现"夫妻在家庭承包经营中享有的权益平等"原则。比如，可增加"妇女结婚的，在承包期内发包方不得收回其承包地""妇女离婚的，已取得的土地承包经营权在承包期内依法受到保护，可以作为家庭财产处理"。这样具体和可操作的立法，能够有效保护女性权益。

（2）净化女性权益保护的司法环境。司法部门是社会纠纷的最终解决机制，是权利救济最可靠的途径和手段。女性权益保护的环境建设，重要的是要优化保护其权益的司法环境，即权益被侵害，可以寻求司法途径获得公正的保护。同时，还要优化女性权益保护的执行环境，司法审判最终必须由执行来实现。我国现在的"执行难"问题，也是女性权益难以实现的环境缺陷。应提供强有力的司法救济，使无地的农村女性状告村民委员会的案件可以通过司法途径得以合理解决。此外，应特别注意向农村基层干部宣传，使之在工作中依法行政，在土地及宅基地的分配中自觉依法维护女性权益。同时应加大执法力度和强化制裁措施，对违反法律规定，经批评教育又不改正者，坚决给责任人以行政处分。

（3）形成有利于女性权益保护的"社区情理"。由社区亚文化决定的某些为在该社区中生活的多数人所认同的行为规范及与此相适应的观念，就是所谓的"社区情理"。形成有利于女性权益保护的"社区情理"，就是形成良好的舆论环境。在农村中形成强大的女性权益保护舆论机制，抵制村规民约的违法性及其对国家政策的背离，防止村规民约假借民主决策侵害女性的土地资源权利。

（4）为女性权益的保护提供坚实的经济基础。积极发展生产力，是解决许多问题的前提，农村女性土地权利问题的解决也是如此。要积极发展和壮大农村集体经济，鼓励和吸纳农村女性从事第二、第三产业劳动，开辟农村女性劳动力的就业渠道，提高她们的经济能力，增强女性的独立自主性。同时，要为农村女性文化知识水平提高和充分自由发展提供机会和平台。

（5）建立农村女性政治参与的畅通渠道。农村女性参与农村政治活动的渠道不畅通，不能参与或在参与中没有实力制定农村女性权益保护的规则。不能参与博弈，就不能在博弈中取胜，因为博弈的规则是有利于规则制定者的。女性土地权利的边缘化，造成了其政治参与的边缘化；政治参与的边缘化，又加剧了土地权利的边缘化。只有让农村女性参与农村土地规则的制定，并在制定中充分表达其意志，才能形成一个保护女性土地权利的制度环境，才能切实保护农村女性的土地权利。

土地资源是农村发展最重要的资源之一，也是农村女性争取平等权利和彻底解放的基础。为农村女性争取土地资源的平等权利，防止其边缘化，是研究女性发展的重要突破口。

第七章 女性农民工城市生存的问题

女性农民工带着玫瑰般的梦想，随着打工大潮来到陌生的城市。相对于庞大的农民工大军来说，女性农民工是极易被忽视的群体。受伤害、被性骚扰的大多是她们，她们被称为"弱势群体中的弱势群体"。她们很多人抱着长见识、多挣钱或将来有所发展的念头走入繁华的城市，然而，生存风险却悄悄伴随她们。大量女性农民工是自行寻找或通过老乡、亲朋好友等非正式就业渠道就业的。就业渠道不正式导致其承受的风险也多，再加上体制与自身的原因，这种非正式就业难以受到国家劳动就业部门的保障。因此，她们的生存风险与防范成为突出的社会问题，应该受到社会更多的关注。

 性别是女性农民工城市生存的天然弱势

社会性别是一种观念文化，它反映的是关于男女角色分工、精神气质、行为方式等方面的一整套社会观念和意识形态，而性别认同正是作为社会主体的人对社会性别的认同过程。新生代女性农民工的性别认同建构过程则是指她们根据社会性别规范来认知、调整自己的性别观念，实施符合女性性别期待的一系列行为，并在此期间形成对女性性别形象的感知，形成对性别地位、性别分工、性别角色的理解与评价。在传统社会中，中国女性的命运往往受到父权制的压迫和抉择。而传统家庭关系也是按照以男性为中心建立和发展起来的，因此在最原始的农村社会，土地所有权、家庭经济权等核心权力均掌握在"父亲"或"丈夫"手中，女性是"附属""随从"。随着农村劳动力大量迁入城市，农民工群体发展壮大，在老一辈农民工群体中，传统的父权观念根深蒂固；直到新生代农民工出现，传统的父权才面临挑战与反抗，但传统被解构的过程必然伴随长期而反复的抗争。就目前而言，新生代女性农民工仍面临一定的来自父权社会的统治与影响。

女性农民工的就业风险也来自她们自身的性别弱势。女性农民工的性别特征会造成一定的风险，特别是年轻漂亮的女性农民工，她们的人身环境安全性更差。女性农民工体力较弱，外出时可能需要男性帮助。少数居心叵测的男性，就会借此机会接近女性并大献殷勤，在她们放松警惕后就会凶相毕露，有的女性也在男性的甜言蜜语中遭受侵害。

由于现代社会保障的缺失，女性农民工不能完全退出农村。在农村社会保障尚待健全而城市又无法保障的情况下，一直处于弱势地位的农民工对非农就业并没有持续的信心，往往把土地作为最后的保障。他们知道，一旦企业不景气或企业倒闭，或外出找不到工作，或国家的政策有所变动不利于进城务工，他们随时可以回到土地上来，不至于没有"退路"。所以，农民工不愿割断同土地的"脐带"。

建立在城乡两种户籍制度基础之上的二元社会保障体制，更不能使农民工完全融入城市。城乡分割的二元社会保障体制导致农民工无法享受"国民待遇"，从而大大提高了他们融入城市的"门槛"，始终成为城市边缘人，严重妨碍农民工市民化进程。长期以来，户籍制度被看作造成农民工市民化的首要制度性障碍，这当然是对的；但并不是只要开放户籍就能够解决所有问题。实际上户籍制度改革的真正困难并不在于户籍制度本身，而在于与其相联系的社会保障等种种福利制度的改革。现有的户籍改革并没有形成让农民工在城市生活下来的制度引导，并没有真正改变原来以户籍制度为基础的二元社会保障体制。

女性农民工出身于淳朴的乡村，认为名声比生命更重要。但是，由于她们中的一些人受文化程度、自身素质、就业难以及社会不良风气的影响，有些会身不由己地走向堕落。在公安部门破获的卖淫案件中，有相当一部分涉及进城务工的年轻女性农民工。因此，女性农民工进城务工要保持好的行为举止，以免破坏自己的声誉。

女性农民工城市生存的特殊风险

外来务工者无论从物质生活还是精神生活上,由于都游离于社会主流文化之外,而成为城市的一个边缘社会阶层。首先,由于城市的生存成本远远高于农村,哪怕是住在城市的"贫民窟",也需要支付房租。另外,由于没有城市户口,子女上幼儿园、小学、中学等都要交一定的费用,这也是许多农民工不得不忍受亲子分离的痛苦、让孩子仍留在农村就学的原因。其次,由于农民工普遍文化水平不高,他们满怀"淘金梦"进城后,却发现只能从事以体力劳动为主的低报酬职业,高成本与低收入,这是相当一部分农民工城市生存的现状。

1. 职业病是要命的潜在风险

2011年9月7日,全国职业病学术交流大会在广州召开,众多职业病卫生专家、学者共同探讨当前职业病防治工作出现的新问题、新矛盾。中国疾病预防控制中心职业卫生与中毒控制所所长李涛在会上透露,2010年卫生部组织进行的新生代农民工职业健康状况调查表明,我国近1亿新生代农民工中,约60%就业于职业健康风险高的行业。近年来,农民工职业病发病人数占总发病人数的80%以上,农民工仍是职业病的主要高发群体。[1]

职业卫生事关劳动者的身体健康和生命安全,是农民工最基本的劳动权利,也是他们就业后最担心的一个问题。现在的事实是,农民工享受的职业卫生安全的权利明显低于城镇的正式职工。再加上职业病的专业性很强,具有一定的潜伏期和慢发性,一般人难以发现。女性农民工尤其如此,她们就业能力不强,对职业的选择能力比较弱。此外,法律知识太少、自我维权意识不强、不能依法维护自己的权利、个人防护意识不足、不能正确使用防护用品等都使女性农民工患职业病的风险加大。农民工一般集中在建筑、采矿、制造、环卫、服务等领域,因为这些工作技术要求不高,门槛低,需要大量的人员。但同时这些工作劳动强度大、工作时间长、工作环境差。长期从事这些职业,会导致从业者疾病缠身、痛苦不堪。据统计,农民工最容易患以下三种职业病。

(1)尘肺病。尘肺病是我国最严重的职业病,而尘肺病人中,90%以上是农民工。更可怕的是,尘肺病死亡率极高,达到22.04%。其中,煤工尘肺平均1

---

[1] 叶小钟. 农民工是职业病最大受害群体[N]. 工人日报,2011-09-14.

小时死亡1.5人,很多患者活生生被尘肺病折磨得不成人样后死亡。[1]尘肺病主要集中在采矿业、建筑业、纺织业中。他们在工作中长期呼入各种煤灰、水泥灰、皮毛灰尘等,而且没有任何防护措施,久而久之,就会染上尘肺病。

(2) 血液病。患血液病的农民工大多集中在接触油漆、甲醛等化学物质的人员中,比如油漆工、木工等。许多劣质油漆、黏合剂中含有苯,这类有机化合物可通过呼吸道、皮肤等进入人体,侵犯神经系统、造血系统和肝脏器官,最终会发生再生障碍性贫血、白血病等。大多数油漆工工作久了,都会有咳嗽、易疲劳、头疼、胸闷、四肢无力的症状,其实就是慢性中毒,若不加以治疗和防范,后果很严重。

(3) 肩周炎、关节炎、脊椎病、腰损伤。大多数农民工会从事建筑行业,因为做建筑工人工资相对来说比较高,工作也好找。但建筑工人劳动强度非常大,而长期的重体力劳动会导致关节、骨头受损,在一天的工作之后他们往往浑身酸痛。如果长期不做治疗,会患上慢性病,久而久之,就会丧失劳动能力。

有调查显示,女性农民工的劳动卫生条件差,职业病危险大于男性农民工,她们经常遭受职业病的危害。女性农民工对于有毒、有害的工作防范性很差,没有职业病的防范意识。事实上,她们十分缺乏这方面的知识和经验,对于职业病,许多其他劳动者也不是完全知晓的。据报道,在福建泉州、福州、莆田三市近2 500家制鞋企业,有很多存在苯、甲苯等危害女性生殖能力的有毒气体,这些企业工作场地狭小、人员密集,雇用的都是未婚女性农民工。[2]从事浴足行业的女性农民工手部出现问题者占有相当高的比例,特别是在一些非正规营业场所,几近半数的服务人员手部都有不同的病症。条件好的沐足中心,一般备有供客人放脚的软凳,但大多数是服务人员在自己的双膝上垫一块毛巾,将客人的脚抱在怀里按摩。由于水透过毛巾会打湿腿关节,致使许多服务人员患上风湿性关节炎等病症。深圳大学社会学学者易松国说,虽然这些疾病并未纳入职业病的范畴,但对身体伤害比较大。从事浴足行业的女性可通过群体自身的努力,向劳动局、行业协会等反映,争取以一种合理的方式解决。据了解,劳动部门还没有把浴足列入正规职业来监督管理,对沐足场所的规定要求和对其服务人员的权益保护等问题的管理措施相对滞后,沐足市场的有序化尚有待加强。

患病事件接连发生,农民工的健康和生命安全令人忧虑。职业病专家介绍,我国每年新增尘肺病例1万人,死亡约5 000人,另外还有疑似尘肺病人60多

---

[1] 湖北疾控中心. 尘肺病,无法呼吸的痛 [EB/OL]. (2019 – 05 – 05) [2019 – 10 – 01]. 农民工尘肺病. http://www.sohu.com/a/311992904_456084.

[2] 刘水国. 浅谈我国外资企业的劳动管理 [J]. 佳木斯大学社会科学学报, 2003 (10).

万，其中矽肺病例占尘肺总人数的85%。[1]河南省职业病防治研究所主任医师黄志军介绍说，河南省职业中毒导致的中毒人数和死亡人数在急剧上升，2003年中毒事故中涉及人数41人，死亡数人，比2002年分别增加173%和167%。

江西省吉安市永丰县的吴某、厥某等4人，2003年8月结伴去浙江温岭市横峰镇上洋林村某鞋厂从事制鞋刷胶和扎帮工作，1个多月后，4人均出现不同程度的中毒症状，半年之后病情加重，丧失劳动能力的他们只能带着病魔回家。2004年1月，其中2人因深度中毒抢救无效相继身亡。专家在他们的务工地点调查发现，他们均是由于在室内空间小、通风条件差的作业环境下使用高度挥发性混合有机溶剂天那水、苯水、PU50胶而引起急性中毒。

女性农民工的职业病高发，有自我保护意识淡薄的原因，更多的是一些见利忘义的企业主漠视工人权益的原因。广东惠州一合资企业一年之内接连3人猝死，工人们每天都要接触二氧化硅、重金属、三氯乙烯等可能导致职业病的有害物质。可工人们对此不仅全然不知，而且连最基本的防护口罩都没有。为了节电，企业经营者将工厂8个排气槽功率改小，6个排气扇只开4个。

更令人忧虑的是，这些身患重病的农民工，却得不到合理的补偿和及时治疗，甚至被老板以各种理由驱走。针对贵州省罗甸县栗木乡翌贡村农民工集体患矽肺病事件，时任副县长陈明莉说，由于绝大多数农民务工时未与企业签订劳动合同，也未保留相关劳动凭证，目前职业病工伤索赔存在相当难度。

面对农民工职业病的泛滥，江西省政协委员许小欢提交了《应高度重视建立健全农民工职业病防治体系和长效机制》的提案。他认为，职业病危害农民工呈上升趋势的原因是，一些地方政府及有关部门执行《职业病防治法》的力度不够，忽视农民工的合法权益，甚至以牺牲农民工的健康为代价换取经济发展；农民工劳动关系不稳定，用人单位没有依法与劳动者签订劳动合同，不建立职业健康档案，用工短期行为普遍存在；企业漠视法律，急功近利，对农民工的健康权不够重视；政府投入不足，防病能力滞后于经济发展，防治专业队伍分散，素质不高，预防控制网络缺失；职业病防治部门联动监督机制尚未形成，部门协调配合不够。

当前，农民工职业病处于高发期，农民工受职业病的困扰最为严重。那么女性农民工该如何防范呢？一是加强自我保护意识。农民工在工作中，最好佩戴防护用品，如安全帽、口罩、手套等。二是要合理地安排劳动和休息的时间，不要

---

[1] 柳博. 农民工职业病调查，路缘何通向鬼门关[EB/OL]. (2005-10-24)[2019-10-01]. http://www.cctv.com/news/china/20051024/101048.shtml.

一味地拼命干活,只有保护好自己的身体,才有继续发展的能力。一旦患病倒下了,整个家庭也会陷入绝境。三是要加强法律意识,签订劳动合同。农民工一般法律意识淡薄,如果没有和用工单位签订劳动合同,一旦鉴定出了职业病,就得不到相应的赔偿。许多用工单位,资金投入不足,防护设施匮乏,根本没有把农民工的健康放在心上。只有签订了劳动合同,农民工才能维护自己的利益。四是政府应出台相应的政策,加大对企业的监管力度。政府应对企业进行处罚和教育,认清职业病的危害。用工单位要定期组织员工体检,尽量做到一年体检一次。农民工在离职时最好也能做体检,如果发现职业病,当时就可提出赔偿,以免夜长梦多。

因此,为预防女性农民工的职业病,政府在发展经济的同时,要尽可能促使企业建立完善的就业安全与劳动保护设施,做好相应的健康服务,要用制度强化用人单位职业病防治的责任;从政策和资金等方面保障防治职业病的需要。要优化职业病防治专业队伍,建立健全职业病预防、控制网络;强化劳动合同签订、管理和执行机制;加强对农民工的宣传教育,增强农民工自我防护意识;相关执法部门应加大联合执法力度,建立分工协作机制,加强对企业的监督检查;司法部门应做好法律援助工作,当好被职业病威胁的农民工的法律后盾;为农民工提供必备的合格防护用品,不断改善工作环境,定期对农民工进行职业病诊断检查,及早发现、及时治疗。

2. 生殖安全的性别风险突出

《长江商报》的一项调查显示:2005—2007年,在浙江省新华医院体检中心接受体检的农民工,大多来自湖北、湖南、河南等地,共3 567人,其中男性2 882人,女性685人,大部分集中在40岁左右。男性农民工患五官科疾病的比例最高,其中咽部充血和鼻黏膜充血的患病率分别为41.15%和39.10%;女性农民工妇科疾病患者386人,占女性患者的55.78%。[1]

报告显示,宫颈疾病占妇科疾病首位。医生分析,女性农民工大多居住环境不好,洗澡不方便,也没有勤换贴身内衣裤的习惯,因此妇科疾病缠身。不少女性农民工虽然知道自己有妇科疾病,但大多数未及时诊治,生殖系统炎症复发率很高,生殖健康问题严重。

经医生分析了解到,农民工往往集中在建筑、危险化工、矿山采掘以及服装饮食等行业,工作环境苦、脏、累、险、差,缺少必要的安全卫生保护措施。这

---

[1] 刘丹. 体检报告显示:半数女性农民工患有妇科病[N]. 长江商报,2007-11-21.

些因素长期沉积，可刺激眼、鼻、皮肤、黏膜，出现呼吸道刺激症状。在后期调查中发现，多数工人工作时不戴口罩、墨镜等防护用品。

由桐乡市妇联、经济开发区管委会和东方医院联合举办的为期两个多月的"2006妇女安康工程"，对3 000名女性农民工进行了免费健康体检。然而体检结果不容乐观，有近80%的女性患有各种妇科疾病。接受体检的女性人群中，宫颈疾病患病率高达57.8%；其次为阴道炎，约占22.1%；乳腺疾病的发病率也有17%。东方医院妇科主任范彩霞介绍，宫颈疾病有向年轻化发展的趋势。妇科专家指出，女性农民工更应该提高自我保健意识，做到每年进行一次健康体检，争取早发现、早治疗。

调查显示，年轻女性农民工对性保健知识掌握很少。女性农民工绝大多数文化程度不高。年纪小、学历低、缺乏有关性方面的教育，使这些已有性行为的女性农民工在性知识和保健意识方面相当落后。调查显示，这些女性农民工缺乏避孕知识，有的根本不知道什么是避孕，有的不敢吃避孕药，有一半女性农民工不知道如何计算安全期。女性农民工由相对偏僻的农村来到大城市，远离亲人，在陌生环境中需要安全感，在经济上需要有人支持，对大城市"开放"观念片面理解。这些心理与真正的性需求混杂在一起，使她们极易盲目地结交男友。

牟雪静在其硕士论文《贵阳市女性农民工生殖健康需求及对策研究》中，通过问卷和深入访谈，对贵阳市150名女性农民工进行调查，以社会角色理论、社会性别理论、"知信行"理论和人口健康理论为依据，运用定量和定性研究相结合的分析方法，了解她们的生殖健康状况、生殖健康知识的知晓情况及面临的生殖健康问题，探讨影响其生殖健康需求的各类因素，揭示她们在生殖健康方面的基本需求，并希望通过研究引起社会对女性农民工及其生殖健康问题的广泛关注，同时为政府及相关部门制定生殖健康优质服务政策提供数据支撑。

牟雪静研究发现，调查对象的平均年龄在32岁左右，文化程度普遍不高，经济收入偏低，主要分布于住宿餐饮、零售批发、建筑、物流等第二和第三产业，住宿环境较差且不稳定，城市归属感差。女性农民工的生殖健康状况不容乐观，大多数调查对象生殖健康知识贫乏，对避孕知识和生殖健康其他方面的基本知识掌握程度较低。高达90%以上的调查对象不知道什么叫"尖锐湿疣、生殖器疱疹、阴虱、疥疮、沙门氏菌病"等性病，对艾滋病的相关知识也了解不多。研究还发现，贵阳市女性农民工生殖系统不适的就医率也较低，仅有30.7%的调查对象感染妇科疾病后选择去看医生，84.7%的调查对象没有定期去做妇科检查。因此，贵阳市女性农民工生殖健康方面的需求是多元多层次的，涉及方方面面，除了身体健康的需求，还涉及其身体、精神和社会等方面的完好状态。具体包括女性农民工的个人需求、家庭需求、生殖健康（性生活、避孕、人工流产、妇科等）需求和社会需求等。影响其生殖健康需求的诸多因素与计划生育、城乡二元结构户籍政策、自身受教育程度、经济收入、家庭因素和民族习惯、生活方式等密切相关。[1]

广东省性学会副会长朱嘉铭认为，无保护的性行为可造成诸多恶果，比如意外妊娠，做人工流产，则对身体有伤害；将孩子生下来，则面临抚养问题，对孩子不利。再比如染上性病，有些非常难治愈，费用也很高。最令人担心的还是艾滋病，朱嘉铭认为，我国对艾滋病的防堵工作有可能在流动人口这里被打开缺口。但大多数女性农民工对此认识不足，总认为与己无关。

年轻的女性农民工们可以说无论是在心理还是观念方面都还不成熟，这与她们活跃的流动行为之间存在着严重的不对称。一旦出现问题，她们很难正确面对和处理，有可能由此酿成惨剧，付出沉重的代价。因此，为她们提供及时的安全教育和相关的卫生保健服务就成为一件急迫而又很有意义的事情。

女性农民工没有正式单位提供劳动保障，但是她们又确实在城市社会大量存在。当然，有的可以通过购买农村医疗保险，减轻职业病的部分医疗负担，但是，城市社会也必须对此承担责任。因此，相关部门可建立农民工职业病救助基金，提供给无劳动关系或劳动关系无法认定但又被诊断为职业病的农民工，用于职业病诊断、医疗救助、生活救助和诉讼中的交通补助等。资金来源可以从三方面着手：一是从东部经济发达地区工伤保险结余中按一定比例，由国务院相关部门统筹征收后对中西部劳务输出省份进行调剂分配。人力资源和社会保障部2012年统计公报显示，全国2012年工伤保险基金收入527亿元，支出406亿元，分别比上年增长12.9%和41.9%；年末工伤保险基金累计结存737亿元，储备金结存125亿元。二是在国有企业上缴的资本收益中划转一部分充实到救助基金中。三是地方政府从财政资金中调剂一部分资金充实到救助基金中。救助金的使用则建议由患病农民工向当地政府申报，经相关部门核实，由县级人民政府向基金会申领，采取实名制方式由卫生、医疗等部门支付。

保护女性农民工的生殖健康，是整个社会的事情，也是事关全面建成小康社会的大事，按照公平责任的原则，城市政府应该承担一份应有的责任。

---

[1] 车雪静. 贵阳市女性农民工生殖健康需求及对策研究[D]. 贵阳：贵州大学，2017.

女性农民工城市生存问题的成因分析

女性农民工的风险防范意识是防范风险的前提,风险防范意识的强弱是影响她们就业过程中遇到风险大小的主因之一。女性农民工从其乡村淳朴的感情出发,把到城市务工想得过于简单,对风险预测不够,这是造成她们遭遇就业风险的重要原因。当前我国劳动市场的诸多不稳定因素,仅仅是造成她们就业风险大的外因,外因总是通过内因起作用的。

我们调查发现,年龄、受教育程度以及来源地不同的女性农民工,其风险防范意识存在着一定的差异;此外,风险防范意识的高低又在很大程度上决定了她们实际遭遇的就业风险的大小。

1. 防范亲友、老乡的风险意识差

来自安化县 19 岁的农村姑娘小杨和另一名湖北女孩小周,谈到了她们对于通过亲戚朋友介绍工作和去职业介绍所、劳务市场寻找工作这两种途径存在的风险的看法。在小杨和小周看来,通过亲戚朋友介绍工作更加可信,介绍的工作也更加适合自己。小杨说,"熟人是不会骗人的,因为怕我们以后找他们麻烦,谁会搬起石头砸自己的脚呢?"小周也坦言在家时看电视经常看到别人找工作被骗,现在大学生都很难找工作,更不要说自己了,有熟人介绍工作肯定比去职业介绍所找工作要稳妥,"职业介绍机构不怎么靠得住,他们只管给你介绍工作,问你去不去,去就介绍你去,要是工作不成,再给你介绍。介绍三次都不去的话,又得另外再交钱。"

不仅仅是小杨和小周这样认为,调查统计结果显示,女性农民工中认为通过亲友、老乡等私人关系找工作"风险大"的仅占 2.9%,而认为"风险一般""风险小"和"没有风险"的分别占到了 30.5%、44.3% 和 12.9%,另外有 9.4% 的人回答"不清楚"。与之相反,认为通过职介机构或劳务市场等找工作"风险大"的占到了 25.7%,"风险一般"的占到了 35.2%,"风险小"的占 14.8%,而认为"没有风险"的仅占 4.8%,另外有 19.5% 的人回答"不清楚"。[1]

除了觉得通过亲友、老乡等私人关系找工作风险小,女性农民工还认为通过

---

[1] 李敏芳. 女性农民工外出就业的风险及防范[J]. 科技经济市场, 2007 (7).

这种途径找工作带来的好处很多，排在前五位的分别是"工作后可以互相照应"（67.6%）、"可信程度高"（50.2%）、"找工作的速度快"（36.2%）、"找到合适工作的可能性大"（32.4%）和"可以提供工作上的指导"（31.5%）。

2. 甄别就业信息的风险意识弱

女性农民工对由亲戚朋友、包工头、下乡招工的单位或素不相识的陌生人提供的就业信息的信任度存在由高到低的差异。她们大多完全相信亲友，对包工头和下乡招工的单位心存怀疑，而如果是陌生人介绍的工作，没有人表示会毫不犹豫地接受。对就业信息甄别的方式一般包括"和家人商量判别""去有关部门咨询""委托他人打听了解情况""查看对方的证件"等，有时候为了减少就业风险，年轻的女性们还会自发地三三两两结伴同行，抱着试一试的心理先进入城市再说。在超市工作的小刘说，她外出前村里来过一家单位招工，此外也有亲戚朋友给她介绍工作，她让城里工作的亲友帮忙打听过那家单位的情况，最终和家人商量选择了去亲戚介绍的超市工作。在跨省劳动输出时，某些介绍工作的人基于各种原因会提出将身份证作为抵押或代为保管的要求，这无疑增加了女性农民工的就业风险。不过，此次调查我们可喜地发现，表示不会把自己的身份证交给别人保管的人占到了被调查总体的98.6%，可见目前女性农民工的风险意识已经有所提高。

3. 劳动合同的风险意识缺乏

一些私营小企业在与女性农民工签订合同时，常常与其签订的只是劳务合同，而不是签订正式的书面劳动合同。一些女性农民工因为无法分清劳动合同与劳务合同的区别，导致自己的利益受损。

来自江西萍乡的小林说，几年前，她到一家大型玩具厂工作，工厂每年都与她签订一年的"合同"。几个月前，她在"合同"未满时怀孕了，便向厂方提出休产假的要求。不料老板一听到她的要求，竟然辞退了她，并且工资分文不付。小林认为老板不遵守劳动合同，违反了《劳动法》。谁知老板却说，厂里和她根本就没有签订劳动合同，签的只是劳务合同，两者根本不是一回事。对一些单位故意用劳务合同混淆劳动合同的做法，有关人士解释说，员工与单位签订劳动合同，就意味着两者之间建立了一个受《劳动法》保护的劳动关系，劳动者应该享有该单位的医保、劳保和福利工资等待遇。而劳务合同只是一个经济合同，一个人在某个单位工作，完全可能与另外一个单位签订劳务合同，双方要遵守劳务合同中规定的内容。只签订劳务合同而没有签订劳动合同，或者只有口头协议，一旦权益受损,劳动者很容易在法律上处于被动地位,甚至无法维护自己的合法权益。

因此,书面劳动合同才是确保女性农民工在就业过程中合法利益不受侵犯的基本保障。有调查显示,没有签订书面劳动合同的女性农民工占调查总体的67.5%。她们没有签订书面劳动合同的原因并不仅仅是雇主或工作单位单方面不履行《劳动法》,事实上缺乏签订劳动合同的自我保护意识是女性农民工大多没有签订劳动合同,遇到劳务纠纷时只能"慌了手脚"的内因。

江苏省的一份调查显示,女性农民工法律法规知晓情况如下:了解《妇女权益保障法》的占7.5%;了解《女职工劳动保护特别规定》的占45.6%;了解《劳动法》的占31.4%;了解《工会法》的占4.9%;了解《未成年人保护法》的占3.5%;了解《女职工禁忌劳动范围的规定》的占0.9%;了解《江苏省城镇企业职工生育保险规定》的占2.2%;了解《婚姻法》的占4.0%。[1]

四 女性农民工融入城市的社会需求

在调查中,我们发现绝大部分女性农民工的工作都是临时性的,并且集中在低工资、非正式工作部门。她们像浮萍一样漂泊在城市的各个角落,默默地为城市和社会的发展做着贡献。然而,城市和社会却极少关注她们,对她们的需求了解得也并不多。

我们调查发现,进城务工的农村女性的社会需求是多方面的,主要集中表现在以下几方面。

1. 渴望有一份社会保险

当前,女性农民工还未被纳入社会保障覆盖的范围,她们的参保率很低。有调查显示,74.2%的女性农民工没有参加任何社会保险,而参加了生育保险的女性仅占2.8%。但是,她们对各种社会保险又有不同程度的需求。渔湾市一家饭店的服务员小王说:"为什么硬要分城里人和乡下人呢?为什么城里人可以有保险而我们却没有呢?我也希望能和城里人一样有一份保险啊!""如果可以,我还要买两份保险,一份医疗保险,一份生育保险!"社会保险是女性农民工生存

---

[1] 苏州市妇联权益部. 关于苏州外来打工妹劳动权益保护情况的调查报告. [EB/OL]. (2008-08-30) [2019-10-01]. http://www.docin.com/p-4599550.html.

保障的基础,也是维护她们的道德底线和保持情感健康的防护网。国家要采取有力措施,不断扩大农民工参加保险的范围。女性农民工很容易满足,她们在较低的待遇下就可以在城市安居乐业。因此,保障她们待遇的正常化,最重要的是能够按时支付她们的工资,她们大多会认真而勤恳地工作,她们的朴实和忠诚使她们能够维持一个良好的道德秩序,而不会走向道德与情感的边缘。如果没有生活保障和经济基础,不要说道德与情感问题,她们甚至有可能走上违法犯罪的道路。

2. 希望自己的权益能得到切实保障

虽然我国现有法律缺乏在侵犯妇女权益方面的具体界定和惩治条款,或者说没有具体适用条款以解决侵权纠纷。但调查显示,有43.2%的女性在发生侵权纠纷时会诉诸法律来解决。有许多女性农民工表达了这样的心声:要求有关部门完善对她们权益保护的法律法规。另据她们反映,对女性农民工权益侵害的问题都不同程度地存在,有些劳动管理部门和执法部门也都了解,但是基于各种各样的原因,他们一般是"睁一只眼闭一只眼"。女性农民工大多在非正式单位从事非正式工作,她们的从业场所与从业环境必须由政府有关部门进行严格管理,经常性地进行检查与督促,为女性农民工的劳动就业创造一个安全和舒适的环境,以减轻她们因羡慕而改变道德与情感观念的欲望。

"若这些事情发生在自己身上,还真不知道怎么去维护自己的权益。"一位从湖北来长沙务工的女服务员表示了这样的担忧。她们需要的不仅仅是法律条文上对女性权益保障的规定,更多的是需要政府作为一个实体对她们权益的保护。调查显示,有58.2%的女性希望政府能维护她们的合法权益,44.6%的人希望政府对欺诈女性农民工等违法行为予以严惩。

3. 成立农民工协会等维护农民工利益的组织

进城务工的农村女性希望有她们自己的组织,并且这种呼声比较高。她们对这些组织的期望,不仅在于维护她们的合法权益,而且希望协会能充当职介机构或劳务市场,免费为她们提供就业信息和介绍工作。在被调查者中,有81.2%的女性认为需要有这样的组织,如果把那些认为"无所谓"的人也算在内,那么这个比例将会高达95%以上,并且只有6.6%的人明确表示不愿意加入这样的组织。政府要把农民工纳入城市公共服务体系,统筹解决他们在就业培训、子女就学、公共卫生、居住场所、文化生活等方面存在的问题,为农民工融入城市、同城市居民和谐相处创造良好环境和条件。

4. 希望接受培训提高抵御风险的能力

这种需求在她们转入城市初期集中体现为对生存技能培训的需求，例如服务礼仪、酒店管理、缝纫、美容美发以及计算机操作等，并且这种需求还比较强烈。调查显示，有61%的女性希望当地妇联为她们提供就业指导与培训。除此之外，她们还希望自己的"娘家"——妇联为她们提供医疗卫生服务，能及时向上级部门反映她们的生活状况，希望得到上级部门更多的关注。还有一部分女性农民工希望在找对象方面得到妇联的帮助，能提供心理咨询和人性关怀。对于人，不论男性和女性，都不是只通过物质就能够满足其所有需求的。因此，要满足人的情感需求，以人性化的视野和措施，关注她们的生活，提供相应的释放压力的条件，引导她们的心理健康发展。适当的时候，还要为女性农民工提供心理咨询和心理治疗，缓解她们的心理压力和性苦闷，维护正常和健康的心态。

5. 渴望融入城市，赋予抵御风险的正式身份

实际上，我们在调查中发现，与社区居委会打过交道的女性农民工只有25.4%，而没有与任何部门打过交道的占64.8%。经营一家小精品店的小张说："进城也有几年了，我从来没有参加过社区组织的活动，与周围居民打交道也不多，社区居委会的人每年只有要求订报纸和收取灭鼠药的钱才来一两次。""我们仍然是局外人。"参加过社区活动的只占22.5%（包括偶尔参加的），[1]绝大多数女性农民工与周边居民的关系一般，她们也希望和他们交往，但就是不知道"别人愿意不愿意"，她们希望当地社区居委会能够多组织娱乐活动，与居民多交流感情。农民工这种渴望城市居民认同和尊重的心理需求远未得到满足。生产生活环境是女性农民工道德与情感的养成场所，是净化道德、纯化感情的重要因素。因此，要进一步加强安全生产和职业病防治，依法保障女性农民工职业安全。

---

[1] 陈文，孔德勇.梯度式、渐进式户籍改革与城市融合[EB/OL].(2015-08-27)[2019-10-01].https://wenku.baidu.com/view/824ae72369dc5022abea0046.html.

第八章　影响女性农民工城市生存的因素解析

随着城市化的不断推进，农村劳动力转移就业的数量不断增加，就业空间也不断拓展。但是，农村劳动力转移就业规模日渐扩大，就业环境的承载压力越来越大，特别是就业紧张引起的就业风险问题也越来越被人们关注。因此，农村劳动力转移就业的社会风险因素日益成为重要问题。目前，我国农村产业领域的拓展速度与农村劳动力的增长速度存在反差，劳动力的过剩与短缺问题同时存在。农村剩余劳动力的转移已经成为影响城乡融合发展的重要因素之一，是我国城乡社会经济发展过程中必须要解决的问题。在民生关怀的社会语境下，对女性农民工城市生存风险进行研究，是国家乡村振兴、城乡融合发展的首要问题。

风险本质上是一种不确定性，按照经济学的基本原理，风险是收益的机会成本，只要有收益，就会有风险。经济学的本质就是研究理性行为人如何以最小的风险实现最大收益的学科。如果一切风险都在人的掌握之中，经济学就失去了存在的意义。随着我国经济的快速发展和社会转型，我国社会整体的风险也在逐渐增大，我们所谓的"风险社会"不是耸人听闻，而是当代社会经济发展的产物，它预示着社会整体意义上的风险提高，是社会风险质和量的一种规定。在风险社会里，女性农民工城市生存存在多重困境。

 经济因素

经济发展是女性农民工外出就业的大环境，经济发展决定就业水平，为农村劳动力外出就业奠定基础。经济因素往往不是其本身起作用，而是各种因素综合起作用。在此，以2008年年末2009年年初的世界金融危机为例，说明经济因素对农村劳动力外出就业的影响。本次世界金融危机的经济因素引发了农村劳动力外出就业的风险因素。因此，世界经济风险因素即世界性经济危机或战争危机等一系列重大的足以引起国计民生产生巨大震荡的事件。这些经济风险因素是指因经济前景的不确定性，各经济实体在从事正常的经济活动时，蒙受经济损失的可能性。世界经济风险因素引发农村劳动力外出就业的风险，是现代社会发展的结果，是经济全球化和一体化发展的新趋势，是市场经济发展过程中的必然现象。在简单商品生产条件下，商品交换范围较小、产品更新周期较长，故生产经营者易于把握预期的收益，经济因素不太明显。随着市场经济的发展，生产规模不断扩大、产品更新加快、社会需求变化剧烈，经济因素已成为每个生产者、经营者必须正视的问题。对于农民工外出就业来说，任何经济因素都会影响其就业的稳定性和收入，因而经济因素是农村劳动力外出就业风险产生的主要原因。

经济因素导致女性农民工外出就业存在风险主要表现在如下几个方面。

1. 经济的景气度影响就业率

就业率与经济景气与否密切相关，经济景气，企业开工多、订单多，需要劳动力多；反之亦然。因此，农村劳动力外出就业，与用人单位的开工量相关。同时，农民工是私营企业用工的蓄水池，企业经济不景气时，首当其冲受影响的就是农民工。因此，经济因素是农民工发生经济风险的重要因素。

2. 经济发展程度影响农村劳动力的工资收入

经济发展的程度与劳动者就业的工资水平具有密切联系，经济越发达，劳动者的工资收入就越高；劳动者工资高，就业的风险就小。但是，女性农民工外出就业不是固定就业，而是一种流动就业。由于经济因素而引起工资的增减与农村劳动力关系尤为密切，成为他们外出就业的重要风险因素。

3. 经济危机直接影响农村劳动力就业

在我国，由于国有与集体单位的存在，流动就业的女性农民工只能是就业调节的蓄水池。因此，经济危机作为影响农村劳动力的就业风险因素，是最直接也是最大的风险因素。世界经济危机（金融危机）因素是世界经济社会综合发生危险变迁的因素，世界性危机因素出现过许多次，如经济危机、金融海啸、环境危机等。世界性危机因素给农村劳动力外出就业带来的风险，主要是当经济不景气或社会动荡不安时，引发经济波动造成女性农民工失业、工资下降、生活困难等一系列问题。2009年以来，美国次贷危机对世界经济造成巨大冲击，尤其是失业问题成为各国宏观经济的一个突出问题。危机发生以来，尽管中国政府及时果断地采取了包括扩张的财政政策、宽松的货币政策，以及调整产业与促进就业政策在内的一揽子政策，有力遏制了经济滑坡，实现了经济止跌恢复，保持了经济较为平稳的运行，经济稳中向好的趋势渐为明朗。但是，后危机时代的中国就业问题再度成为一个受到普遍关注的宏观经济问题。特别是其对就业的影响，成为当今就业风险的主要因素。

众所周知，2008年的世界金融危机，首先导致中国外需萎缩。2008年秋交会，显示成交额比2007年同期缩水10%。对加工制造业的影响最为直接，沿海地区的农民工首当其冲。2008年11月底，从农业部监测情况看，农民工因无事可做提前返乡的达890万人；到12月底，农民工因无事可做提前返乡的达2 000万人。外需下滑，间接影响了中国经济，钢铁、有色金属和水泥等生产厂家普遍不乐观。国际金融危机对我国企业的影响由制造业发展到上游原材料业和能源业，由外向型企业发展到内向型企业，由东部沿海地区发展到中西部地区。进而影响农民工的就业，给农民工造成了巨大的就业风险。

世界经济危机等全球性经济因素对农民工就业的影响是深远的，并非一日之寒。发生在2008年年底的国际金融危机从影响沿海地区加工贸易出口企业生产经营，传导到建筑业、服务业，导致许多企业无法开工，进而导致2008年下半年大量农民工提前返乡的困境。

二 政策因素

政治因素不一定就是政治本身，而是整个政治大环境下影响农村劳动力外出就业并形成显著或潜在就业风险的政治原因，主要是国家的各种政策以及政策执行中的问题。政策因素是指因国家宏观政策（如货币政策、财政政策、行业政策、地区发展政策等）发生变化，导致劳动力市场价格波动和劳动力就业萎缩的因素。在市场经济条件下，由于受价值规律和竞争机制的影响，各企业争夺市场资源，都希望获得更大的活动自由，因而可能会触犯国家的有关政策，而国家政策又对企业行为具有强制约束力。另外，国家在不同时期可以根据宏观环境的变化而改变政策，这必然会影响企业的经济利益。因此，国家与企业之间由于政策的存在和调整，在经济利益上会产生矛盾，从而产生政策风险。

在我国，农村劳动力外出就业经历了国家政策的反复才逐渐明朗。20世纪80年代，国家政策并不支持农民外出就业，把农民外出就业作为盲流加以限制甚至禁止；20世纪80年代末到90年代初，随着城市社会经济的发展，农村劳动力外出就业的需求不断增长，农民流动受到了国家政策的鼓励，许多地方的政府还为农民外出就业提供多种服务与培训，鼓励农民外出就业也成为许多地方政府的一种潮流，被地方作为劳务经济鼓励发展，为农民发家致富、增收创业提供了政策的支撑。

当前，我国就业市场还没有完全形成，政策对就业的调节还十分必要。因此，政策与制度对公民就业的影响不仅深刻而且切实。当前，国家政策对农民工外出就业也是鼓励性质的，引导和影响着农民工的就业。此外，与劳动者息息相关的《劳动法》，由于存在诸多欠缺和弊端，难以适应时代发展要求，在2008年得到修改与完善，更加保障了劳动者的权益。我们可以看出，这些政策与制度更多服务于宏观经济政策和调控。

目前，影响女性农民工就业的政策因素主要表现在如下几方面。

1. 户籍壁垒形成的就业歧视因素

我国不仅存在城乡两个劳动力市场，在城市社会中也普遍存在两个劳动力市场：一个是收入高、工作环境好、待遇好、福利优越的劳动力市场，这是专门针对具有城市本地户籍的劳动者的高端劳动力市场；另一个是收入低、工作环境差、待遇福利低劣的劳动力市场，主要针对外来农民工，是低端劳动力市场。二元的劳动力市场在就业政策上限制了农民工取得与城市居民同等的劳动力资格，城市居民所从事的许多工作，农民工不是不能干，而是因为没有城市户口而不被允许干。农民工只能进入低端劳动力市场，而这个市场又由于农村劳动力的大量过剩而供大于求。农民工随时面临被解雇的命运，就业极不稳定，形成了农村劳动力外出就业的风险因素。

2. 就业政策干预形成阻碍因素

一些城市出台政策对农民工进行总量控制，采取职业、工种限制和先城后乡控制等。如上海市规定，用工单位招用外来劳动力，必须先公开招聘本市的劳动力，招聘不足，经有关部门批准备案方可招用外来劳动力。上海对农民工具体限制的行业和工种为金融与保险、各类管理业务员、调度员等共计20多个工种。《武汉市使用外来劳动力管理规定》将行业工种分为可使用、控制使用、禁止使用外来劳力三类进行管理。另外，深圳、北京、郑州等大中城市都有类似的限制规定。由于就业政策歧视的存在，农民工就业存在诸多的政策不确定性，因受到就业歧视而产生风险。例如，2008年年末到2009年上半年，某市外来务工人员100多万，有近20万人由于种种原因离职返乡，但上报数据不足5万。长远来看，干预企业用人措施，会增加企业经济负担，导致更多企业压低农民工工资或倒闭，这更不利于稳定就业。

3. 政策保护投资环境而侵害农民工利益

在某些城市，政府为了招商引资，营造一个良好的投资环境而忽视农民工的利益，政府政策宽容投资者对农民工的剥夺与权益侵害。通常，地方政府为顺利招商引资，给予外资、独资企业税收、管理等方面优惠政策，在企业经营管理过程中，特别是在处理企业中的劳资矛盾时，政府更多时候倾向或偏袒企业。若发生争执，企业往往以撤资为要挟，政府则采取妥协退步的方式，其直接结果是出卖了农民工的权益。所谓保护投资环境中的一些政策措施，直接破坏了农民工的就业质量。有时候，政府为了所谓的投资环境，甚至直接要求压低工人工资。如某外资工具厂开厂初期欲给农民工2 500 ~ 3 000元月薪，却遭到地方政府反对，其原因为过高的工资将对其他工厂用工造成威胁。最终，这家外资企业的月工资与其他企业持平，定为2 000元左右。

4. 政府政策和法律保护不利的风险因素

农村劳动力外出就业需要就业地政府的法律保护，如果得不到法律与制度的有效保护，就会滋生就业风险。事实上，农村劳动力外出就业时受到某些市政管理部门的清理和驱赶，在城市工作必须有暂住证等证明身份的证件，遭受就业歧视是常有的事。此前，某市警方就以开运动会为名，对一些没有正当职业的所谓"治安危险"的农民工进行清理，造成大量农民工不得不离开该市。与此同时，农民工劳动权益得不到保障、劳动合同签订率比较低、劳动权益保护预期差、工作环境恶劣、工作时间长、劳动强度大，更享受不到法定的节假日休息权利等现象普遍存在。改革开放以前，户籍制度人为地将国民分为城市居民和农村居民，并严格禁止农村居民向城市流动。改革开放以后，虽然户籍制度不能完全阻止农村劳动力进入城市，但仍然将城市劳动力分割为本地劳动力和外来劳动力两大类型。另外，从事特定行业的农民工，则被政府忽视甚至遗忘。家政行业农民工就是这样的群体，他们就业不稳定的关键因素在于行业缺乏安全感。而安全感的缺失源于政府在行业监管与规范方面的职能缺失。同时，农民工没有表达诉求、与政府沟通的渠道。因此，政府围绕农民工的工作机制需要审视与调整。

5. 政府政策的公共服务取向偏离造成风险

近年来，各地政府在解决农民工就业问题方面做出了若干努力，取得了重要成果。但是，我们还要看到，政府的行为取向还存在不足，特别是公共服务取向的偏离，造成了农村劳动力外出就业的服务缺位，形成了就业风险。在基层政府的实际操作中，农民工往往不是政府服务的真正对象，企业才是政府服务的首选目标，农民工就业保障往往成为企业利益扩张的附属品。仔细考察农民工集聚区的发展过程和管理特色，我们发现，其实存在不是"以人为本"，而是以"企业为本"的政府行为特征。例如，某市开发区建设伊始，引来跨国公司等数家企业，农民工也随企业的出现大量涌现。多数企业不愿在农民工管理方面浪费成本，造成了外来务工人员管理混乱。后来，该市及开发区政府在招商引资、经济发展的目标下，决定协助企业承担农民工后勤管理工作，加大就业环境的整顿与配套设施的建设。通过政府的公共服务改善了农民工的居住环境，也促进了招商引资的发展。

 主体因素

舒尔茨人力资本理论指出，决定现代经济发展的不是空间区位、土地和自然资源，而是人的素质、技能和知识水平。人口质量对经济发展的作用远远超过人口数量。因此，在现代社会里，农村劳动力的个体素质与其转移就业的风险紧密相连。首先，研究表明，一些人要比另一些人在信念、态度和行为方面表现得更为一致。这种表现称为风险偏好，它是在不同情境中表现出的风险寻求或风险回避的稳定的气质。风险偏好与求职风险倾向正相关。其次，就业期望影响求职风险倾向。个体求职者对未来的职业生涯及其发展的高期望可能会降低他们的求职风险倾向,他们通常能够细致地考虑各备选职业,规划自己未来的生涯发展。然而现实很有可能是,期望越大,失望越大。再次,自我效能的作用。自我效能指人们对组织和实施所要得到的行为结果的能力的信念,它决定人们将付出多大努力,以及在遇到障碍或不愉快的经历时,人们能够坚持多久。在进行职业选择时,人们会首先估计自己的能力,倾向于承担并执行那些他们认为能力所及的任务和情境,回避那些他们认为超过其能力所及的事情。而如果选择那些超出自己能力所及的职业,这必然是一种风险,求职风险倾向高的人可能依然做出这样的选择,将其视为乐趣和挑战。

农村劳动力受教育程度低,影响其转移就业并成为产生就业风险的重要因素。个人特征变量,如年龄、有无技能、个人经济资本对农民工跨省迁移有着显著影响,性别、受教育程度的影响不明显。相对于本地域就业,年龄对省外就业有着显著的负影响。研究表明,年龄每增加10岁,省外就业的概率将下降3.67%,年龄越大的农民工风险规避的意识越强,选择省外就业的概率就越低。务工收入每增加1个百分点,农民工选择省外的概率就会降低7.98%,如果在省内就业能够满足迁移就业的预期收入,将会极大降低其省外就业的概率。与无技能相比,有一技之长的农民工会降低省外就业的概率(-6.36%),技能遴选的择优效应充分体现在跨省就业选择中,成为农民工就业地类型选择的重要资本。有技能的农民工更容易选择在本省大城市就业,而无技能者只能选择在小城镇或中小城市就业,因此,我们应关注技能遴选效应导致的迁移选择过程中农民工群体的内部分化。

受传统家庭"男主外、女主内"模式的影响,许多女性农民工在从农业中分离出来进城务工后,其经济地位和社会地位有了很大程度提高,同时,她们又承受着家庭和社会的双重压力。不仅承受着巨大的就业压力,而且要承担起自己在家庭中的劳务以及生育、抚养子女或照顾老人的责任。[1]

女性农民工外出就业社会风险的本体因素主要表现在如下几个方面。

1. 文化程度低、就业适应性差

由于受教育程度偏低和大部分农民工专业技能缺乏,使农民工在就业和转移就业上困难重重。农民工个体差异变量是理解风险倾向的一个关键因素。农村劳动力就业的文化程度低造成的就业风险主要有:一是用人单位设置应聘的门槛,一般要求初中毕业以上,有些单位甚至要求高中毕业和大专毕业等,这对于低学

---

[1] 国晓丽. 我国女性农民工就业特点与对策[J]. 现代经济探讨, 2010 (3).

历的农村劳动力就业选择会产生风险；二是有些工种对文化知识具有一定的要求，一些低学历的农民工不能适应，如一些印刷行业、印字行业的用工等；三是文化程度低造成农村劳动力的外出就业适应性差，难以与人沟通，难以适应环境等，也形成外出就业的风险因素。研究表明，个体差异影响求职行为和风险决策。有学者从人格特质、类化预期、自我评定、动机、社会背景和传记变量六个方面研究个体差异变量对求职行为的影响；结果发现，个性维度（如外向和责任心）、自尊、自我效能等与求职行为有着高相关。这些研究结果说明了个体差异变量对求职行为的重要影响。

2. 就业技能少、没有一技之长

流动就业劳动力教育水平较低，跟城市劳动者相比，他们大部分没有接受过专业技术训练。因为拥有的物质资本很少，其规避风险的意识较强，大多从事一些不需要投资或较少投资，城市居民不愿从事的脏、累、危险的工作，并且面临激烈的就业竞争。调查发现，极少数有一技之长的农村劳动力，能够在城市轻松找到较为稳定的工作，而大量缺乏技能、教育水平较低的劳动者多从事每月收入低、不稳定、劳动危险程度高且没有劳动保险等基本福利保障的工作。有问卷调查显示，靠"一技之长"找工作的农民工仅有23.7%。事实表明，有"一技之长"的农民工较"纯体力"农民工确有优势。这一点在建筑行业表现尤为明显，吊车工的月收入为搬运工的3倍多。对于企业，有一技之长的农民工是首选，农民工的就业选择也更多。年龄大的农民工，对于"技术"的认知程度与新生代农民工接近，但学习欲望低，"没文化、脑子慢、懒得学"是他们自己常说的理由。农民工具备"一技之长"相当困难。农村教育资源贫乏，想学没地方学、想学没钱学的情况比较普遍。

3. 家庭收入对女性农民工就业风险的影响因素

家庭非农收入比值体现了非农收入对家庭的经济贡献，是影响女性农民工就业地选择的诱导性因素。与本地县域就业相比，上一年家庭非农收入比值每增加一个单位，将会显著地提高农民工选择本省大城市就业的概率，降低其选择省外就业的概率。较高的务工收入是大城市容易聚集农民工群体的一个重要原因。较"人力、畜力为主"而言，农业生产的机械化程度每提高一个等级，农民工选择省外就业的概率将降低，选择本省中小城市就业的概率将会提高。人均耕地面积每增加一亩，其选择本省中小城市就业的概率将会增加，选择本省大城市就业的概率将会降低。即，随着家庭农业生产现代化水平的逐步提高，农民工远距离务工的概率将会显著降低。

4. 家庭状况也对劳动力的就业风险因素产生影响

经验表明,接受过良好教育的年轻人比学历低的年长者更容易接受新技术、适应新环境,同时因流动就业产生的精神成本也低。更重要的是,由于流动就业大多从事繁重的工作,需要很强的体力;自营工商业者需要较多的技术和灵活的头脑,也需要对经营风险有乐观的估计;因此,年轻人从事自营工商业概率要更大。条件较好的农村家庭参加非农就业的概率增加,农村贫困家庭往往社会资本也较少,虽然他们有强烈的从事非农就业的愿望,但由于物质条件限制以及缺乏有效的社会网络支撑,非农就业很难实现,就业质量更加难以保证。

 四 代际因素

农民工在城市就业市场的主要竞争力是要求低、肯吃苦,工作无论高低贵贱都能接受,这种工作倾向填补了城市的非正式、非体面就业岗位。但是,新生代农民工对此类岗位则有所选择与挑剔,拒绝走父辈老路。新生代农民工选择职业的特点是,生活时间与空间的相对自由较工资收入更有诱惑力。相对于工作时间超过 12 小时三班倒的劳动密集型加工产业,新生代农民工更倾向于选择 6~8 小时一班倒的商业服务业。有一定物质基础的县城相对于封闭贫乏的乡镇,在就业方面更有吸引力。很多加工厂主抱怨:"新生代农民工都不在乎钱,贪玩,喜欢轻松体面的工作,都从厂子(加工厂)跑去卖货了。"代际因素影响农民工外出就业的主要原因有如下几点:

1. 代际变迁之间的就业观念变迁

当前,与上一代农民工比较,新生代农民工受教育程度高、职业期望高、生活享受需求高、自我认知程度高、渴望社会承认度高,代际差异成为农民工就业"两难"现象的新兴因素。所谓"代际差异",即新生代农民工相对于上一代农民工,在就业认知、就业能力、就业选择、社会认同等方面均有显著不同。但是,新生代农民工由于工作耐受力低、社会适应能力低,因而对社会有失公平现象承受力低。现实中,他们喜欢衣着光鲜,坚信穿着的好坏决定工作与生活的好坏。他们倾向挑战强势群体,当企业对其有不公平待遇时,他们选择辞职、罢工甚至围攻,但往往会对自身造成伤害,并面临失业、无业的压力。有的新生代农民工由于难以接受工厂的艰苦条件、城市生活的压力等，而产生叛逆心理。新生代农民工成为生活在城市与农村夹缝中的人，自身定位模糊，却执着于追求生活的改变与升级。新生代农民工的需求和期望与城市社会现实形成的强烈对比，将他们变成了"夹生人"。具体表现为，他们对生活预期升高，却寻找不到实现升高的途径；他们渴望自身发展，却没有发展的空间；他们勇于反抗，却无法预测反抗的结果。

2. 代际差异导致新生代农民工就业选择改变

由于第二代农民工缺乏务实的就业观念，不去选择真正适合自我发展、能够实现自我价值的工作岗位。所以，在许多城市中，一边是相当多的家政、餐饮等服务业大量缺工，一边是很多新生代农民工处于失业状态。并且新生代农民工还对大城市、高工资盲目追求，因而大部分选择去本地以外尤其是省外的城市就业，内陆地区和西部地区以及省内城市却很少有人问津。第一代农民工外出务工的目的主要是赚钱、盖房子、娶媳妇、养家糊口、供孩子上学。新生代农民工外出务工的动因主要是："刚毕业，出来锻炼自己""想到外面玩玩""学一门技术""在家乡没意思""羡慕城市生活"或者"外出能够享受现代生活"等。在这种就业观念指引下，新生代农民工都愿意学计算机、驾驶、外语等看似时髦实际却是普及性的本领，而不愿意学焊工、厨师等真正需要的专业本领，在就业上表现出很多不成熟的方面：对工作岗位比较挑剔，怕吃苦、爱面子等。在同样的条件下，更愿意选择到省外就业。

3. 农民工群体代际变迁及工作心态变化

农民工的主力群体，现在已经是从十七八岁到三十岁的所谓"新生代"农民工了。与上一代相比，新生代的求职心态有着显著变化。首先，到城市务工赚钱回农村养家的动机明显减弱。从他们身上，可以明显看到一种情感、心理与生活方式的都市认同过程。这就意味着，农村不是最后退路，这一代人必须依赖城镇的工作和生活。其次，这一代人更看重工作岗位的"外溢"效果，即技能学习机会、福利条件以及融入环境的可能性等。最后，有相当多的农民工在注重发展机会的同时，也很看重个人自由。

4. 新生代观念变迁的就业影响

新生代农民工的人生观念正在变迁，人生观的不同直接影响其对职业的选择、对生活的态度、对社会的看法，因此是需要正视的重要因素。他们拒绝机器般的生活,渴望得到较多的尊重和更好的社会认可,这是合理、理性的转变。地域经济越发达,新生代农民工对行业的挑剔程度越高。例如,较贫困的县与较富足的县相比,前者的农民工更倾向于外出务工,即便是带有压榨性质的加工厂。但是,随着经验与资本的积累,离开"血汗工厂"是一种必然。追求更高物质生活、追求在社会中的重新定位,是新生代农民工更倾向于流动的基本原因。新生代农民工需要理解与尊重,也需要引导与培养。

五　社会关系网络因素

社会支持网是社会网络的一种形式。行动者通过从网络成员那里摄取的资源,而不是个体自身拥有的资源,来解决日常生活中的困难并渡过危机,维持日常生活正常运行,这些网络成员即构成个体的社会支持网络。社会支持网络关注的是人们之间的互动和联系,社会互动特别是有强度的社会互动影响人们的社会行为;没有互动的网络,就不会对人们的社会行为产生影响。这种互动所形成的纽带关系对人们行为的结构性限制,人与人之间互动过程中所形成的这种纽带关系不仅对人们的行为产生影响,同时也是一种客观存在的社会结构。其中,社会支持网络更为关注的是,人们如何在这种互动和纽带关系基础上形成一种非正式、非制度化,具有社会和情感支持以及特殊主义取向的系统和群体;这种系统和群体结构又是如何推动一个社会经济的发展和变迁的。

社会关系网络是农村劳动力外出就业风险化解的重要因素,也是直接影响其发展的重要因素。农民工在城市生活工作中经常受挫,产生被歧视感和被剥夺感,得不到基本的尊重和人际关照。这促使或加重了进城农民工的孤立感和无助感,诱发不同程度的认同危机和心理危机,从而导致一种强烈的反社会情绪和失范行为取向。当这种危机达到一定程度时,甚至会产生极端反社会行为。这一现象的产生,有许多其他方面的原因,但主要原因是农民工社会支持网络的缺乏。农村劳动力进城前与进城后主要是依赖同乡以及由此延伸的各种关系网络,在这个关系网络中主要是一种强关系状态。这种强关系将他们联系在一起,在网络的内部会产生高度的互动频率和互动关系。这一方面有利于他们在城市这个环境中尽快找到立足安身的空间,但另一方面又使他们进一步加大了与城市居民之间的隔阂。

因此,如果一个年轻农村劳动者拥有较高的人力资本、良好的社会关系及足够的物质资本,他首先选择在本地从事工商业活动,或者在本地企业就业。流动就业不是劳动者的最优选择，但相比农业生产，由于流动就业具有较高收入，劳动者会充分利用自己的社会网络从事流动就业。

1. 社会关系支持网络节约就业成本

女性农民工流入地的社会网络不仅能够减少她们的工作搜寻成本，而且由于她们有着共同的文化和生活背景，能够减少流动决策的心理成本。更为重要的是，一旦她们失业或遇到其他困难，往往在当地老乡、亲友中寻求帮助。农民工流动就业最重要的依赖因素不是个人较充分的人力资本（Human Capital），也不是充分的金融资本（Finance Capital），而是通过社会网络充分利用他们的社会资本（Social Capital）。因此，缺乏社会网络支持，成为农民外出就业的风险因素之一。

2. 社会关系支持网络保障就业安全

社会关系在当前我国农村劳动力就业中扮演着重要角色：如果本地有较强的社会关系，流动就业者就会减少8%，这表明流动就业并不是劳动力的首要选择；如果在流出地有亲朋好友，则劳动力选择流动就业的边际概率达46%。调查表明，超过90%的流动就业者的第一次工作是通过流入地的亲戚、朋友或老乡介绍的。本地企业就业和自营工商业非常依赖社会关系，本地有很强的社会关系者参加企业就业和自营工商业的边际概率为26%、19%。[1]如果本地劳动力市场并不成熟，在本地企业就业或从事自营工商业就不得不借助非市场因素。

3. 社会关系支持网络提供就业机会

调查表明，超过89%的流动就业者通过亲友寻找工作。流动农民工的生存状态也明显不同于当地居民，78.2%的被调查者很少跟当地居民交往；由于收入有限，基本没有娱乐消费，繁重劳动后的生活圈子仅限于同乡、本地亲友。农村劳动力能够根据家庭及自身条件，合理选择就业方式。家庭经济条件较好、学习成绩好的年轻农村劳动力，大多通过接受高等教育脱离农业；拥有较多社会资本和较高人力资本的劳动者选择在本地从事以非农业为主的兼业活动；拥有足够社会资本及一定技术的劳动者，多在本地从事自营工商业；有一定社会资本、较高的文化水平但缺乏资本和技术的劳动者，则选择流动就业。而年龄较大、社会资本缺乏、无一技之长、受教育水平低者，大多从事纯农业劳动。

---

[1] 王文信.农民工就业影响因素分析［J］.农业经济问题，2008（1）.

因此，农民工在城市中所面临的社会支持问题，不是短期形成的，在解决时也必然要经历一个长期的过程。帮助农民工建立社会支持网络，更需要各方面力量的共同参与和努力。需要让城市中的人们学会对不同文化的欣赏与接纳，让他们站在全国人民整体利益的立场上看问题，而不是站在城市居民的利益立场看问题。让来到城市的农民工学会对城市文化的理解与适应，使他们不断提高自身的素质和思想意识，而不再停留于城市中边缘群体的位置。具体来说，必须从如下几个方面努力。

（1）促进城市居民态度的改变。消除城市居民与农民工群体之间的隔阂并不是一件简单的事情，需要双方的共同努力。对于城市居民而言，要尽量消除所谓的"城里人"的优越感，以平等的观念来对待进城务工的农民；要全面、客观地看待就业问题，不能把就业难的问题完全归咎于农民工的出现；要把农民工看成是城市中的一分子，给予更多的关心和帮助。对于农民工而言，要尽量遵守城市的规则，改变原有的生活文明准则，提高自身的素质，尽快融入城市生活。

（2）新闻媒体要进行较多的舆论引导。电视、报纸、广播等新闻媒体应当有意识地纠正舆论宣传的片面性，对农民工为城市和社会所做出的巨大贡献和新人新事、新风尚要大力宣传，消除城市居民对农民工存在的偏见，使人们意识到广大农民工默默无闻地贡献与牺牲对我国当前城市化建设与发展所起的巨大作用。另外，应对市民的"一等公民"意识加以引导，培养他们的公民意识和平等观念；同时也要引导农民工对城市的归属感，让他们认识到自己也是城市的主人。这样，才能创造一种平等融洽的社会氛围，帮助城市居民和外来农民工群体加强互动和彼此尊重，增进彼此间的了解、理解、沟通与包容。

（3）增强非政府组织的帮助与支持。调动社会各方面的力量，共同为农民工群体提供生活帮助、法律援助、医疗服务等。在具体的运作上，由于农民工自身的特点，决定了他们更多的是需要精神方面的支持，而不是物质上的帮助。因此，对其进行文化知识、法律常识、工作技能等方面的教育和培训，从而增强他们的市民意识，提高他们的素质和能力，是使他们更快融入城市的最有效途径。

（4）约束企业的歧视行为。当今社会要求城市居民树立文明、开放、兼容并包的新观念。同样，作为一个现代化的企业，也必须具有全局和长远的眼光。一个连平等意识都没有的企业是不可能发展壮大的。在市场经济快速发展的今天，依然照搬西方国家工业化发展初期的传统管理方法，已经不能适应残酷的市场竞争。无论规模大小，越来越多的企业开始学习新的管理理念。其中，就有关于人性化管理的论述，这是企业得以长足发展的一个关键。企业一定要重视劳动条件的改善和工资待遇的合理解决，变"农民工的工厂"为"农民工的家"，给予农民工更多的关心和爱护，创造拴心留人的工作环境。只有这样，才更能调动农民工的积极性，从而为企业的发展服务，也只有这样，企业才能在劳动力市场竞争中取得优势。

（5）增强农民工自身的群体意识。无论社会支持怎么进行，都是从外界给予农民工的间接帮助。随着农民工数量的激增和侵权事件的屡屡发生，建立农民工自己的组织，探索有效的维权途径已经迫在眉睫。与带有浓厚帮会色彩的同乡会等不同，这类组织的建立应该是为农民工群体主持公道、维护权益发挥积极作用，让更多的农民工正确认识自己、定位自己、保护自己。现在，有些地方的农民工开始尝试建立打工者协会，办咨询热线，收到了良好的效果。只有当越来越多的农民工走到一起，用同一个声音说话的时候，才能使农民工摘掉"弱势群体"的帽子，走入"强势群体"的行列。

六　信息因素

以往农民工被称作"盲流"，主要是指劳动力市场信息不对称，农民工寻求工作有很大的不确定性、不稳定性。理论上，市场交易中参与交易的双方在掌握信息上存在不平衡状态，即参与市场交易的一方比另一方拥有更多的信息，处于信息优势地位，因而具有利用信息不对称进行欺骗的动机。从哲学的角度分析，信息不对称的存在具有普遍性和绝对性。其一，信息是普遍存在的，信息的传输也是普遍存在的。一条新信息产生于信息源，通过信道传到信宿，在传递到信宿前，对于信息源及信宿两者而言就已经存在了信息不对称；其二，信息的不对称是绝对的，信息对称是相对的。信息运动的过程和物质、时间一样是没有源头的，自然界的各种物质及人类社会的各种事物无时不在变化，无时不在产生信息，从这个意义上讲信息不对称是绝对的、永恒的。而信息对称则是相对的、暂时的，人们掌握的信息永远落后于产生的新信息。信息运动的过程表现为信息由不对称到对称的矛盾发展辩证统一，即信息由不对称向对称螺旋式上升、波浪式前进。

对于外出就业的女性农民工来说，就业选择和就业时的信息不对称现象是经常存在的。作为弱势群体，她们相对于企业老板来说，知晓的企业信息是非常有限的。因而，其就业风险也会因信息不对称而产生或加剧，具体表现为如下几点。

1. 信息不对称产生的不信任博弈风险

表现为用人单位难以掌握农民工的完全信息,因此需求方不可能像了解其他产品一样简单地掌握其产品特性。在实际洽谈过程中,用人单位难以完全了解农民工的素质、能力等信息,不了解农民工的真实求职期望;同时,求职农民工也不了解用人单位的真实情况,不清楚用人单位承诺的可信度等。农民工就业市场上的供求双方对信息占有的不对称状况将在协议签署前后分别产生逆向选择和道德风险问题,它们将严重降低农民工就业市场的运行效率,形成就业的风险因素。

2. 信息不对称产生的职业选择和决策失误风险

现在,求职者不再是传统意义上的一块被搬来搬去的"砖"。当前,他们拥有不同的就业渠道和机会,面临多种职业选择。比如,是选择留守在大城市还是到小城镇或乡村寻求发展机会,是选择在外资企业还是到国有企业接受锻炼等。我们从决策过程来探讨人们的职业选择行为。例如,在整个职业决策过程中,决策者一是要认识到做出一个决策的必要性,接着明确决策的目标或目的;二是要收集数据并查看可能的行动方案;三是要根据数据来决定可能的行动方案及结果;四是要关注他或她的价值观系统;五是要做出一个决定,并评估这个决定可能成为最终决定还是待审查的决定。职业选择还意味着人们在不同属性上进行比较,比如比较两个工作机会在薪酬、福利、价值观、发展机会等方面的差异。

3. 信息不对称产生的就业过程中的机会风险

例如,各种备选选项(即工作机会)相对期望、可接受的工作时间框架等。对于高校毕业生而言,他们通常面临的是初次就业,不确定性更高、风险更大,发展机会、企业未来发展、薪酬、离家距离等是他们必然要考虑的因素。对于失业人员而言,他们面临的是再次就业。初次就业或前次就业经历使他们再就业时对结果的考虑赋予更高的权重。一些结果(比如工作满意、生活满意、财政状况、成长机会、家庭情况)都受到就业决策的影响。不再拥有或寻求稳定的工作成为与传统职业决策理论的关键差异。

当前,在一些城市中,各级政府组织在建立相对规范的农民工劳务市场,主要是为了减少农民工的信息风险。但总的来看,比较规范的农民工劳动力市场中介还没有建立起来,农民工主要从亲朋好友、熟人关系那里获得就业信息,信息来源有限,有些甚至是误导。这种以"投亲靠友"为主要特征的就业渠道,使农民工择业缺少确定性,在不同工作间、单位间、行业间、城市间频繁流动。由此带来的是,农民工在单位内的身份是临时工,没有医疗、住房等福利待遇,工龄也不被累计,难以享受连续性的社会保障政策;习惯于短期行为而不断"跳槽",心理上没有归属感,这使农民工难以建立一个较长的人生预期,难以形成工作经验、职业技能和社会地位的累积,走不出城市底层环境。构建和谐的城乡关系是和谐社会的一个重要方面,处理好农民工权益保障问题,是构建和谐城乡关系的关键内容之一。农民工权益缺乏保障,特别是女性农民工的合法权益得不到保障必然给农民工这一群体带来一定的压抑和不满,长期如此必然会让他们对社会产生不满,感到极度的不公平。由于他们自身素质的局限,很有可能选择一些过激的行为来发泄郁积的愤懑。他们可能会做出一些越轨行为,甚至是违法犯罪行为,如破坏城市公共设施、破坏交通标识,甚至入室抢劫等,严重影响城市的公共安全和居民的正常生活,同时对社会的稳定与和谐构成一定的威胁[1]。

---

[1] 马雪松.从盲流到产业工人:农民工问题与和谐社会建设研究[M].南昌:江西人民出版社,2010.

第九章 创新城乡融合体制机制,确保女性农民工城市融入

女性农民工是农民工中的一个特殊群体,她们在城市社会同样起着不可替代的作用。农民工一直被称为"弱势群体",而女性农民工更是"弱势群体中的弱势群体"。工作时,她们和男人们一样面对砖头、水泥、搅拌机;生活上,她们住简易工棚、吃大锅饭;精神上,她们牵挂分居的丈夫和孩子,她们遭遇的困难远比男性农民工多。女性农民工由于性别的缘故,外出就业的风险更大、更多,更应该获得社会的广泛关注。

董章琳、张鹏对重庆市主城区1 032名农民工进行问卷调查与访谈发现,农民工城市社会融合面临诸多因素的影响。其表现为:社会融合层面受二元户籍制度及其相关配套制度等制度性因素和政府、市民、农民工所在企业、第三方组织等非制度性因素的影响;经济融合层面受农民工就业状况、收入与福利状况、家庭负担与维系成本等因素的影响;文化及心理融合层面受农民工文化特质及其对城市生活的心理适应与认同等因素的影响。为了促进城市农民工社会融合,必须改革户籍制度及相关配套制度,消除农民工社会融入的制度障碍;完善法律法规,保障农民工社会融入的合法权益;加强农民工与城市居民的沟通,促进双方和谐相处;重视农民工职业教育与培训,提高其融入城市的基本劳动技能;加强社区管理,以社区融合推动社会融合;增强第三方组织介入积极性,拓展农民工就业空间。[1]

大约从20世纪80年代开始，农村女性就勇敢地加入了流动大军，在被称为"世界工厂"的劳动密集型产业中，她们成了流水线上的主力军。在30多年的时间里，女性农民工在总体上有很多的变化：一是数量上由少到多；二是年龄上由年轻未婚多到中壮年已婚多；三是由男人进城女人留守到举家迁移；四是流出地由中原地带向边远山区和少数民族地区发展；五是所在产业由第二产业大量向第三产业转移。女性农民工主要集中在劳动密集型产业、服务行业以及其他非正规就业领域等，她们的职业主要有家政服务员、娱乐业从业人员、医院护工、自主创业和没有任何注册登记的私人用工。尽管女性农民工总体上出现了这些变化，但她们的生存状况没有更多改变，甚至越来越被城市社会边缘化。

当前，农民工的社会保障问题一直是社会和学界关注的焦点，随着女性农民工数量的激增，学界开始对农民工社会保障享有的性别差异进行研究。然而现有针对女性农民工社会保障的研究多集中在理论探讨的层面，缺乏系统且全面的经验支撑。需要以社会性别视角为出发点，对女性农民工社会保障的现状进行考察，分析影响女性农民工社会保障现状的因素，并据此提出让女性农民工更好地享有社会保障权利的对策建议。

 消除劳动权利性别歧视

劳动合同是劳动者与用人单位确立劳动关系、明确双方权利和义务的协议。《劳动法》第16条规定："建立劳动关系应当订立劳动合同。"发生纠纷后也有据可查。但现实情况是，一些用人单位以女性农民工流动性大为由，不按国家有关劳动合同的规定与农民工建立劳动关系。要么不签合同，要么采取口头或签订"生死合同"等形式来规避法律责任，减轻负担。尤其在私营企业中，女性农民工未与企业签订劳动合同的现象大量存在。一些企业即使与她们签订了书面劳动合同，但合同条款往往内容简单、粗糙、模糊、不规范，个别企业的合同条款中甚至包含了违反《劳动法》的内容。因此，一旦发生纠纷，劳动合同不规范或没有劳动合同往往造成维权难。所以，合同问题的发生有用人单位的原因，即往往以协议或口头约定的方式规避正式合同的约束，也因此不缴纳社会保险；另

---

[1] 董章琳，张鹏. 城市农民工社会融合的影响因素分析：基于重庆市1 032名农民工的调查[J]. 重庆理工大学学报（哲学社会科学版），2011（2）.

外，部分女性农民工也没有意识到签订劳动合同的必要性，不知道通过签订劳动合同来保障自己的权益。她们以为签了合同就无法离开企业，也会因此拒绝签合同。在餐饮和建筑等流动性较大的行业，这种情况比较普遍，也造成了用人单位规避法律责任的问题。

女性农民工最大的问题是不仅没有与城市女性平等的就业权，而且没有与男性农民工平等的待遇权。因此，女性农民工往往由于权利不能得到保障而处于不利的边缘，直至社会经济地位的边缘化。女性农民工的需求是一个人一个家庭最基本的需求，建设和谐社会要以人为本，如果忽视妇女和孩子，就不是真正的以人为本，不以人为本建设的社会，也绝不是和谐社会。女性农民工除了和男性一样，存在不能公平地签订劳动合同，得不到应有的社会保障和工资等问题，她们还有因性别和工种带来的权益问题，比如加班时间太长，工资待遇过低，性暴力和性骚扰的威胁，以及其他因性别弱势带来的问题。另外，由于城乡户籍制度的限制，她们在恋爱、婚姻、计划生育和生殖健康方面碰到的问题比男性更为突出，她们会受到身份歧视和性别歧视的双重压力。她们在城市里多从事服务行业，工作性质决定了她们比男性能更快地融入城市生活，因此，她们的人生观、价值观和婚姻观也更容易发生改变。但是，户籍制度带来的身份歧视使她们在城市里不能自由恋爱；男尊女卑、男婚女嫁的传统习俗和土地对农民的依附关系又使她们必须选择以男性为主的婚姻模式。这种从精神到心灵上的矛盾冲突，经常使她们陷入痛苦的两难境地。但是，"人往高处走，水往低处流"的强烈愿望又使她们不甘心在农村生活一辈子，所以，她们还是会选择走出家庭，而她们面临的是更孤独更无助的生活，她们可能会离婚，可能被乡亲们说成是"坏女人"，她们成了城市和农村都不接受的真正意义上的边缘人。

有关专家说，相对于男性而言，女性农民工更容易遭受风险，想要彻底改变女性农民工的弱势地位，应该从法律层面把女性农民工纳入保护对象。调查表明，68.2%的受访女性农民工享受不到特殊劳动保护，被侵权后大多选择"忍气吞声"。相对而言，女性农民工更需要法律的帮助。小病不愿治大病不敢治，农民工一般工作环境差、工作时间长、劳动强度大，大都从事脏、累、险的工作，长期处于慢性疲劳状态，如此情况之下健康难免亮"红灯"。作为女性农民工，更因为其身体、生理的特殊性，而在工作的过程中落下了不少疾病。我们在调查中发现，受访的女性农民工中，大多数多年来从未做过体检，多数情况下是小病拖、大病扛，实在不行去药店买点药吃。

许多女性农民工眼下在孕、产、哺乳期内会遭遇种种不公正待遇。女性农民工小陈说："我和老公现在都不打算要小孩，趁年轻再在外面打几年工就回老家生孩子。"其实小陈和老公都想要个孩子，双方父母也想抱孙子，但是现在条件不允许，怀孕差不多就意味着失业。在对5个城市中的20多位川籍女性农民工的采访中笔者了解到，为了避开女职工孕、产、哺乳期，有的企业只招收19～25岁未婚未育的女性农民工，个别私人企业甚至还提出，禁止女性农民工在合同期内结婚生育。[1]小陈说，身边很多怀孕的同事，不是偷偷去做人流，就是自己离职，她身边很多同事现在都不敢谈恋爱、不敢结婚，更不敢生育，即便结婚了也对外隐瞒。

大多数女性农民工的特殊劳动保护被严重侵害。根据相关劳动法律法规，女职工在经期、孕期、产期和哺乳期应当得到用人单位的特殊劳动保护。如《女职工劳动保护特别规定》中明确规定，不得在女职工怀孕期、产期、哺乳期降低其基本工资，或者解除劳动合同。"绝大多数女性农民工既不知道女职工享有在特殊时期内的法定保护，实际上也很少能享有这种权利。"这一点从调查得出的统计数据中可以明显看出，72.3%的人表示不知道这些规定，68.2%的人表示没有受到任何特殊保护。[2]一些用工单位虽然没有直接解雇结婚或怀孕的女性农民工，但往往会采取变相手段以各种理由让女性农民工换岗，以达到降低工资甚至逼迫其辞职的目的。因此，法律法规中针对弱势群体的权益保护很难起到实际作用。例如，《劳动法》《女职工劳动保护特别规定》和《女职工禁忌劳动范围的规定》虽然规定了女职工享有的特殊劳动保护，但这些规定总体而言侧重于指导，对责任部分的规定较弱。如《劳动法》对于用人单位违反女职工保护规定的，只是要求"由劳动行政部门责令改正，处以罚款；对女职工造成损害的，应当承担赔偿责任"。《女职工劳动保护特别规定》中对女职工劳动权利受到侵害的，也仅规定"对违反本规定侵害女职工劳动保护权益的单位负责人及其直接责任人员给予行政处分，并责令该单位给予被侵害女职工合理的经济补偿"。《女职工禁忌劳动范围的规定》则没有规定违法的责任。

对于违反针对女性农民工的特殊保护规定的，法律责任应更明确清晰，不能笼统规定给予处罚和承担赔偿责任，而应该更加细化，便于具体操作。近年来，由于中央政府对这一问题的高度重视，一些拖欠女性农民工工资的问题开始逐步得到解决，但是仍存在一系列重要问题。

（1）同工不同酬问题。一些女性农民工虽然从事与城市居民同样的工作，却拿着比城市居民低的报酬。

---

[1] 彭永生，万金龙.打工妹：渴望一片生存蓝天[N].华西都市报，2007-01-23.
[2] 笔者做过农民工城市生存边缘化的问卷调查，所呈现数据和案例，如无特殊说明，皆为笔者调查数据。

(2) 变相克扣工资问题。即便是很低的收入,女性农民工还经常受到变相克扣和压榨。克扣的方式多种多样,包括延长试用期、缴纳押金、无限延长工作时间以及得不到正常加班的加班工资。例如服装、玩具行业的计件工资,据了解,由于这些行业普遍采用计件工资方式,工人每天工作 10~14 小时,而且加班还被称为"工人自愿"。长期的超时工作,得到的却是较低的报酬。

(3) 被拖欠甚至拒付工资。例如建筑行业的工资发放模式,长期以来,建筑行业采取平时发放生活费、年终结清的工资发放形式,这就为拖欠工资提供了可能。

因此,采取有效措施保障女性农民工的合法权益显得尤为紧迫。针对性别差异和务工特点,从健全劳动关系、加强劳动保护、营造公平安全的就业环境等方面入手,制定女性农民工生存发展的保护措施,以降低妇女在流动、就业过程中的风险;开发含工伤、失业、医疗、养老、生育等功能的通用保险卡,在各省内统一收缴支付,简化参保、退保、转保办理手续以及待遇审批手续;加强社会公共服务,积极解决农民工"住房难"、农民工子女"入学难"的问题;针对女性特征,开设适合女性农民工的各类培训,从妇女权益保障、"四自"精神、卫生健康、婚姻家庭、子女教育等多个方面开展培训,提升广大女性农民工的综合素质,促进其尽快与城市融合。

二 加强女性农民工维权观念和信心

农民工是一个弱势群体,而女性农民工则处于更弱势的地位。但是从目前来看,女性农民工的一些基本权益在现实生活中还是常被无端忽视。因此,必须要切实做好女性农民工权益保障工作,这需要全社会的共同努力,需要各个机构部门的通力协作,也需要女性农民工个人维权意识的提高,这是一项长期的系统工程。

1. 要树立女性农民工的维权意识

女性农民工维权意识的匮乏是其维权难的重要原因,因此必须树立女性农民工的维权意识,这是保护其合法权益的最有效途径。毕竟农民工自己才是维权主体,政府只能起到改善维权环境的作用。维权意识的树立不是一朝一夕的事,需要逐步培养。要对女性农民工进行教育,培养其维权的思想;要提醒广大女性农民工一定要与有关单位签订劳动合同,约定工资支付形式和时间等,做好维权意识培养的第一步；同时，要定期对女性农民工的生存状况进行调查，及时发现损害其权益等情况，做好善后处理工作。针对女性农民工维权意识不强的弱点，应加强女性农民工思想认识方面的教育。为此，社区或各维权组织可以通过送文化行动、创办"职工书屋"、创办周末学校等多种途径，帮助她们掌握法律政策知识，提高技能技术水平，提升科学文化素养，培养健康生活方式，参与社会平等竞争，将维权理念和维权常识传送给每个女性农民工。

2. 要培养女性农民工依法维权的观念

要想培养女性农民工依法维权的意识，首先还是得靠教育，对于违法的维权行为要进行制止，让女性农民工认清利弊，将合法维权组织的分布情况、联系方式告知女性农民工，让她们能够寻找正确的方式，依法维权。同时，要将女性农民工的维权组织调查清楚，分发给每位女性农民工，做到权益诉求机制的畅通。要充分依靠政府组织维权的力量，发挥工会的作用。将女性农民工纳入工会的管理范畴，完善其入会、转会手续，切实维护其合法权益；发挥妇委会及妇联等组织的作用，建立相应的联系制度，将其困境切实反映给相关部门和组织，并为其提供相应援助。

3. 建立女性农民工自治组织

鼓励女性农民工成立自我维权组织，通过集体力量来维护自身利益。一方面，可以增强女性农民工的自救与互助能力，毕竟组织的力量大于个人；另一方面，还可以弥补工会制度的缺陷，使其覆盖范围更广，开辟女性农民工的利益表达和权益维护的新渠道。自治组织的主要职责是监督女性农民工权益保护法律和政策的实施。

三　提高正式就业渠道的就业水平

女性农民工在城市正式就业渠道短缺，引发了她们的就业风险。这种就业风险的来源，存在于思想意识上和制度上。在思想认识上，有一些观点认为农民工在农村有自己的承包土地，土地收入完全可以作为他们的最低生活保障的来源，建立面向农民工的社会保障制度必然增加政府的财政负担，即使要建立，现在也为时太早，会削弱我国劳动力成本较低的竞争优势。此外，企业对社会保险也缺乏正确的认识，认为参加社会保障会加重企业负担。因此，部分企业瞒报参保人数、虚报人员之事时有发生。广州市社会保障局就组织相关人员对全市企业的社保情况进行了全面检查,发现不按规定参加社会保险或瞒报、虚报社保缴费基数的企业不在少数。在制度保障上,由于我国存在城镇居民和农村居民二元户籍身份的分隔,因此形成了城镇和农村相分离的二元社会保障体系。此体系是建立在城乡户籍分隔、城乡人口流动相对静止状态下的制度安排。改革开放以后,大批农民进城务工,大量农村人口向城市流动而形成了城市农民工,他们离开农村进入城市劳动也就形成了农民工社会保障的缺失。他们工资低廉,而社会保障更是无从谈起。他们遭受的歧视和不公平的对待说明了农民工在城镇的社会地位低下,更说明了城镇户籍制度、就业用工制度等滞后于城镇化发展,使农民工在城市社会发展中受到先天性权利制度的整体排斥。

正式就业渠道是市场经济发展和完善的客观要求,也是保障劳动者就业的主要措施。但是,我国目前的国情决定了非正式就业渠道也不能完全封闭。因此,我国目前的选择是:完善正式就业渠道、规范非正式就业渠道、防范女性农民工的就业风险。

针对女性农民工就业渠道单一且以非正式渠道为主的现状,一方面要通过规范非正式就业渠道保证女性农民工的就业安全与保障,另一方面要通过拓宽正式就业渠道提高女性农民工的就业比例。相对男性而言,72.8%的女性农民工依托私人社会网络就业,这无疑会增加女性在就业上的风险。此时就需要通过劳动与社会保障部门加强劳动执法力度,严厉打击私人中介性质的个人,依法取缔或引导其正规化;同时加强社会用工企业的用工信息登记制度,消除用工过程中的同工不同酬等性别歧视现象,特别是防止劳动诈骗行为的发生。在广开就业渠道方面,则要以劳动力输出地政府为主导进行,其工作的重点应该是建立完善的农民工就业信息系统并通过有效的宣传方式保障畅通的就业信息表达。[1]

1. 扩大正式就业渠道的供给

正式就业渠道在目前主要是供给太少,相对我国庞大的劳动力就业市场来说,缺口很大。因此,完善正式就业渠道首先要扩大正式就业渠道的投入。国家要对已有的正式就业渠道进行资源整合、盘活存量资源,同时,要适当增加投入,加快其基础设施建设,增加运转经费,使已有正式就业渠道充分发挥作用。

---

[1] 向华丽. 女性农民工的社会融入现状及其影响因素分析:基于湖北 3 市的调查 [J]. 中国人口·资源与环境, 2013 (1).

2. 规范正式就业渠道的运转

正式就业渠道相对于女性农民工来说，规范运转、消除歧视、向女性农民工倾斜也是非常重要的。我国的正式就业渠道市场化程度不高，城乡二元体制还有一定的影响。因此，它还存在对农民工的接纳歧视问题，比如进入的要求严格、手续烦琐等，使许多女性农民工望而生畏，被排斥在门外。

3. 引导非正式就业渠道发挥作用

非正式就业渠道对于女性农民工就业有许多方便之处，但是存在许多风险；因此，政府要加强对非正式就业渠道的引导。一是要加强企业用工的透明度，建立企业用工的信息公开制度，便于弱势的女性农民工检查非正式就业渠道提供信息的真实程度；二是劳动部门要建立企业用工的免费发布网站，为从非正式就业渠道就业的女性农民工提供信息，减少非正式就业渠道的信息不对称性。

4. 加强劳动执法，保护女性农民工的人身安全

不管从正式就业渠道和非正式就业渠道就业，都存在就业的风险。劳动与社会保障部门应该加强劳动执法力度，防止劳动中介机构和个人进行劳动诈骗，保护女性农民工的劳动权益。相当数量的女性农民工往往因为生育而失业，成为没有任何生活来源的家庭主妇，这无疑使本来就拮据的家庭雪上加霜，城镇女职工所享受的生育保险对于她们中的很多人来说根本都没有接触过。面对正规医院生育的费用，她们只能望而却步，退而求其次，选择价格低廉但卫生技术条件令人担忧的黑诊所，这一方面滋生了我国屡禁不止的黑诊所，另一方面也对女性农民工的生殖健康和下一代的健康成长带来了极大隐患。

四 强化社会支持网络功能

作为一种理论范式，社会支持源于"社会病原学"，最早是和个体的生理、心理和社会适应能力联系在一起的。也正基于此，一些学者的研究将其限制在"社会心理健康"领域。但就已有研究来看，国内外对社会支持的使用都已超越了原有的解释，将其扩展为一种用于为弱势群体提供精神和物质资源，以帮助其摆脱生存和发展困境的社会行为总和。社会支持理论基于对弱势群体需要的假设，也就是说在对弱势群体形成科学认知的基础上，判定弱势群体需要什么样的

资源才能改善和摆脱现存的不利处境。依据社会支持理论的观点，一个人所拥有的社会支持网络越强大，就能够越好地应对各种来自环境的挑战。个人所拥有的资源又可以分为个人资源和社会资源。个人资源包括个人的自我功能和应对能力，后者是指个人社会网络中的广度和网络中的人所能提供的社会支持功能的程度。以社会支持理论取向的社会工作，强调通过干预个人的社会网络来改变其个人的生活。特别是对那些社会网络资源不足或利用社会网络能力不足的个体，社会工作者致力于给他们以必要的帮助，帮助他们扩大社会网络资源，提高其利用社会网络的能力。

1. 政府应该充分行使保障农民工就业安全的职能

政府的一项重要职能就是保护劳动者的就业安全，为劳动者的安全就业创造良好的政策、法律以及社会环境。理所当然，保障作为国家公民的农民工的就业安全也是政府不可推卸的职责。政府决策和执法部门应增强保障农民工安全就业的意识。为了降低女性农民工的就业风险，首先，要加强对职业中介组织的管理和监督，对黑职介坚决予以打击。其次，劳动保障部门要规范用工单位的用工行为，对侵犯农民工权益的行为要进行处罚和治理。再次，在农民工输出地和流入地建立就业对接机制，保障就业信息的及时沟通、反馈，降低由于就业信息缺乏或不准确导致的风险。最后，扶贫单位应加大对农村贫困地区人员的技能培训，提高农民工自身抵御风险的能力。目前，政府以及妇联等社会团体已开始为保障农民工安全就业展开积极的行动。政府在农民工集中的区域建立了为农民工服务的务工办事处、劳动服务站等机构。对于农民工的就业风险，现在关键的问题是要实现从被动补救到主动干预的转换。

2. 女性农民工自身应该提高风险防范意识

女性农民工的就业风险与女性农民工自身风险防范意识不够、缺乏自我保护意识与能力有很大关系。因此，应加强对女性农民工劳务输出时的培训，不仅要涵盖技能培训，而且要加强风险防范意识和维权意识的培训，以提高女性农民工自我保护的意识和能力。同时，应加大对农村地区的教育投入，减少辍学率，避免农村女性过早加入流动大军，造成因年纪太小，缺乏辨别力和自我保护意识带来的就业风险，而且应把如何防范就业风险的知识搬到农村教育的课堂上，及早树立农村女性的风险防范意识。

3. 尽快建立强制性的女性农民工工伤医疗保险制度

工伤保险制度几乎是所有实行社会保险制度的国家普遍优先考虑的险种。当前，对于农民工而言，工伤医疗保险也是急需的。虽然女性农民工的就业岗位主要集中于服务业、制造业等劳动密集型产业，与主要从事建筑、煤矿行业的男性农民工相比，其面临的工伤风险相对较低；但是，对于不具备专业技能的女性农民工来说，工伤保险仍然是她们迫切需要的。另外，还应该根据女性农民工的职业、就业时间、就业地区、市民化程度分类实行医疗保险制度。对有雇主且职业稳定、有固定收入、已在城市生活多年、市民化程度较高的可直接参加当地的职工基本医疗保险；对于有雇主但职业不稳定、无固定收入或无雇主的、市民化程度较低的女性农民工，可对其设立女性农民工的专项医疗保险基金。具体而言，首先应确定医疗基金缴费底线，所有农民工（包括女性农民工）都要按此标准缴纳，按此层次享受的待遇为基本医疗待遇。如果女性农民工还有特殊要求，需要更高的保障，则可以通过多缴费参加大病统筹，这部分多缴的费用应纳入农民工的个人账户，到发生医疗支出的时候，相应的缴费多的农民工享受的待遇自然要比仅缴纳最低缴费额的农民工要高。

4. 社会工作机构应该提供专业救助和指导

社会工作机构是非政府的、非营利的、从事社会公益事业的社会组织，也称"第三部门""非政府组织"或"非营利组织"。从国际方面来看，社会工作机构在为弱势群体提供社会支持上发挥着重要作用。社会工作机构可以为女性农民工提供中介服务和直接服务，前者将需要帮助的农民工和可以提供农民工服务的单位或个人联系起来，后者为女性农民工提供专业的心理咨询、职业介绍、生活指导等。社会工作机构可以帮助农民工避免因为盲目或不适应带来的就业风险。我国开始出现为农民工服务的非营利的法律援助中心、农民工自组织等社会工作性质的机构，这些机构的出现有利于降低农民工就业风险。但是，目前这种社会机构数量还很少，不能满足数量众多的农民工的需求。因此，政府应该鼓励社会工作机构的成立，并且为这种社会工作的开展创造宽松的政治条件，使社会工作在帮助农民工抵御就业风险上发挥越来越重要的作用。

同时，要加强对女性农民工的心理疏导。在女性农民工集中的城市社区和企业增设或强化女性心理辅导机构，对有心理困境的女性农民工提供专门的心理咨询服务。针对女性农民工在社会融入中、在心理困境上表现出的与男性明显的差异进行专门指导。因此，政府一方面要强化城市社区的功能，在女性农民工集中的社区努力构建良好的业余沟通场所与环境，另一方面要有意识地引导女性农民工较集中的企业培育相应的企业文化，加强对女性农民工的心理疏导，关爱女性的心理健康。

五 提升自身素质，增强主体能力

改革开放以来，在党中央、国务院的领导下，在地方各级党委、政府和各有关部门的重视、支持下，农民科技培训工作坚持面向农业、农村和农民的方针，坚持农科教结合的发展方向，多渠道、多层次、多形式开展，推广了一大批农业新技术、新成果、新品种和新方法，培养了一大批农民技术骨干，初步形成了农民职业教育技术培训网络，使我国农民科技培训工作朝着规范化、制度化方向发展，有效地提高了农民的科技素质，为农业和农村经济发展做出了重要贡献。农民科技培训工作虽然取得了一定成绩，但与全面建设小康社会和农业现代化的要求还有很大差距和不足。一是对农民科技培训的重要意义认识不到位；二是对农民科技培训的投入、激励、监督等机制不健全，没有法律保障；三是用于农民科技培训的经费严重不足；四是有限的农民科技培训资源没有得到有效整合和利用，农民科技教育培训体系亟待完善。

目前，我国系统接受农业职业教育的农村劳动力不到5%。国家统计局统计和有关调查显示，农民的收入水平与其科技素质呈明显的正相关。我国农村劳动者科技素质不高不仅直接影响着农民的经济收入，也严重制约着农业劳动效率的提高，影响了国民经济和社会的可持续发展。因此，大力开展农民科技培训，提高农村劳动者的思想道德水平和科学素质，培养一大批懂科技的新型农民，把沉重的人口负担转化为强大的人力资源优势，对于提高农业的科技含量和国际竞争力，推进农业和农村经济发展具有重要的战略意义，也是从根本上解决农业、农村和农民问题，建设社会主义新农村的有效途径。

女性农民工融入城市，融入当地社会，成为新型市民，关键在于提高素质。

1. 树立平等观念

女性农民工拥有与其他社会成员平等的宪法地位，同属于我国社会的主流阶层。要在全社会大力宣传并促成这样的共识：女性农民工是我们大家庭的成员，是不可离弃的姐妹，关注她们的境遇，就是关注我们自己。全社会都应充分认识女性农民工对我国经济社会发展的意义，看到她们所付出的辛劳和所做出的贡献，真诚地理解她们、认可她们、接受她们，把她们作为"新市民"对待。各种媒体、各种场合都不得对她们使用带有歧视性色彩的语言。城市社会应为她们提供一个具有人文关怀和宽容精神的发展环境，应大力倡导人际关爱，最大限度地消除歧视女性农民工的陈旧意识、落后观念，营造尊重、善待女性农民工的社会氛围，把对弱者的同情和援助作为文明社会的一项道德准则。同时，要培育女性农民工的"市民意识"，使她们尽快融入城市文明，与城市发展良性互动。

2. 组织文化知识学习，使他们成为有文化的人

针对农民工大多年纪较小、文化程度较低、学习兴趣不浓的实际情况，国家要推出适合不同需求层次的文化知识学习方式。结合"农民素质培训工程"，加强对农民工的教育培训，提高他们的文化素质和致富能力。要通过校企联动、"阳光培训工程"，开办农民工文化培训学校，对青年农民工进行职业技能培训的同时，也提高他们的文化知识水平。共青团等单位要开展"好书接力、爱心传递"捐书活动，组织"万卷书籍进企业"活动，促使农民工逐步养成借书、读书、爱书的好习惯。同时要开展思想道德教育，使他们成为有道德的人。做新型城市市民，道德是基础。根据农民工的思想状况和职业特点，重点要在守法、诚信、文明上加强教育引导。组织文明礼仪宣传教育实践系列活动，举行践行社会主义荣辱观等活动，引导农民工知荣明耻；编印《市民文明读本》《文明礼仪手册》，开展文明单位送礼仪活动，把这些书籍送到农民工手中；结合"百场电影进社区"活动，开展科技法律宣传，引导广大农民工树立守法诚信文明的新风尚。

3. 要强化职业培训，致力素质提高

技能既是农民工谋生的手段，也是其转化为城市建设者的重要途径。国家在多方面培养农民工综合素质的同时，也要千方百计提高他们的职业技能和致富能力。如建立多功能教育培训中心，定期开展钳工、宾馆服务、保安、缝纫等各种技能培训，积极建立政府牵头、劳动部门主办、社会有关方面参与的女性农民工培训体系，并将其纳入社会教育序列。对她们开展分层次、多渠道、有针对性的系统培训，建立起学习、考核、发证、上岗"四位一体"的管理机制，确保培训工作的权威性和实效性，注重引导性培训和职业技能培训。在培训方式上，培训机构和学校力求根据用工需要，搞好定单培训、定性培训、定向输出，形成培训——输出产业链。要联合各类院校开展函授教育、远程教育等，帮助女性农民工提高学历和自身素质。通过"三有一新"等系列活动，为农民工提供再学习、再提高、再发展的平台。

4. 加大创业帮扶

对其中有一定文化基础的女性农民工，应采取必要的扶助政策和强化培训措

施,既为她们日后向上流动搭建必要的阶梯,也为产业升级培养更多紧缺的技能型人才。同时要帮助女性农民工掌握一技之长,了解城市竞争与生活规则,增强获取知识和资讯的能力,使之在城市中稳定就业。要有针对性地开展法治宣传与教育,切实提高女性农民工学法、懂法、守法的自觉性,学会运用法律武器维护自身的合法权益。

5. 健全社会保障

女性农民工的权益维护涉及面广、难度大,必须有法可依、纳入法治轨道。随着我国经济建设步伐的加快和政治文明的发展,必须完善有关法律法规。对女性农民工权益的保护不应当仅仅局限在宪法规定的"我国公民在法律面前一律平等,平等地享有受教育权、劳动权"等,而应当通过各种法律、行政法规、地方性法规来实现宪法的规定,使宪法赋予的各项权利得到全面的保障。卢梭有一句名言:恰恰因为事物的力量总是倾向于破坏平衡,所以法律的力量就应该总是倾向于维护平衡。因此,针对目前面临的现实问题,相关部门可制定倾斜性保护政策。政府要从统筹促进经济发展和社会进步的角度出发,对女性农民工的劳动安全、工资发放、学习培训、权益保护等问题做出明确规定,给予政策倾斜和制度保证。社会保障体系应更多地关注女性农民工的特殊利益,积极推行女性农民工的社会养老保险、医疗保险和生育保险制度。把女性农民工的就业服务、社会保障、义务教育、子女上学等纳入社会统筹和城市管理体制的范畴。积极探索适用于女性农民工的社会保障制度,为女性农民工建立相应的社会救助制度,切实保障她们的生存和发展。确保《国务院关于解决农民工问题的若干意见》和国家有关法律法规落到实处。

六 提升工会维权的组织保障

构建维权长效机制是维护女性农民工合法权益的关键。目前的维权机制维权面较窄,主要是解决一些引起社会广泛关注的农民工维权问题,而且维权期较短。因此构建维权长效机制,重点在"长效"上,就是要达到长远维权之功效。维权长效机制主要是指能够长期有效维护女性农民工权益的思想观念、制度政策和组织机构的统一体。女性农民工的权益能否得到长期有效维护,关键在于建立健全这种长效维权机制。

在我国,工会是法律性质上的社团法人。《工会法》适应了建立社会主义市场经济体制发展的要求，有利于充分发挥工会作为党和政府联系职工群众的桥梁和纽带作用，对建立稳定和谐的劳动关系、稳定大局，具有十分重要的意义。当前一些企业无视职工的劳动条件与安全，随意延长劳动时间、克扣职工工资、不提供劳动安全保护，甚至限制职工人身自由，严重侵犯了职工的合法权益，以致引发恶性安全事故和职工群体性事件，影响社会稳定。对此，工会有权及时反映情况，并代表职工与企业方面就维护职工劳动权益的问题进行交涉，使企业予以纠正，避免矛盾进一步激化，维护改革发展稳定的大局。

女性农民工弱势的性别特点和我国工会的性质，决定了女性农民工维权必须充分利用工会的力量，达到维护自身合法权益的效果。一方面，女性农民工的弱势地位和组织化程度是联系在一起的。庞大的女性农民工群体，目前仍处于一盘散沙状态，导致她们在与用人单位谈判时处于劣势，表达利益的渠道少，维护权益困难。在她们权益受损的情况下，极有可能出现无组织的抗争行为。因此，把女性农民工组织起来，提高她们的组织化程度，不仅是女性农民工维权的需要，也是巩固党执政的群众基础的政治要求。我国主要是通过各种法律法规来保护农民工权益的，在此基础上可充分发挥社会团体的作用和相关劳动部门的监督作用，加大对《工会法》和《妇女权益保障法》的宣传力度，吸收女性农民工入会，使工会成为她们合法权益的维护者。另外女性农民工自身应接受普法教育，加强自己的维权意识，利用法律武器来捍卫自己的权益。政府部门要加强对普法工作的领导和监督，将普法工作真正落到实处。通过开展普法宣传活动，努力在全社会形成维护女性农民工合法权益的良好舆论氛围，督促用人单位遵守有关政策法规，避免发生侵犯女性农民工权益的违法活动，提高女性农民工依法维护自身权益的能力。

针对女性农民工目前依法维权能力较弱的情况，要动员各方面帮助她们维护合法权益。要广泛建立女性农民工权益保护机构和组织，充分利用各级司法部门和妇联等群众团体的维权热线、法律专家接待日、法律援助中心和基层维权站等阵地，为女性农民工提供法律咨询、法律培训、代理调解诉讼和司法援助等服务。

司法部门对涉及侵害女性农民工合法权益的案件要及时立案。要在涉及女性农民工权益的具体司法实践中，在法律规定的限度内，向女性农民工一方实行"司法倾斜"，以法律保护弱者的原则，对侵害女性农民工权益者实施更严厉的惩处。同时，要强化平等协商和集体合同制度。平等协商和集体合同制度是维护劳动者集体劳动权益的手段。在今后的劳动立法中，一方面应在制度上有所强化，使集体合同制度真正发挥维护劳动者集体权益的目的；另一方面应制定统一的集体合同，减少法律规定之间的冲突，让女性农民工在行使劳动关系时以劳动合同作为保障自己权益的有效途径。

　　农民工是弱势群体，女性农民工更是"弱势群体中的弱势群体"。她们除了要与男性农民工一样承担艰辛的劳动，还面临着城市社会的排斥和性别歧视的压力，以及身体健康和心理健康方面的困惑。因此，对于广大女性农民工而言，除了社会各界要对她们给予更多关爱外，法律和制度也理应为她们创造更为良好的工作生活环境。

参考文献

[1] 张莉莉. 社会保障对女性农民工身份认知的影响研究 [D]. 杭州：浙江财经大学，2016.

[2] 孟伟伟. 大龄女性农民工城市生存的不利处境及对策研究 [J]. 现代交际，2018（16）.

[3] 郝亚冰. 女性农民工权益保障现状及对策分析 [D]. 济南：山东大学，2010.

[4] 刘宏斌，黄凌娟. 完善农民工管理制度的几点思考 [J]. 中国人民公安大学学报（社会科学版），2010（6）.

[5] 孙雅丽. 农民工管理服务创新机制研究 [J]. 辽宁公安司法管理干部学院学报，2011（1）.

[6] 叶鹏飞. 农民工的城市认同与定居意愿研究 [M]. 北京：光明日报出版社，2013.

[7] 范虹珏. 农民工城市融入："内源式"替代"外生式"城镇化模式之构想 [J]. 华东经济管理，2017（4）.

[8] 唯一. 女性农民工的社会支持研究：以上海市闵行区为例 [D]. 上海：华东师范大学，2016.

[9] 梁海兵. 农民工城市就业：搜寻渠道与匹配路径 [D]. 杭州：浙江大学，2014.

[10] 孙达人. 中国农民变迁论［M］. 北京：中央编译出版社，1996.

[11] 乌尔里希·贝克. 风险社会［M］. 何博闻，译. 南京：译林出版社，2004.

[12] 陆学艺. 当代中国社会流动［M］. 北京：社会科学文献出版社，2004.

[13] 帕森斯. 社会行动的结构［M］. 张明德，译. 南京：译林出版社，2004.

[14] 张敏杰. 中国弱势群体研究［M］. 长春：长春出版社，2003.

[15] 李培林. 农民工：中国进城农民工的经济社会分析［M］. 北京：社会科学文献出版社，2003.

[16] 谭深. 外来女性农民工的安全与健康［M］. 北京：中国社会科学出版社，2004.

[17] 孙丽艳. 农民工权益保障问题研究［D］. 长春：东北师范大学，2006.

[18] 张启. 谈谈进城务工人员的社会保障问题［J］. 江汉论坛，2003（4）.

[19] 杨肃昌. 农民工权益保障：问题、原因和对策［J］. 人大研究，2005（7）.

[20] 李翠英. 农民工权益保障问题探析［J］. 云南财贸学院学报（社会科学版），2005（3）.

[21] 郑真真. 人口流动对农村妇女影响的研究［J］. 妇女研究，2001（6）.

[22] 李路路. 当代中国社会分层的制度化结构［J］. 教学与研究，1996（3）.

[23] 郑杭生，陆益龙. 城市非农业户口阶层的地位、再流动与社会整合［J］. 江海学刊，2002.

[24] 李银河，谭深. 农民流动与性别［M］. 郑州：中原农民出版社，2000.

[25] 谭琳. "双重外来者"的生活：女性婚姻移民的生活经历分析［J］. 社会学研究，2003（2）.

[26] 费孝通. 乡土中国［M］. 北京：三联书店，1985.

[27] 陈星博. 结构挤压与角色错位［J］. 改革，2003（4）.

[28] 马克思，恩格斯. 家庭、私有制和国家的起源［M］. 北京：人民出版社，1958.

[29] 肖云. 女性农民工就业现状及特点：对重庆市375名女性农民工的调查［J］. 中国人口科学，2005（1）.

[30] 陈月新. 对流动人口就业中男女平等的思考［J］. 南方人口，2003（2）.

[31] 郑功成. 中国社会保障制度变迁与评估［M］. 北京：中国人民大学出版社，2002.

[32] 孟宪范. 转型社会中的中国妇女［M］. 北京：中国社会科学出版

社，2004.

[33] 张展新，杨思思. 流动人口研究中的概念、数据及议题综述［J］. 中国人口科学，2013（6）.

[34] 单菁菁. 农民工市民化研究综述：回顾、评析与展望［J］. 城市发展研究，2014（1）.

[35] 何爱国. 中国农民工问题研究述论［J］. 当代中国史研究，2009（4）.

[36] 杨晓军. 农民工对经济增长贡献与成果分享［J］. 中国人口科学，2012（6）.

[37] 伍山林. 农业劳动力流动对中国经济增长的贡献［J］. 经济研究，2016（2）.

[38] 杨莉芸. 农民工市民化问题研究综述［J］. 经济纵横，2013（5）.

[39] 朱玉蓉，杨锦秀，石川，等. 博弈论视角下的农民工社会保障问题研究：基于对四川省返乡农民工的调查［J］. 农业经济问题，2009（8）.

[40] 王冉，盛来运. 中国城市农民工社会保障影响因素实证分析［J］. 中国农村经济，2008（9）.

[41] 李迎生，袁小平. 新型城镇化进程中社会保障制度的因应：以农民工为例［J］. 社会科学，2013（1）.

[42] 操家齐. 农民工社会保障权均等化推进迟滞的深层逻辑［J］. 社会科学战线，2017（7）.

[43] 关信平. 农民工参与城镇社会保障问题：需要、制度及社会基础［J］. 教学与研究，2008（1）.

[44] 梁波，王海英. 城市融入：外来农民工的市民化：对已有研究的综述［J］. 人口与发展，2010（4）.

[45] 许传新. "落地未生根"：新生代农民工城市社会适应研究［J］. 南方人口，2007（4）.

[46] 胡荣，陈斯诗. 农民工的城市融入与公平感［J］. 厦门大学学报（哲学社会科学版），2010（4）.

[47] 何军. 江苏省农民工城市融入程度的代际差异研究［J］. 农业经济问题，2012（1）.

[48] 刘丽. 新生代农民工"内卷化"现象及其城市融入问题［J］. 河北学刊，2012（4）.

[49] 龚文海. 农民工群体的异质性及其城市融入状况测度［J］. 城市问题，

2014（8）.

[50] 梅亦，龙立荣. 中国农民工城市融入的问题研究［J］. 江西财经大学学报，2013（5）.

[51] 罗明忠，卢颖霞. 农民工的职业认同对其城市融入影响的实证分析［J］. 中国农村观察，2013（5）.

[52] 俞林伟，陈小英，林瑾. 生存状况、生活满意度与农民工城市融入：基于杭州、宁波和温州1 097个调查样本的实证分析［J］. 经济体制改革，2014（6）.

[53] 黄斌欢. 双重脱嵌与新生代农民工的阶级形成［J］. 社会学研究，2014（2）.

[54] 罗恩立. 新生代农民工的就业能力研究［J］. 中国人力资源开发，2010（2）.

[55] 李伟东. 新生代农民工的城市适应研究［J］. 北京社会科学，2009（4）.

[56] 何绍辉. 新生代农民工社会认同问题研究［J］. 当代青年研究，2009（9）.

[57] 林彭，余飞，张东霞. "新生代农民工"犯罪问题研究［J］. 中国青年研究，2008（2）.

[58] 丁静. 中国新生代农民工市民化问题研究［J］. 学术界，2013（1）.

[59] 杨春华. 关于新生代农民工问题的思考［J］. 农业经济问题，2010（4）.

[60] 董延芳，刘传江，胡铭. 新生代农民工市民化与城镇化发展［J］. 人口研究，2011（1）.

[61] 曹志刚. 新型城镇化道路与农民工迁移意愿［J］. 广东社会科学，2014（5）.

[62] 张翼. 农民工"进城落户"意愿与中国近期城镇化道路选择［J］. 中国人口科学，2011（2）.

[63] 詹圣泽，侯武社. 改革直至取消户籍制度是城镇化发展的关键［J］. 中国人口·资源与环境，2013（12）.

[64] 刘子玉，李淑丽，孙巍. 新生代农民工消费对推进城镇化影响研究［J］. 经济纵横，2014（7）.

[65] 朱妍，李煜. "双重脱嵌"：农民工代际分化的政治经济学分析［J］. 社会科学，2013（11）.

[66] 周蕾，谢勇，李放. 农民工城镇化的分层路径：基于意愿与能力匹配的研究［J］. 中国农村经济，2012（9）.

[67] 郑永兰．新生代农民工政治参与：现实困境与改进路径［J］．武汉大学学报（哲学社会科学版），2014（6）．

[68] 喻林，唐健飞．我国农民工权利贫困的立法救济［J］．宏观经济研究，2014（9）．

[69] 袁方，史清华，卓建伟．农民工福利贫困按功能性活动的变动分解：以上海为例［J］．中国软科学，2014（7）．

[70] 赵树凯．当代中国农民身份问题的思考［J］．华中师范大学学报（人文社会科学版），2011（6）．